日本サッカー「戦記」

青銅の時代から新世紀へ

Kiwamu Kabe

加部 究

KANZEN

謝辞

実体験としての東京五輪には恨みしかない。まだ小学1年生、楽しみにしていたアニメ番組が次々に潰され、脳裏には退屈と落胆が染みついている。だが間もなく五輪好きの父の影響で、本棚から手あたり次第に関連本を引っ張り出し容赦なく漁っているうちに、本はボロボロになり、僕は世にある様々な競技に片っ端から興味を持ち始めた。ただしその中でもサッカーというマイナー競技は、食わず嫌いが皿の端によけた最後の一品みたいなものだった。

夜のラジオからはメキシコ五輪予選の中継放送が流れて来ていた。何気なく父に聞いてみた。

「日本はサッカー強いの?」

「弱いよ」

ところが終わってみれば、15－0の圧勝だった。まだ15点がいかに珍しいスコアなのかも、フィリピンが草刈り場になるほど弱いことも知らなかった。僕は密かに父親の未知の領域を発見した愉悦に浸ったのかもしれない。それからサッカーに食指を動かすようになり、弱いはずの日本は、翌1968年メキシコ五輪で銅メダル獲得という奇跡のストーリーを紡ぎ出すのだ。

以来サッカーとは約半世紀も寄り添って来たことになる。就職したスポーツ紙での冬の優先順位は、ラグビー＞アメフト＞サッカーだったので、アマチュア競技担当としてはだいぶ肩身の狭い思いをしたものだが、プロの時代が到来すると形成は一気に逆転した。しかし日本のサッカーはJリーグとともに始まったわけではない。逆に手弁当だからこその痛快で常識を超えた試行錯誤があり、気がつけば、そこを掘り起こして記す役回りを担うのにちょうど良い年齢に達していた。

「日本サッカー戦記」の連載は、2010年から『サッカー批評』誌で始まった。当時の同誌編集長・森哲也氏の賛同を得て、担当は李勇秀氏から、元『ワールドサッカー・グラフィック』

誌編集長で旧友の中山淳氏へと引き継がれている。また複数のスポーツ専門誌編集者から依頼を受けた貴重なテーマも、この機会に加筆修正してラインナップに加えた。

取材では、のべ200人を超える方々にお世話になり、ほぼ100％快く応じて頂けた。時には歴史に名を刻んだ偉人から感謝の言葉まで頂き、そのうちの一人で、森孝慈、石井義信両監督の下で日本代表の名参謀を務めた岡村新太郎氏は「こうして改めて取り上げてもらえるのは本当にありがたいことなんですよね」と微笑み、その数週間後に訃報が届いた。とりわけ若輩者の素朴な疑問に懇切丁寧に答えて頂いた、今は亡き偉大な証言者たちに深謝したい。もちろん多忙な時間を割き、懸命に記憶を引き出し、楽しい話題を提供してくれた名選手、名指導者、関係者諸氏にも、改めて御礼を申し上げたい。

なお何より本書の実質的な産みの親は、作家の佐山一郎氏である。名門草サッカークラブ？「南青山日本軍」の創設者＆先輩チームメイトは、僕の拙い原稿を持ち歩いて編集者たちに推し、巧みな戦略を駆使して出版元である「カンゼン」の宇佐美光昭社長を口説き落とした。その上、自ら編集を買って出て、丹念な水際立ったハードワークで、作品を研磨して頂いた。
そして拙著は、1964年東京五輪に始まり、92年生まれを中心とする宇佐美貴史、柴崎岳、杉本健勇らの「プラチナ世代」で終えている。同じプラチナ世代の長男を授かり、以後も好き放題にサッカーを追い続けられたのは、改めて重度の障害を持つ次男の介助も含めて家庭を守り抜いてくれた妻のおかげである。

加部　究

日本サッカー「戦記」目次

1960年代

1970年代

1980年代

1990年代

2000年代

凡例

†日本サッカー協会はＪＦＡ、ＪＳＬ（日本サッカーリーグ）は日本リーグと表記した。

†改名した選手、指導者については、改名後の名前で統一した。

†物故された人物については、原則的に「故・○○○○」「○○○○（故人）」としていない。

†北朝鮮が漢字を廃止したり、元々漢字が存在しないハングル名の人が増えているが、判る人については漢字で書き、読み仮名を付けた。

†編年体での各項タイトルの発表時との違いについては解題で示した。

†本文中、敬称はすべて省略させていただいた。

カバー・表紙・扉写真　梶　洋哉
著者近影　田中伸弥
装丁　間村俊一

日本サッカー
「戦記」

青銅の時代から新世紀へ

1960年代

東京五輪・アジア最弱からの躍進

もし半世紀以上前に東京五輪が開催されていなければ、まだ日本でサッカーはマイナー競技の1つに埋没していた可能性がある。

戦後の復興を象徴する祭典がやって来る数年前まで、日本サッカーには「アジアでも最弱」のレッテルが貼られていた。第二次世界大戦前からサッカーを見続けて来た大ベテランのスポーツライター、賀川浩の言葉を借りれば「他の競技と違って、サッカーだけが東京五輪を目的とせず、きっかけにしようと多くの人たちがもがいた」という。その結果、強化と普及の道筋が劇的に切り拓かれていった。日本サッカーは世界基準という大海へと舵を切り、新しい航海を始めるのだった。

1958年5月、東京で第3回アジア大会が開催された。サッカーには14ヵ国が参加。日本はグループリーグでフィリピン、香港と対戦し、あえなく連敗で開幕を迎える。翌年にはIOC（国際オリンピック委員会）総会で、5年後の五輪が東京で開催されることに決まるが、その暮れに行われたローマ五輪予選でも、日本は後楽園競輪場で韓国と連戦し、0－2、1－0で出場権を逃していた。

しかしこのどん底の惨状が、逆にJFA（日本蹴球協会＝当時）の英断を促すことになる。それまで日本サッカー界唯一の金字塔は、1936年ベルリン五輪で優勝候補のスウェーデンに逆転勝利を収めたことだった。だが当時の英雄たちが経験論を根拠に牽引しても、低迷は長引くばかりだった。

賀川の証言である。

「ちょうどその頃、ルディ・マックというスキーの指導者の密着取材をしたんです。プロのコーチとは、こんなに凄いのか、と感心しました。やはり指導は専門家に託した方がいいと思いましたね。幸い当時のJFA野津謙《ゆずる》会長は、1970年代から日本でワールドカップをやろうと言い出すほど先進的な人でした。結局関係者が知恵を絞り、DFB（ドイツ連盟）と連絡を取り、デットマール・クラマーという指導の天才が来てくれた。そのクラマーが、長沼健、岡野俊一郎という若い指導者の才能を引き出したことで、見事に布石が打たれたわけです」

クラマーは、西ドイツユース代表監督としてフランツ・ベッケンバウアーらを育て、1966年イングランド・ワールドカップでは西ドイツ代表（準優勝）のベンチに入り、さらに1975年にはバイエルンを率いて欧州制覇を成し遂げている。母国でも高く評価され、将来の代表監督候補として嘱望されるほどの逸材だった。

日本代表は1960年夏に欧州遠征に出かけて初めてクラマーと顔を合わせるが、今度は10月にクラマーが来日して40日間滞在する。さらに翌春には1年近く留まり、日本代表の強化だけではなく、全国各地を行脚して指導、普及に努めるのだった。

「クラマーは、まず岡野をドイツに呼び寄せ、指導者養成コースを受講させた。そして次は長沼でした。こうして下準備をした上で、若い2人に日本代表を託すように進言したわけです」

日本代表監督の長沼が30歳、コーチの岡野が29歳、指導スタッフが一気に若返り、同時に選手の新陳代謝も大胆に進められていった。再び賀川が述懐する。

「1959年に第1回のアジアユース選手権が行われ、日本は高校選抜を送ることになり、私も同行しました。当時高校生が海外遠征に出る競技など他にはなかったから、物凄く刺激になりました」

帰国した賀川は、往年の名FW川本泰三に聞かれた。

「何人おる？」

「まあ、3人はおりますかな……」

「1チームに3人もおれば大収穫だ」

川本は、5年後の東京五輪の戦力になりそうな素材が何人いるかを尋ねたのだ。賀川が頭に浮かべたのは、杉山隆一、宮本輝紀、継谷昌三で、実際に三人とも五輪本番ではフル代表の中核に成長を遂げている。

また右SBとして24歳で東京五輪に出場する片山洋は、1940年に生まれた。それはもし日中戦争が勃発しなければ、東京五輪が開催されていたはずの年だった。

「そう思うと感慨深いですよね。五輪は小さいころからの夢でした。でも東京に開催が決まった時は慶應義塾大学の1年生。全国高校選手権にも出たことがないし、遥か彼方の大会としか思っていなかった」

ところが2年後、ローマ五輪予選で敗退したのを機に日本代表が再編成されることになり、素材発掘のために全国から100人前後の選手たちが招集される。片山は、当時としては珍しく小学生時代からボールを蹴り始め、テクニカルなドリブルを駆使した攻撃参加が異彩を放っていた。

「周りは憧れの選手ばかり。若かったし夢中でした。それでも思い切りやれたかな、という印象は残りました」

終わってみれば、しっかりと欧州遠征メンバーに残り、日本代表の一員としてクラマーと初めて顔を合わせるのだった。

さらに横山謙三は、川口高校3年生でMFからGKに転向している。経歴は浅かったが、機敏な動きと際立ったジャンプ力が岡野の目に留まり、東京五輪本番では21歳の若さで日本代表のゴールマウスに立つことになる。

生まれ変わった日本代表は、毎年夏には長期の欧州遠征に出かけ、クラマーの指導を受けながら経験を重ねた。若い選手たちの成長は早かった。当時『産経新聞』の記者だった賀川が最初に手応えを感じたのは、1962年末に東京・後楽園競輪場で行われた三国対抗でのプレーを見た時だった。

「スウェーデン選抜と、ディナモ・モスクワを招き、初めて外国チーム同士の試合も行われました。スタンドは超満員（約1万2〜3000人）でしたね。日本はスウェーデンには1－5で敗れましたが、ディナモには2－3と粘って食い下がりました。クラマーは徹底して基本技術を高めていきましたが、ようやくそれが試合で使えるようになったと感じました」

いよいよ64年のオリンピックイヤーを迎えると、日本代表候補選手たちは4月上旬から千葉県検見川グラウンドで約3ヵ月間の合宿に入った。JFAが各所属企業の理解協力を得て、関東の選手たちは午前だけ出勤し、その他の地域から参加する選手たちは、この間だけ出向扱いとなった。監督の長沼によれば、合宿のスケジュールは、クラマーが「場合によっては分刻みに細かく作成していった」という。

CBとして本大会に出場した鈴木良三が語る。

「朝は6時半起床で散歩と食事。それから1時間以上かけて大手町の会社へ通い、午後1時頃には合宿に戻る。2時半から練習が始まり、夜も8時から筋トレ、ヘディングなど、スペシャルトレーニングがありました。特にきつかったのが、クロスカントリーが組み込まれた〝魔の水曜日〟でした。最後に坂を上り切って終わった瞬間にリフティングを始めるんです」

鈴木は出勤免除の選手たちが羨ましかったと言うが、逆に片山は会社へ行くことが気分転換になったのではと推察する。

「春から初夏で、電車の中には冷房もなかったから、通勤すればそれだけで汗だくになります。でもずっと検見川では息が詰まる。合宿は代表への生き残りを懸けた競争で、夜になってもバーベルを挙げている者がいれば、ペンデルボールでヘディングの練習をしている者もいた。もう誰か逃げ出してくれ、と祈りたいくらい。そんな張りつめた空気でしたからね」

合宿を終えると、2つのチームが結成され、それぞれ欧州遠征とムルデカトーナメント（マレーシア）へと出かけた。当然欧州組がAチームだったが、帰国後に発表された代表メンバーには、いくつかのサプライズも含まれていた。

「メンバーは新聞発表でした。同じCBだった小澤さん（通宏）から、『決まったら一杯やろうか』、と誘われていたんです。ところがその小澤さんが漏れてしまった。キャプテンで、ずっと試合にも出ていましたからね。驚きました。電話がかかってきて『これじゃ、やりにくいよな』と飲みの約束はキャンセルになりましたが、本当にショックでした」（鈴木）

逆にムルデカ大会では、監督兼選手を務めた平木隆三と20歳の森孝慈が代表入りを果たした。欧州遠征から漏れ、代表入りはないと思っていた森は、故郷の広島へ戻り海水浴へ出かけようとしていたところに、兄の健児から「選ばれたぞ」と連絡を受けたのだった。

因《ちな》みに夏の欧州遠征で、日本代表の戦績は3勝6敗2分け。八重樫茂生をFWからMF（リンクマンと呼ばれ現在のボランチに近い役割）にコンバートしたグラスホッパー（スイス）との最終戦は、4－0で快勝した。28年前のベルリン五輪後には1－16で大敗し、4年前にも1－4で完敗した相手だった。

「八重樫さんの理解力が凄かった。連携もスムーズで、ボールも良く回り、速い攻撃が出来た。会心のゲームでした」（片山）

当初東京五輪の抽選では、日本の属するグループDにイタリアが組み込まれていた。だがデンマークを中心とする欧州諸国から「プロの選手が入っている」とクレームがつき、辞退に追い込まれる。当時五輪は、あくまでアマチュアの祭典で、イタリアは後にフル代表の核を成すサンドロ・マッツォーラなど一線級のプロの若手をメンバーに入れていた。こうして日本に追い風が吹き、アルゼンチン、ガーナと3ヵ国で、ベスト8への2つの椅子を争うことになった。

賀川の分析は、実に的確だった。

「開催国として1つも勝てないようでは困る、というムードでした。私は、『ステートアマ（国家が立場を保証する）の選手が揃い、完全にフル代表が参加する東欧諸国が相手だと厳しいが、西欧や南米が相手なら可能性はある』と、予想記事を書きました」

アルゼンチンに勝って、ガーナとは分けて準々決勝進出。それが賀川の予想だった。しかし多くのメディアは違った。

「五輪が近づくと、各新聞社が一斉に海外のスポーツ事情を取材に出かけました。それで欧州も南米もサッカー一色だということが判ったんです。なかでもアルゼンチンと言えば、もうサッカー王国じゃないか、ということになったわけです」

つまり東京五輪開催を契機に、野球を国技とする日本のメディアも、初めて世界最大のメジャースポーツが何なのかを知った。ただし国内では、サッカーの面白さを知る人がほとんどいなかった。鈴木良三夫人は、せっかく地元で開催される五輪だからとチケットを買いに出かけるが、余っていたのがサッカーだけだったそうである。片山も「当時サッカーで一番お客さんが入ったのは早慶戦だったかもしれない。納涼も兼ねて1〜2万人は入ったから」と苦笑する。それでも祭り好きの日本だけに、最終的には全競技のチケットがほとんど完売した。

10月14日、日本が強豪アルゼンチンと対戦する昼下がりの駒沢陸上競技場も満員になった。もっともそれは必ずしもサッカーファンで埋まったわけではなく「スタンドを見上げれば、観戦そっちのけで走り回る子供たちがたくさんいる」(片山)ような状況だった。

グループDでは、既にその2日前に、アルゼンチンとガーナが対戦し引き分けていた。

「確かにアルゼンチンのテクニックは素晴らしい。しかしスピードはそれほどでもない。こちらのペースに持ち込めば勝機は見えてくるかもしれない」

そう判断したクラマーは、アルゼンチンのエース、ミゲール・アンヘル・モーリーを小城得達《おぎありたつ》にマークさせて、堅守からの速攻を狙う戦略を採る。片山は厳しい口調で、セーフティー・ファーストを強調された。

「おまえがボール扱いを得意としていてドリブルが好きなのは知っている。でもオレは嫌いだ、今日は見たくない!」

アルゼンチン戦のピッチに立った日本代表のスタメン平均年齢は23・7歳だった。土壇場で代表に滑り込んできた釜本邦茂が20歳、故障した宮本征勝の代わりに抜擢された山口芳忠は、まだ19歳だった。

17分、ファン・ドミンゲスに先制ゴールを許すが、前半は1失点に抑えて折り返す。巨大な存在だったはずのアルゼンチンも、実際に戦ってみれば「それほどかけ離れた相手ではない」(鈴木)という感触が、チーム内に広がり始めていた。

そして後半に入り54分、八重樫が絶妙なスルーパスで杉山を走らせて同点弾を導く。しかしその8分後には、再びドミンゲスがゴール。この時クラマーは弱気に「もうダメだ」と天を仰いだ。

だがいくつかの条件が日本に味方をした。アルゼンチンは中1日の試合で疲労を残し、雨でぬかるんだピッチが、さらに負荷をかける。これで持ち前のテクニックの威力が半減したのは想像に難くない。対照的にベストコンディションで臨めた日本は、消耗戦で運動量が生きた。

残り９分、釜本が初めて左サイドに流れた。そのまま「大会中で唯一記憶に残る会心のクロス」を送る。川淵三郎がダイビングヘッドでネットを揺らした。

さらに1分後、杉山のクロスを、川淵が体ごと飛び込みボールを止め、こぼれたところに小城が走り込み決勝ゴールを奪った。

このシーンを小城はシニカルに回想する。

「もうやけくそみたいに前線に上がっていきました。サッカーが下手で良かったな、と思いましたよ。インサイドで合わせたのに空振り。でも取り替え式のポイントに当たってバウンドしました。これでＧＫも反応できなかった」

鈴木には、逆転に成功した瞬間のベンチの光景が焼きついている。

「クラさん（クラマー）が涙を流して、躍り上がっている。あんな姿を見るのは初めてでした。終わった後には、同じポジションだった小澤さんに『よくやった』と声をかけてもらって……、嬉しかったですね」

賀川は、勝利の持つ大きな意味を噛み締めながらも、半分は冷静だった。

「アルゼンチンには、日本が苦手とするキック＆ラッシュがなく、ボールは持てるけれどまとまりのない攻撃をしていて、やはりプロに比べれば隙があった。日本のディフェンスは、２点は取られたものの精一杯食いついた。全体的には見ていて負ける感じがしなかった」

ただし強烈な南米のサッカー熱を見て来たばかりの日本のメディアは、王国アルゼンチンにはとても歯が立たないと見ていたので、この勝利を「奇跡」「快挙」と大々的に報じた。マイナー競技にスポットライトを引き寄せるには、十分なインパクトを残すことに成功したのだ。

さらに岡野コーチも、話題づくりにひと役買った。アルゼンチンの記者との雑談から「杉山の足なら20万ドル」という言葉を引き出し、マスコミに喧伝する。１ドルが３６０円で固定相場の時代だった。20万ドルは、プロ野球を代表する王貞治や長嶋茂雄の年俸の倍近かった。サッカーという競技の測り知れないスケールと、日本にも価値あるスター選手がいることを知らせたという点で、アルゼンチン戦の勝利は歴史的にも重要な意味を持つことになった。

クラマーは、この勝利で「ベスト４まで進める」と考えた。続くガーナ戦が引き分け以上でなら、グループＤをトップで通過できる。そうなれば、準々決勝の相手はアラブ連合共和国（エジプト）で、勝算があると踏んでいた。

しかしグループＤは、３ヵ国に減ったために公平な条件で試合を組むことが出来なくなっていた。大きな達成感を得たばかりの日本が、今度は中1日でガーナ戦を迎える。杉山が先制し、1度追いつかれながらも再び八重樫が突き放し、試合は理想的な展開で進んだ。だが取材をしていた賀川には「日本の選手たちの体の力がみるみる抜けていくのが見えた」という。69分に同点弾を許すと、80分には逆転ゴールを喫した。結果は2－3。

「あの10分間だけは眠っていた」と、クラマーは切歯扼腕した。

結局日本は、準々決勝で東欧の雄チェコスロバキア(当時)と対戦し、0－4で完敗した。賀川の見解である。

「チェコは展開力があるが、スピードはあまりなかったので、引いて守れば持ち堪えられたかもしれない。でもクラマーは敢えて互いに太刀を振り回すような戦い方をして4回斬られた。そんな試合でした」

でも、と賀川が続ける。

「終わった後、クラマーが『今日の八重樫を見てくれたか！』と興奮気味に声をかけました。この大会の日本は、八重樫がどこでボールをさばけるかがポイントでした。31歳、メルボルン大会（1956年）に続き2度目の五輪で、経験もあり脂が乗り切っていた」

実は八重樫は、この頃クラマーから、自身の古巣ドルトムントへの移籍を仄めかされていたそうで、もし実現していれば香川真司は同クラブで2人目の日本人になっていた。

日本代表は、この後大阪へ移動し、ユーゴスラビア（当時）と5、6位決定戦に臨んだ。イビツァ・オシムに2ゴールを許した日本は、ようやく未完の大器・釜本がヘディングシュートを決めるが、1－6で大敗した。

オシムをマークした鈴木が懐かしむ。

「密着すると向こう側が見えない。大きいのにテクニシャンで、もっと動きが鈍いのかと思ったら、結構スピードもあり細かいステップが出来る選手でしたね」

ところで、この5、6位決定戦の大阪開催を提案したのが、賀川だった。

「五輪というチャンスを活かして、なんとかサッカーを盛んにしたかった。そこでFIFAに頼んで認めてもらい、東京五輪の順位決定戦として開催に漕ぎ着けたんです。舞台となった長居陸上競技場は、五輪を終えた後に陸上競技のスター選手を集めて国際競技会を開くために作ったのですが、サッカーで使用する先鞭をつけたので、翌年から始まる日本リーグでも、ヤンマーの主催試合などで使えるようになったわけです」

まだサッカーは、物珍しい競技だった。それでも世紀の祭典の一角で61万枚以上のチケットが売れた。イタリアと北朝鮮が出場を辞退したために、ホスト国日本の試合も含めて計6試合分が払い戻しとなったが、そうでなければ全競技を通じて最大の観客動員を記録したはずだった。

賀川が面白いエピソードを教えてくれた。過去に日本代表監督と選手を兼任した二宮洋一は、大会期間中必ずバックスタンドに陣取り、敢えて声高に解説紛いの会話を続けた。気がつけば、周りに人が集まり耳を傾けていたそうである。

賀川が改めて東京五輪を総括する。

「とにかく50万人近い人たちが、生でサッカーを観戦した。この事実が大きい。またアルゼンチン戦の勝利が値千金だった。五輪が始まっても、大阪の新聞はプロ野球の日本シリーズ、阪神－南海の記事を大きく扱っていました。『報知新聞』は、ガーナ戦に巨人の王、長嶋を招待して観戦記を載せていた。そんな時代でした。東京五輪でサッカー以外の競技は、潤沢な強化費を使って結果を追求して終わりでした。でもサッカーは違った。五輪後にマイナー競技から脱却するために、みんなが知恵を出し合ったんです」

全ての競技が、東京五輪というゴールを目指して突っ走った。だがサッカーだけは、そこをスタートラインとして、未来へと走り始めたのだ。賀川が続ける。

「少年サッカースクールを全国に広げ、やがて指導者養成コースも起ち上げた。五輪翌年に、クラマーの提言で日本リーグが始まると、バレー、バスケット、アイスホッケーなどが続いていきました」

少年たちへの普及、指導者の養成、そして頂点の強化……、もちろん紆余曲折はあったが、こうした基盤ができたからこそ今日がある。

片山は、東京五輪が終わったら、現役を退き社業に専念するつもりだった。

「でも実際に五輪に出てみて、すぐに気持ちが切り替わりました。こんなに素晴らしいものだったのか。だったら次も絶対に出たいと……」

5、6位決定戦を終えて帰京した若い日本代表は、そのまま選手村に戻ると、翌日から次の五輪を目指してトレーニングを始めた。

そして4年後メキシコの地でクラマーの描いたベスト4のもくろみは、銅メダルという形で実現した。

校庭本拠地の金字塔 Ｖ４東洋工業

初代王者は、高校のグラウンドを転々としてホームゲームを戦った。トレーニングの場所も同様だった。夕方勤務を終えると、互いにクルマに乗り合せてナイター設備の整った高校へ出かけ、部活と入れ替わりにボールを蹴り始める。それでも毎日練習を積み重ねられることに、新鮮な充実感を覚えていた。

後に日本代表監督を務める石井義信は、日本リーグの歴史が動き出した日の記憶を鮮明に留めている。

「１９６５年６月６日、開幕戦は刈谷のグラウンドで豊田織機と対戦し、２－０で勝利しました。快晴で、凄く綺麗な芝のグラウンドでした。そして翌週東洋工業は、最初のホームゲームを県立皆実《みなみ》高校のグラウンドで戦ったんです」

天皇杯の歴史を振り返ると、１９２８年度から32年間（中止７回）は、大学、もしくは大学を母体としたＯＢチームの優勝が続いている。理由は明白だった。大学には自前のグラウンドとリーグ戦があったから、毎日練習を積んでいた。しかし社会人には、天皇杯、実業団選手権、国体などノックアウト方式の大会しかなかった。まだサッカーが極めつけのマイナー競技で、純粋にアマチュアに染まっていた時代である。社会人の選手たちは大会が近づくと、直前合宿で一夜漬けのように詰め込み練習をするが、終われば再びオフに入る。大学を卒業すればサッカーは社業の傍らで取り組む趣味の領域に過ぎず、学生とは練習量の差が歴然としていた。

１９６０年に早稲田大学に入学した松本育夫は４年時に天皇杯優勝を果たしたが、当時はＯＢで日本代表主将の八重樫茂生が、週に２度は練習に参加していたという。

「紅白戦でＢチームに入るんですが、それだけでＡチームが勝てなくなる。やはり八重樫さんのレベルとは、技術の差がありました」

こうした状況に警鐘を鳴らしたのが、日本代表の特別コーチとして来日し、「日本サッカーの父」と尊敬を集めるデットマール・クラマーだった。クラマーが初めて視察した１９６１年度の天皇杯は、藤枝東高校のグラウンドで集中開催されている。16チーム参加によるノックアウト方式の４連戦は、最終日以外の３日間全てが雨にたたられた。この大会では古河電工が学生占拠の時代にピリオドを打つのだが、大半の選手たちが高校からサッカーを始めていたのに、大学を卒業した途端に練習量が減るのだから、世界との距離など縮まるはずがなかった。

「ゲームこそが最高のトレーニング」が、クラマーの持論だった。日本代表でも「ゲームをして、それを検証し、さらに良いゲームをするためのトレーニングをしてきた」と言い切る。日本サッカーを底上げするには、社会人チームにもそれを可能にするための環境整備が急務だと考えた。

クラマーは、１９６４年東京五輪でベスト8進出を果たすと、日本サッカー界に向けて5つの提言を残して帰国する。その1つがシーズンを通して戦う全国リーグの開催で、翌65年には団体競技で初の日本リーグが誕生した。

初年度の参加は、わずか8チームだった。東京からは丸の内御三家と呼ばれる日立本社、三菱重工、古河電工の3チーム、名古屋は名古屋相互銀行、豊田織機の2チームが参加し、関西ではヤンマーディーゼルが名乗りを上げ、さらに広島の東洋工業、九州からは八幡製鉄が加わった。

後に日本のGMの先駆けとしてサンフレッチェ広島の礎を築く今西和男は、日本リーグ開幕の2年前に東洋工業に入社している。同期には丹羽洋介（前長野パルセイロ社長）や、中央大学で天皇杯を制したばかりの岡光龍三らがいた。

「リーグ開幕前は、八幡と古河が1枚上かな、という印象でした。八幡には日本代表の宮本輝紀、上久雄らに象徴されるように、広島の名門山陽高校出身の選手が多く、同じく広島出身の寺西忠成監督に鍛え上げられていた。一方、古河には、長沼健、八重樫、川淵三郎、宮本征勝など、大卒で代表クラスのスター選手が揃っていました」

実は日本代表のウィンガーとして活躍する松本育夫も、早大3年時には古河への入社が内定していた。ところが翌年同社の業績が低迷し、新人の採用を取り止めてしまう。松本は日本代表のドイツ合宿中に、監督の長沼（古河在籍）から「ちょっと話がある」と呼ばれ、内定取り消しを告げられた。

「結局長沼さんは、僕と同郷（栃木県宇都宮市）で東洋工業の小澤通宏さんに、就職の面倒をみてやってくれ、と依頼し、急遽帰国翌日が入社試験になりました。当時東洋工業は小澤さん以外のレギュラー全員が広島出身で、みんな家から通っていました。小澤さんは、それでは甘さが出るから県外からも血を注入するべきだと主張したそうで、僕は入社すると独身寮に入りました」

さらにリーグ開幕を控え、東洋工業は大型補強に成功する。大学時代に日本代表を経験していた小城得達《おぎありたつ》、桑原楽之《くわはらやすゆき》（ともに中央大）桑田隆幸（早稲田大）が加入。3人とも広島大学付属高校出身だった。

「東洋工業とは高校時代から練習試合をさせてもらっていたし、地元に育てられたという思いが強かったですからね」と小城。

「高校も広島が強かった時代。声をかけられれば、二つ返事で故郷に戻る流れが出来ていたんでしょうね」

そう振り返る後の日本代表監督の石井は、相当な変わり種だった。

「実は私は一般採用で入社したんです。それでもサッカー部に入りたくて、2週間毎日お願いに行きました。スパイクも持っていないので、マネージャーから大きなサイズのシューズを渡され、1人黙々とグラウンドの壁に向かってボールを蹴り続けたものです。そのうちに小澤さんの練習相手に指名されました。小澤さんがドリブルで仕掛けるのを奪いに行く。それを繰り返すうちに、なんとか守備は出来るようになりました。でもドリブルやパスは相当に低いレベルでしたよ」

日本リーグが開幕すると、従来のWMシステムに代わって4－2－4が普及し、石井はスーパールーキーの小城とともにリンクマンと呼ばれる「－2」の役割を担当するようになる。

「私は小城に『こうしてください』と言われる通りにやっていれば良かった。ルーキー・トリオは高校時代からよく知っている選手で、誰も新しい選手などとは思っていませんでしたよ。むしろ彼らは代表経験もあるから、代表で培ったことをチームに還元し、最初から中心となって活躍していました」

開幕から3連勝した東洋工業は、第4節で同じく3連勝中の八幡製鉄と、地元国泰寺高校のグラウンドで対戦する。先制しながら逆転を許し難しい展開になるが、土壇場で2－2の引き分けに持ち込み、下村幸男監督は「これで八幡と互角にやれるメドが立った」と語った。

「なかなかリーグ戦の感覚が掴めませんでした。最初の頃は、どうせ全勝すれば優勝だろう、などと話していました。アウェイ戦だから引き分けても、などという駆け引きは、まるでなかったですね」（石井）

その後も東洋と八幡は、一歩も譲らず並走を続けた。直接対決の後は、両チームともに4連勝。ところが9節、八幡が大宮で日立と引き分けてしまう。一方同節東洋の相手は、明らかに格下のヤンマー。単独首位に躍り出る絶好のチャンスだったが、後にJリーグチェアマンを務める鬼武健二にPKを決められて引き分け。八幡に歩調を合わせてしまった。

「鬼武がドリブルでペナルティエリアに入り、切り返したところで転倒。今なら笛を吹くまでもないような軽い接触でしたが、当時レフェリーは絶対的な存在だったので文句も言えませんでした」

そう言って、石井が続けた。

「ヤンマーと引き分けて、みんな負けたように悔しがりました。その晩は言葉少なくヤケ酒が進みました」

結局東洋と八幡は、翌週7勝2分け同士で直接対決を迎える。開催日は10月10日、東京五輪の開会式からちょうど1年目の記念行事となり、国立競技場での無料招待試合には、４万人もの観衆が押し寄せた。

「八幡は運動量も多く、勝利へのこだわりが凄かった。ただし反面日本代表でも活躍していた宮本輝紀、渡辺正と2人のリーダーがいて、試合中でも激しく言い合いを始める。それを見て、こちらは〈また始まったぞ〉という感じでしたね」（今西）

４－２－４の東洋は、ＭＦ石井を宮本輝のマークにつけ、もう1人のＭＦ小城が攻撃を組み立てる役割分担が明確だった。

「八幡とは定期戦もあったし、オール広島では同じチームでプレーしていたので、宮本の特長は判っていました。もちろんパスには天性の上手さがありましたが、際立ったスピードがあるわけではないので、シュートを打たせないという対応は難しくなかった」（石井）

それでも宮本に1ゴールを許すが、東洋は松本が２ゴール。小城と合わせて3得点し、３－２で天王山の無敗対決に競り勝った。

この一戦で東洋の勢いに弾みがついた。翌第11節からは、日立に４－０、古河に6－０、名相銀には１－０と隙のない戦いを続け、最終戦は広島大付属高校グラウンドにヤンマーを迎える。９節には引き分けてしまった相手だった。しかし優勝がかかった一戦で、今度は油断なく前半からハイペースでゴールを積み上げていく。小城が述懐する。

「遂に得点者を示すボードが足りなくなってしまった。試合会場は自分たちで設営をするんですが、10点までしか用意していなかったんです」

東洋工業は、最終戦でヤンマーを11－０で下し、12勝2分けで初代王座に輝く。母校でプレーをした桑田は5ゴール、小城も4ゴールと爆発した。

「1年目は不安もあり、勝てる力があるかどうか判らなかった。しかし無敗で優勝して、やって来たことに間違いがなかったと確信を持てるようになり、2年目以降はプレーの精度が上がり、チームとしての器も大きくなったと思います」（小城）

東洋工業はシーズン終了後にも、国際試合で充実ぶりを印象づけた。年末にはソ連（当時）王者のトルペド・モスクワが来日。開始13分に、松本のスルーパスを桑田が決めて先制すると、その後は「ＧＫ船本幸路の神がかり的なセーブの連続もあり」（今西）トルペドの反撃を

1点に抑え、単独チームとして初めて欧州のクラブと引き分けるのだ。トルペドのエース、ヴァレンティン・イワノフは、３年前にソ連代表主将としてチリ・ワールドカップを戦っており「こんなことが出来る選手がいるのか、と驚愕するほど上手かった」（石井）そうである。もちろんモチベーションやコンディションの問題もあるが、その後トルペドは、同じく来日中だったスウェーデンリーグ3位のAIKストックホルムには３－０、日本代表には３－１で勝利し、本来の実力を見せつけた。

日本リーグの初年度を終え、下村監督は、３つの反省点を挙げている。

1「厳しい試合を出来ていたか」

2「基礎的技術の練習にもっと時間をかけるべきではなかったか」

3「コンビネーションが不足していなかったか」

しかしこの３つは同時に勝因と言い換えても良さそうだった。

小城はルーキーながら、練習から互いに喧嘩腰で要求をしあう日本代表の空気をチームに運び込んだ。

「練習から試合と同じくらい厳しくやらなければ勝てない。まずは同期の３人で確認し、実践していくようにしました。年代の近い選手たちから徐々に浸透して行ったと思います」

さらに石井が続ける。

「朝は6時半くらいに近所の公園に出かけて筋トレ。昼休みには工場内に備え付けたペンデルボールでヘディングの練習を行い、夕方からは高校のグラウンドに練習に出かけて、終わると9時過ぎになる。自分用の石鹸が置いてある学校近くの銭湯に飛び込むと、番台からさっと出してくれたものです。

ボールコントロール、パス、パス&ゴー、そして3人目の動き……、基礎的なことを、組み合わせを変えてとことん繰り返し、それが組織的なパスサッカーを構成するベースになった。日本代表の小城や桑原楽は、常々テクニックを見せるんだ、と強調していたので、DFでも闇雲に力一杯蹴り返すと、すぐに『誰だ！』と怒鳴られました」

トルペドから先制ゴールを奪った松本－桑田ラインは、既にユース代表時代から出来上がっていた。松本の証言である。

－桑田は1浪をして早稲田大学に入ったので、年齢は僕と同じなんです。だからユース代表、大学を通じて、お互いに何をするかが判っていて阿吽の呼吸が出来ていました」

やがてコンビネーションは、戦術を伴う組織的な動きとして全体に浸透して行く。
「とにかく酒を飲んでも、みんなサッカーの話ばかり。試合に勝った後でも、あのプレーはどうだったとか、次にどう繋げるべきだなどと、反省することが多かった」（小城）
「思いついた戦術や連動の仕方などが、当時まだ珍しかったＦＡＸで社内の各課へと回って来ました」（松本）
いつも選手たちの頭の片隅にはサッカーが居座り、何人かが集まればすぐに侃々諤々の議論が始まる。そんな東洋工業は、２年目に入っても手堅い試合を続けた。開幕から無失点で４連勝を飾り、前年からの無失点での連勝は「８」まで伸びた。だが快進撃は、思わぬ敵に阻まれる。翌節会場は国泰寺高校だった。
「当日グラウンドは雨でグチャグチャでした。広島の土地は、砂の上に地層が重なっているので、鉄の棒で穴を開けると水が沈んでいく。さらに少しでも良い状態でプレーをさせようと、下村監督以下控えのメンバーが水溜りに雑巾を置いて吸い上げようと、汗だくになって準備をしていました」（石井）
対戦相手は、泥臭く走り回るのが特長で、雨中戦を得意とする日立だった。
今西が振り返る。
「ボールを蹴っても泥と一緒に飛んでいくような状態で、水溜りで止まると押し込まれた」
『ＪＳＬ年鑑』には、この試合の模様が次のように記されている。
「グラウンド一面の水溜りで、東洋得意のパスワークは全然威力を見せず、逆に日立は早めにボールを離し、キック・アンド・ラッシュ戦法を多用した」
日立は再逆転の末に３－２の勝利を飾り、遂に初年度から19試合目で東洋工業が初黒星を喫した。因《ちな》みに東洋は、雨の国泰寺高校でのホームゲームが苦手で、３年目の開幕戦（１－２三菱）でも躓いている。
「国泰寺高には、グラウンドから２〜３ｍ高い土手があって、そこから観戦することが出来たんです。でも雨が降ると池の水が溢れて、グラウンドで金魚や鯉が跳ねている。応援する人たちは長靴を履いて来ました。ピッチャーズ・マウンドもあるから、背走して引っかかって転んだこともあります」（松本）
ただし２年目も東洋の敗戦は雨中の日立戦のみで、他にアウェイの古河戦を分けた以外は全勝。初年度以上にライバル八幡との差を広げ、連覇を達成した。得点王は10回のＰＫを全て決めた小城が14ゴールで獲得し、アシスト王も桑田（７）がさらい、個人賞も含めてタイトルを独占するのだった。
「ＰＫは物凄く練習しました。右に蹴るような助走から左を狙う……。一方で予めGKにどちらに蹴ると伝え、スピードのあるサイドキックで読まれても決まるコースを突く。GKの動きを見て、もし動かなければどちらに蹴るかは決めていました」（小城）

3年目へ向けて加熱したのが、早稲田大学を卒業する日本代表のエースストライカー、釜本邦茂の争奪戦だった。東洋工業でも山崎芳樹部長が「もし獲れれば当分日本一は揺るがない」と檄を飛ばし、小学校から大学まで同じ足跡を辿った二村昭雄や、早大の先輩松本なども獲得に自信を持っていた。しかし土壇場で、当時関西協会理事長で元日本代表ストライカーの川本泰三や、JFA常任理事（後に会長）の藤田静夫ら関西の重鎮たちが、直接本人の説得に乗り出す。もし釜本までもが東洋に加われば、独走状態が長引き日本サッカー界が盛り上がらなくなると主張したのだという。こうして釜本は、関西から唯一参戦しているヤンマーに入り、リーグ初の助っ人ネルソン吉村とのコンビで旋風を巻き起こしていく。

リーグ3年目の1967年10月22日、ようやく広島県営競技場が完成し、東洋工業はこけら落としの試合でヤンマーと対戦した。試合は前半で釜本が2ゴール、後半も吉村が追加点を奪ったヤンマーが3－1とリード。その後ヤンマーは釜本を中盤に下げて守りに徹し、東洋の反撃を1点に抑えるのだった。

圧倒的な強さで連覇を遂げた東洋も、さすがに3年目は開幕黒星スタートの影響もあり、苦戦を強いられた。初めて失点が2ケタに乗り、2年目までそれぞれ「35」「37」だったプラスの得失点差が「21」にまで減った。

「他のチームが戦力を整え、東洋の速いパスワークへの対策なども研究し、DFで1人余るスイーパーを置くチームも増えました。そして東洋はDFのリーダーでチームを厳しく統率してきた小澤さんが退き、転換期を迎えたんでしょうね」（松本）

また連覇達成後の天皇杯決勝では、早稲田大学にまさかの敗戦を喫した。

「それを見た他のチームが、東洋にだって勝てると勇気を得て臨んで来たんだと思います」（小城）

それでも逆転で3連覇を達成すると、4年目はスイーパーを置く相手チームへの打開策として、ワイドな揺さぶりを意識した4－3－3を導入。出遅れた前年の反省も生かし、今度は開幕から6連勝の勢いに乗じて、釜本を擁するヤンマーや、杉山隆一、森孝慈ら豪華補強を続けてきた三菱など新しいライバルを振り切り、遂に4連覇を成し遂げた。3チームが固まる東京勢に対し、移動や環境面の大きなハンディを克服しての金字塔だった。

「試合を終えると、東京から夜7時発の寝台特急あさかぜに乗って、デッキで飲み始める。深夜12時に名古屋に着くと、若手がきしめんを買いに走り、それを食べて寝ると朝7時に広島に着くんです。ある時、寝台車のお客さんから会社に、うるさくて眠れないというクレームが入りました」（松本）

「日本リーグが始まって以来、東京のチームは午後の仕事を免除されるようになり、東洋工業でも会社側から午後3時で切り上げる提案が出たんですが、選手側が『仕事もしっかりやりたい』と断りました」（今西）

会社の理解なしには、サッカーが出来ない時代だった。

「だから社内でも理解を得て、好かれるように心掛けました。夕方5時半から、みんなと一緒に掃除をしようとすると『やらんでいい、早う（練習に）行け！』と送り出してもらったり……。県営競技場で勝った時など『マツ、ようやった』と、スタンドから上司が缶ビールを投げ込んでくれたこともありましたね」（松本）

やがて日本代表を指揮することにもなる下村監督は、むしろマネージメント役に徹し、グラウンド上ではチームリーダーを軸にした選手たちの創意工夫が積み上げられた。

「物静かで多くは語らないが、ポイントだけはしっかりと伝える。決して信念は曲げず我慢強くて、やられそうになっても最後の最後まで動かない。その凄さは、自分が監督になって初めて判りました」（石井）

東洋工業はリーグ5連覇を三菱に阻止されるが、6年目には再びタイトルを奪回した。

「よく東洋と日本代表を対戦させるべきだと言われました。勝てる自信…？　それはありました」

そう締め括るなり、今西は相好を崩した。

無敵王者を倒し大学最後の日本一

東洋工業は自信満々で、早稲田大学を迎え撃とうとしていた。テーマは、たった一つに絞られていた。

「釜本邦茂を抑えれば勝てる」

カバーリング能力に長けた日本代表のDF小澤通宏は、徹底したマンマークがあまり得意ではない。そこで今西和男が釜本番を買って出た。

「私もフィジカルには自信があったんですが、釜本には初めてはね返されました。既に釜本は大学1年の頃から誰もマークが出来ないケタ違いの選手でしたが、私は執拗なマークとスライディングが得意でした。東洋としては、『釜本にシュートを打たせるな』が合言葉でしたから、そこに焦点を絞れば対処できるのではないかと……」

チームメイトからも盛んに声をかけられた。

「とにかくおまえがキーになるからな！」

ところがいざ天皇杯決勝のホイッスルが鳴ると、肝心の釜本が前線に出て来ない。

今西は慌てた。

「オイ、どうするんだ⁉」

たまらず大声でベンチに指示を求める。

「ハーフウェイラインを越えてまでは追うな！」

実は年末の全国大学選手権から、早稲田大学は釜本が中盤に下がる4－2－4を採用していた。だがまだ対戦相手をスカウティングするような時代ではなく「当時広島には全国紙も1日遅れで届くくらいだったので、東京のチームに比べれば情報戦でも分が悪かった」（今西）という。

日本を代表するストライカー釜本がMFに下がるのには事情があった。天皇杯直前の1966年12月には、タイのバンコクでアジア大会が開催されている。東京五輪でのベスト8進出で手応えを得た日本は、初優勝を目指して酷暑の中、10日間で7試合を戦い抜いた。惜しくも3位に終わったのだが、釜本はDFの山口忠芳とともに全試合にフル出場を果たしていた。しかも帰国すると息つく間もなく大学選手権が控え、さらに天皇杯全日本選手権へと試合が途切れない。釜本が振り返る。

「たっぷりと疲労が蓄積していて、最前線でピタリとついてくるマークを振り切って走る体力がなかった。せっかく生きのいい新入生が入って来たのだから、彼らにかき回してもらおうと提案したんです」

早大は工藤孝一監督が体調を崩し、戦術もメンバーもキャプテンの森孝慈を中心に話し合いで決めていた。中央大学と同率優勝をした関東大学リーグまではＷＭフォーメーションで戦っている。しかし釜本の発案で、１、２年生４人を前線に並べ、最上級生の釜本、森が中盤を務める４－２－４に変更するのだった。

釜本が続けた。

「２列目なら前を向いてプレーが出来る。４人を自在に走り回らせて、僕は後ろから上がって行く。つまり５人で攻めて５人で守る形です。だから『僕が攻撃に上がったら、守るのは森さん、お願いしますよ』と話しました」

森も快諾して戦術は定まった。ちょうど早大には前年度の全国高校選手権で優勝を分け合った明星《めいせい》、習志野の両キャプテンで、ユース代表の野田義一と田辺暁男が入学していた。さらにいったんは東洋工業に在籍した中村勤も新入生として加入。２年生の細谷一郎と合わせて４人の下級生ＦＷがスタメンを占めることになった。

日本サッカー界は転換期に差し掛かっていた。それまで国内シーンはノックアウト方式が主流で、大学勢が優位に立っていた。熟練したテクニックを持つ実業団チームには、年間を通して継続的に練習する習慣がなく、大会が近づいた時だけ合宿に入って準備をしていた。これでは毎日練習を続ける学生とは、体力面での違いは明白だった。

しかし東京五輪を終えて帰国した日本代表特別コーチのデットマール・クラマーの進言により、１９６５年から日本リーグ（ＪＳＬ）が始まる。全国規模のリーグ戦が整備され、実業団チームの練習環境は著しく改善された。仕事を終えれば連日トレーニングが出来るようになり、すぐに学生との力の差は逆転した。

実業団の８チームが参加して開幕した日本リーグでも、東洋工業の強さは群を抜いていた。このシーズンは連覇を達成していたが、日本代表クラスの精鋭を揃え、２年間のリーグ戦を通じて１敗しかしていなかった。因みに東洋工業の黄金期はさらに続き、連覇は「４」まで伸びていく。

当時の天皇杯は、日本リーグと全国大学選手権の上位４チームがたすき掛けで競うノックアウト方式で行われていた。東洋工業は、まず学生４位の関西学院を３－１、準決勝では古豪古河電工（日本リーグ３位）を１－０で退け、順当に決勝に進んでいた。勝てば２年連続で日本リーグ、天皇杯の二冠が叶う。

一方新しく４－２－４で大学日本一に輝いた早大は、その勢いを利して年明けの天皇杯でも日本リーグ４位の三菱重工、同２位の八幡製鉄を下して勝ち上がる。さすがにこの快進撃を見て、今西ら東洋工業の主力選手たちも「これは油断ならんぞ」と話し始めていた。

早大は釜本が1年時に天皇杯を制していた。ただし当時同じチームの先輩だった松本育夫、桑田隆幸、二村昭雄は、次々に東洋工業へ進んでいる。つまり早大側で3年前の天皇杯決勝の経験者は釜本と森しかいないが、逆に東洋工業は着々と戦力を上積みしていた。

早大OBで東洋工業でもウインガーとして活躍していた松本が言う。

「東洋と早大、両チームの個々を比較すれば、釜本と森以外に東洋が劣るところはなかった。当時の東洋は絶対的な存在でしたし、負けるはずのない試合だと思っていました」

ところが東洋に情報が届かない未知数の戦力が、ドラマに意外性を吹き込んでいく。

早大新入生の3人はユース代表の遠征に参加したため、チームへの合流が5月頃までずれ込んでいた。明星出身の野田とGK赤須陽太郎、それに習志野出身の田辺で、前述の通りいずれも前年度の全国高校選手権を制していた。

もっとも赤須は早大の練習に参加してみて、早速不安を覚えていた。

「部員は40名以上いて、GKだけでも7人もいたんです。年上のユース代表選手もいて、まず4年間補欠は嫌やなと思いましてね。すぐにキャプテンの森さんに、このままだとGKでは試合に出られそうにないのでフィールドでやらせてください、と直訴しました」

時代を物語るエピソードで、明星高校時代の赤須はフィールドプレイヤーも兼任していた。

「フィールドの方がいけるのでは、と思いました。当時GKコーチなんていませんからね。ちょうどビルマ（現ミャンマー）のGKが背は低いけれど前で勝負するスタイルだったので、それを参考にしていました」

赤須は関東大学リーグで優勝を分け合った中央大との試合でチャンスを掴んだ。

「もうシュートの雨あられ。でもビックリするほど、そのリズムがはまって止めまくりました。それからレギュラーに定着することが出来たんです」

この年の早大は最初から強かったわけではなかったが、新入生が徐々にレギュラーに食い込み、チームは勢いを増して行った。

「点を取るのが釜本さんしかいなかった。この時代に革のボールを、あのスピードで蹴れるのは釜本さんだけ。得意の右45度へ持ち込む技術も頭抜けていた。だからどこのチームと対戦しても、2人で挟み込んで来ました。一方で守備には弱点を抱えたチームでした。攻められると弱い。それでもリーグ戦を重ねることで、少しずつGKとDFの連携が上手くいき始めたんです」（赤須）

日本代表で活躍する森や釜本が牽引する当時の早大には、新入生が伸び伸びとプレーし易い土壌が形成されていた。野田が語る。

「しごきらしいものは一切なく、とにかくサッカーそのものを上手くなろうという気風でした。高校がいかにも体育会系だったので面喰らったほどです。上級生が下級生を怒鳴ることもありませんでした」

ゴールマウスに立つことになる赤須は、森主将から言われた。

「ガマ（釜本）も呼び捨てにして構わない」

そして森は部員全員に向かって言った。

「後ろの声は神の声だ。みんな、しっかり聞くんだぞ」

赤須が述懐する。

「試合中も『ガマ、戻れ！』と大声で叫び続けました。あとから釜本さんには、『年下でオレのことをガマ、ガマと呼ぶのはおまえだけや』って笑われましたよ」

新入生にとって「神様のような存在」（野田）だった釜本は言い続けた。

「試合は90分間だ。長く練習をしても意味がない」

「時間があれば、なるべくボールに触れ」

「ケガは我慢するな。休んで治すのが先決や」

野田は入学してから故障続きで、夏を過ぎると一時期持病の腰痛が悪化したが、秋のリーグ戦途中から元気に動けるようになりレギュラーに加わった。

１９６７年1月15日、天皇杯決勝は、東京・駒沢陸上競技場で「成人の日」（当時）に行われた。

下馬評は圧倒的に東洋工業に傾き「もう学生の時代は終わった」という論調も目立った。

釜本は改めて前線の1、2年生に声をかけた。

「好きなように動き回れ。パスは出したる」

1年生の野田は、試合前に元日本代表監督で、頻繁に早大の練習を見てきた高橋英辰《ひでとき》に声をかけられている。

「おまえはヘディングを狙っていけば点が入るよ」

１７５㎝の野田は、当時としては大柄で、中学、高校時代はセンターフォワードを務めていた。

決勝戦当日、駒沢のピッチは「雪解けでドロドロになっていた」（赤須）という。組織的なパスワークが売りの東洋はハンディを抱え、逆に若くて体力のある早大には追い風になったのかもしれない。赤須が語る。

「釜本さんが前線に出ていかないので、序盤の東洋は戸惑っている感じがしました。でもＧＫの立場からすると、本当は釜本さんに下がられると困るんですけどね。やはり前で脅威を与え続けてくれた方が安心なんです」

実際に釜本が中盤に下がっていることもあり、東洋が攻勢に出て来た。開始7分、早大はＤＦの松永忠史がファウルを犯し、東洋がFKを獲得する。中央ゴールまで25m、早大が壁を作るのに手間取っている間に小城得達が素早くセットして強烈なキックを披露した。

「重たいボールがズコーンとネットを揺すりました。まったく触れなかった。相手は凄いメンバーが揃っていてテクニックでは数段上でしたからね。いったいこれから何点喰らうんだろうと思いました」（GK赤須）

実は釜本も、小城のFKを見て同じことを感じていた。

「東洋は圧倒的な強さを誇り、間違いなく力の差はありましたから……」

しかし先制ゴールを決めた小城は、逆にあっさりとリードしてしまった展開が「まずかったかもしれない」と振り返る。

「勝って当たり前の試合でしたからね。どこかに受けて立つ意識があり、たぶん早めに先制したことでそれが助長されたんでしょうね」

早大は前線の4人が泥を跳ね飛ばしながら、無我夢中で走り回った。積極的なプレスが東洋のリズムを狂わせ「こんなに頑張るのか……」（小城）と少しずつ焦燥を誘っていた。

20分、それまで中盤からロングボールを提供していた釜本が右サイドのスペースへと上がる。その瞬間に右ウイングの野田は、逆サイドへと走りファーサイドへと抜けた。釜本が正確無比のクロスを大きく振る。フリーでファーポストに飛び込んだ野田は、角度のない位置から頭で叩き、東洋のゴールネットを揺すった。

「前線の4人は自然にポジションを入れ替えながら動いていました。この瞬間も、どうして僕が左サイドへ回っていたか、あまり覚えていないんですよ」

さらに野田が続けた。

「チームの得点の3分の2は釜本さん。だから相手は必ず釜本さんを潰そうとしてくる。そういう意味で戦術がはまったと思います」

同点に追いつくと、今度は勢いを得た早大が攻勢に出た。以下は『日刊ポーツ』の引用である。

《早大は森が中盤で頑張り、よくパスが通るようになった。25分には、ゴール前で田辺からの絶好のパスを受けた釜本がシュート。さらに29分には、ゴール前の混戦から釜本のヘディングシュート。いずれもゴールをかすめ早大ペースを表していた》

しかし後半もリードを奪ったのは東洋だった。52分、松本が左サイドを運び折り返すと、早大の守備の要となる4年生の大野毅が不運なハンド。小城が獲得したPKを、落ち着いて決めた。

ただし東洋も必ずしも万全のコンディションではなかった。小城、今西、松本、桑原楽之の4人がアジア大会に参加し「暑くて、夜も眠れない状態」（松本）で疲労を引きずっていた。また、それ以外の選手たちは11月にリーグ戦を終えてから試合間隔が空き過ぎてしまっていた。

一方、若い早大は、関東大学リーグ、全国大学選手権、天皇杯と過密日程ながらも、それぞれの大会で勝つことで自信と弾みをつけて来ていた。

69分、今度は早大が左サイドでFKを得る。その瞬間、野田はキッカーの釜本と目が合った。

「東洋が壁を作っている時でした。だから（ボールが）来るような予感がありました。出してくれ、と思いましたよ」

ボックス内で駆け引きをした野田がフリーになった瞬間、釜本からスピードのあるボールが飛んで来た。試合前の高橋英辰の予言通りに、野田は2つ目のヘディングシュートを決める。2－2、試合は延長戦へと突入した。

当然、この展開を誤算だと感じていたのは、東洋工業の方だった。

「こんなはずではない……、なんとなく気持ちが一つにならない。そんな焦りが生まれて来ていたと思います。早大の1年生が、あんなにやるとは思わなかったですからね」（小城）

逆に釜本は、東洋が攻め疲れていると感じ、少しずつ勝算が見え始めていた。

「見方によっては早大の失点はFKとPKで、完全に崩されたゴールではない。こういう試合は最初が肝心なんです。失うものがない格下のチームは、時間の経過とともに勇気が生まれて来る。だから立場が変わって、ヤンマー時代に学生と戦う時は、いつも強調したものです。最初の15～20分間で叩いてしまえ。相手に『ひょっとしたら出来るんじゃないか』と思わせてはいけない。最近の日本代表のワールドカップ予選も同じですよ。いくらチャンスを作っても決められないでいると、UAEやシンガポールだって元気が出て来る。そういう展開になると、最後に痛い目に遭うんですよ」

延長5分、ゲームが動いた。

《釜本がゴール前へ斜めにボールを出した。田辺と細谷が追う。東洋のGK船本幸路が、細谷の右へ流したボールにつられて動いた時、田辺の切り返すようなシュートが逆を突いてゴール左隅へ転がった》（『朝日新聞』）

田辺は延長戦に入り足がつっていたが、シュートの瞬間はそれも忘れていたという。

そこからは東洋の怒涛の攻撃が始まった。

「球際にはしっかり行っていましたが、やはり実力差はあって、GKの立場からすると3－7か2－8で攻められていた印象です。だから終了のホイッスルが鳴るまで勝てるとは思えませんでした」

そう語る早大の守護神赤須は、アディショナルタイムにキャッチしたボールを、思い切りメインスタンドへ蹴り込んだ。マルチシステムではなく、1試合を通じて1個のボールでプレーをしていた時代である。少しでも時間稼ぎが出来れば、という一心だった。

「フィードして相手に拾われれば、また攻められる可能性がありますからね……。でも実は祝勝会の最中に先輩に呼び出されましてね。『おまえ、あんな汚いことをするな!』と怒られました」

優勝が決まると、スタンドの応援団が口火を切り、チーム全員が目を真っ赤にしながら「都の西北」を歌った。森主将は「サッカーをやって来て勝って涙を流したのは初めてです」と吐露している。表彰式を終えると、子供たちがスタンドから飛び降りて、メダルをかけた選手たちの後を追った。

数々の国際舞台で活躍して来た釜本も、この試合のことは鮮明に覚えている。

「10回対戦しても、せいぜい1、2回しか勝てない。それを天皇杯決勝でやってのけたわけですからね。早稲田のユニフォームを着るのも最後だったし、大学時代の総決算。そこで会心の試合が出来た。後から振り返っても銅メダルを獲得したメキシコ五輪の次に良いゲームだったと思います」

一方敗れた東洋工業には「なんだ、学生に負けやがって」「日本リーグもたいしたことはないな」などと辛辣な罵声が浴びせられた。

早大のOBとして、松本は複雑な思いで後輩たちが歌う校歌を聞くことになった。

「3年前に僕らが優勝した時は大阪開催。スタンドに応援団もいないし、校歌など歌うこともなく、あっさりと終わってしまった。よく勝ったと称賛の気持ちもありましたが、正直な胸の内は『この野郎』でした。延長戦は動き負けました。でも野田や田辺を研究出来ていれば負けることはなかったと思います」

敗軍の将となった東洋工業の下村幸男監督も「後半からは、ウチの選手たちが半歩負けていた。やはり疲れが残っていたのかもしれません」と肩を落とした。

結局早大は1年生の野田と田辺のコンビで全3得点を叩き出した。東洋工業の今西も「勢いがありそうだとは思っていたが……、戦術的にも完全に裏をかかれた」と臍《ほぞ》をかんだ。

フレッシュなヒーローたちは、当時『週刊プレイボーイ』でもグラビアで特集されるほど注目を集めた。そしてちょうど20年後にも、2人揃ってテレビ出演を果たした。

「とにかく必死でガムシャラに走りまくり、勝ったら全て疲れも吹き飛んでしまいました。負けたくないとは思いましたが、まさか勝てるとは……。延長戦に入ったので、もしかしたら……、とは思ったのですが。同い年で田辺とは競争意識を持って切磋琢磨しました。凄いことをしたというのは、時を経てから感じるようになりました」(野田)

当日は普段隣り合せでトレーニングをして来たラグビー部も、日本一を懸けて戦った。早大にとっては落ち着かない1日となったが、学生王者のラグビーは、社会人王者の近鉄に11－27で敗れ、明暗を分けた。

「冬になると、サッカーとラグビーの練習を見るファンが一気に増えました。ラグビー部とは風呂も一緒だったし、揃って優勝をしたかったですけどね」

そう話す野田は、卒業前に釜本から連絡を受け、ヤンマーでも一緒にプレーをすることになった。

1965年に日本サッカーリーグ（JSL）が出来てから、バレー、バスケット、アイスホッケーなど様々な競技で全国リーグが創設された。以後サッカー界では早大を最後に学生日本一は生まれていないが、他の種目でも同じように「構造改革」が進んだ。

メキシコ五輪・銅メダルで人気爆発

横山謙三は、かつて胃がんの手術を受けた。無事手術が終了し、麻酔から覚めかけた時、なぜか枕元にデットマール・クラマーの顔が浮かんだ。

「ええ？　どうしてこんなところに……」

暫くすると、強烈な痛みと悪寒に襲われ、現実に引き戻された。

横山は高校卒業間際にGKに転向し、そのままユース代表を経て一直線に日本代表の正守護神の座を占めている。GKとしてのキャリアが浅いので、クラマーからは酷く罵倒されてきた。

「下手くそ、もうおまえなんか、シャワーを浴びて帰れ！」

その度に横山も反発して吐き捨てた。

「クソッ、なんでオレがこのオヤジにそこまで言われなきゃいけないんだ」

誉められた記憶は「ない」と言い切る。

クラマーは日本サッカーの父として称賛を集めてきた。日本代表監督を務めた長沼健も「あの時のチームは、まさしくクラマー一家。彼が実質的な監督で、岡野（俊一郎）と私がコーチだった」と述懐する。

だがピッチに立った時のクラマーは鬼そのものだった。そして最初から慕われる鬼はいない。

「なしてか！」

クラマーは通訳を介さず、広島弁でよく怒鳴った。長沼を筆頭に日本代表には広島県出身者が多かったため、自然に覚えてしまったのだった。標準語に直せば、「どうしてやらない、どうして出来ない」になる。特に集中を欠き、心の入っていないプレーには容赦がなかった。白人のクラマーが憤ると顔が真っ赤に染まる。自然に選手たちは、彼を「赤鬼」と呼ぶようになった。

言っても出来ないと、語気はどんどん強くなる。

「Ｐａｓｓ＆Ｇｏ‼」

「Ｌｏｏｋ ａｒｏｕｎｄ‼」

「Ｄｏｎ'ｔ ｗａｉｔ ｔｈｅ ｂａｌｌ‼」

足が止まれば「Ｄｏｎ'ｔ ｓｌｅｅｐ」となり、次は「椅子を持ってきてやるから、そこに座って寝ろ」とエスカレートした。

ある時、誰かがソッポを向いて「赤鬼が……」と呟いたのを耳に留めたクラマーは、岡野に「どういう意味だ！」と問いただしている。ピッチ上のクラマーと選手たちは、それだけ妥協なき闘いを繰り広げてきた。

ただしクラマーも、尻を叩いて反発を促す選手と、誉めて動かせる選手とを区別していた。東京、メキシコ両五輪で、それぞれ主将を務めた平木隆三や八重樫茂生などは、時には周りが目を背けるほど怒鳴られた。だが一方で杉山隆一、宮本征勝、小澤通宏らは「怒ってはいけないタイプ」とみなされていた。おそらく横山は、自己判断で確実に前者に入っていた。だから現役時代は、厳し過ぎるクラマーのことをとても好きにはなれなかった。

ところが自分がベッドの上で重い病に苦しみ朦朧としていると、なぜか目の前にクラマーの顔が浮かんだ。その時初めてクラマーが心の拠り所で、父親のような存在だったことに気づくのだ。

「ＧＫ経験がなかったわけだから、ボロクソに言われるのは当たり前。でも当たり前だと思っているところに、たたみかけてくるから腹が立った」

そんな横山も、実はクラマーが心優しき赤鬼なのを知っていた。２００１年、横山は北京ユニバーシアードの開催中に、当時中国で指導に携わっていたクラマーと再会している。大連近郊で横山の顔を見た瞬間に、クラマーは涙を流して喜んでくれた。子供が成長すると、ようやく親心を理解する。横山は、その時急速にクラマーが自分に近づいたような気がした。

名スイーパーだった鎌田光夫のクラマー評も似ている。

「物凄く記憶力があり、気配りが出来る人なんです」

過去に鎌田は福島Jヴィレッジのオープニングセレモニーでクラマーと顔を合わせた。鎌田は選手として指導を受けただけでなく、指導者養成コースでも世話になっていたから、帰りは常磐線で隣席し話も弾んだ。だが日立市出身の鎌田は母を見舞うために途中下車し別れを告げる。結局鎌田の母は100歳と長寿を全うしたのだが、それから5～6年してクラマーと再会した際にも、第一声が「お母さんは元気か？」だった。

長沼は、知的障害者のワールドカップで再びクラマーの頭脳に助けられた。開催地はドイツ。テレビ中継もあった。日本選手団団長として現地を訪れていた長沼のホテルの部屋に、突然電話が入る。受話器の向こうからは、クラマーの聞き慣れた声が響いてきた。

「いいか、これから毎朝9時に電話を入れるからな」

本当に連日9時ピッタリに電話が鳴り、次戦の対策を微に入り細を穿ち熱心に説明をしてくれた。

赤鬼は一度声を荒げると、途端に選手たちを恐怖に陥れた。しかしファミリーが困った時に、これほど頼りになる存在はなかった。


ある時、平木はクラマーを乗せてドイツの高速道路アウトバーンを疾駆し、スピード違反で止められた。ところが警官が尋問に入ろうとすると、クラマーが平木を制しドイツ語で半狂乱を演じて見せた。結局根負けした警官は「行け」と、切符も切らずに解放した。

JFAに依頼され日本でクラマーに住居を提供した吉原郁夫の長男克夫は、ドイツ留学中に五重衝突の大事故に見舞われた。だがクラマーは鮮やかな手際で迅速に対処してしまった。警察での煩雑な手続きや、ペシャンコになった車の処理等を済ませ、代わりにレンタカーを運転してくると「全部済ませたからな。でもベルギー車には気をつけろよ」と、ウインクをしてみせた。当時ベルギーでは自動車免許取得の審査が、甘かったのだという。

クラマーは、文字通り、ファミリーの家長だった。1964年、日本サッカーは、その家長の卓越した牽引により、東京五輪でベスト8進出を果たした。そして家長は、その成果を見届けると日本を後にする。

「試合終了のホイッスルは、次のキックオフへの笛でもある」

早速クラマーの息子たちは、その名言通りに親から自立し、メキシコ五輪への挑戦を始めるのだった。

東京五輪を終えた翌1965年が明けると、日本代表は3月東南アジアへ遠征し、初めて無敗で帰国する。一方で夏には欧州遠征も行い、こちらでは厳しい試合が詰め込まれた。

五輪予選等でライバルになる近隣諸国に優位性を見せつけ、欧州では強化を図る。日本が進化していくためには、2つの遠征が両輪の役割を果たす。これもクラマーが指示していったことだった。

1966年にも夏は欧州遠征に出て、暮れにはバンコクのアジア大会に臨んでいる。日本は順調に1次リーグを3連勝、2次リーグも連勝し、破竹の5連勝で準決勝に進出。1次リーグで下しているイランと再戦することになった。だが3日連続の試合という強行日程で、主力に発熱等のアクシデントが重なり0－1で惜敗。希望と悔恨の入り混じった大会となった。

好成績にもかかわらず、クラマーは日本代表の試合ぶりに不満だった。東京五輪以降のクラマーは、機会があるごとに短期間の指導を行ったが、その度に「一歩前進二歩後退」と厳しい診断を下した。

「キミたちは、私が指導している間に一歩前進するが、いなくなると忘れて二歩後退してしまう。ちっとも前に進んでいない」

1966年夏の欧州遠征最終戦では西ドイツ五輪チームを2－0で下したが、それでもクラマーは語気を荒げた。

「ドイツの選手たちは、試合を終えて、みんな倒れこんでいる。それなのにキミたちは、みんなケロッとして戻ってきた。戦う姿勢はどこへ行ったんだ⁉」

東京五輪後に母国に戻ったクラマーは、ユース代表監督を経て、テクニカル・アドバイザーとして西ドイツ代表のベンチに入った。ユース代表はフランツ・ベッケンバウアー、ベルティ・フォクツなど後に世界チャンピオンになる豊富なタレントが揃い、1966年ワールドカップでは彼らがフル代表に昇格。ロンドンの聖地ウェンブレー・スタジアムで、開催国と延長にもつれ込む死闘を演じた。

この大会で日本代表選手たちは準決勝以降の4試合を観戦し、世界最高峰の舞台で恩師がベンチに座っていることに大きな感動を覚えた。逆にプロのトップレベルの中に身を置くクラマーだからこそ、時々見る日本代表の状況には不満を覚えたのかもしれない。

ただし東京五輪で基盤が出来た日本代表は、その後もほぼ不動のメンバーで着々と経験を重ね、レベルを上げてきていた。

まず攻撃面では、釜本邦茂のシュート力と杉山隆一のトップスピードを組み合わせるシンプルな戦術に磨きがかけられていく。東京五輪でアルゼンチンの関係者の目に止まった杉山のクロスは、大会直前の検見川合宿では1日200本以上も繰り返された。中央には釜本、桑原楽之《やすゆき》、右には渡辺正、松本育夫と二人ずつ用意されたが、左はいつも杉山ただ一人。杉山は、休む間もなくクラマーにはたいて走る。すると必ずトップスピードでなければ追いつかないパスが返され、杉山はぎりぎりで足を伸ばしクロスを上げる。スピードが落ちても、クロスの精度が悪くても「ダメだ」と、やり直しが命じられた。

「なんで左はオレだけなんだよ」

杉山は、恨めしく思いながら続けた。10本中2本くらいしか完璧に上がらなかったクロスが、やがて8～9本という域にまで到達していく。

「お前の後ろにはライン、つまり壁がある。敵が来るのは右からだけだ。だから出来るだけライン上でボールを受けて、ドリブルが出来る幅を作る。相手と1mの幅しかなければ抜けないが、3mあれば抜ける。それを意識するんだ」

一方、20歳で東京五輪を経験した釜本は得意の右45度に加え、切り返してからの左足シュートも威力を増していった。

「東京五輪前に千葉県の検見川で3ヵ月間の合宿があった。みんな午前中は会社か学校へ行き、午後と夜で1日2度の練習をしました。単純計算で180回の練習です。でも僕は学校へも行かず、他の選手より90回多く練習をした。夜はヘディングの特訓でした。朝は一人でゴール左ポストに30㎝の包帯を巻き、そこにシュートを当てる練習です。サッカーをやり始めたのも、東京の大学(早稲田)に進学したのも、オリンピックに出たかったから。とにかくメンバーに残るには、点を取ることだと思ったので、そこに集中した練習に取り組みました」

得意の右45度を覚えられると、相手のディフェンダーは先に足を伸ばしてくる。そこで釜本は次の打開策を岡野に相談すると、右で蹴ると見せかけて切り返して左、というテーマを与えられた。

「中学時代の数学の先生が器用に両手を使っていたんですよ。左手でコンパスを使いながら、右手で黒板に字を書く。それを思い出してね。左手がうまく使えるようになれば、きっと左足も……と思い、箸でダイスを掴む練習もしました」

杉山のために左前方スペースは開けておく。釜本は流れるとしても右に限る。学年で言えば杉山が2つ上だったが、ピッチに出れば躊躇なく互いに要求しあった。

「もうボロカス。クロスが逸《そ》れれば、どうしてここに蹴ってくれないの？　その代わり、杉山さんがサイドを抉ってマイナスの折り返しをした際に僕が遅れると、『おまえ、どこにいるんだ！』という調子。杉山さんは速いから追いつくのが大変なんですよ。そこだけじゃない。みんながピッチに出たら喧嘩腰です。八重樫さんなんか、バックパスが1m逸れたら試合中でも足を出してくれない。『おまえ、オレたちがどんな思いでここまでボールを運んだのか、判っているのか！　自分で行って取って来い』ですわ」（釜本）

そんな釜本のシュートを受けて、若き守護神横山も成長していった。

「ガマ（釜本）のシュートは速いだけじゃなくて、コース、タイミングともに天性のものがありました。あのシュートを受けることが、自分の調子を図るバロメーターにもなった。速く感じる時は、調子が悪いということです」

クラマーに口を酸っぱくして言われたのは、GKが守備を統率していくことの大切さだった。

「守備陣をどう連携させ、いかに攻撃の芽を摘み取っていくか。その上で最後のところはオレがやるよ、と。徐々に信頼を集めていくことが出来たと思います」

守備ではスイーパーシステムが世界の潮流となり、新しい大任を与えられたのがDF陣最年長の鎌田だった。

「1966年頃、1度代表から落とされたんですよ。どちらかと言えば、ファイトしないで読みで勝負して上手く奪い取るタイプでしたから、見方によっては弱いということになり、若手にチャンスを、となったんでしょうね。だから日本リーグでは敢えてバシバシ当たって渡り合う強さをアピールしました」

クラマーは鎌田をつかまえては、噛んで含めるようにスイーパーの心得を繰り返した。

①全体の指揮者になる
②カバーリングをする
③センタリングに備える
④味方がドリブルで抜かれた場合に対応する
⑤攻撃への参加、指示

「よくDF陣を集めて、コミュニケーションを図りましたよ。このケースは、遅らせておいてくれとか、コースを切っておいてくれれば、こっちで取るからとか……」

東京五輪の代表が19人、メキシコはコーチながら選手登録をした岡野を除けば18人。結局14人が連続出場したわけで、チームの経験値は確実に高まり成熟していく。その成果は、少しずつ目に見える形で表れ始めた。

1967年6月にはブラジル屈指の名門パルメイラスが来日。ちょうどそれに合わせて、クラマーも日本代表に合流し、世界最高の右SBと評判のジャウマ・サントスと対峙する杉山には、こう声をかけた。

「こんな世界的な選手と対戦できて、これほど名誉なことはない。だから2~3回でいいから勝負して抜いてみろ」

さすがにジャウマ・サントスは、杉山の狙いを先に読み取り、行こうとするスペースを消してしまう。だがそれでも杉山は3試合で3度抜き去り、そのうちの1つが釜本へのアシストとなって、第2戦の決勝ゴールに繋がった。同年8月、日本代表はブラジルでもパルメイラスと再戦をすることになり、この試合も0−1と接戦に持ち込み、どんなチームにも食い下がれる自信を深める。こうしてその秋、東京で集中開催されたメキシコ五輪アジア地区最終予選でも、ライバルの韓国を得失点差で抑えて出場権を獲得。五輪を迎える1968年1月には西ドイツ・アマチュア代表を招いて親善試合を行い、帰国する一行とともに釜本がドイツへと向かった。

「ガマは必ずうまくなって帰ってくる」

クラマーの進言により、ザールブリュッケンへ短期留学し、後に西ドイツ代表監督を務めるユップ・デアバルの指導を受けることになった。

「でも選手登録をしているわけではないので、試合には出られない。二軍戦ならプレーできるけれど、ピッチコンディションが悪いとすぐに中止になる。ほとんど体を動かせず、図書館にこもってひたすら16㎜の映写機を回してエウゼビオ（ポルトガルの名ストライカー）を中心に見まくっていました。いわばイメージ・トレーニングですよね」

しかしこのイメージ・トレーニングが急変貌をもたらす。「余計なことをしなくなり、プレーがシンプルになった」ことで、長所ばかりがクローズアップされるのだ。

「例えばボールをインサイドで止めれば、1度懐に入れることになるから、次に押し出すのに時間がかかる。でもアウトや足の裏で止めれば、すぐに次の動作に入れるわけです。味方の使い方も上手くなった。DFを複数背負っていれば、近くにフォローさせて、はたいてリターンを受ける。こうした積み重ねでプレー時間が短縮されたんです」

釜本は約2ヵ月後の1968年3月に、メキシコで日本代表に合流。その後のオーストラリア戦で、あまりの急成長ぶりがチームスタッフを驚かせた。また海抜2300mの高地で空気の薄いメキシコシティで、同国五輪チームと試合を組めたことも大きな収穫となった。

「普段ならピッチの縦幅を5往復は出来るはずなのに、みんな1回で息切れをしていた。試合当日はスタジアムの控え室に酸素ボンベが置いてありましたからね」

小城得達が振り返る。現在のような潤沢な予算とは無縁のJFAにとって、この時期に現地体験をさせるのは相当な英断だったに違いない。

「たぶんあれがなければ銅メダルもなかった」と小城は続けた。
メキシコとのアウェイ戦は、64分まで均衡を保っていたが、残り25分間で4点を失った。
「65分以降は、みんながへばって試合にならなかった」（釜本）
スコアだけを見れば完敗だった。だが試合をしたのは、到着して2～3日後のことで、逆にしっかりと準備をすればやれる、と選手たちはそれぞれ好感触を得た。五輪本番は7ヵ月後に近づいていた。

日本代表は夏に恒例の欧州遠征に出かけた。ところが初戦から一気に8連敗を喫し、ようやく最終戦だけは西ドイツの地域選抜に大勝するが、まったく気分は晴れなかった。メキシコへの出発を前に、長沼は記者会見で「完璧な準備が出来た」と豪語した。しかし、横山を筆頭に「こんなに負け続けて大丈夫だろうか」という不安が、チーム内に広がりつつあった。ただしクラマーには、ある程度、そうなることが予測できていた。

「相手はプロ。この遠征では楽に勝っても意味がない。むしろ叩かれた方が戒めになる」

9月22日、日本代表は羽田空港を発ち、まずロサンジェルスへと向かう。ロスで時差調整を行い、25日にメキシコシティの五輪選手村へ入った。現地入りしてからも最初の3日間、選手たちはほとんどボールに触れていない。アップシューズのままグラウンドへ行き、ストレッチ、ジョギング、それに軽くリフティングをすると「さあ、引きあげるぞ」と声がかかる。

「……おい、本当にこんなことでいいのか」

選手たちは、首を傾げながら選手村へ引き返した。だが到着当初は階段を上がるだけで息が切れていた選手たちが、3日間軽めの調整を繰り返しているうちに確かに順応し始めた。4日目、ようやく本格的な練習メニューに入ると、まるで水を得た魚のように活発に動き出すのである。

クラマーは、FIFA技術委員の立場で現地に来ていた。本来なら中立の立場を貫き、技術分析に専念するはずなのだが、自ら日本の属するグループBの視察を決め込んでいた。

クラマーが初めて選手村を訪れ、日本代表を激励したのは、初戦を3日後に控えた10月11日のことである。

「とにかく初戦が50％を占める。ナイジェリア戦に集中して、勝ち点2（当時は勝利が2ポイントだった）を獲るんだ」

ナイジェリアの情報は現地に行くまで皆無に等しかった。しかし前回大会で主将を務めた平木隆三がスカウティングを買って出て、現地の子供と遊ぶふりをして立ち入り禁止区域まで侵入し、可能な限りの特徴を押さえてきた。

釜本は初戦が待ち遠しかった。これほど完璧なコンディションが作れたのは、後にも先にもなかったという。そして24分、八重樫のクロスを頭で決めて先制すると、一気に肩の荷が下りたような気がした。

「東京五輪は4試合で1点しか取れなかった。でもこの大会は24分間で1点。それが成長の証です。あとは何点取れるかが楽しみになりましたね」

打てば全部入る。釜本はそんな気がしていた。それを裏づけるように、後半に入ると今度は左足で2点目。終了15分前には、故障した八重樫に代わってCFには桑原が入り、釜本は2列目に下がるが、それも追加点を後押しした。終了間際、相手ゴールキックからのこぼれ球を釜本が胸で止める。その瞬間、2つの選択肢が浮かんだ。1つ目はGKが出ているからシュート。2つ目は味方にパス。しかしそこからカウンターを食らうリスクを考え、とにかく遠い所へ思い切り蹴っておけ、と右足を一閃。これが見事なロングシュートとなってネットを揺すった。

頭、左、右でハットトリック。釜本に牽引されるように日本は会心のスタートを切った。だが反面、代償も小さくはなかった。メキシコ五輪を総決算と考え、引退を引き伸ばしてきた主将の八重樫が靭帯を断裂。「ベンチにいる選手が勝負を決める」がクラマーの言だった。その後最年長の八重樫は、それを実践するかのようにチームのトレーニングウエアをまとめて一人で黙々と洗濯を続けた。

「やめてくださいよ」

たまらず森孝慈ら後輩の選手たちは懇願した。だが八重樫は仏頂面で答えた。

「いいんだ。その代わり、おまえらは死ぬほど走れよ。それでも勝てねえ相手もある」

「よっしゃ、じゃあ死ぬまで走るぞ」

間違いなく士気は高まった。

また鎌田は前半で右肘を脱臼していた。ところが倒れているのに笛は鳴らずプレーが止まらない。仕方なく立ち上がると激痛に耐えながらも自分で入れ、ハーフタイムに痛み止めの注射を打ち戦い抜いた。

総力戦による死闘だった。ただし日本代表のコンディションは「参加国中最高」の評価も出たほどで、グループリーグは続くブラジルと1－1、さらにスペインとも0－0で分けて2大会連続してベスト8入りを決める。スペイン戦は、準々決勝で開催国メキシコとの対戦を避けるために、敢えて引き分けを狙って「勝ち取った」ものだった。

準々決勝の相手はフランス。FIFA技術委員のクラマーは、浅いラインを引きオフサイドトラップを多用するフランスの戦術的な特徴について入念な説明を施す。これが見事に功を奏し、日本は釜本が2点、渡辺が1点を決め、3－1で快勝した。

しかし日本の快進撃も、遂に準決勝で止まる。前回優勝のハンガリーの力は図抜けており、結果は0－5の大敗だった。王者は日本の研究を怠らず、釜本は言うに及ばず、釜本へのボールの供給源である杉山にも徹底したマークを施し、段違いに鋭い攻撃を繰り出した。

だがここでクラマーのユーモアが、選手たちの傷心を癒やした。

「ハンガリーはチャンピオンになるチームだから、この敗戦は仕方がない。それにこれは私のミスだ。小城に手を使ってはいけないことを教えておくのを忘れた」

ドッと笑いが起こる。同時にハンドで2つのPKを与えてしまい、沈んでいた小城の気持ちを揉み解した。

「さあ、キミたちは歴史を作るんだ。銅の色もなかなかいいぞ。あとは小城がハンドをしなければ勝てる」

3位決定戦はクラマーの予言通りになった。杉山－釜本のホットラインで2点を奪い、GK横山がPKを止めてメキシコの反撃の糸口を断つと、地元の観衆は「ハポン、ハポン」と声援を送り始めるのだ。2－0、試合終了のホイッスルとともにクッションが乱れ飛んだ。

宿舎へ帰った選手たちは、1時間半ほど眠り続けた。なかでも山口芳忠は脱水症状で痙攣を起こしていた。その様子を見たクラマーの瞳からは、途端に大粒の涙が落ち始める。

「これが本物の大和魂なんだな……」

大きな嗚咽が響いた。

世界各国で指導者として多大な功績を残してきた赤鬼が、生涯で最も美しい奇跡に遭遇した瞬間だった。

世界への窓・ダイヤモンドサッカー

日本サッカーの歴史を俯瞰すると、１９６８年は運命の転換点だった。

もちろんメキシコ五輪での銅メダル獲得は、誰もが知る快挙である。しかしこの同じ年に、実はそれ以上に重要な蠕動《ぜんどう》があったのかもしれない。

「サッカーを愛する皆さん、ご機嫌いかがでしょうか」

それから約20年間、テレビ東京が放映し続けた『三菱ダイヤモンドサッカー』は、先駆的にスポーツの世界への広がりを発信し続けた。ビデオのない時代である。毎週サッカー少年は、番組が始まる頃にはテレビの前に陣取り、心を躍らせながら金子勝彦アナウンサーの冒頭の挨拶を聞いた。

「キリンカップのウェルカムパーティーでのことでした。東京プリンスホテルに３００人ほどが集まり、いきなりマイクを渡された私は、何も考えずに『サッカーを愛する皆様～』と挨拶をしたのです。会場は沸き上がり、瞬く間に形容し難《にく》い雰囲気になりました。『あい』それは、50音の最初の２つ。その響きの美しさ、そして言葉の持つ力に私自身が改めて驚かされました」

以来この挨拶は金子のトレードマークになった。近年別のアナウンサーが、中継の冒頭で真似ると、局には「おまえが言うな」と苦情が殺到したそうである。

２０１２年、金子は、放送界から初めて日本サッカー殿堂入りを果たした。早速『ダイヤモンドサッカー』誕生を仕掛けた諸橋晋六からは、直筆の祝辞が届いた。

《こういう番組が導入されたら、どれだけ日本サッカーのためになるでしょうか、という私の素志を、篠島秀雄さんが理解し、かつ協力してくださり、それを岡野俊一郎さんとともに20年、９９４回も見事放映してくださったのがネコ（金子）さんです。今でも私は、この番組が日本サッカー界に与えた良き影響を自負しています》

端緒は１９６７年に遡る。日英経済人会議がロンドンで開催され、当時ＪＦＡ副会長で三菱化成社長でもあった篠島が渡英。三菱商事（後に社長）ロンドンに在籍する諸橋が、現地での案内役を務めることになった。篠島は第二次大戦前に日本代表歴を持つ往年の名手で、諸橋も上智大学のサッカー部出身。諸橋は土曜日の午後に、篠島をホワイト・ハート・レーン（トットナム・ホットスパーのホーム）でのリーグ観戦に誘い、夜はホテルに戻ると部屋にテレビの受像機を持ち込み『ＭＡＴＣＨ

OF THE DAY』という当日のリーグ戦のダイジェストで構成された番組を見せた。

テレビ東京（旧・東京12チャンネル）番組審議委員も務める篠島は、かねてからドメスティックな野球に染まった日本のスポーツ中継に疑問を抱いていた。

「これはいいじゃないか。サッカーは、これから日本を背負って立つ若い人たちの一般教養になる。テレビが伝えていかなければならない」

篠島の命を受け、諸橋はFA（イングランド協会）以下関連組織を奔走し、BBC（英国放送協会）から放映権を獲得する。こうして翌1968年4月13日に『三菱ダイヤモンドサッカー』が産声を上げるのだが、金子は今でも篠島の言葉を鮮明に覚えている。

「サッカーは企業と一緒だ。GKが総務、MFは工場、FWは営業……、個の力を駆使してゴールという営業成績を目指す。それを世界に広げていくのが国際化。そのためにもサッカーを知らなきゃダメなんだ」

金子自身に本格的なプレー経験はない。

「1965年に在京の民放各局が競う東京放送リーグが結成されましたが、テレビ東京には2人くらいしか経験者がいなくて毎回最下位でした。小倉智昭アナウンサーは陸上競技のスプリンターなので、足が速くて飛び出しては行くけれど全然戻って来ない。テレ東は、ミーティングはワールドクラスだけど、テクニックは最低レベルだと言われていました」

ただし金子には、サッカー中継への使命感に近い強烈なこだわりがあった。

「義理の弟が希望ヶ丘高校でFWをやっていて、神奈川県選抜に選ばれていました。もともとMBS(毎日放送)に入社した私は、様々なスポーツ中継に携わってきましたが、よく弟からは『サッカーはやらないの』と声をかけられていたのです。そんな弟が、1963年に国鉄鶴見事故で突然亡くなりました。それからですよ。不思議なことに、行く先々で必ずサッカー関係の方に巡り合うようになったのです」

まさに『ダイヤモンドサッカー』を支えた「三巨人」との出会いは象徴的な出来事で、金子の人生を運命づけた。

「篠島さん、諸橋さん、それに解説をされた岡野さん。番組を支えたのは、この御三方の人間力です。視聴率は1～2％の間を行ったり来たりでした。巨人戦の中継をすれば30％、美空ひばりさんが歌えば25％、そんな時代でしたからね。でも私たちは、視聴率ではなく、『視聴質』にこだわりました。1％が35～40万人。この視聴者の方々には、アンフィールドやオールド・トラッフォードを感じて欲しい、またサッカーを見ながら文化や歴史も学んで欲しいと思って伝えて来ました。もちろん博覧強記の岡野さんの解説だからこそ、それが可能でした。一方でお伝えしていることが通じなければ失格ですから、15歳の少年が理解できる言葉を意識して放送して来ました。篠島さんからは、ＣＭなんか要らないから、もっとしっかりサッカーを見せろ、との叱咤があり、本当にＣＭ抜きで流したこともありましたね」

視聴者の数は限定的だったかもしれない。しかし質の高い番組に対して、反応は早かった。

「シューズのプレゼントなどがあると、３０００通を超える応募がありました。『ジョージ・ベストのステップを真似てみました』という投書も、すぐにありました。岡野さんは『それでいいんだ、サッカーは真似なんだから』と、微笑んでいました」

母国イングランドの「マンチェスター・ユナイテッドVSトットナム・ホットスパー」戦で始まった番組は、やがて特別枠でユナイテッドがイングランド勢として初戴冠した欧州チャンピオンズカップ決勝を放送し、１９７０年からは約1年間をかけてメキシコ・ワールドカップを録画で流した。ブラジルが予選から全勝優勝を飾った大会の中継は、見方によっては日本サッカーの方向性を変えるほどのインパクトを与えた。これを境に、指導者も子供たちも、一斉にテクニカルなブラジルへの憧憬を加速させていくからだ。

「岡野さんは、正確な日本語で正しくサッカーを喋ろうなと、競技の本質を伝えていくことにこだわっていました。放送前に岡野さんに渡されるのは、原語で書かれたメンバー表1枚だけ。事前の打ち合わせもありません。しかし本番での集中力が傑出していて、それは物凄い迫力で、どんな話を振っても大丈夫でした。逆に私は岡野さんについていくために、一生懸命に歴史書を読み漁りました」

番組が始まった１９６８年には、日本代表がメキシコ五輪に備えて旧ソ連から欧州へ渡る長期遠征を行い、金子も日の丸をつけ一員として同行した。その締め括りに訪れたのがホワイト・ハート・レーンだった。

「イングランドリーグの開幕戦、相手はアーセナルです。英国から番組用に送られてくるフィルムはモノクロなので、それが初めての〝天然色〟での観戦になりました。震えましたよ」

月刊だった『サッカーマガジン』は「今月のダイヤモンドサッカー」というページを作り、放送予定のカードや見どころなどの情報を掲載した。

そして１９７４年には、日本で初めてワールドカップ（西ドイツ大会）決勝を生中継し、大会後には全試合を録画で振り返った。

「東京五輪やテニスの全米オープンなどを中継した経験はありましたが、さすがに8万人の坩堝《るつぼ》での生中継は特別な感慨がありました。2年前のミュンヘン五輪ではパレスチナゲリラのテロがあったので、物凄い厳重チェックでした。専用ホテルから専用バスでスタジアムへ向かい、シェパードが2頭ずつで全員のバッグの中を嗅ぐ。米ソ会談を終えたキッシンジャー大統領補佐官が軍用ヘリをミュンヘン空港の外につけ、見降ろせば貴賓席には女優のエリザベス・テーラーや各国元首などが臨席しています。極度の緊張に包まれて中継をしました」

金子は8ヵ国が残る2次リーグからドイツに入り、2週間ほど現地に滞在した。

「あの時のオランダは次元が違いました。前回優勝のブラジルが手も足も出なかった（2－0）ですからね」

結局ワールドカップの映像を通じて、大半のサッカー小僧がオランダの主将ヨハン・クライフに魂を奪われた。

当時中学生で、現在はJスポーツで『FOOT!』などのディレクターを務める甲斐晶が語る。

「今なら日本にもリオネル・メッシのプレーを生で数百試合見た人が相当数いると思うんです。でもたぶんクライフの試合を10試合見た人はいない。それなのに僕らの世代は、みんなクライフ派なんです。実はディエゴ・マラドーナと同い年なんですけどね」

甲斐は中学高校時代を通して『ダイヤモンドサッカー』に熱中した。

「当時は水曜の夜10時からの放送で、結果が判っている試合を半分ずつしか見られません。それでも翌日登校すれば、サッカー部仲間の話題は番組で見たシーンに集中し、みんなでプレーをマネするんです。ヨニー・エドストレームの左足ボレー（1974年西ドイツ・ワールドカップで、大会中最も美しいゴールに選ばれた）や、リベリーノのFK（壁の間に味方が1人入り、その隙間を抜く）とか……。もちろん誰も出来やしないんですけどね（笑）。やはり映像があるというのは凄く重要なんです。オフサイドトラップが言葉では伝わり難くても、見ればラインの上げ下げなどは出来るようになりますからね」

甲斐に限らず、それは当時のサッカー少年たちのルーティーンだった。

「深夜11時に放送が始まる時期もあったのですが、例えば後に日本代表で活躍する柱谷幸一、哲二兄弟も、テレビを布団の中に入れてこっそり見ていたそうです。お父さんが苦笑混じりに教えてくれました。テレ東を視聴できない地方局からは、VTRのネット販売の要望も多かったですね」（金子）

１９７０年代から80年代にかけて、日本サッカーはすっかり低迷した。しかしファンは、その先に遥かにハイレベルな世界の熱狂があることを知り傾倒していく。『イレブン』のように海外シーンを中心に扱う専門誌が創刊され、日本代表の国際試合も対戦相手のネームバリュー次第では観客動員も見込めるようになった。

再び甲斐が述懐する。

「ダイヤモンドサッカーは、僕が海外に目を向けた第一歩でした。中学生時代の日本にとって、外国と言えば米国のことでした。でも僕は番組を見ていたので、気がつけば欧州のどこにどんな街があるのかを知っていました。日本の芝は冬になると茶色になるのに、ドイツは冬でも緑なんだと。そんな知識も得られます。一方で本場の観客席の熱狂を見てきたので、日本代表への評価は甘くなりました。日本ではサッカーは国技じゃない。でも欧州はみんなが本気で、観ている人たちの温度が全然違う。ワールドカップなんて、出られるだけで十分じゃないか、って。ドーハの悲劇（１９９３年）の時も、自分の目の黒いうちは絶対にワールドカップ出場なんて無理だと思っていましたから」

『ダイヤモンドサッカー』育ちの甲斐は『ＦＯＯＴ！』でも「サポーターと一体になった街やスタジアム」を紹介するようにしている。

『ダイヤモンドサッカー』がなかったら、サッカーから離れてしまった可能性が高いでしょうね。欧州では、土曜日の夜、実際にジャッジしたレフェリーも加わり、当日のオフサイド判定などについて延々討論する番組があります。いつかあそこまでは到達したいですね。また試合が終わると、報道するカメラの前には必ずＧＭが現れて質問に答えています。日本だとどうしても責任の所在が曖昧なんですが、こういう人たちにきつい一言をぶつけられる人材を、今、発掘しているところです（笑）」

フジテレビで長くプロデューサーとしてサッカー中継に携わって来た村社淳も、高校生までは『ダイヤモンドサッカー』を欠かさずに見て、金子－岡野の絶妙な連携から様々な教訓を得て来た。

「岡野さんの解説は、自己満足にならず、競技の良さを素人にも的確に伝えていました。今でも覚えているのは、１９８６年メキシコ・ワールドカップ（ＮＨＫ）のフランス－ブラジル戦の解説です。灼熱の地で一転して攻守が入れ替わる激しい攻防になったのですが、岡野さんは暫く喋らないんです。そしてひと息ついたところで言います。『今、ボクが喋らなくても、サッカーの凄さは判って頂けたと思います』クレバーで滑舌も良く、まさに余人をもって代え難い方でした」

1994年、村社は、三浦知良がジェノアへ移籍したタイミングで『セリエAダイジェスト』という番組を起ち上げた。ダイジェスト番組ではあるが、当初ダイヤモンドサッカーに素材を提供した『MATCH OF THE DAY』と同じように、必ず1試合はミニ中継を入れていた。

「ライブ感覚を出すために、解説者にはプレビューをせずに初見で喋ってもらいました。『ダイヤモンドサッカー』の名コンビからは、初めて見た驚きや感動が伝わってきました。1度見た映像について、予め用意したものを話したのでは、どんなに驚いてみてもリアクションが嘘になります。もしそれで間違いがあっても結構じゃないですか」

実際に岡野も金子も「作りもの」を嫌い初見での勝負を貫いたそうだが、村社も中継では現場の温度にこだわった。

「当初鹿島スタジアムには冷暖房完備の素晴らしい放送ブースが設置されました。最初の1年間は、室内で中継をしたのですが、どうしても静かなブースでは迫力が出ない。そこで2年目からは密封ではなくなりました。人間は騒音の中では声が大きくなります。スタンドと同じ温度で、ノイズとともに話すことで臨場感が伝わってきます。実は日本が初めてワールドカップへの出場を決めたジョホールバルのプレーオフ（日本3－2イラン＝フジテレビ中継）の際は、ブースの中が虫だらけになりました。中継スタッフは、蛾を追い払うのに汗だくの格闘でした（笑）。因みに海外の放送ブースは、全て外にあります」

やがてJリーグが始まりサッカー中継が増えていくが、伝統的な野球の資料の作成方法が適用できずに、一部の現場スタッフは戸惑ったそうだ。

村社が教えてくれた。

「野球中継では、選手個別の資料を用意していました。例えば1枚の紙には、原辰徳のデータがたっぷり書き込んであります。打順が決まっているので、イニングが進めば必ず原の打席が回ってくるので、そこで用意してあるデータを見ながら語れば良かったんです。でもサッカーで、それは通用しません。いつ誰のことを話すことになるか判りませんからね。結局データは、スタメン用紙に簡潔に記しておく以外は、頭に入れて随時引き出していくしかないんです」

その点で『ダイヤモンドサッカー』のスタッフは、資料作成に甚大な努力をした。インターネットの普及どころか、まだ海外の資料を簡単に入手出来る時代も到来していなかった。再び金子が振り返る。

「番組の準備のためには、足を使って何万時間も費やしたと思います。まずディレクターの寺尾皖次くんが『TIMES』紙の東洋版を購読し、苦労して可能な限り現地の新聞や雑誌を収集しました。あとは大使館に足を運んで、聞き書きですよ。必ずサッカーが大好きで詳しい方がいましたからね」

金子の手もとには、綺麗に整理された994回分の資料が残っていた。

「一応管理職をこなしていた時期もありましたからね。『ダイヤモンドサッカー』を録る前日の睡眠は1～2時間程度でした。自分でも、よくやったものだと感心します」

『ダイヤモンドサッカー』は、篠島や諸橋が託した本場の熱狂や文化を伝えたいという想いを見事に果たし、約20年間の長寿を全うする。依然として国内でのサッカー人気は野球の比ではなかったが、海外事情への関心の高さに目を転じれば、明らかにメジャーリーグへの興味を凌駕していた。

『ダイヤモンドサッカー』で育った世代は、やがて自分で海外へ飛び見識を深めると、各業界の要職に就いていった。小さな意識改革は大きなうねりとなり、選手たちの海外志向、日本サッカーのプロ化、さらにはワールドカップ開催へと繋がっていく。

金子は感慨を込めて言う。

「『ダイヤモンドサッカー』がなければ、2002年日韓ワールドカップもなかったと思います」

確かに2002年から逆算すれば、1968年に番組による啓蒙活動が始まり、1970年に初めてワールドカップの映像が紹介され、1974年には生中継を契機に大きな興味へと点火する。大会招致の流れを考えても、それはギリギリのタイミングだったに違いない。

サッカー人気を下支えした番組が終わると、間もなくJリーグが開幕し、欧州へ進出していく選手も増え、日本でも本場の中継が溢れる時代がやって来る。もちろんサッカーが社会で認知され、浸透しているのは間違いない。地上波の視聴率は低迷しても、視聴者数はケタ違いになった。だが反面『ダイヤモンドサッカー』のスタッフがこだわったという「視聴質」が高まったかというと、その実感は乏しい。週に1度しか海外の映像に触れられない時代は、そこに究極の手本があった。振り返れば、解説者として語る岡野は、冷静で柔和な当意即妙を貫き、せっかくのスタジアムの熱を遮るような愚行は一切なかった。ところが海外のサッカー番組が飽和状態になると、中継に携わる人材も、必然的に玉石混淆状態に陥った。我先に絶叫するのが興奮を伝える最善策だと勘違いする、まるで岡野とは対極の解説者も増加傾向にある。

金子は、そんな今を「豊富の中の貧困」と呼ぶ。

「タイトルを懸けた凄いゲーム、あるいは郷土愛に溢れるチーム同士の情熱的な試合は、それほど頻繁にはありません。全てのエネルギーが集中するような試合と、そうでないものは峻別する必要があると思います。アナウンサーも同じです。フリーで上手な方もいらっしゃいます。しかし総じて語彙が減り、作り言葉を平気で並べるなど表現力は貧困になりつつあります。謙虚にサッカーが好きで仕方がないと訴えかけて来るコメンテーターが少なくなっているのも残念ですね」

現在は若いディレクターを育成する側に回る甲斐にも、忸怩たる思いがある。

「かつて制作会社にいた頃は、必ずスタッフ間で番組作りについて論争が起こったものです。でも最近はそれもなく、今までを踏襲する流れになっている。モノを作るのは、誰かに言われてやる仕事じゃない。サッカーが好きで、一生懸命なのは当たり前。自分を表現していかなければ意味がない。『せっかく好きなことに携われているなら、その喜びを噛みしめて、もっと勝負してみろよ』と言いたいですよね」

世界一の人気スポーツの魅力を伝えたのは、先駆者たちの使命感と気概だった。だが三賢人が他界した今、彼らの素志は継承されているのだろうか。

三冠、「赤き血のイレブン」の真実

スポ根アニメの人気が沸騰していた。

『巨人の星』『あしたのジョー』でブームに点火した梶原一騎が、次はサッカーに目をつけた。モデルになったのは浦和南高校と、チームのエース永井良和。『赤き血のイレブン』は、1970年2月から週刊少年キング（少年画報社）で連載が始まり、追いかけるように2ヵ月後からは日本テレビで放映された。主人公の玉井真吾はサブマリンシュートを武器にミラクルな活躍を見せ、このアニメに触発されてボールを蹴り始めた子供も少なくない。テレビ放映の際には、創設間もない読売クラブに在籍していた柴田宗弘が監修をしているが「6割は実際の永井のプレーの要素が見事に反映されていた」と証言する。

「永井はゴール前で動きが速く、GKをしっかりと見てシュートを打てる選手でした。あとの4割は空想の世界。梶原一騎氏のアイデアですが、むしろサッカーに精通していないから思いつくような発想もあり、なるほどな、と感心させられた部分もあります。サッカーへの興味を引き寄せたという点では『巨人の星』に並ぶ影響力があったと思いますよ」

ところが肝心の永井自身は、まだ原作を見ていないし「たぶんこれからも見ないと思いますよ」と素っ気ない。浦和南高校の50周年式典で、ＤＶＤ化されたアニメの第一作を初めて見たが「ケンカばかりしていて嫌になっちゃいましたよ」と苦笑した。

永井の人生は、既にサッカーの街浦和で生まれたことで運命づけられたのかもしれない。実家の真向かいには日本リーグの日立で活躍した中村宏衛が住んでいて「いいお兄ちゃんで、一緒にボールを蹴って遊んでくれた」というから、それで素地は出来ていたようだ。大原中学へ進むと、野球部へと迂回するが、すぐにサッカー部顧問の田島勝彦に誘われ1年生の11月に転部している。田島は、外野を守る永井が見せていた抜群の瞬発力やバネに、大きな可能性を見出したのだ。

「サッカー部の友だちも多くて、自然にそういう流れになったんですよ。最初はＳＢだったんですが、２年生の時に本来のＦＷが生徒会の仕事で不在だったことがあり、彼の代わりにプレーして以来ずっとそのままです」（永井）

永井の加入もあり、大原中は無敵のチームへと変貌する。まだ中学の全国大会はなく、対戦相手は埼玉県内に限られたが、在学中は屈指のサッカー王国の中で引き分けも挟まずに46連勝を記録した。

大原中で指導をした田島と、浦和南高校を束ねる松本暁司は、ともに埼玉大学ＯＢとして繋がりがあり、松本の耳にも「永井という面白い子がいる」という話は入っていた。早速両校は合同練習を実施。松本は、浦和南部員たちの前で、なんと中学生の永井に模範プレーを披露させている。

1年先輩の岩崎雄二が振り返る。

「後ろから来た胸の高さのボールを、そのまま前を向きながらトラップをした。僕らの世代には、そういうプレーが出来る選手はいませんでしたからね。やっぱり違うな、と思いました」

永井のスポーツ万能ぶりは際立っていた。小学6年生の時には、浦和市の水泳大会50ｍ平泳ぎで優勝。中学時代には同市の陸上競技大会の走り高跳びを制し、マットや鉄棒をやらせても群を抜いて上手かったという。後に検見川での日本代表合宿では、１００ｍで11秒を切るのでは、と噂のあった高田一美、さらには奥寺康彦と、俊足自慢の３人でピッチ横断の勝負をしたことがあるが、トップでゴールラインを駆け抜けたのは永井だった。

しかもそれでいて、短いサッカー歴に反して技術的な完成度が高かった。

「既に左右の足で、しっかり止めて蹴れた。また3対3、4対4などのミニゲームをやらせても、狭いエリアでいろんなことが出来た。私は清水東高校時代の杉山（隆一＝歴史に残る名ウインガー）も見ていますが、ボール扱いの柔らかさ、動きのしなやかさを考えれば、この時点では永井の方が上だったでしょうね」

そう前置きして、松本が語気を強めた。

「だから本当に永井が在籍した3年間は、ハラハラドキドキだったんですよ。とにかく浦和南というチームの勝ち負け以上に、永井を燃え尽き症候群にしないで無事卒業させることばかりを考えていました。せっかくの原石です。磨く機会を失ったら取り返しのつかないことになる。決して家庭環境が恵まれていたわけではないので、アルバイトに走ってしまう可能性もある。周りの先生方からは『もっとしっかり勉強をさせろ』とか『特別視はしませんよ』などとけん制されていましたからね」

鬼と怖れられた松本が、永井だけは滅多に叱らなかった。

「厳しいことを言って辞められては困る。逆に周りに厳しく言うことで、自分の甘さに気づいて欲しいと思っていました。また永井は、そういう能力を持っていました」

松本は日常的に「高校サッカーの枠を超えるチームを」と口にしていた。埼玉は、静岡、広島とともに、御三家と呼ばれていたが、一方で「足先のプレーが多い」「日本代表で活躍する選手が少ない」との批判も出ていた。それを覆すためにも、確かな戦術の下で全体がダイナミックに連動していくサッカーを目指した。また永井の代と、その1学年上には浦和市内の中学のエース級が揃い、それを実現するだけの条件が整っていた。

ところが永井を新入生に迎え入れた1968年の夏、浦和南は高校総体1回戦で新宮商に1－2で敗れてしまう。その後の猛練習ぶりは、今でも語り草になっている。登録メンバーは敗戦の翌朝開催地の広島を発ち、母校で待つ控えの選手たちに土下座をして謝ると、そのまま夏合宿に突入した。

チームの守護神として君臨し、後に川崎フロンターレのGMを務める福家三男が「あれはサッカー人生の中でも一番厳しかった」と述懐する。

「当時埼玉代表のチームは、絶対に初戦で負けては帰れないという雰囲気がありました。松本先生は強く言っていました。『まだおまえたちは本当に全国制覇をするという気持ちになれていない』。『日本一の練習をしなければ、そのための強い精神は養えない』と」

実際に永井には、当時の浦和南が日本一厳しい練習をしていたという確信がある。

「ユース代表の合宿で、他の学校の選手たちに、どんな練習をしているか聞いてみたんです。みんなウチほど苦しい練習はしていませんでした。炎天下でダッシュとジョギングを繰り返すインターバル・トレーニングが延々と続けられるんですが、自分のユニフォームの胸を引きちぎるように苦しがっている選手もいた。水を飲んではいけない時代ですからね。『死んじゃうんじゃないの？』なんて話しながらやっていました。シュート練習の時に、途中で意識が薄れかけるから、お互いビンタをしながら続けましたよ」

ただし松本は、時には理不尽を強要する一方で、ハンガリー人のアルパド・チャナディの指導書を熟読するなど、厳しさと同時に先端の理論も兼備し、全国各地の有力校の指導者たちの練習見学も積極的に受け入れていた。福家が恩師の先見性を証言する。

「蹴って走って、指導者の言う通りにやるだけではいけない。インテリジェンスがあり、しかも運動能力を持つ選手を育てていく必要がある」

そう主張していた。福家は続けた。

「当時ほとんどの強豪高校がメンバーを固定して戦っていましたが、既に松本先生は戦術的な交代が出来るようにと常時15～16人の戦力を整えるようにしていました。ただ勝つだけではなく、相手が何をすれば嫌がるのか、自分で考えさせて戦術的な判断を養うように導いていました」

この年、浦和南は全国高校選手権への出場を逃すが、2年生以下の新チームは埼玉県の新人戦を制し、同県代表として選手権に臨む川口高校の壮行試合の相手を務めている。結果は1学年下の浦和南が勝利。松本は今でも「申し訳ないことをした」と恐縮するが、そこから新生浦和南の快進撃が始まった。

当時高校の3大タイトルは、総体（インターハイ）、国体、選手権だった。１９６６年度には藤枝東が初の三冠を達成しているが、３つ目の選手権決勝は秋田商と引き分けていた（両校優勝）。一方で１９６９年まで単独チームが各都道府県代表として参加していた国体は、翌年からは選抜チームが競う形式への模様替えが決まっていた。つまり永井が2年時のシーズンは、単独チームが三冠を狙えるラストチャンスになる。それだけに松本は「藤枝東の二冠半を超える」ことにこだわった。

新人戦で埼玉県を制し、さらに関東大会でも決勝戦で奥寺康彦を擁す相模工大付属を下して優勝。浦和南は順調な滑り出しを見せるが、逆に前評判が高まり過ぎて総体（栃木県宇都宮市）では苦しんだ。夏真っ盛りの8月2日に開幕し、6日間で5試合の過密日程。しかも初戦で永井がＣＫをボレーで叩き、当たり所が悪く右足甲を痛めてしまい、その後は左足1本でのプレーを強いられた。

準々決勝の初芝戦、準決勝の宇都宮工業戦は、立て続けに延長戦に突入。窮地を救ったのは「超人的な選手だった」（岩崎）という左ウイングの森田英夫だった。それぞれ3－2、2－1で勝利した両試合で、同点弾、決勝点と値千金の連続2ゴール。清水商業との決勝も2度リードを許す苦しい展開となったが、遂に永井が痛む右足でクリーンシュートを叩き込み、4－2の逆転勝利へと繋げた。

「ずっと足の痛みを引きずっていて、実は決勝戦も交代の選手が準備をしていました。でももう最後だからと、思い切り蹴ったら痛くなかったんですよ」（永井）

既に『報知新聞』は「浦和南、三冠へ第一歩」の見出しを立てているから、いかに同校が頭抜けた評価を受けていたかが窺える。

さらに総体終了後の8月19日、浦和南は舞台を駒沢陸上競技場に移し、従来の枠を超える真価を見せつけた。ちょうど前年から日韓のチャンピオン高校同士が顔を合わせる交流戦がスタート。初回は韓国に遠征した秋田商業が、中東高《チュンドン》に0－11というショッキングなスコアで叩きのめされていた。

「韓国は個の能力が高く、パスも繋げて球際の争いも強く、スケールの大きな展開も出来る。ここに勝ちたい、これを超えたいという思いは、強かったですね」（松本）

浦和南が対戦したのは、前年秋田商に大勝している中東高。早い時間帯に先制を許した時は、さすがに松本も「やっぱりダメか」と嘆息した。だが前半のうちに、永井が右サイドから突破口を開き、森田が同点ゴールを突き刺す。前年の結果から日韓の高校レベルには大きな格差があると見られていただけに、この鮮やかに崩し切ってのゴールは、中東高に動揺を与えた。

さらに後半には、左から森田がドリブルで切り裂きライナー性のクロスを送ると、永井がボレーでゴール左隅に叩き込む。浦和南は、この後も綺麗な形で1点を加え3－1で快勝。この模様はNHKとテレビ朝日の2局で放映されたため、大きな反響を呼ぶのだった。

三冠へ向け、チーム作りは順調に進んでいた。ところが2つ目のタイトル、国体への出場権を賭けた関東予選直前に、思わぬアクシデントが起こる。些細な悪戯が発覚し、永井が学校側から謹慎処分を科せられてしまうのだ。

「どうして永井を連れて来ていないんだ」

会場で訝しげな顔と次々にすれ違う松本は、とうとう苦し紛れに「いや、急性盲腸炎で……」と逃げた。さすがに「ピッチに立てば必ず決めてくれる精神的な拠り所」(福家)が消えて、チームは落ち着きを失う。初戦の相手が韮崎高校で、ユース代表GK大村忠彦が立ちはだかったことも焦りを助長した。結局前がかりになったところで、カウンターを食って敗戦。後がなくなる。

主将の福家は、不安を胸にしまいこみ、必死にチームを鼓舞した。

「永井がケガでいなくなることだって、あり得るんだ。永井依存と言われないように、チームとして強くなったと言われるように、オレたちで頑張るしかないだろう!」

こうして2戦目で古河一に辛勝し、なんとか国体への切符を手に入れる。松本は、この時のことを思い起こし「監督生活で一番苦しかった」と実感がこもった。

長崎県島原市で開催された国体も、準々決勝の広島商戦で苦しんだ。試合は均衡を保ったまま終盤を迎える。飛び出して来た広島商GKのクリアーしたボールが、ハーフウェイライン手前でバウンドした。そこで追い風を背に受けながら永井は閃いた。

「このまま叩けば、きっと入る」

敵陣センターサークルの左付近から、左足でハーフボレー気味にゴールを狙う。ボールは計算通りにGKの頭上を越え、ゆっくりと弾んでネットを揺らした。浦和南の〝赤き血のイレブン〟全員の脳裏に焼きつくスーパーゴールの誕生だった。

薄氷を踏む思いの試合を切り抜けると、残り2試合は危なげなかった。準決勝では藤枝東を2-0で退け、決勝は大垣工業に4-0で快勝する。しかし松本は、敢えて二冠を決めた選手たちを猛烈な勢いで怒鳴りつけた。

「前半の5分間で2点、後半の5分間で2点。おまえたちは、たった10分間しか仕事をしていない!」

福家が真意を咀嚼してくれた。

「これは後で聞いた話ですが、松本先生は、もう優勝した瞬間に次の大会への課題を浮かべていたようです。だから優勝しても怒られてばかり。総体でも関東大会でも失点をしているので〝ザル守備〟と言われました。ようやく国体は無失点で終えたんですけどね」

さすがに史上初の単独三冠が現実味を帯びると、選手たちにはずっしりと重圧がかかり始めた。永井は「もし負けたら……」という恐怖に苛まれ、福家などは逃亡願望に近い感情がこみ上げてきたという。

選手権の舞台は西宮。案の定、緊張と重圧に縛られた浦和南は、初戦から苦しんだ。

「対戦相手の熱田は、体力に恵まれ、しっかりとトレーニングを積んだチームで、粘りに粘られ何回かのカウンター攻撃も受けました。コイントスを覚悟し、もしかしたらやられるかなあ……、と思いましたね」(松本)

当時はPK戦がないので、決着がつかなければ勝敗はコイントスに委ねられる。そうなれば技術やメンタルの優劣は無縁で、どちらに転ぶかは完全に五分五分。だがこの試合でも土壇場で混戦から永井が頭で押し込み、辛くも浦和南はコイントスを免れた。

これでようやく緊張が解れたのか、準々決勝の遠野戦、準決勝の韮崎戦は、ともに3－0で快勝。決勝戦は、大会連覇を目指し、総体で苦しめられた初芝との再戦となった。

永井が述懐する。

「初芝は凄くボールを回せるチームだったので、こちらがカウンター狙いになるのは判っていました。それと準決勝の韮崎戦では、GKと1対1になるチャンスが3回あったんですが、ぶつけたり外したりで決められなかった。だから決勝で同じ状況になったら、絶対にGKを抜いてやろうと思っていました」

後半15分だった。自陣からのカウンター、DFに競り勝った永井は、GKと1対1になる。今度は思惑通りにキックフェイントでGKを内側にかわし、無人のゴールへと冷静に流し込む。結局これが決勝点となり、浦和南は最初で最後となる単独三冠を達成するのだった。

そして三冠達成後間もなく絶好のタイミングで『赤き血のイレブン』の放映が始まる。浦和南と永井の人気は急騰した。練習試合をしてもグラウンドの周りは人で埋まり、永井自身にはみかん箱一杯のファンレターが届くようになった。

「アニメの放映以上に『セブンティーン』や『女学生の友』に載った反響が凄かった。でも高校生でチヤホヤされるのは嫌だったし、まったく返事は出しませんでした」

実は永井が3年時の浦和南も、三冠チームと同等以上の能力を秘めていたというが、1970年の総体では決勝で、雪辱を期した選手権では準決勝で、パワフルな浜名に屈した。それぞれ大雨と雪解けの後の試合で、浜名のキック&ラッシュが功を奏し、永井自身は埼玉選抜の一員として出場した国体で、静岡と同点優勝をするにとどまっている。

永井は高校を卒業すると古河電工に進み、19歳で日本代表にデビューした。まだプロのない時代なので、松本は将来設計を考慮し「競輪の道を勧めようかと真剣に悩んだ」と言うが、永井自身は師が考える以上にサッカーにのめり込んでいた。しかし1970年代の日本サッカー界は、必ず両ウイングが開いてボールを受ける厳然たる3トップに凝り固まっていた。日本代表には釜本邦茂、古河にも日本リーグ得点王の実績を持つ木村（現・高橋）武夫がセンターで君臨していたため、高校を卒業すると、永井はウイングに回されてしまう。

「身長が小さいから自然にそうなったんですけれど、嫌でしたよね。やはりストライカーをやりたかったですよ」

永井を高校時代から見ているスポーツライターの賀川浩も、やはり「サイドに持っていかれたのは気の毒だった」と語る。

「高校時代の彼は、一言で表すなら点の取れる選手だった。スピードがあり、ドリブルで相手をかわせて、鋭いシュートの勘があり、タイミングを心得ていた。もちろんウイングでも上手かったけれど、もっと動き回ってゴールに近いポジションで生かせれば、逆に釜本の方も生きたんじゃないかな。永井を使う大人の側に柔軟な発想がなかったという点で、もったいなかったですね」

超高校級と言われた選手が、そのまま大成するケースは意外と少ない。だが永井は、挫折もなく順調に日本代表に定着し、10年間貢献し続けた。ただし残念ながら、永井が日の丸をつけていたのは、日本サッカーにとって最も厳しい冬の時代だった。日本代表では通算１６５試合（うちＡマッチ69試合）で19ゴール（Ａマッチは９ゴール）を記録。ワールドカップが2度、五輪は3度の予選に臨んだが、いずれも本大会には近づくことが出来なかった。１９７６年モントリオール五輪予選前後には、ライバルの韓国側から「釜本以上に危険」と警戒する声が洩れてきたが、ソウルでの直接対決で夢を断たれると、初めて悔し涙が流れたという。

「韓国戦は結構活躍出来ていたし、苦手意識もなかった。前を向けばやれる自信はあったんですが、その前を向く機会がなかなか訪れなかったんですよね」

やがて到来する2トップの時代、あるいは現在のように中盤の人材に恵まれていたら、きっと眩いほど輝けた素材だったに違いない。そう水を向けると、元川崎ＧＭの福家の声が弾んだ。

「中村憲剛《けんご》なんか、永井みたいなのは、大好きなタイプだっただろうなあ……」

ずっと1歳上の奥寺を意識してきた。むしろ古河入りして暫くは奥寺の方が、高校時代にアニメのモデルとなり、そのまま日本代表のエースとして羽ばたいていく永井の背中を見て来た。それだけに奥寺が日本人で初めてドイツでプロになると、永井は計り知れないほど大きなショックを受けた。

「もうサッカー辞めたれ、とも思いましたよ」

逆にそんな気持ちを察してか、奥寺も「本当は永井が（ドイツへ）行けば良かったんですよね」と洩らしていたそうである。

しかし反面、奥寺という目標があったからこそ、日本リーグ通算最多の２７２試合出場という不滅の記録が残った。36歳で現役を退いたのも「奥寺さんが辞めたから」だった。

２０１２年秋、永井は奥寺と一緒に、日本サッカーの殿堂入りを果たした。

１９７０年代
不世出の天才伝説・釜本邦茂

ケタ外れの記録が残っている。

プロの時代が到来した今でも、釜本邦茂という怪物ストライカーが残した足跡や記憶のインパクトの大きさは、まるで天界から超然と見下ろすかのように他の追随を許さない。

日本サッカーリーグでの得点王が7度で、通算２０２ゴール（２５１試合）。2位の碓井博行は85ゴール（２００試合）で半分にも満たない。それでいて通算79アシスト（アシスト王3度）もトップである。

日本代表Aマッチの通算得点記録（75点）は、女子の澤穂希に抜かれた。しかし当時の日本代表がAマッチを戦ったのは、大半がアジア近隣地域のナショナルチームである。むしろ難易度が高かったのは、Aマッチを遥かに凌ぐハイレベルな強化試合の数々だった。釜本は翌シーズンに二冠を達成するアーセナルのお株を奪う痛快なダイビングヘッドを突き刺し、ドイツ王者のボルシア・メンヘングラードバッハからも敵地で一矢を報いた。またブラジル王者のパルメイラスや、当時イングランドトップリーグのコヴェントリーからも決勝ゴールを挙げた。さらにつけ加えれば、メキシコ五輪得点王という金字塔さえも、Ａマッチからは省かれている。釜本は日の丸をつけてＡマッチの倍以上の１５４ゴールを記録してきた。ところが一方で、3度の五輪予選、2度のワールドカップ予選で勝ち抜いて本大会に進んだのは1度だけ。この事実を見ただけでも、世界的にまだまだ弱小国に甘んじていた日本が、いかに長い間、釜本に支え続けられてきたかが判る。

「見た瞬間に震えたよ」

産経新聞東京本社に勤務していた賀川浩が、その電話を受けたのは１９６０年1月。電話の主は、毎日新聞記者でＪＦＡ技術委員長も務めていた岩谷俊夫だった。

「ぜひ見て欲しい選手なんだ」

早速賀川は、夜行列車に飛び乗り、翌日西宮球場で全国高校選手権を観戦する。

「ヌボ～ッとした大きな子が、足を高く上げて、後ろから来たワンバウンドのボールを、巧みにコントロールした。大きいのに柔らかい。確かに、ええよなあ、と思いました」

釜本は山城高校1年生。

「東京五輪に間に合うかな」

賀川は岩谷に水を向ける。東京五輪は3年後に迫っていた。

「天才ですよ。一言で表わすならね」

早稲田大学の同級生で、後に東洋工業のＣＢとして対峙する大野毅は言う。

「ユース代表の頃から知っていますが、既に高校時代に筋肉が出来上がっていた。腿は異常に発達して割れている。体をぶつけると、まるで生ゴムのようでした」

ずっと間近で見てきた大野は、いかに釜本が凡人とかけ離れた存在なのかを力説した。

「練習は普通の人の半分もしていない。例えば普通の選手は、何千本、何万本と蹴っても、少し上達するかどうか。それを釜本は10～15本くらいで出来ちゃうわけですよ。走る時は、いつもビリの方をトコトコ。それでも早稲田大学に入学した時からレギュラーで、関東大学リーグの開幕戦では日大を相手に1人で4ゴール（４－０）です。ＤＦもＭＦも、とにかくアイツの頭目がけて蹴っておけば、そこでキープしてくれるからなんとかなってしまう。練習で手を抜いても、釜本じゃしようがねぇか、と監督も先輩も怒りませんでしたよ」

もっとも釜本の入学時に最上級生だった松本育夫は、決して甘やかしてはいないと主張する。

「早大には個を伸ばす目的もあって、新入生には2ヵ月間だけ4年生が個別について練習を課す伝統があった。

私は日本代表に入っていたこともあり、釜本につくことになりました。6月までは徹底してシュート練習をやらせました。本人は、なんでこんな単純な反復ばかりなんだと、たぶん不満に思ったでしょう。ちょっと涙をこぼしたこともあったはずです」

ただし松本も、釜本が傑出した天賦の才を備えていたことには同意する。

「他の選手たちとは完全にモノが違いました。日本代表合宿でソフトボールをすることがあり、今では一緒にゴルフもしますが、まったく打球が違う。またストライカーらしく、人に迎合せず我が道を行くタイプでした。メキシコ五輪で主将だった八重樫（茂生）さんは、釜本より2回り近くも年上。そんな大先輩が最後まで守備をしろ、と要求し続けましたが、絶対にしなかった。もともと筋肉も瞬発型の短距離タイプ。自分の役割は、点を取ってチームに貢献することと割り切っていましたね」

小学生時代の釜本が、中学で野球部に入ろうとしていたのは有名な話だ。翻意させたのは京都・太秦《うずまさ》小の池田璋也《てるや》先生の一言だった。

「野球じゃ甲子園しか行けないけれど、サッカーなら海外に行けるぞ」

こんな逸話がある。現役引退後の釜本が、プロ野球の元名手江藤慎一が主催する野球学校（高校生対象）を訪れた。最初は外野手として、ノックされるボールを次々にさばいた。

「ヘディングに比べれば簡単だよ」と釜本。

そこで江藤が促す。

「では、打席に立ってみますか」

1球目空振り、2級目チップ、ところが高校生投手のスピードに馴れた3球目を、見事にレフトスタンドに叩き込んだ。

「やっぱり釜本さん、野球をしていたら、王さん、長嶋さんクラスでしたね」

江藤が舌を巻いたそうである。

長身で並外れたパワーと良質な筋肉、そしてバランス感覚。剣道の名手だった父と、俊足のランナーだった母から生を受けた釜本は、おそらくどの種目を選んだとしてもトップアスリートの地位が約束されていた。

「今でも一番得意なのは野球やから」

不世出のストライカーは、意外に真顔で話した。逆に当時は、それほどのアスリートがサッカー界に入ってきたことが奇跡だった。

しかし当の本人は、天賦の才だけで上り詰めたという見解には、しっかりと反駁する。

「大学入学後にバーベルを使ったトレーニングをしたら、変なところに筋肉がついてしまった。しかし家の廊下などでスクワットや腹筋、背筋は物凄くやりましたよ。だってグラウンドはボールを蹴る場所。トレーニングは人に見せるものではないから」

ゴールを奪う。まさに釜本のトレーニングは、そこに集約された。

「大学2年生で東京五輪を経験した。でも世界と比べたら、まだ三流だった。だから一流になるにはどうすればいいか。それを突き詰めていったわけです」

右45度からファーサイドとニアの天井へ蹴り分ける。それが完成したら左45度。止まった状態から1歩踏み出して打つ。次は切り返して左。

「フェイントなんて1つあれば良かった」

代表合宿でGKトレーニングに付き合っていて、シュートを受ける保坂司に指摘された。

「おまえはスウィングが大き過ぎて、どっちに蹴るのかすぐにわかるぞ」

それから釜本は、バックスウィングを必要としないシャープな振りに磨きをかけた。

西武新宿線に乗れば吊革につかまらずバランスを保ち、新宿の雑踏はステップワークを使ってすり抜けた。

早大の先輩に当たる元日本代表ストライカーの川本泰三からは、ある日、こんなことを言われた。

「おまえは目立ち過ぎる。隠れろ」

公称179㎝。しかし実際は181㎝。大きな体をなんとかしろ、というのか……。必死に考えた末に、DFの視野から消える必要があることを導き出した。

「後にフィリップ・トルシエが日本代表に教えていたウェーブの動き。視野から外れて、裏へ抜け出す。だから味方にも、DFの頭を超えるボールを蹴る練習をさせましたよ」

釜本は平然と言う。

「才能の中には、努力も含まれていますよ」

高校1年時から引退するまで釜本を見届けた賀川も、生来の稀有な資質を認めながら、ボールを蹴る達人の域に到達した釜本の努力を肯定する。

「確かに釜本は、当時の日本人としては並外れて体が良かった。でも山城高校の森貞男監督に聞きましたが、他のことはともかく、ボールを蹴るのは大好きで、いつまでも止めなかったそうです。結局日本の歴史の中で彼ほどキックのうまい選手はいない。一番強いキックを、一番綺麗なフォームで蹴れた」

関東大学リーグで4年連続得点王に輝いた釜本は、早大在学中に2度も天皇杯を制した。世界の三流と痛感した東京五輪から2年。3位になったバンコクのアジア大会では、大陸内では十分にやれるという手応えを得た。

早大卒業を控えた釜本の争奪戦は、熾烈を極めた。当初は三菱入りが有力視されていたが、大先輩の川本泰三から「関西に戻って来い」と勧誘があり、土壇場でヤンマーディーゼルに覆る。だがヤンマーは、1965年に開幕した日本リーグで、初年度が8チーム中7位。既に釜本の入社が決まっていた翌1966年度は最下位に終わり、社会人リーグ1位の浦和クラブと入れ替え戦の末に薄氷を踏む思い（2戦合計1－0）で残留していた。当然「そんな弱小チームに行ったら潰れてしまう」と危惧する声も挙がった。しかしヤンマーの山岡浩二郎部長は、入社後の留学、同期に8人の大型補強、さらには助っ人の招聘などの条件を連ね、その熱意で釜本を口説き落とした。

さすがに釜本が入ったヤンマーは躍進を遂げた。前年に1勝しか出来なかったチームが6勝6敗2分けで5位。もっとも早大在学中の4年間でも通算7敗しかしていないのだから、釜本にとっては「1年で4年分負けた」ことになる。落ち込む釜本を叱咤したのが、日本代表コーチの岡野俊一郎だった。

「おまえがみんなのレベルに合わせるんじゃない。みんなのレベルを、おまえのところまで引き上げるんだ」

日本リーグ1年目のシーズンを終え、1968年メキシコ五輪イヤーを迎えると、釜本は単身でザールブリュッケンへ留学する。橋渡しをしたのは、当時DFB（ドイツ連盟）のコーチという立場だったデットマール・クラマー。後に西ドイツ代表監督を務めるユップ・デアバルがザール州で指導をしていたので、彼に託すことになった。

釜本の出発を羽田空港で見送った賀川は、心配そうにクラマーに声をかけた。

「2ヵ月間で、本当にうまくなるのか？」

クラマーの返答は確信に満ちていた。

「帰ってきた釜本を見てくれ」

賀川は留学中の様子も詳細に把握している。

「留学を終えると、釜本はメキシコで現地に遠征中の日本代表に合流することになっていた。デアバルは、そこでベストコンディションが来るように、綿密な計画に基づく練習メニューを与えたようです。釜本は早大1年生で日本代表入りしてから、ほとんどオフもなく突っ走ってきた。だからワントラップで素早く思い通りの場所にボールを止め、フィニッシュに持ち込む。そこにテーマを絞り、敢えて開いた時間は映写室を開放し、昔の名勝負などを見られるようにしておいたんです。実際メキシコに到着した時に、日本代表の平木隆三コーチは、釜本が一番コンディションが良い、と言っていましたよ」

わずか2ヵ月間の留学だったが、その後の釜本は誰もが「見違えた」と口を揃える。メキシコからオーストラリアに回った日本代表は、同国代表と3連戦をするが、釜本は初戦と3戦目にそれぞれ2ゴールを記録。同国の専門誌記者アンドレ・ディットレは次のように絶賛した。

「こんなことを書いても信用しないだろうが、アジアにジェフ・ハースト、マーチン・ピータース、それにジョージ・ベストに匹敵するようなストライカーがいた」

ハーストは1966年ワールドカップ決勝でハットトリックを記録し、ベストは1968年度にバロンドール(欧州最優秀選手)を受賞している。

「帰国後に対戦した小城得達が、1度だけ右足の振りの速さにぞっとしたそうです。当然彼は代表でも一緒で、釜本のプレーを熟知している。ところが足を出そうとしたら、その前にシュートが飛んでいたと」

賀川が、さらに続けた。

「メキシコ五輪の出発前、杉山(隆一)と会ったんです。釜本だけじゃなく、おまえもゴールを狙っていけ、と話したんですが、すぐに打ち消されました。『いや、今のガマ(釜本)は違うんですよ』って」

釜本の急成長で、誰がゴールを奪いに行くかは、代表チーム内でも意識統一が出来ていた。早大卒業後は、常勝の東洋工業に進んだ大野も「とにかくメキシコ五輪前後の3年間くらいは、異常にフィジカルが上がっていて手がつけられなかった」と振り返る。

「瞬間的な速さが凄かった。判っていて先に体を入れたはずなのに、グーッと持っていかれる。そんな感じでした」

メキシコ五輪へ向けた日本代表の戦術は非常にシンプルだった。センターフォワードの釜本と、左ウイングの杉山の守備の負担を軽減し、2人のコンビを活かしてゴールを奪う。釜本は期待通りに、開幕のナイジェリア戦(3－1)でハットトリックを達成する。続く苦戦を強いられたブラジル戦でも土壇場で渡辺正の同点ゴールをアシスト。さらに準々決勝のフランス戦(3－1)、3位決定戦のメキシコ戦(2－0)と2ゴールずつを追加し、全7ゴールで得点王に輝くとともに、日本を銅メダルに導くのだ。23歳の釜本には、洋々たる未来が開けているはずだった。

大会の約2週間後には、リオデジャネイロのマラカナン・スタジアムでブラジルVSFIFA選抜戦が予定されており、FIFA選抜を率いるクラマーは当然釜本をメンバーに入れようとした。もちろん長沼健監督以下も「せっかくのチャンスだから」と参加を勧めた。ところが釜本は、チームとともに帰国することを選択して辞退。結果はFIFA選抜が1－2で敗れたわけだが、「黒クモ」の異名を取る当時世界最高のGKレフ・ヤシンは

「釜本が来れば勝てたのに」と最後まで悔しがっていたという。

釜本は同じくメキシコで開催されるワールドカップ予選を終えたら、プロになる決意を固めていた。実際に欧州や南米の強豪クラブからオファーも届いていた。ただしクラマーは「バイエルンでやらせるべきだ」とこだわっていたという。実際クラマーは後にバイエルンを率いて欧州制覇を成し遂げるのだが、主将のフランツ・ベッケンバウアーはユース代表時代からの秘蔵っ子。世界屈指のパサーでもあるベッケンバウアーのアシストがあれば、釜本の評価もさらに高まると思い描いていた。

ところがワールドカップ予選を前に、釜本はウィルス性肝炎で倒れる。プレイヤーとしての最盛期を目前に病床に臥した釜本は、それでも半年以上のブランクを経て復帰を果たすが「もうメキシコ五輪当時の鋭さはなくなっていた」と、クラマーは悲しそうに述懐した。

一方賀川は「肝炎を克服した後も、逆にいろんなことが出来るようになり、見ていて楽しかったですよ」と語る。世界の舞台に進出出来ず、プロ転向が実現しなくても、釜本は引き続き突出したプレーを見せ、新境地も切り開いていった。やがて来るヤンマーの黄金時代を牽引し、ムルデカトーナメントで得点王になり、奥寺康彦の台頭とともにトップ下でも円熟したプレーも見せた。しかしストライカーとしての爆発力だけに焦点を絞れば「メキシコ五輪当時を100点としたら、せいぜい60〜70点」だったと大野は見る。39歳で迎えた元旦に天皇杯決勝を戦い、40歳の引退試合でゴールを決めるまで、長い現役生活を全うしたが、上昇曲線は意外に若くして止まった。またこうして未知のピークが惜しまれる分だけ、釜本伝説は神秘性が濃いのかもしれない。

晩年が近づいても、釜本は錆付かない技術を見せつけ、別格の威圧感を放っていた。大阪商業大学時代から日本代表としてプレーをしてきた長谷川治久がヤンマーに入社した時、既に釜本は36歳。監督も兼ねていた。

「〝交通整理〟でよく動かされましたよ（笑）。でもここへボールを置いたら、もう見なくても決まるという形を持っていて、相手には物凄く怖さを与えていた。だから釜本さんがファーサイドへ逃げてくれて、僕がニアに走り込めば完全にフリーになれました」

憧れの存在と一緒にプレーをした長谷川が続けた。

「釜本さんのようなタイプは、他には見たことがありません。GKにコーチが必要なように、本当は釜本さんみたいな人がストライカーコーチをするべきだと思いますよ。『スライディングを軸足でブロックして、DFを死に体にしておいてから前に進め』。そんなこと他に教えられる人いないですから」

さらに長谷川の1年後には、秋田・西目農《にしめのう》（当時）時代に全国高校選手権で50ｍシュートを決めた小松晃が入社。だが「釜本2世」と騒がれた逸材も、本家の凄さには驚嘆した。

「釜本さんが言うんです。『おまえら、なんでシュートが下手なんや。ゴールは動けへんやないか』。そう言って、右から一発、左から一発。見事にネットに突き刺す。GKはどこへ飛んでくるかわかっている。でも足の振りが速すぎて取れないんです」

技術だけではない。年齢を重ねても、まったく衰えない肉体美にも仰天した。

「いつ鍛えているのか判らない。見たことがあるのは、日向ぼっこでもしながら時々腹筋をする程度。ダッシュも『全員20本、オレらベテランは10本でええか』てな調子です。でも一緒に風呂に入ると、まるで脂肪がない。凄い筋肉なんですよ」

再び早大同級生の大野のコメントである。

「いつもバランスの取れた状態でシュートを打っていた。だからケガをしない。また常にゴールの枠が頭に描かれていた。天才とは、こういうものか、と思いましたよ。例えば、野球のイチローは天才と呼ばれますが、コツコツと努力もする。でも釜本は全然違う。言わばホームランバッター。努力だけでホームラン王は獲れないでしょう」

メキシコ五輪の日本代表には同窓会がある。

「毎年1度みんなで集まり、地元の中高生を相手に試合をするんです。今では故人となった宮本輝紀らを中心に、中盤を経由して鮮やかにボールが回るんですが、釜本がいないと、どうしても最後にゴールが決まらない。やっぱり、これは釜本のチームだったんだなあ、とみんなで笑い合いました。結局釜本を11人揃えても勝てない。でも釜本が1人いれば、勝てるんですよね」

そう語りながら、さらに松本は思い出を掘り起こす。

「かつて僕らがドイツで合宿をした時に、クラマーが一人の選手を連れてきました。『彼が将来ドイツを背負う』、と。17歳のベッケンバウアーでした。それから僕らが指導者になった時には、こう言うんですよ。『私は釜本を発掘した。今ではサッカー人口が増えているのに、第2の釜本が出て来ないのはおかしいじゃないか。君らの仕事は、どんな小さな島でも駆けずり回って、釜本のような素材を探すことだ』って」

釜本2世が出てこない。それは半ば永遠のテーマになりつつある。だが「それは釜本を解剖していないからだ」と賀川は主張する。釜本は何をして、どうして育って来たのか。改めて本家の弁を紹介する。

「まず個人を高める練習があり、次に1対1、2対2からのシュート。最後にグループ練習へと移行して行く。僕らの頃は、そうだった。ところが今はチーム戦術のための練習ばかりに終始している」

ＭＦ王国が出来ても、釜本邦茂が育って来ない。それは必然なのかもしれない。

社会現象になった王様ペレの来日

20世紀半ば、ブラジルのペレとサッカーは同義語だった。ペレという王様を象徴として、サッカー界は動いていた。

日本では海外のサッカー中継どころか、報道も皆無だった時代である。日本代表コーチを経て監督を務めた岡野俊一郎によれば「1954年のスイス・ワールドカップで西ドイツが優勝したことなど、日本国内では報道もされなかった」という。ペレはまだ日本が実質鎖国状態だった時期に、伝説を築き上げた。1958年スウェーデン大会でワールドカップに華々しくデビューをすると、以後4大会で3度の優勝を飾り「キング」の名を冠せられるのだ。

日本代表が合宿をする検見川には貴重な映像が集められていたが、長く中心選手として活躍した小城得達は「その大半がペレ中心に構成されていた」と証言する。

「僕らは、そういう映像を見て、グラウンドに出て真似をしてみて、うまくなったような気になる。そんな世代でした」

日本リーグで開幕から4連覇を達成した東洋工業（サンフレッチェ広島の前身）の守護神として君臨し、日本代表でも活躍した船本幸路が続ける。

「日本代表が1966年イングランド・ワールドカップを現地で観戦しました。でもペレは徹底マークに遭い、グループリーグでケガをして見られなかった。ところがその次の70年メキシコ大会が物凄かった。それこそ検見川で何度も繰り返し映像を見せられました」

ペレは年齢を問わず、全てのプレイヤーの見本だった。塩竈FCを主宰する小幡忠義は、自らが空手出身だったこともあるが、もっぱら「ペレのビデオが先生でした」と述懐する。後に日本代表の主将を務める加藤久や読売クラブで活躍する鈴木武一も、ペレを見て、ペレを真似て、ペレに憧れて育った。

1968年メキシコ五輪で日本代表が銅メダルを獲得し、この国にも第一次ブームが訪れた。ちょうどサッカーに興味を持つファンが増えつつある時期に、1970年メキシコ・ワールドカップが開催され、東京12チャンネル（現・テレビ東京）が1年がかりで録画中継をした。円熟のペレを中心としたブラジルが圧倒的な強さで全勝優勝した大会である。掉尾を飾りセレソン(代表チーム)を退くペレは、仲間に肩車をされて涙にくれるのだった。

「あんな選手が来れば、日本でもお客さんが集まるかな……」

JFA事務局長の中野登美雄は、時々スタッフと愚痴っていた。まだサッカーの試合で国立競技場が埋まることなど想像もつかなかった。メキシコ五輪直後の日本リーグ、三菱－ヤンマー戦は4万人を超える観客を集めたが、以後日本代表がワールドカップ、五輪と立て続けに出場権を逃すと、まるで風船がしぼむように人気も陰り出した。

しかし1972年、遂に王様ペレの来日が決まった。日本代表との親善試合の開催が発表されると、まだ東京・渋谷の岸記念体育館内にあったJFAの電話が鳴り止まなくなった。

「電話は2台、日本リーグの1台も合わせて3台でしたが、いつからチケットを売り出すんだという問い合わせばかり。夜遅くまでかかってきていました」

中野は嬉しい悲鳴を上げていた。

「実は過去にも2度ほどペレ来日の話はあったんですが、立ち消えになっていました。あまりの反響の凄さからして、これは徹夜組が出るなと思い、私たちもチケット発売の前夜は協会に泊まろうということになりました」

当時チケットは、JFAとプレイガイドで販売されていた。発売は4月17日だったが、前日午後6時くらいからファンが並び始め、やがて地下駐車場から溢れた。

中野が続ける。

「200~300人は徹夜で並んだでしょうね。大半が若い男性でしたが、なかには息子のために、というお母さんもいた。サッカー少年が増えていましたからね。それまでチケットを買うために徹夜で並ぶことはなかったですから、そういう意味では社会現象とも言えた。発売日の午前中には売り切れました」

だが喧騒は、まだ収まらなかった。中野のもとには「チケット、なんとかならないか」というゴリ押し依頼が、通常の国際試合の10倍以上は来たそうである。

試合を2日後に控えた5月24日、いよいよペレを擁するサントスFCが来日した。ところが刷り上がったばかりのプログラムを中野から手渡されたペレが、へそを曲げてしまう。ペラペラとめくって裏返すと、裏表紙にコカコーラの広告が入っていたのだ。

「私がどこと契約してるか知っているだろ」

「知っている……。ペプシとプーマだ」

ペレは、これではプレーは出来ないと言い始めた。中野は「そんなこと言わないでくれ。多くの日本のファンが、あなたのプレーを待ち望んでいるんだから」と必死になだめて翻意させるのだった。

試合前日夕刻、国立競技場で日本代表が公式練習を終えると、入れ替わるようにペレが周り中に報道陣を引き連れて現れる。

「まるでペレの周りだけ光が射しているようでした。ホントですよ!」

22歳の慶應大学生で、日本代表にデビューしたばかりの藤口光紀(後の浦和レッズ社長)が語気を強める。そのペレが、引き上げかけた日本代表選手たちを目に止め、1人の選手に声をかけてきた。

「オオ、ネルソンじゃないか」

ネルソン吉村は感無量だった。サンパウロの日系人リーグでプレーし、助っ人第一号として来日。ブラジルにいれば、ペレは到底顔を合わせることもない雲の上の存在である。ところが日本国籍を取得し、代表選手に選ばれ、来日後はインタビューの通訳を務めた。ペレはそれを覚えていて、呼び止めてハグをした。

「長嶋茂雄さんも、そうやったけど、凄い人ほど友だちのように接してくれる」

生前の吉村は、まるで昨日のことのように、心から嬉しそうに語っていた

試合前夜、日本代表宿舎の「聚楽」では、藤口と吉村が同部屋だった。8畳一間に、2つの布団を1mほどの間隔を空けて消灯する。一向に眠れない藤口が寝返りを

打つ度に、吉村もゴソゴソと動いた。

「なんだ、やっぱり眠れないのか……」

結局そんなことを繰り返すうちに、白々と夜が明けて来た。さすがに2人とも一睡も出来なかったことが心配になり、ドクターに相談に出かけた。

「でも横になっていたんだろ？　だったら1日くらいなら大丈夫だ」

実はドクターに太鼓判を押された藤口は、サントス戦の翌日にも同じ国立競技場で早慶戦に出場し、自らのゴールで勝利している。

「あの3日間は、本当に興奮状態だったんでしょうね」

試合当日、日本代表チームがバスで国立競技場に近づくと、聖火台まで人が溢れる前代未聞の光景が視野に飛び込んで来た。17年間も最年少代表デビュー記録（18歳292日）を保持し続けた古田篤良は、当時まだ弱冠19歳。こんなの初めてや、と目を丸くした。

塩竈FC代表の小幡は、当時高校1年生の加藤久と鈴木武一を連れて、赤坂東急ホテルでフルコースの食事を取らせると、バックスタンドの中央に陣取った。

「いいか、おまえたちも、将来ここでプレーするんだぞ」

究極の英才教育は見事に実り、２人とも本当に国立のピッチに立っている。

また女子日本代表監督を務めた佐々木則夫は当時中学2年生。自著『なでしこ力』で、サッカー部顧問に早退を申し出たものの認められず、給食の時間に抜け出して観戦に出かけたことを告白している。しかも試合後には、ペレに会いたくてホテルまで駆けつけ、警察に補導されたそうである。

要するにサッカー少年にとってのペレは、かけがえのない宝物だった。

「全盛期のペレが見られる最後のチャンスだった。もう次にコスモスで来日した時は、本物のペレではなかったからね」（船本）

ペレに近づきたい。ペレに触れたい。国立を埋めたファンの思いは爆発寸前だった。そこへペレを肩車したサントスのイレブンが巨大な日章旗を持って登場する。そして選手たちが第4コーナー付近に差し掛かった時だった。１人、２人とスタンドからファンが飛び降り始め、やがて雪崩れとなってサントスの選手を取り囲んだ。当時の新聞には、１０００人という記述もある。

「５００人くらいは降りたでしょうね。ユニフォームを脱がされたペレは、慌ててロッカールームへ逃げ帰りました。サッカーで一般の人が騒ぐような発想はなかったですからね。警備もまさに不測の事態ですよ。でも大騒ぎした割にはおとなしくてね。アナウンスに促されると、みんな静かにスタンドに戻りましたから」（中野）

さすがのペレも「怖い、心を鎮めるまで待ってくれ」とロッカーで青ざめたという。実際スタメンGKのクラウジオは、この騒ぎで右手親指をケガしていた。

ローヤルレコードが発売したLP盤『栄光のサッカー』（日本蹴球協会編）には、毎日放送の当日の中継ハイライトが残っている。実況は井上光央アナウンサーで、JFAの技術委員だった岡野俊一郎、八重樫茂生が、それぞれ解説とゲストで出演していた。まだ日本代表は「オールジャパン（全日本）」と呼ばれていて、岡野は「皇太子ご夫妻が観戦されるのはパルメイラス戦（1967年）以来」だと紹介している。キックオフの笛をかき消すような大歓声が、生々しく現場の興奮を再現していた。

当日ペレのマークを託されたのは山口忠芳。自身は「嫌で仕方がなかった」そうだが、スッポンの異名を取るほどの執拗なマークには定評があった。メキシコ五輪当時から、相手のエース封じには必ず指名されていたので、当然本人にも予感はあったという。

「長沼（健）監督から直接言われたのは、当日のミーティングでした。でも選手間では、おまえがペレをみることになるんだろうな、と言われていましたからね。さすがに緊張しました。前の晩は寝ていません。満員のお客さんはペレを見に来るわけですからね。削って途中で引っ込まれたら大変じゃないですか」

だが1度当たってみて、それは杞憂だったことを悟る。

「後ろから尻の上辺りにチャージしたんですが、見事に跳ね返されました。寄せようとしても、右手でしっかりと押さえられてしまう。これはとても削ることを心配するような相手ではないな、と思いました」

開始2分、右CKから、ワントラップしたペレが強烈なシュートを放つ。解説の八重樫が、感嘆を込めて話している。

「止めてから打つまでが速いですねえ」

一方ゲストの岡野は、自ら率いたミュンヘン五輪予選で敗れ、長沼体制で再スタートを切った若い日本代表選手たちの硬さを指摘している。

「ちょっと全日本は、気持ちの上で圧倒されていますね。もう少し伸び伸びやればいいんでしょうけど……」

新体制に変わり、何人か主力のベテランが退き、フレッシュなタレントが加わった。十代の古田、大学生の藤口、さらには国籍取得申請をしていないブラジル生まれの日系2世ジョージ小林も、日の丸をつけてプレーをしている。年頭には往年の西ドイツ代表ストライカー、ウベ・ゼーラーを擁するハンブルガーSVと2試合を行い、それぞれ2－3、2－2と善戦。新体制の3試合目がサントス戦だった。

ベテラン格の小城が言う。

「チームも若手に切り替わり、その第一歩ですからね。もちろんペレは世界でも別格の存在。しかしこうしてトップクラスのチームと対戦出来て、若い選手たちが少しでも自信をつけてくれれば、という思いで臨みました」

前半のペレは日本のレベルを探りながら情報収集をしていた、と藤口は推測する。またスタメンＧＫの横山謙三に代わり、後半からの出場を言い渡されていた船本は、ベンチからペレと山口の関係を注意深く見ていた。

「それまで国際試合でもヤマを抜ける選手は、ほとんどいなかった。ところがペレには、身体に当たることも出来ない様子だった。後ろから行ってもダーンと跳ね返される。右から行っても、左から行っても、逆を取られて逆サイドへ展開されてしまう。掴みどころがない感じだった」

均衡が破れたのは9分。ペレは絡んでいない。ＭＦネネが縦パスを送ると、ジャディールが鋭くドリブルで切れ込み、ゴール右から逆サイドのネットに突き刺した。左ウイングのブラジル代表エドゥをマークした古田が苦笑する。

「ペレだけじゃない。もちろんエドゥも含めて、みんなうまかったですよ」

ペレは、24分、最初の見せ場を作った。サントスがゴール右寄り、絶好の位置でＦＫを獲得する。警戒する日本は、全員がペナルティエリア内に移動して行く。ペレは右足アウトにかけて狙った。ウォ～、と大きなどよめきに、井上アナの絶叫が被さった。

「ペレ、得意のバナナキックです」

当時自在に曲げて変化を加えるペレのキックは、バナナに例え形容されていた。ＦＫは、わずかに外れたが、本物のバナナシュートの片鱗を目にした観客は、それだけで高揚していた。ペレだけではない。実はピッチ上の選手も、片隅には似たような心理を宿していた。

「試合なんですけど、時々どうしてもペレを見ちゃうんですよ。そうすると、小城さんに、オイ、下がれ！とか、怒られて……」

ピッチに立ちながらも興奮状態だったという藤口が、さらに続ける。

「1度だけサイドを突破したけれど、そこでガマさん（釜本邦茂）に合わせられなかった。それが唯一のチャンスだったな……」

前半はサントスが1点のリードで、静かに幕を下ろす。若い日本代表は、十分に善戦と言えた。ロッカールームに戻って来た山口を、長沼監督が鼓舞する。

「いいぞ、ヤマ、後半もその調子で、ペレがトイレに行ってもついて行け！」

だがいよいよ後半半ば過ぎから、ペレの目つきと動きが変わった。

「明らかに動きが激しくなった。これは点を取りに来ているな、と思った」（船本）

実際それを察知した小城は、山口に声をかけている。

「ヤマ、そろそろ狙いに来ているぞ」

そして74分、試合は一気にクライマックスを迎える。サントスが、ボックス手前に縦パスを入れて来る。その瞬間に、山口の背後から飛び出したペレがボールを受けると、左半身でマーカーをブロックしながら右腿で2度突き、強烈な右足ボレーを逆サイドのネットに叩き込んだ。

さらにその1分後、今度は山口を背に、ペナルティエリア手前で浮き球を胸で受けると、山口の頭越しに抜いて反転。落下するボールを鋭く頭で突いて前に出る。その刹那、GK船本は「やめとけ！」と叫んだ。カバーに入った小城が、バウンドしたボールを蹴ろうとすれば、ペレの頭を蹴ってしまうと思ったからだ。

「コンマ何秒の差。頭で突いた瞬間に、ボールを蹴りに行ったら相手の顔に行ってしまう。エリア内だし、何よりケガをさせるわけには行かないから、足は出せなかった」（小城）

一方で船本には、シュートコースを限定して誘い込むという目論見《もくろみ》があった。ところがボールの落ち際を叩いたペレの左足ボレーは、タイミングを合わせてセーブに飛んだはずの指先をかすり、勢い良くゴールネットに弾けた。

「ワシが1、2、3くらいのタイミングで飛んだとしたら、ペレはもう1、2まで行かない。1・5くらいのタイミングでボールを叩いていた。いろんな面で速い選手。すり抜け、シュートの振り、判断、ステップ……。もちろん初めて遭遇しました」（船本）

満員の観客に応えるように、キングは2分間で2度の神業を披露してみせた。特に2つ目のゴールは、ペレ自身が「私の17年間の選手生活の中でも最高」とコメントしたほどの傑作だった。

「良い演出が出来たでしょ」と、半ば自嘲気味に、ペレをマークした山口が言葉を繋げる。

「瞬間的な速さ、弾力のある筋肉。とても対応出来る相手ではなかった。とにかくボールがない時の駆け引き、一挙一動に集中して対応していたので、本当にクタクタになりました。ボールが来ない時は、関係ない所にス～ッと逃げて行き、ゆっくりしているかと思うと、突然キューンとダッシュをかけてくる」

それでも山口は「職務」を全うしようと、終了間際もタッチラインに向かうペレに付いて行った。しかしキングは、再びピッチに戻ることなく、そのままロッカールームへと消えた。騒動の再現を怖れ、記者会見もキャンセルしてバスに乗り込むのだった。

「まるで異次元のものを見てしまった感覚でしたよ。何なんだ、この人は、って」

前半で退いた藤口が、嘆息を交えて語る。

「でも一方で、基本的な技術の大切さも思い知らされました。あの頃のスーパースターは、ミスをしないんですよ。ペレも、あの試合でミスパスが１つもなかった」

当時国立の芝は茶色だった。それなりに凹凸もあったが、ペレはまるで気に留めることもなく、むしろそれを逆手に取るように勝負どころでは浮き球を駆使して翻弄した。

「もし国立が今みたいに綺麗な芝だったら、もっとやられて（失点して）いたかもしれんな。彼らももっとスピードが出たはずや」

ゴールマウスに立った船本は、密着した山口とともに、ペレの凄さを最も体感したプレイヤーなのだろう。

「ゲームメイクのさらに上を行くストーリーメイクをしている感じだった。きっと頭の中には、お客さんを喜ばせるコツが入っている。アマチュアの我々には、とても及ばない領域だった」

古田がこう証言しながら、持参した１枚の写真を見せてくれた。結婚式の時に、大仁邦彌（後のＪＦＡ会長）からプレゼントされたもので、既にペレが最高到達点でヘディングをしている隣でまだ古田はジャンプの準備をしている。

「場面場面で競ることもあったけれど、全然タイミングが違うんだよなあ」

小城が補足して解説してくれた。

「とにかく身体能力が並み外れているから、全て自分の速いタイミングでプレーが出来る。フェイントをかけてもボディバランスが優れているので、復元力が想像を超えていた」

それだけに試合終了後の山口を見た古田は「精も魂も尽き果てたという感じだった」という。実際に山口自身も、この試合で完全に燃え尽きてしまったと吐露した。

「もちろんペレとやれたのは、光栄だし誇りでもある。やられたけれど、集大成としてあそこで全てを出し尽くしたという思いもある。でも終わった後は、全身の力が抜けてしまった感じ。何ヵ月間も引きずりました。あれで僕は終わりましたね」

ペレという破格の才能と対峙することは、１人の日本代表選手の才能を、すっかりすり減らしてしまうほど過酷だったのだ。

翌日の『日刊スポーツ』が、スタンドのファンの声を拾っているが、そこには「ペレに触れたかったのに」という中学2年生の切歯扼腕ぶりや「もう死んでもいい」という女性ファンの声がある。ペレ狂想曲を終え、貧乏所帯だったJFAは一気に潤った。年間の競技収入見込みの約半分を稼ぎ出し「ひと息どころか、二息も三息もつけた」（中野）そうである。再び同じくらいの収益を上げるには、トヨタカップが始まる9年後まで待たなければならなかった。

釜本＋奥寺＝得点力倍増計画

日本サッカー界は、いよいよ転換を迫られていた。1958年、東京で開催されたアジア大会のグループリーグで最下位という屈辱を味わうと、遂にドイツに救いの手を求め、2年後に特別コーチのデットマール・クラマーと出会った。1961年に初来日したクラマーは、やがて日本代表スタッフの若返りを直訴。東京五輪を翌年に控えた1963年には、32歳の長沼健監督、31歳の岡野俊一郎コーチという若いコンビが誕生する。以後岡野が監督を引き継いだ時期もあるが、1976年までは2人のどちらかが代表のタクトを揮ってきた。

しかしさすがに同年のモントリオール五輪予選で敗れると、クラマーの愛弟子が代表スタッフから退いた。

生前に長沼は述懐している。

「やはり私たちが長くやり過ぎました。トップの選手たちを引き上げれば、次が続いてくると考えていましたが、断層が出来てしまった」

名コンビのハイライトは、1968年メキシコ五輪の銅メダル獲得だった。この快挙で日本は世界から注目を集めるようになり、２年後のメキシコ・ワールドカップへの出場も本命視されるのだが、予選開幕前にエースの釜本邦茂がウイルス性肝炎に倒れてしまう。これで初のワールドカップ出場と釜本の欧州進出という日本サッカーにとって２つの大きな夢が一気に萎んだ。

それが暗転の入り口だった。メキシコ五輪の快挙は、クラマーが特別コーチに着任してから約8年がかりで成就したものだった。逆に振り返れば、メキシコ五輪でピークに達した成長曲線は、当時の代表選手たちが1人、２人と退いていくとともに、経験値を露骨に反映して右肩下がりを始める。メキシコ五輪から8年を経て、モントリオール五輪予選に臨んだメダリストは、森孝慈と釜本のみ。世代交代が喫緊《きっきん》のテーマとして突きつけられた。この時釜本は32歳、こうした時代の推移を見て、代表からの引退の意志を固めていた。

長期政権の後に再建の難事業を託されたのは、三菱重工監督としてリーグ制覇を経験している二宮寛だった。ドイツ屈指の名将ヘネス・バイスバイラーとは、仲人を務めたほど昵懇《じっこん》の関係で、当時の日本では異例と言えるほど欧州の事情に精通していた。二宮は三菱では時代に先駆けた環境改善を図り、一部では単独でプロクラブに挑戦という話まで出ていたという。

三菱と日本代表のゴールを守っていた田口光久が、解説してくれた。

「三菱では二宮さんが監督になると、午後は完全に練習に集中出来るようになりました。全員一緒に食事をして、新幹線もグリーン車で移動する。また二宮さんの手配で、毎年選手宅には有名デパートからステーキが送られてきました。練習施設では個人用ロッカーが与えられ、洗濯機も3～4台あり、ドクターやトレーナーもついていた。他のチームから『三菱はいいなあ』と羨ましがられましたね。欧州の実態を見ているだけに、プロと同じプライドを持ってやれよ、ということだったと思います」

二宮は日本代表でも、選手たちにプライドと責任を意識させるための環境を整えていった。食事はカロリーを考慮し十分なメニューが用意され、全員が揃いのトレーニングスーツを着用するようになった。それまでは、選手たちが宿泊施設の食事では物足りず、三々五々近所に補充に出かけるのが慣習となっていた。

代表監督に就任した二宮の最初の仕事は、釜本の説得だった。次の世代への橋渡し役として是非残って欲しいと、誠意を持って口説き落とした。１９６０年代後半から、日本代表にストライカーの心配は要らなかった。一貫して釜本のゴール奪取から逆算してチームが形成されてきたという見方も出来る。反面釜本が最前線に君臨し続ける限り、当然後継者は育ち難《づら》かった。

だが二宮には腹案があった。１９７２欧州選手権（現ユーロ）を圧倒的な強さで制した西ドイツは、同国史上でも最高のチームとして語り継がれている。中盤にはギュンター・ネッツァー、最後尾にはリベロとしてフランツ・ベッケンバウアーが君臨し、２人は互いに前後を入れ替わりながらゲームを組み立てた。現地で「ランバーサンバ」と呼ばれた戦術を、日本代表の前線に導入できないかと考えたのだ。

二宮は代表監督に就任して間もなく『イレブン』誌上で断言している。

「釜本の後継者は、奥寺康彦を置いて他にない」

１９７６年3月からモントリオール五輪予選を控えた日本代表は、年明けから親善試合を重ねていくが、同じ頃奥寺はサンパウロへ飛び、パルメイラスに短期留学をしていた。

奥寺が高い将来性を秘めていることは誰もが認めていた。スピードと左足の強烈なキックは、一見して非凡さを表していた。しかし20歳代前半の奥寺は、持ち前の爆発力とは裏腹に、古河電工監督時代の川淵三郎から「ボールコントロールの悪さを自覚しろ」と強調されるなど、技術と集中力に難があった。さらに椎間板ヘルニアが追い打ちをかけ、暫く日の丸からは遠ざかっていた。

ところがわずか2ヵ月間の短期留学を経て、奥寺は急変貌した。前を向いて仕掛ければ手がつけられない突破力を見せ、古豪古河電工を牽引し、早速ＪＳＬカップで得点王を手にしていた。二宮は、そんな奥寺を、釜本と一緒にプレーさせることで、後継者として育てていこうと考えたのだった。

真夏のマレーシアで開催されるムルデカトーナメントは、二宮体制が船出して初の公式戦であり、また釜本プラス奥寺の縦関係の2トップの門出でもあった。クアラルンプールのホテルに到着すると、奥寺は釜本と同じ部屋に荷物を置いた。一世代前の選手からは「釜本さんと同部屋でも大丈夫なのは奥寺くらい」との話を聞いたことがあるが、奥寺自身は「それは釜本さんのイメージが誇張され過ぎている」と笑う。

「一緒に過ごして、いろいろ教えてもらいました。特にボールの受け方ですね。完全にゴールを背にしないで、半身で受ければ１８０度視野が確保できる。確かにその通りでした」

一方釜本は、この頃の奥寺について「次のプレーに繋げるには、まずボールをどこに置くべきかが判って来た」と評す。

「ＦＷとしてのボールの受け方、受けるためのタイミングの取り方などを伝えました」

新しいコンビには、奥寺を活かすと同時に、釜本の負担を軽減する狙いも込められていた。

その4年前の同大会で、釜本は7試合で15ゴールを挙げ得点王に輝いている。当時の長沼監督も最初から得点王に照準を絞らせ「取れるだけ取れ」と送り出し、豪快なオーバーヘッドも2度叩き込むなどで「現地では大変な人気を集めていた」（奥寺）そうである。アジアで釜本の知名度は群を抜いていたので、「対戦相手は必ず釜本さんさえ止めれば、と厳しいマークをつけてくる」（田口）のが判り切っていた。だからこそ釜本が相手DFを引きつけ、空いたスペースへ奥寺が飛び出して行く形が有効だった。実は釜本も、MFの吉村大志郎（日本国籍取得前はネルソン吉村）や藤島信雄らと顔を合わせると「この大会では奥寺に得点王を取らせよう」と話していた。

大会は日本を含めた7ヵ国が総当たりで戦い、上位2ヵ国が決勝に進む方式で行われた。日本は、まず初戦でインドに5－1、続くインドネシア戦も6－0で大勝し弾みをつけた。特に初戦のインド戦でチームの3点目を決めた奥寺が、インドネシア戦ではダイビングヘッドと左右の足で決めてハットトリックを達成し、好調ぶりをアピールした。

「インド戦のゴールは、釜本さんのシュートがポストに跳ね返ったボールを決めたんですが、こんなに簡単に点が入るのか、と思ったのを覚えています。とにかくこの大会は楽をさせてもらったという印象です。前を向いて動き出せば、釜本さんやネルソン（吉村）から正確なパスがどんどん出て来る。またトップに入った釜本さんにボールが入れば、しっかりと収まるので僕も飛び出して行き易かった」

当時は4－3－3と表記されたが、現実には攻撃的MFに釜本、吉村が並び立つ状態なので、中盤では唯一身体を張って守備を頑張れる藤島がアンカーに回り、5人で攻めて5人で守る分業が明確だった。

「攻撃が最大の防御という考え方はあった。奥寺の攻撃力が上がり、DFの負担は減った。相手のセットプレーの時でも、僕は戻って来るなという指示を受けていました。そうすれば相手も2人は上がれない、それが守備だと。奥寺には、オレが上がったら戻れよ、とは話していました。ネルソンも守備に関しては〝いるだけ〟だから、藤島が大きなカギを握っていましたね」（釜本）

相模工大附属高校（現・湘南工科大附属高校）時代は奥寺の2学年後輩で、中央大学を卒業して日立に入社した高林敏夫は、チームの欧州遠征に参加して大会直前に合流。右ウイングとして4試合に出場した。

「メンバー表記では釜本さんがMFになりましたが、一緒にプレーしている僕からしたら、むしろ釜本さんがトップで、奥寺さんがトップ下のイメージでしたね。だから今までと大きく変わった感じはありませんでした。ただ中央が強化されたことでサイドにスペースが生まれたので、攻撃面での相乗効果はあったと思います」

ムルデカトーナメントは20周年を迎え、やっと選手たちはホテルに泊まれることになった。「それまでは大学の宿舎に詰め込まれ、ブヨ（通称＝正式にはブユ）がブンブン飛ぶ中で全参加国の選手たちが一緒に食事をしていた」（釜本）というから、著しく条件は改善された。だがそれにしても2週間で7試合の強行日程である。本来ならメンバーを入れ替えながら戦うところだが、守備の要だった大仁邦彌（後のJFA会長）、吉村、藤島、釜本、奥寺、永井良和の6人は全試合でピッチに立ち、そのうち大仁、奥寺、永井の3人は全てフル出場した。

「釜本さんを説得して残ってもらったこともあり、二宮さんはなんとか結果を残したかったんでしょうね」（奥寺）

事実二宮は「この大会は勝ちに来た」と強調し続けたという。

3戦目は「当時アジアの中では曲者的な存在だった」（高林）というビルマと対戦。2ゴールを先行される苦しい展開となったが、奥寺→釜本、釜本→奥寺で追いつき引き分けに持ち込む。逆に4戦目のタイ戦では、釜本の2ゴールでリードしながら追いつかれる苦い展開で勝利を逃し、いよいよ決勝進出を争う当面のライバル韓国との試合を迎えるのだった。

前年の大会では、車範根《チャボンクン》にハットトリックを決められて1－3で完敗していた。以後韓国とは、日韓定期戦、モントリオール五輪予選と短期間に3戦したが、予選のアウェイ戦で2－2と分けた以外は完敗していた。また唯一の引き分けも内容は一方的な防戦で、ほぼ2度しかないチャンスを釜本が個の力で決め切り、その瞬間だけソウル運動場を沈黙させたのだった。

だがこの大会では、日本も互角にチャンスを築いた。特に吉村からのクロスを釜本がダイレクトで叩いたシュートは、辛うじてGKに阻まれた。逆に釜本にはヒヤリとした記憶が刻まれている。

「右サイドに流れてパスを出そうとしたら、右足が滑ってミスキックになり、車範根に渡ってしまった。もう車は、50mくらい独走。GKと1対1。ところがドカーンと外して『助かった』と胸をなでおろした。確かに縦には速いけれど、コイツ、決定力はないな、と思いました」

車がドイツへ渡るのは、それから2年後のことである。この時の釜本には、彼が「20世紀アジア最優秀選手」に選ばれる未来を予測出来ていなかった。

結局試合は0－0で終了。明るい表情で引き上げる日本に対し、韓国は全員が俯いたままピッチを後にした。

「これで韓国コンプレックスは半分以上払拭できた」

二宮は当時の専門誌『イレブン』誌上で、そう手応えを語っている。

各国が5試合を終え、既に開催国のマレーシアが決勝進出を決め、日本は勝ち点7で2位。韓国が勝ち点6で続いていた。だがグループリーグ最終日に、日本の試合に先駆けて韓国がタイに2－1で勝利したため、その時点では勝ち点8で2位に浮上する（勝利で勝ち点は2）。日本が得失点差で並ぶ韓国を上回るためには、最後のマレーシア戦で引き分け以上が必要で、しかもゴールを奪うことが条件となった。

当時のマレーシアは、アジア内では強豪の一角を占めていた。4年前には日韓両国を下してミュンヘン五輪への出場を果たし、このムルデカの開幕戦でも2－1で韓国を下している。ミュンヘン五輪当時はMFでプレーをしていた同国№1の人気選手ソー・チン・アンは「今でもマレーシアに行けば、みんな知っている」（田口）存在で、この大会ではキャプテンマークをつけてリベロでプレー。「前線にも英国系のパワフルな選手を擁し」（釜本）バランスの良いチームを作っていた。

14分、均衡を破ったのはマレーシアだった。だが10分後、釜本が右サイドからドリブルで突破し、奥寺の足もとに完璧なパスを届けて同点。後半もマレーシアがソー・チン・アンのゴールで再びリードするが、今度は左から奥寺のパスを受けた釜本が、右足アウトで叩いて決勝進出を決めた。

二宮の思惑は的中した。日本代表は、釜本に次ぐ得点源を見出し、互いがアシストし合う見事な連携を見せたのだった。

残念ながら決勝戦は、マレーシアに0－2で敗れ優勝は逃した。57分に失点すると、直後のキックオフからのボールを奪われて追加点を許してしまった。

「悔しい試合だったよね」と奥寺は振り返るが、反面「ムルデカは最終目標ではない。タイトルを賭けた試合まで戦えたことが収穫」（高林）という捉え方もあった。

実際に13年ぶり2度目の準優勝は朗報だった。結局ムルデカトーナメントは、アマチュア時代の日本が何度挑んでも優勝に届かない壁だった。

「優勝してもおかしくなかった。でも海外に出れば必ずアウェイの洗礼がある。レフェリーは間違いなく地元寄りの笛を吹き、例えばボックス内では互いにぶつかるどころか、こちらが蹴られていても日本のファウルになる。逆に日本はホームで試合をしてもアドバンテージがない。そういう時代でしたね」（高林）

7ゴールの奥寺が得点王になり、6ゴールの釜本が2位。アジア内とはいえ、同じ大会で日本の2トップが揃って上位を占めたのは、歴史的にも稀な快挙だった。

同じくFWでプレーした高林が総括する。

「代表で2本を決めたら順番に上がりというシュート練習をすると、釜本さんは必ず2本で終わる人でした。自分の形を持っていて、良い態勢になるための駆け引きや動き直しを厭わない。とにかくチャンスに慌てるのを見たことがなかった」

さらに中学、高校の先輩奥寺について。

「中高時代は頭抜けていて、怪獣とまで呼ばれていた。当時を知る者としては、やっと本来の能力を見せられるようになったという感じで驚きはありませんでした。以前はフィジカルが強いのにバテてしまうことがあり〝バテ康（ヤス）〟などと言われていた。それがパルメイラス留学を経て逞しくなりましたよね」

釜本には、山城高校時代に「点を取ることが仕事だ」と言われ、以来そこに特化して人一倍のトレーニングを積んで来たという自負がある。

「どこからでも点が取れるサッカーなんておかしいでしょう？　チーム作りは、誰に点を取らせるかが大事なんですよ」

ヤンマー時代は連日若いウインガーの今村博治に、自身に合わせるためのクロスの特別練習を命じた。

「僕の前で180㎝のDFが60㎝ジャンプすると240㎝、ちょうどゴールの高さです。だから今村には、目の前に立ちはだかるようにゴールを置いて、ちょうどそれを越えて僕に合わせるクロスの練習をさせた。最初は、そんなの釜本さんにしか出来ませんよ、と言いましたよ。でも結局出来るようになった。だから僕は日本代表で監督に推薦した。彼が必要だとね」

名ストライカーが熱弁を続ける。

「ピッチで結果を出すのがストライカーの仕事。そのためには自分の一番いいところを出さなくてはいけない。そしていいところを出すためには、エゴを通してでも要求しなければいけない時もある。五分五分どころか、四分六分の状態でも『出せ』と要求する。それでも決めて来るのが醍醐味ですよ。蹴られようが肘を入れられようが決め切るのが自分の技量。七分三分じゃなければ打てないFWなんて話になりませんよ。僕はピッチ上のどこからでも自分にボールが来ると思って準備をして来た。でも選択権を持っているのはパスを出す側です。パスが出て来なければ、一番得意な形に持ち込むために動き直す。結果を出さなければ、パスは出て来なくなります」

一方、奥寺は、この大会の得点王という勲章と自信をバネに、大きく飛躍していく。

「釜本さんの後継者というのは、二宮さんからもそれらしいニュアンスで言ってもらっていたし、意識はしていました。それにしても、真夏の連戦で、本当はきつかったはずなのに、疲労が溜まったという記憶がないんですよ。釜本さんは、ゴール前のことを熟知していて、いろんなことも教わった。やはり強いチームには、せめて5回のチャンスに1点は取るストライカーがいる。おまけにストライカーは、チャンスも作り出す。その重要性を、今のJFAはどれだけわかっているのかな。本当にこれからの日本サッカーの課題ですよね」

残念ながらアジアの得点王2人が縦関係で連動する布陣は、あまり長く見られなかった。翌1977年に行われたアルゼンチン・ワールドカップ予選でイスラエル、韓国と同組となった日本は、テルアビブでの初戦で故障した釜本が欠場したこともあり敗退。釜本は6月ソウルで行われた日韓戦を最後に、日本代表を退く。

またその夏、奥寺はドイツでの分散合宿でバイスバイラーの目に留まり1・FCケルンと契約。欧州で初めて日本人のプロが誕生した。しかしまだアマチュアの日本サッカー界には、代表戦にプロを招集する習慣も発想もなかった。ようやく1985年メキシコ・ワールドカップの切符を賭けた日韓決戦前にJFAから招集の打診があり、所属のヴェルダー・ブレーメンも了承した。だが最終的に招集はなかった。急拠招集しても、かえって混乱すると判断したのかもしれない。それから日本がワールドカップに辿り着くまで13年間を要した。

「世界一バイエルン来日」という初夢

岡野俊一郎は、ファンに大きな夢を見せてあげたいと願っていた。そうでなければ、サッカー人気が萎んでしまう。そんな危惧が根底にあったはずだ。

日本サッカーは、予想以上に低迷が長引いていた。1968年メキシコ五輪では銅メダルを獲得し、当時は金字塔と讃えられた。この上げ潮ぶりに、1970年メキシコ・ワールドカップも出場権獲得が有力視されていたが、エース釜本邦茂が肝炎に倒れ夢が破れた。さらに続く2度の五輪とワールドカップ出場も逃すと、国内市場への熱が急速に冷え込み、ファンは本場へと目を向け始める。

メキシコ五輪が開かれた1968年には、東京12チャンネルで『三菱ダイヤモンドサッカー』が放映されるようになり、週に1度、1試合を前後半に分けて半分ずつだけ海外の試合を楽しめるようになった。その後同番組では1970年メキシコ・ワールドカップを録画で流し、いよいよ1974年7月7日（現地時間）には初めてワールドカップ決勝を生中継する。日本で最も人気を集めていた西ドイツと、当時革命的な「トータルフットボール」を実践するオランダの対決に、ファンは大きな衝撃を受けた。

ファンの海外志向は、瞬く間に高まっていった。岡野は『ダイヤモンドサッカー』の解説者として、こうした変化を敏感に察知していた。だからこそ普及のための起爆剤が要る。そう考えたに違いない。1971年に日本代表監督の座を降りた岡野は、1974年にJFAとJOCの理事に就任した。そしてせっかくなら大きな夢を、とDFB（ドイツ連盟）と交渉を始めた。

まだ日本代表は全員がアマチュアで、フル代表同士が戦うAマッチは大半がアジア内に限られていた。欧州や南米勢と戦うのは、クラブチームとのフレンドリーマッチばかり。そんな時代に、岡野は世界チャンピオンの西ドイツ代表を呼ぼうと考えていた。

さすがに西ドイツ代表の招聘は叶わなかった。しかし岡野は、引き続きターゲットをバイエルン・ミュンヘンに変えて交渉を進め、遂に1975年正月に来日という契約にこぎ着ける。バイエルンは本拠地オリンピア・シュタディオンで行われたワールドカップ決勝に、スタメンの過半数を占める6人の選手を送り込んでいた。GKゼップ・マイヤー、リベロで「カイザー（皇帝）」と崇められるフランツ・ベッケンバウアー、CBのゲオルク・シュバルツェンベック、左ＳＢのパウル・ブライトナー（大会後にレアル・マドリードに移籍）、ＭＦのウリ・ヘーネス、そしてＦＷ「デア・ボンバー（爆撃機）」の異名を取るゲルト・ミュラーである。岡野は、これらの中心選手たちに間違いなく来日して欲しかったので、契約事項に主力の選手名を書き込んでＦＡＸを送った。

当時ＪＦＡ事務局長だった中野登美雄が教えてくれた。

「岡野さんが、これ見てくれよ、と契約書を広げました。バイエルン側は、選手の名前を全て消して送り返してきました。故障等もあるので、どんなメンバーで行くかは約束できないとのことでした」

日本のファンが初めてリアルタイムでテレビ観戦したワールドカップ決勝を、日本代表選手たちは現場で堪能した。大会期間中に西ドイツに入った一行は、ケルンで2つの親善試合を行い、当日もＢＳＣミュンヘンという地元のクラブ（未確認だが4部リーグ以下）との試合を済ませてから、決勝戦の舞台オリンピア・シュタディオンへ出かけた。

「ちょうどドイツ国内の移動中もレストランに寄ると、2次リーグの西ドイツVSスウェーデン戦（4－2）をテレビ中継していたので、パーキングエリアで釘づけになって見たのを覚えています」（ＤＦ清雲栄純）

日本代表選手にとっても、世界の頂《いただき》は雲の上だった。対戦するどころか、彼らがプレーをする映像も滅多に見る機会がなかった。

日本代表の守備の要として定着しつつあった川上信夫も、決勝戦で席に着くや否や、まず女優のエリザベス・テーラーや、ドイツ生まれのサッカー通で知られる当時の米国務長官ヘンリー・キッシンジャーなどが視野に飛び込んできて驚いた。

「オランダの斬新なサッカーに衝撃を受けました。しかし西ドイツも、ベッケンバウアーを中心とする組織力で、そのオランダを抑えた。凄い試合を見せてもらいました」

少し後の世代の代表選手たちからは「ワールドカップはテレビで見るものだと思っていた」という発言が聞かれるが、この頃は映像に遭遇するのも大変だった。

川上が苦笑した。

「僕らは五輪出場も叶《かな》わなかった。アジア以外ではＡマッチも、なかなかやってもらえない。ウェンブリー（ロンドンの聖地）には、芝だけ見に行ったことがありますよ」

そんな時代に、生のバイエルンを見られるのだから、ファンにとっては一大事だった。テレビ東京が決勝戦を生中継した後に、ワールドカップ西ドイツ大会の全試合を録画で振り返ったこともあり、優勝した西ドイツ勢の知名度、人気は確実に上昇していた。当時のスポーツ紙によれば、到着便は公表されていないのに、羽田空港では40～50人のちびっ子ファンが待ち構え、チケットを買うために2日前からも含め徹夜組が100人も出たという。JFAが発表した観客数は1月5日の初戦が5万5000人（7日の2戦目は5万人）。最高2500円のチケットには3倍のプレミアムがついたそうである。（なお『日本サッカー史　資料編』〈後藤健生著〉では、初戦が3万7857人、2戦目は2万9031人と記している）

因みに75年1月7日に行われた2戦目翌日の『スポーツニッポン』は、日本協会が7500万円の黒字を出したと次のような記事を掲載している。

《入場料収入が約1億4千万円、テレビ放映権料を加えると収入が約1億6千万円になる。支出の方はバイエルンの招待費、滞在費で5千万円、国立競技場の使用料1400万円、プレイガイド、雑費がしめて8500万円となり、差し引き7500万円の大黒字となった。現在ある3000万円の赤字を補てんし、モントリオール五輪へ向けて強化費を稼ごうとしたサッカー協会も『計画通り』とホクホク》

ただしワールドカップ後に、新シーズンを迎えたバイエルンは大きく躓いていた。ウインターブレイクを前に、ブンデスリーガでは13位とまさかの低迷。結局ウド・ラテック監督は来日せず、現地出発前に解任されていたことが判明した。当時ボルシア・メンヘングラードバッハ（以後MG）に帯同していた鈴木良平が事情を解説してくれた。

「ドイツで初めてのワールドカップが開催され、バイエルンの選手たちはホームで決勝戦を戦うことになった。しかもその2年前には素晴らしいサッカーで欧州を制覇していた。大きな期待が集まり、選手たちには物凄いプレッシャーがかかったはずです。当時から開幕前のキャンプでは、1シーズンを戦う体力作りをしっかりとしていましたが、ワールドカップを終えた代表選手たちは合流が遅れた。バイエルンは、代表に最も多くのレギュラーメンバーを出していましたからね。心身の疲労、準備不足に加え、ボルシアMGとの2強時代なので、研究し尽くされターゲットにもされた。それがリーグ戦前半で振るわなかった要因でしょうね」

到着してみると、GKマイヤー、MFヘーネス、ユップ・カペルマンなどの主力が不在で、来日会見ではプファ団長が「ベストメンバーで来られなかったことをお詫びしたい」と謝罪した。ただしファン最大のお目当ては、ベッケンバウアーとミュラーである。2人のプレーを拝めれば、大きな不満は漏れて来ないはずだった。

一方、日本代表にとっては、翌年のモントリオール五輪予選へ向けての試金石だった。メキシコ五輪の銅メダル組で残っているのは、GK横山謙三、MF森孝慈、さらにメキシコ五輪得点王の釜本邦茂だけだった。彼らは1964年東京、1968年メキシコと、2度の五輪をほぼ同じメンバーで戦い濃密な体験を重ねてきただけに、次の世代とは明らかな断層が出来ていた。世代交代は急務だったのだ。

当時24歳の清雲は、ファイト溢れるDFとして急成長を見せていた。山梨県日川高校時代はラグビーで鳴らした。法政大学に入ってから本格的にサッカーを始めた変わり種は、一気に頭角を表し、古河電工に入社すると日の丸をつけるようになる。

低迷脱却のために、JFAも試行錯誤を続けていた。清雲が次期代表を担うと見ると、ワールドカップ観戦を含む欧州遠征の後も現地に残し、ポーツマス、クリスタル・パレス（ともにイングランド）、さらにはボルシアMGに送り込み練習参加をさせている。日本代表の長沼健監督は、こう言って送り出した。

「おまえは身体能力が高いけれど、技術水準は低い。相手を抑える、駆け引きをする。そういう部分を覚えて、自分の長所を作り上げて帰って来い」

新年を迎えると、清雲は長沼監督に呼ばれた。ジョークもなく、いつになく生真面目な口調で告げられたという。

「今までおまえに投資してきたものを、返して頂く時が来た。知っての通り、ゲルト・ミュラーがやって来る。彼の番人として、しっかりと抑えてくれ。イギリス、ドイツでやってきたことを証明するんだ。死んでもミュラーから離れるなよ」

この頃、清雲は自分でも「怖い者知らず」で乗りに乗っていた。前年の日韓戦では、相手のエース、金在漢《キムジェガン》を抑え、4－1の勝利に貢献している。エース封じの役割が巡って来ることは予想していた。しかし改めて通告されると、ワールドカップ通算最多ゴールを記録した「世界のトップストライカーと戦える」ことが楽しみで身震いがした。

欧州留学では、特にボルシアMGで多くの収穫を得た。当時ドイツ国内でバイエルンと肩を並べ、チームにはベルティ・フォクツ、ライナー・ボンホフ、ユップ・ハインケス、ヴォルフガング・クレフらの西ドイツ代表勢や、後にバロンドール（欧州最優秀選手）を受賞するアラン・シモンセン（デンマーク代表）らが在籍していた。チームを指揮していたのは、名将ヘネス・バイスバイラー。「物凄く怒鳴られた」という。

「驚いたのは、前夜代表戦に出た選手たちが、翌朝もうクラブの練習に合流している。これがプロなんだ、と思いました。5対2では、嫌というほどボールを回されましたよ。彼らは練習でも脛《すね》に届くほどのタックルをしてきて、それを平気で避けている。1度タックルしたけれど、ボールが奪えず相手の足にビシッと入ってしまった。そしたら誉められたんですよ。『それがサッカーだ』って。『失敗するのは当たり前。せっかく身体能力があるのに、なぜもっとそれを出さないんだ』と」

清雲は、ドイツでトップレベルの選手たちと一緒にトレーニングを積んできた。だからこそ西ドイツ代表で62試合68ゴールの得点王を相手に、自分の成長の度合いを確認したかった。

川上信夫は、立教大学入学後に、ベッケンバウアーを手本にFWからリベロに転向していた。

「大学では同じFWに日高憲敬（日本代表）がいて、私と2人ともヘディングが得意だった。でも前線に2人は要らないだろうと、私がリベロをやることになったんです。何も参考資料がないから、サッカー雑誌でベッケンバウアーがどんな選手なのか、という記事を読み、やってみたんです」

また永井良和は、長く釜本のアシスト役を務めて来た杉山隆一の後継者として期待されていたが、前年のアジア大会が不振で代表のスタメンから外れ気味だった。

「なんとかきっかけが欲しかった。だからベッケンバウアーには、必ず仕掛けて行こうと思っていました」

1975年1月5日、初戦。午後2時キックオフ。

幸い雨の予想は外れ快晴だったが、それが選手たちには災いした。霜が溶けた国立のピッチは水浸しになり、泥んこ状態と化してしまった。

開始5分、バイエルンが先制した。ベッケンバウアーが、中央に位置するカールハインツ・ルンメニゲにミドルパスを送ると、さらにヨゼフ・バイスへと繋ぐ。バイスは快足を飛ばしてマークを振り切り、GK横山の動きを冷静に見て左隅に決めた。後に2年連続してバロンドールを手にするルンメニゲは、まだ19歳。来日後のベッケンバウアーが「あれは誰だ」と周囲に尋ねたという話がまことしやかに伝わったが、実際には既にブンデスリーガでも4試合をプレーしており、本当に知らなかったとは考え難い。

日本のエースストライカー、釜本も世界を制したベッケンバウアー、シュバルツェンベックとの対戦を心待ちにしていた。だが4日前には、雨中の天皇杯決勝を終えたばかりで、さすがに疲労を引きずっていた。

「シュバルツェンベックは屈強だった。ボールを追いかけ、手の差し合いをしても簡単には勝たせてくれない。手で腹を抑えられると、まったく前に出られなかった」

27分、自陣ゴール前でその釜本を制したベッケンバウアーは、平然とリフティングでかわし反転して味方に繋ぐ。華麗な対応にスタンドが唸った。

日本代表もバイエルンの11本を上回る16本のシュートを放ち、釜本はそのうちの7本を打った。シュバルツェンベックを左にかわして狙ったシュートは、クロスバーをかすめるように枠を越えた。だが釜本は言う。

「得意の右45度の形には持っていけなかった。ベッケンバウアーは、クラマーさん（＝デットマール・バイエルンが帰国後に新監督に就任。元日本代表特別コーチ）から、釜本という優れたシューターがいると聞いていたようです。そのせいか、シュバルツェンベックも、僕が中に持ち込んだ時は、左にしか行かせてくれなかった」

一方、守備に目を転じれば、大仁邦彌がルンメニゲのスピードに苦しめられたが、注目のミュラーは清雲が抑え切った。見せ場は1度、DF5人に囲まれながらも、反転しながら鋭く持ち出しゴールを狙ったシーンだけだった。

「相手はワールドカップの得点王ですからね。とにかくこの男に点を取らせてはいけないと必死でした。あのグチャグチャなグラウンドでも、ターンする能力や身体の強さは物凄かった」

さすがに清雲も、これほど心身ともに疲れ切った試合はなかったという。

「心地良い疲れでしたけどね。でも夕食を取りながら、もう眠くて仕方がなかった」

結果は0－1、惜敗だった。

さらに2戦目、中1日ではコンディションも好転しなかった。

初戦で途中出場して果敢なプレーを見せた永井がスタメンに入り、開始早々から素晴らしいドリブルで切れ込む。

だが1分、またもバイエルンは、ルンメニゲが早々と先制ゴールを叩き込んだ。

永井にも虎視眈々と狙っていたベッケンバウアーと勝負する機会が訪れた。

「ハーフウェイラインから少し相手陣内に入った辺りでした。フリーでボールをもらったので、その瞬間、抜いてやろうと思いました。ドリブルで仕掛けて、左足で45度には足りない角度からシュートを打ったんですが、わずかに外れた。でも今思えば、ベッケンバウアーは、僕の得意なコースを切りながら、危険な場所から遠ざけるように運ばせていたんでしょうね。徐々に外に追い出され、たぶん（シュートが）枠へ飛んでいたら、足に当たっていた」

後半に入り56分には、日本も決定機を演出した。森のシュートを弱冠19歳の控えGKフーゴ・ローブルが弾く。そこに藤島信雄が詰めたが、ポストに当たり、すかさずシュバルツェンベックがクリアーした。

「あれを決めてくれんと……」

試合後の釜本が渋い顔を作った。

最前線の釜本がピッチ上で盛んに声を出しているのを見て、ベッケンバウアーは過渡期を迎えた日本代表の課題を見抜いていた。

「FWがリーダーとして指示を出しているのは良くない。もっとMFがゲームを牽引するべきだ」

試合は2戦目も1－0のまま終了した。

初戦で攻撃参加を見せられなかったベッケンバウアーは、公約通りに2戦目は前線に上がり2本のシュートを試みた。

「ピッチ状態が良ければ、もっとやられていたでしょうね。パンツを汚さないで（優雅に）プレーをすると評判だったベッケンバウアーも、日本ではだいぶ泥が飛び散って汚れていましたから。でもあのピッチでも、彼らは足先でキュッキュッと、ボールを浮かせながら巧みにドリブルをしていた。速いパスが通る展開ならもっと厳しかったかもしれない」（釜本）

逆に終了間際には、ミュラーを抑え切っていた清雲に、スタンドから「妥協しろよ！」と野次が飛んだという。翌朝の『日刊スポーツ』は1面に《ミュラー不発弾も伏兵ドカン》と大見出しが躍った。伏兵とは、後のバロンドール受賞者ルンメニゲのことだった。

この頃から、日本代表の国際試合は、対戦相手次第で観客動員数が決まる時代へと入っていく。国内で夢を見られない分、ファンは海外のスターに強く魅かれるようになるのだ。実際試合を終え、スタジアムからバスに向かうバイエルンの選手たちは、ファンにもみくちゃにされた。その際にベッケンバウアーは、婚約指輪とネックレスを落としてしまう。

「本当に困り果てていました。相談されて、グラウンドを探したんですが、見つからない。でも後日、順天堂大の学生が見つけて届けてくれた。本人もすごく喜んでいました」（JFA中野事務局長＝当時）

2戦目を終えた夜、東京プリンスホテルではレセプションが開かれ、ミュラーと顔を合わせた清雲は「おまえは、素晴らしいCBになれるよ」と声をかけられた。同じポジションのシュバルツェンベックに相手を止めるコツを尋ねると「FWが何を考えているか、それを先読みすることだ」と返って来た。

改めて清雲が、世界のトップストライカーと戦った180分間を振り返った。

「遊びに来ただけなのかもしれませんね(笑)。でもミュラーはボックス内の仕事人。何を考えているのか判らない感じで佇んでいたかと思うと、ボールが入った途端に仕事をする。その点では釜本さんに似ていた。釜本さんと対戦する方が大変でしたけどね」

清雲はボルシアMGでの練習で、ミュラーと得点王を競っていたハインケスとも争ったことがあるが、それでも釜本が上回ると感じたという。そして実際にバイエルンが釜本獲得を検討したことはあったようだ。

「僕が実際にオファーを受けたのは、1860ミュンヘンの方でしたけどね」(釜本)

冬の時代にエースとして活躍した永井が言う。

「国内の親善試合では、前を向いてボールを持てば通用しないと思ったことはありませんでした。でも1度だけボルシアMGとアウェイで有料試合をしたことがある。全然違いましたね。僕だけではなく、チームも何も出来ませんでした」

ドイツに帰国したバイエルンは、クラマー新監督の指揮下で復調し、前年に引き続き欧州制覇を成し遂げ、さらに3連覇へと繋げていく。しかしクラマーは言った。

「バイエルンで欧州制覇したことより、日本代表の銅メダル獲得の方が、はるかに大きな快挙だった」

宇佐美貴史がバイエルンの一員になり、香川真司を軸に据えたドルトムントが100%真剣モードのバイエルンを倒すには、それから36年間待たなければならなかった。

奥寺康彦の挑戦――アマから最高峰へ

衝撃のファーストタッチについて、奥寺康彦は眉根を寄せて必死に記憶の糸をたぐっていた。

1977年10月22日土曜、奥寺は1・FCケルンのスターティング・ラインナップに名を連ね、初めてプロのプレイヤーとしてピッチに立った。ポジションは左ウイングである。

その奥寺がファーストタッチを試みたのは、敵陣でなく自陣のペナルティエリア内だった。しかも触れたのは、ボールではなく対戦相手デュイスブルクの右ウイング、ビュザースの足。開始1分にも満たない時間帯には、滅多に訪れない状況だ。

「う～ん、たぶんケルンから見て右サイドにボールがあって絞っている状態。そこから左に展開されたんだろうね。そう言えば、僕のサイドのMFヘルベルト・ツィンマーマンは、パスをくれないでどんどんドリブルで上がっていってしまうタイプだった。その裏をカウンターで突かれたんだと思う。DFも少なかった。だから僕が戻ったんだ」

バルター主審は、迷わずペナルティスポットを指す。奥寺は自分でも全身の血の気が引き、顔面蒼白になるのが判ったという。

「あれは間違いなく誘われたよね。今なら絶対にダイブ（PKを誘おうとしてわざと倒れる行為＝シミュレーション）だよ」

それはたぶん悪戯心たっぷりの神様が、忠実に守備の隙間を埋めるFW奥寺に与えた究極の肝試しだったに違いない。ただし意地悪ではなかった。その証拠に、次の瞬間ケルンのGKハラルド・シューマッハは、デュイスブルクのゼリガーが蹴ったPKを見事に止める。途端に奥寺には血の気がさし、全身を雁字《がんじ》搦《がら》めにしていた緊張が解凍されてしまったからだ。

この試合で奥寺は75分間プレーし、ケルンはアウェーながら2－1の勝利を収めた。終わってみれば、幸先良いデビュー戦だった。

「運が良かったんだ」

開拓者として名を成した原因について、奥寺はこともなげに言った。確かに推間板ヘルニアが完治してから、ある時期を境に猛烈な突風が奥寺を飛翔させ、取り巻く状況は以後も一貫して彼を援護した。

ある時期、それは1976年。奥寺は年明け早々に古河電工サッカー部コーチの宮本征勝とともにサンパウロへ発った。エメルソン・レオン、ルイス・ペレイラ、アデミール・ダ・ギア……、セレソン（ブラジル代表）だらけのメンバーで黄金時代真っ只中のパルメイラスの練習に参加するためだった。

日本サッカー界は閉塞の状況を迎えていた。１９７６年3月には、モントリオール五輪予選で2大会連続して本大会への出場権を逃した。もちろんワールドカップは遥か彼方。何とか世界との接点を探ろうと、いくつかの企業チームが海外留学を試行し始めていた。

古河電工もブラジル留学制度を導入することになり、スタッフは満場一致で奥寺を指名。コーチとして宮本を随行させることにした。誰の目にも奥寺の将来性は輝いて見えたのだ。

しかし前例のない一期生ゆえに、予算はとことん絞り込まれた。共同トイレに共同シャワー、それに簡易ベッド。14歳離れた男同士が同じ部屋で2ヵ月間も生活を共にした。

それでも愚痴一つこぼさない奥寺の精神状態を忖度して、逆に宮本の方が細かく気遣った。飲めないビールを敢えて注文したのも、自分が「乾杯」と一口つければ、あとは奥寺も気兼ねなく飲み干せると思ったからだし、ツテを頼って奔走し日本食をふるまった。

まるでプロの卵が経験するような質素な生活だった。だがこの留学を経て奥寺は見違えるような変貌を遂げる。帰国後のＪＳＬカップ、さらに日本代表として参加したムルデカトーナメントでは、面白いように敵のスペースを切り裂きゴールを連発。ともに得点王のタイトルを手にする。またその奥寺の牽引により、古豪古河電工は日本リーグ、ＪＳＬカップ、天皇杯と三冠を獲得した。

変貌の要因について、宮本は「運も良かったよね」と重ねた。

「とにかく本場ブラジルの雰囲気に触れるだけで大きな刺激になった。例えば、遊びの中でボールを蹴り合うだけでも新鮮で、当時監督だったジノ・サニ（１９５０年代のブラジルを代表する名手）が特別メニューに付き合ってくれたんだけど、フットバレーをしていてもテニスのスマッシュみたいなボールが飛んできた。でも最大の収穫は紅白戦に使われたこと。ちょうど左ウイングでレギュラーのネイがケガをしたので、奥寺が代わりに起用された。すると一気にサイドをえぐってセンタリングに持ち込むわ､点は取るわ。GKのレオンも驚いていた。ジノ・サニには、『オレにあずけないか』と言われたけど、いくら何でも会社のお金で留学してそれじゃまずいから」

スキルの習得に最適なゴールデンエイジ（※一般に9～12歳）を過ぎてからボールを蹴り始めた奥寺は、24歳でもまだ新品のスポンジだった。わずか2ヵ月。この短期間に、サッカーのエキスをたっぷりと吸い上げて戻って来た。

「まず練習への打ち込みがケタ違いだったよね。サッカーでメシを食っている連中は、恐いほどピリピリしていた。メニューは筋トレが多かったんだけど、筋肉がついたことでヒザが柔軟になり、結果的にボールの勢いをスッと殺せるようになったんじゃないかな。それと何と言っても紅白戦。相手の右サイドの選手は物凄く走力があって、スピード、スタミナともチーム随一。ずっとその選手とやり合っていた。そのせいか、日本に戻ったら周りの動きが遅く感じられてね。状況もよく見えるし、面白いように相手を抜けるようになった。ホント、サッカーが楽しくなったよ」

実は楽しくなったのは奥寺本人だけではなかった。一緒に練習に顔を出していただけだった宮本も、キックの種類が格段に増えて、サッカーの面白さを再確認したというのだ。

この年、日本代表監督に就任した二宮寛も引き続き奥寺の運を切り開いていった。

二宮は、以前から強化の最優先ポイントは環境整備にあると考えてきた。三菱重工の監督を引き受けた時は、会社と談判して、社業免除の午後練習をいち早く認めさせている。周囲からは「お前ら、まるでプロみたいだな」と皮肉られた。日本代表を任されてからも、最初に要求したのが合宿での食事の改善である。それまで選手たちは、宿泊旅館近くの台湾料理屋に駆け込んでいた。だがそんな至極当然な訴えに対しても、選手を甘やかすな、と批判がついて回った。

日本サッカー界は変革を迫られていた。1968年のメキシコ五輪では、チームで2番目の若手として銅メダルを手にした釜本邦茂が既に32歳。代表引退の意思を固めつつあったのだが、「次の世代への架け橋として残ってくれ」という二宮の依頼を受けて翻意した。

二宮には、1972年欧州選手権で絶賛された西ドイツ代表をヒントにした一つのアイデアがあった。この時代の西ドイツは、リベロにフランツ・ベッケンバウアー、中盤にはギュンター・ネッツァーが君臨し、2人は互いにカバーリングを意識しながら前後にスウィッチした。現地では「ランバーサンバ」と呼ばれた戦術である。

二宮は、この関係を前線にも適用出来るのではないかと考えた。その結果、二宮ジャパンは、ムルデカトーナメントで史上最高の2位という成果を導き出した。釜本と奥寺がポジションを変えながらゴールを脅かす。２人は遠征中も同部屋になり、釜本は二宮の要請通り、奥寺にゴール奪取の秘訣を伝授した。この大会で奥寺は7試合で7ゴール。改めて釜本の助言の的確さに驚いた。

しかし次のステップを踏むための蠕動《ぜんどう》を始めたかに見えた日本代表も、１９７７年に行われたアルゼンチン・ワールドカップ予選ではイスラエル、韓国を相手に1分け3敗。釜本も代表引退を決め、いよいよ二宮は「個人のレベルアップとプロ化の必要性」を痛感する。

そこでその夏、若い日本代表を率いて欧州遠征に出ると、ドイツでは選手たちをいくつかのチームに振り分けプロの練習に参加させた。選手の割り振りには、二宮の願いが込められていた。昵懇《じっこん》のヘネス・バイスバイラーが指揮する１・ＦＣケルンに送り込んだのは、奥寺の他、金田喜稔、西野朗、藤島信雄、石井茂巳の5人。二宮が少しでもプロの可能性がある、と感じていた選手たちだった。

二宮は、バイスバイラーの仲人を務めたほどの間柄だった。「日本もプロを作らないと絶対に世界との距離は縮まらない」と主張するバイスバイラーに、二宮は「そのためにも何とか1人でも2人でもプロへの道筋をつけてやりたいんだが……」と相談している。バイスバイラーからは「いつでも協力は惜しまない」という快諾があった。

ケルンでは、日本人選手5人のうち奥寺だけが途中から一軍の練習に引き上げられることになった。奥寺自身は、一軍昇格に特別な意味合いを嗅ぎ取っていなかったが、それは実質的な入団テストだった。紅白戦では至るところから、日本とは段違いの正確なパスが矢継ぎ早に飛んでくる。こんなに楽しいサッカーならいつまでも続けたいものだ、という思いが脳裏をよぎった。夢想と言っても良かったかもしれない。

ところが、その夢想が唐突に現実となる。合宿最終日、奥寺はバイスバイラーから直に「正式にケルンの戦力として欲しい」と伝えられた。

「よく真っ白になるって言うけど、そういう状態だった。そのうちに震えちゃって。どうしてオレなんだろう、って……」

奥寺は取り敢えず答えを保留して機中の人となる。興奮は帰りの機内でも、たっぷりと引きずっていた。藤島や古前田充ら、仲の良い代表のチームメイトたちといろいろ会話をしたが、内容はまるで上の空だった。

帰国後は、古河電工の鎌田光夫監督、宮本コーチ、それにＪＦＡ関係者らと立て続けに話し合う。だが肯定的な意見が大勢を占めたものの、明確な根拠とともに後押しできる者はいなかった。

当時世界最高峰の冠は、ドイツのブンデスリーガに被せられていた。アマチュアの奥寺が通用するかどうかなど、即断できる日本人が存在するはずもなかった。

妻の美代子の反応は、もっと淡泊だった。「そんなの本気で言っているわけないじゃない。社交辞令ってものがあるでしょ。きっと冗談よ、冗談」

しかしバイスバイラーは100％本気だった。結局奥寺は二宮を通して断りの電話を入れた。するとバイスバイラーは「どうしてだ?」と声を張り上げ、受話器を置かせずに断る理由を全て打ち消していった。

妻の出産、生活習慣の違い、言葉、そして奥寺の能力。「こんないいチャンスはないじゃないか。おまえのプレーは絶対に通用する。オレの目に狂いはない。自信を持って来ればいいんだ。何ならすぐにでも副会長をそちらに送る」

奥寺の決断を鈍らせていたのは、自称「引っ込み思案の性格」だった。

「本当は誰かがポンと背中を押してくれれば、じゃあやってみよう、という感じだった。だから自分の中では、今度誘われたらとか、来年こそは行こう、なんて考えていた。行きたいんだけど、逃げ道を探してたんだよね」

要するに奥寺の背中を押せるのはバイスバイラー以外にありえなかったのだ。

ボルシア・メンヘングラードバッハで一時代を築いた名将は、金の卵を発掘する慧眼ぶりに定評があった。例えばデンマークから子供のように小さなアラン・シモンセンを連れてきた時は、容赦ないブーイングと高らかな潮笑を浴びた。ところが先発2試合目で、そのシモンセンが目の覚めるようなゴールを連発し、スタジアムを沈黙させる。彼は後に欧州最優秀選手（バロンドール）にまで上りつめていった。

仲介役になった二宮も、日本からプロの選手が巣立って欲しいと願う反面、一抹の不安は拭えなかった。それだけに責任を感じて、バイスバイラーに対して「本当に通用するのか」と繰り返している。だが何度尋ねても、バイスバイラーの返答は一貫していた。

「プレーの能力にはまったく問題ない。課題があるとすれば、自分をアピールしていく積極性の部分だ。でもそれは必ず克服出来る」

釜本邦茂も杉山隆一も、プロへの勧誘を受けたことはあった。しかし彼らは日本にサッカーブームをもたらし、だからこそ、その日本を離れてプロの世界に飛び込むことが許されなかった。

対照的に奥寺が誘われた時、もはや日本サッカー界には彼を引き止める理由など存在しなかった。それどころか誰かが何らかの形で起爆剤として突破口を開かない限り、迷路から抜け出す方法は見つかりそうもなかった。

１９７７年10月5日、奥寺は単身ドイツへ向かい、２日後には契約書にサインを済ませた。相模工業大学付属高校を卒業して古河電工に入社した当時、手取りで２〜３万円ほどだった奥寺の月給は、日本を発つ頃の約10万円を経て、ドイツに来た途端に10倍近くまで跳ね上がった。それがドイツの一般的なレギュラークラスの報酬だった。1ドルが約２４０円、１マルクは約１２５円。現在と比較すると円は半分以下の価値しかなかった。

バイスバイラーは、奥寺を西ドイツ代表20キャップの名手ハンネス・レアーの後継者と考えていた。レアーは、このシーズン限りで引退を決めており、現役を続けながらもコーチングライセンスの取得に余念がなかった。奥寺は最初から「レギュラー扱い」が保証されていたが、契約からデビューまでは17日間を要している。最初に交代出場を予告されていたホームのヘルタ・ベルリン戦（12日）は、ゲームが予想以上に拮抗したために見送り。ドイツカップのアイントラハト・フランクフルト戦（15日）でも前夜先発を予告されたが、古傷の右脛が痛みだし、そのうちに39度以上の高熱を出してしまった。環境が一変し、言葉の通じないドイツで単身家事をこなしながらのホテル住まいは、極度のストレスを蓄積させていた。


だが約1ヵ月遅れで妻の美代子が現地に到着し、地下室つき2階建ての家に越すと、ドイツでの生活とともにプレーも軌道に乗り始める。12月3日のザンクトパウリ戦では、専門誌『キッカー』のベスト11に選出され、12月20日のドイツカップ準々決勝ではシュバルツバイス・エッセンを相手に2ゴールを記録した。

古河電工時代に同僚だった美代子は、日本リーグの試合を頻繁に観戦した。しかしドイツに来てからスタジアムに足を運んだことは数えるほどしかない。夫にとってサッカーは趣味から仕事に変わった。それなら、自分は帰宅した夫がすぐにくつろげる状況を整えておきたいと思った。サッカーが趣味だった頃には好き勝手な批評も口にしたが、仕事になった瞬間から口を挟むのを慎むことに決めた。

一方バイスバイラーは、何より奥寺には自信を植え付けることに腐心してきた。当時、奥寺の通訳を務めていた祖母井《うばがい》秀隆（元ジェフ市原・チーム総括部長）は言う。

「よく『おまえは箸が使えるし、右も左もキックが出来るじゃないか。ほとんどのドイツ人は利き足しか使えないぞ。スピードもあるし、器用なんだから、もっと積極的にプレーしろ』と言い聞かせていました。それと『シュートを打つ時は、絶対に得点しようという意識を持て』と」

ハインツ・フローエ、ディーター・ミュラー、ベルント・クルマン、ヘルベルト・ノイマン、それにシューマッハ……。西ドイツ代表だらけのチームメイトたちも、奥寺を快く迎え入れ陽気に盛り立てた。試合前のロッカールームでは、リーグ戦でゴールのない奥寺を目がけて「たぶん、今日は取れるぞ」とか「今度こそ、ゴールの匂いがするな」などという声が四方から飛んできた。

念願のリーグ戦初ゴールは1978年4月8日。アウェイのカイザースラウテルン戦で、右からノイマンの蹴ったCKをニアで頭に当てて方向を変えた。奥寺はここからの残り3試合で4ゴールを挙げて掉尾を飾る。1・FCケルンは同勝ち点ながら得失点差でボルシア・メンヘングラードバッハを振り切り、14シーズンぶりにリーグを制覇。ドイツカップ決勝でも、フォルトゥナ・デュッセルドルフに2－0で快勝し二冠を達成した。

惜しまれるのは翌1978～79年の欧州チャンピオンズカップである。ケルンは準決勝でノッティンガム・フォレスト（イングランド）と対戦。事実上の決勝戦と目されたカードで、交代出場した奥寺が起死回生の同点ゴールを決め、ケルンはアウェーゲームを3－3で折り返した。得点が並べばアウェイゴールが優先されるルールもあり、この3ゴールは絶対のアドバンテージとなるはずだった。ところがほぼ手中にしかけた決勝進出の切符を、ホームゲームの敗戦で失ってしまう。ノッティンガムは決勝でもマルメ（スウェーデン）を下し、欧州チャンピオンとして第1回のトヨタカップに来日。ケルンを散々苦しめたトニー・ウッドコック（イングランド代表）は、その後ケルンで奥寺の僚友となり、同時にFWの定位置を奪うという皮肉なオチまでついた。

奥寺の運命が傾きかけたのは、ケルンに入団して3シーズン目のことだった。ケルンとの契約を2年間更新するが、バイスバイラーが去り、リヌス・ミケルスへと指揮権が変わったことで出番が激減した。

1980～81年のシーズンが閉幕後、奥寺は直接ミケルスに「自分が必要なのか」と確認すると「まだ判らない」という返事だった。これで奥寺の腹は決まった。早速フロントに移籍を直訴すると、2部のヘルタ・ベルリンが興味を示してきた。

1980年11月、奥寺はすぐにベルリンに飛ぶと、自ら会長と話し合いレンタル移籍を決めてしまう。妻の美代子は、そんな夫の姿を見て、つくづく人間的に大きくなったと感じていた。

「一緒に食事に出かけても、いつも僕は何でもいいよ、という人でした。それがドイツに来てからは、よくしゃべるようになったし、はっきりと自己主張をするようになった。とにかく大事なことは全て自分で決めなければいけなくなったわけですからね」

ヘルタのトレーニングルームには、バーベルが一つだけ無造作に転がっていた。それを奥寺だけが、連日黙々と持ち上げた。

チームのトレーナーは言った。

「オクこそが本物のプロフェッショナルだ」

ドイツに来て4年目の奥寺は、もう本場でプロの魂の範を示すまでに成熟していた。

わずか1シーズンにも満たない在籍だったが、ヘルタは奥寺に大きな転機をもたらした。奥寺はＦＷとして入団した。実際、最初の数試合はＦＷとしてプレーしたのだが、周囲との呼吸も合わず、まったくの空回りに終わる。そこでウイングバックにコンバートされるのだ。

「ケルンでも2シーズン目からはＭＦでプレーすることが多くなっていたけど、これは新しい試みだった。もともとディフェンスは出来る方だったし、攻撃に関しては前に上がってフリーでボールをもらえるから凄く面白かった。ロングシュートとかも決まってシーズンに7、8点は取ったよ」

ヘルタは終盤に入って1部昇格を争う当面のライバル、ヴェルダー・ブレーメンと対戦。この重要な試合を、接戦の末に1－2で落とした。しかし奥寺は唯一のゴールを決め、相対するノルベルト・マイアーを完璧に抑えた。最終的にはブレーメンが1部に昇格し、ヘルタは2部にとどまるのだが、ブレーメンを指揮するオットー・レーハーゲルが奥寺の能力を高く評価した。

次のシーズン、奥寺は約３５００万円の年棒でブレーメンに移籍し、再び1部でプレーすることになる。そしてブレーメンでの5シーズンで、「アジアのコンピューター」という異名を不動のものにするのだ。

奥寺の通訳を終えた後もドイツに留まった祖母井が、異名の理由を解説してくれた。

「ドイツでは『守備はスイスチーズになってはいけない』とよく言われたんです。スイスチーズは、穴がたくさん開いていますからね。レーハーゲルは、守備の隙間を的確に埋めていく奥寺の戦術理解能力を買っていました。攻撃に転じると後先を考えずに上がってしまったり、ゾーンを埋めるという理論をなかなか理解出来ない選手が多い中で、奥寺の存在は物凄く貴重だったんです」

ブレーメンでの奥寺は、最初の2シーズンが右、残りの3シーズンは左のウイングバックを中心にプレーしたが、チーム状況に応じてはセンターフォワードも、センターバックもこなした。

「まあ、与えられたものをやるしかないというのが僕の考え方だから。監督だって出来ないと思えば要求しないだろうしね」

嫌な顔ひとつ見せずにGK以外のポジションをこなしてしまう奥寺を見て、レーハーゲルは「オクが1人いれば、3人分くらいの選手を獲ったのと同じだ」と絶賛した。

ブレーメンは年棒の安いベテランを集めてやり繰りをしているようなチームだったが、1部に昇格したシーズンからコンセプトの明確なプレッシングサッカーを展開。いきなり5位と望外の好成績を残すと、翌シーズンにはハンブルガーSVに続き2位までステップアップする。チーム史上空前の快挙に、街ではパレードが実施され熱狂的な歓迎を受けた。

好成績を持続することで徐々に潤い始めたブレーメンは、ルディ・フェラー（ドイツ代表）ブルーノ・ペッツァイ（オーストリア代表）らのスター選手たちを徐々に補強していく。奥寺が加入して3シーズン目は5位と足踏みするが、4シーズン目には再び2位に浮上。誰もが初優勝へ機が熟したと感じていた。

しかし同時に奥寺は、そろそろドイツでのプロ生活も潮時だな、と考えていた。チームは慰留の方針だったが、長女が進学問題で節目を迎えていた。まだ体が動くうちに、もう一度日本でプレーしてみようという意欲もあった。それだけに奥寺は、どうしても1985～86年シーズンで有終の美を飾りたかった。

奥寺の願い通りに、チームは開幕から順調に勝ち点を重ねた。序盤戦から首位をキープし、シーズンが深まるとともに「今度こそ勝てる」という思いは、確信へと高まった。

そして残り2試合。ブレーメンは勝ち点2差（当時は勝利が勝ち点2）の2位で追走するバイエルン・ミュンヘンをホームに迎える。勝てば優勝決定のブレーメンは、終了2分前にPKを獲得した。ところがこれで優勝も決まる！　と確信した次の瞬間、普段は100％成功していたミカエル・クツォップが失敗。この試合を引き分けてしまう。

それでも最終戦は引き分けても優勝と有利な状況で迎えるが、ブレーメンは若きユルゲン・クリンスマンを擁すVFBシュツットガルトに1－2で敗戦。奥寺の9シーズンにわたるドイツでのプロ生活は、ほろ苦い結末を迎えた。

しかし12歳で初めてボールを蹴り、25歳でプロの世界に足を踏み入れたプレイヤーが、1部だけでもケルンで75試合15得点、ブレーメンで63試合連続出場を含む

１５９試合出場11得点。これは世界でも滅多に見られない遅咲きの成功例である。

「やっぱり運が大きいよね。波もそうだけど、乗るまでが大変なんだ。僕はケルンで波を捉えたと思うし、またケルンに固執しなかったからこそブレーメンで大きな波に乗ることが出来た。ブレーメンでの５年間が僕のサッカーの集大成だった」

ただし奥寺の幸運は決して偶然の産物だったわけではない。奇しくもバイスバイラーと宮本は同じ見解を持っていた。

「彼の敵を作らない性格が良かったんだ。だから、我が強くプライドの高いドイツのチームメイトが彼を受け入れた」

そして、もう一つ、今度は宮本と二宮が期せずして同じ言葉を重ねた。

「あの奥さんだよ。あの快活でしっかりした奥さんなしには、あんなにやれなかった」

ドイツでの9年間を振り返る時、美代子夫人にはまるで苦労した記憶がないという。

選手権人気の沸騰、浦和南―静岡学園

苛立たし気に静岡学園のベンチを飛び出した井田勝通《まさみち》は、ピッチ上の選手たちに冷水を浴びせるように、ありったけの声を張り上げて指令を出した。

「蹴るな、走るな、歩け！」

東京・国立競技場は、５万人の大観衆を呑み込んでいた。だがサッカーの試合に不似合いで唐突な指令は、大衆の騒音を切り裂くように選手たちの耳に届いた。

ＭＦでプレーする杉山誠は耳を疑った。ここは学校の廊下ではない。しかも静学は2点を追いかけ、試合は終盤に差し掛かっている。

杉山はサッカーのメッカ藤枝で育ち、中学時代には全国準優勝も経験していた。この状況なら早くボールに寄り、出来る限りこぼれ球を拾う。メッカでは、そう教えられてきた。ところが井田は「歩け」と言うのだ。

しかしそれから浦和南高校のワンサイドの展開は急転し、見る見る様相を変えていく。ゆっくりと確実に急ぐ静学が、ようやく本領を発揮し猛追を始めるのだ。

試合開始前に井田は、いつになく表情が固い坊主頭た

ちに、こう語りかけていた。

「とにかく楽しんでやろうぜ」

常に先手を許す展開は、とても楽しめるものではなかった。ただし井田には確かな手ごたえがあった。

「正確に出来るスピードでやることが大事なんだ。これでゆっくりと攻める楽しさを知ってもらえた。きっとお客さんも楽しんでくれている」

井田は、それだけで十分に愉快だった。


１９１７年度に大阪で幕を開けた全国高校選手権（１９６６年度から現在の名称に）は、大きな分岐点を迎えていた。１９７０年度から中継を始めた日本テレビが主導し、いよいよ１９７６年度には開催地を首都圏に移転することが決まっていた。準決勝と決勝は、聖地国立が舞台になる。多くの反対の声を押し切る形で、大会は新しい歴史へ向けて動き出そうとしていた。

１９７６年正月（75年度大会）、大阪開催最後の大会を制したのは、当時としては珍しく巧みなシザースを駆使する田嶋幸三が牽引する名門浦和南だった。チームを指揮したのは「鬼マツ」の異名を取り、厳しい指導が鳴り響いた松本暁司。日本代表歴を持つＧＫで、１９６３年に同校の創立とともに監督に就き、１９６９年にはアニメ『赤き血のイレブン』のモデルになったエース永井良和を擁し、史上初の三冠（インターハイ、国体、選手権）を達成していた。

「首都圏移転の最大の理由は観客動員です。大阪最後の決勝戦は長居陸上競技場で行ったんですが、テレビに映るバックスタンドには観客が入っていても、メインは役員がパラパラという程度でしたからね」

首都圏初開催の選手権出場枠は31校。前回優勝の浦和南だけがシードされ、残る30校は決勝まで勝ち進むと５連戦になる。当時は初戦からまったく休みなしでスケジュールが組まれていたので、とりわけ初戦免除のシード権は大きな利点となった。

「主催者側がウチを大事にしてくれている。それは伝わっていましたから、必ず盛り上げなければいけないと大きな責任を感じていました」

浦和南は、田嶋、菅又哲男と後に日の丸をつける攻守の要が卒業したが、ユース代表の森田洋正ら優勝を経験したメンバーが多数残り、新入生にも本太《もとぶと》中学で全国制覇した中学日本一の水沼貴史らを迎え、十分に連覇を狙える戦力を整えていた。しかしその前に立ちはだかったのが、早稲田一男、高橋貞洋、宮内聡など後に日本代表に名を連ねる面々や、後の日本女子代表監督佐々木則夫主将ら錚々たるメンバーを揃えた帝京だった。

夏のインターハイでは準決勝で顔を合わせ、帝京が２

－０で圧勝。そのまま優勝を飾っていた。「たぶん練習試合でも勝てていなかった」（水沼）こともあり、激戦の埼玉県予選を勝ち抜くと、浦和南のテーマは「打倒帝京」に絞られた。両者が順当に勝ち進めば、インターハイと同じく準決勝で再戦になる。早速、監督の松本は、帝京戦に向けて入念に対策を練った。

「まず失点を防ぐ。そのためには帝京の狙いを外し、リズムを崩す必要があった。そこでこちらは繋ぐことよりも意図的にボールを散らして、時間を稼ぎながらチャンスがあればセットプレーで得点する。そういうプランを描いていました」

松本が周到だったのは、ＰＫ戦という決着までをも想定していたことだ。

「11人＋５人で、かなり早い段階から、ベンチに入る全員にプレッシャーを与えながら蹴らせていました。外したらグラウンド1周とか、決めた者から帰るとか。その結果を参考に、本番で蹴る順番も決めてありました」

大方の予想通りに準決勝で実現した帝京戦は、両校が譲らず、案の定0－0のままＰＫ戦に突入する。松本は、帝京がその場で順番を決めているのを見て「勝てる」と予感した。結果は4－3、先行の浦和南は2人目が外したが、残り3人の3年生が全員成功した。

「ＰＫ戦は後半になるほどプレッシャーがかかるんです」

こうして松本の思惑通りに、後半4人のキッカーが2年生だった帝京とは、明暗が分かれた。

慶應大学ソッカー部でプレーをした井田勝通は、卒業後1度は静岡銀行に就職するが、暫くしてサッカー界にＵターンする。ＪＦＡが主催しデットマール・クラマーが指導を担当した第2回コーチングスクールに参加すると、さらに自らイングランド、オランダなどを訪問し、見聞を広めて帰国した。

「確かに欧州の環境は素晴らしかった。しかし日本人があのパワフルなスタイルを踏襲するのは無理だと思ったんです」

もともとスタンレー・マシューズやジョージ・ベストなどの柔軟なドリブルテクニックに魅了され、白黒フィルムを擦り切れるほど見てきた。ところが１９７０年メキシコ・ワールドカップでブラジルが圧倒的な強さで世界一になり、南米の魅惑的で技巧豊かなスタイルに遭遇した。

「これが高校生に出来ないだろうか、と考えたんですよ」

チームを指揮するからには、前例のないものを創りたかった。当時日本リーグでは、単調で拙速なサッカーばかりが目立った。そこに一石を投じたい。凄いなあ、素晴らしいなあ、と観客が胸を躍らせるパフォーマンスを披露したい。井田は連日頭を悩ませた。

「手と同じように足でボールを扱う。どうしたら出来るんだろう……」

井田はまず練習メニューから旧来の常識を覆した。まだチーム全体にいくつかのボールしかないのが当たり前の時代だった。

「とにかく選手たちに、たくさんボールに触れさせることを考えました。1人1個ずつボールを持たせ、足裏を初めいろんな箇所を使ってドリブル、さらにはクラマーさん直伝の5種類のリフティングなどを導入し、約2時間半の練習の半分はボールコントロール系に費やしました」

同じ静岡では、カズ（三浦知良）の叔父に当たる納谷義郎が城内FCを主宰し、ショートパスとドリブルを駆使して、ゆっくり繋ぐスタイルを実践していた。静岡学園監督就任前の井田は、城内FCの指導を手伝っていた経緯もあり、このクラブが重要な選手の供給源となった。例えば、1976年度の全国高校選手権では足に吸いつくドリブルで1年生ながら一躍注目を集めた宮原真司は、小学生時代から井田と接している。

「よみうりランドで行われた大会にも連れていってもらって、ベッドから落ちたのを助けてもらったのを、よく覚えています」

宮原は小学5年時に、中学生年代までが参加したリフティング大会で全国7位に入賞している。優勝したのは2歳上で城内FC1期生でもある渋川尚史。フランスで開催された世界大会に出場した渋川も、同級生の有ヶ谷二郎とともに静岡学園に入学し、3年時にはキャプテンを務めることになった。

「そういう意味で、彼らは小学生の頃に、技術的な下地が出来ていた」と井田は言う。

また宮原と同期で1年生からレギュラーに定着する双子の兄弟、杉山実と誠は、藤枝中央中学時代に全国準優勝を経験していたが、チーム力とは別に城内FCの個々の技術の高さに感嘆していた。

「中学時代から城内FCとは交流があり、宮原や成嶋（徹）のことは知っていました。試合をすれば、僕らが5－0くらいで勝つ。でもドリブルなどは本当に巧いんです。実際静学に入ると、1対1とかで彼らがフェイントを使うんですが、『今どうやったの？』って、もう1度やってもらっていたほどでした。先輩たちも、みんなサーカスみたいなリフティングをしていました」（誠）

「当時静岡県内では藤枝東がナンバーワン（※1961年から1971年までで選手権4度優勝、1973、74年は準優勝）。だから小学生の頃から、ずっとそこでプレーをしたいと思っていました。でも中学時代に静学の練習に参加して井田監督に言われたんですよ。どうだ、ウチに来ればユース代表にしてやるぞ、って。嘘だとしても凄い人だな、と」（実）

豪胆な井田に引きずられるように杉山兄弟は進学を決めた。

「人のやらないことをやる」をモットーとする井田は、戦術的にもひと工夫していた。当時主流は４－３－３、ただし４バックといっても、３トップにマンマークをつけ、最後にスイーパーが余る形が一般的だった。だが井田は敢えてＷＭシステムへと回帰する。数字に直せば３－２－２－３だった。

「最後尾でスイーパーが遊んでいてもつまらない。ＤＦでも上がれるヤツはどんどん上がる。スイーパーをトップ下に回してしまえ、というのが、僕の発想でした」

３バックの前には杉山兄弟が並んで舵を取る。守護神は、後に日本代表として活躍する森下申一、また両翼を宮原、成嶋がプレーすることもあり、多い時は５人の１年生がピッチで躍動した。井田が振り返る。

「当時３バックも含めて全員が敵陣に入り、ボールを繋げていくチームは、日本リーグも含めてゼロでした。もちろん３バックが時代遅れだとか、プレーが遅過ぎるとか、批判はたくさんあった。でもボールを取られなければ、足が速かろうが遅かろうが関係ない。またボールを失わないから、安心して全員が押し上げられる」

技術を駆使して圧倒的に攻めてしまう。それは技術に見合わないスピードを追求しようとしていた日本サッカーへのアンチテーゼだった。

「従来のスタイルでは限界がある。ボールを持てる。自由な発想を表現できる。型にはまらない選手を地道に育てていこう。そう考えたんです。僕も若かったですからね。取材に来た日本テレビのアナウンサーには、『たぶん見たらアッと言いますよ』なんて話していました」

新興の静岡学園は、創部以来、なかなか王国静岡の県予選でベスト４の壁を破れなかった。だが夏の大阪遠征を８戦無敗で乗り切ったことで、チーム全体に自信が漲《みなぎ》る。特に大学王者の大阪商業大に３点のリードを許しながら同点に持ち込み、自慢の攻撃力に確信が持てるようになった。

静岡県予選では、ベスト４を決めるグループリーグで清水東と勝ち点で並びながらも得失点差で首位を確保。準決勝で浜名に２－１で競り勝つと、東海大一と対戦した決勝戦では、再延長の末に八木智嗣がヘディングで決着をつけた。

静岡勢は、それまで藤枝東が2年連続、さらに清水東、静岡工と4年連続して準優勝に甘んじていた。静岡県代表には、全国に出たら優勝することが宿命づけられていただけに、代表決定後の合宿は過酷だった。

「精神的にも肉体的にも追い込まれました。早朝6時、それに午後、夜で3部練習。しかも3回とも12分間走がある。それに時間厳守で、遅れたり、靴が揃っていなかったりすると、パンツ一丁で走らされ、監督が水をかけてくるんですよ」（杉山兄弟）

全国選手権の幕が上がると、静岡学園は圧倒的な強さで勝ち進んだ。初戦は都城工に6－0、2回戦は神戸に5－0、さすがに準々決勝はインターハイ準優勝の古河一に2－1と苦戦したが、準決勝は八幡浜工を3－0で一蹴した。

井田は、ある程度の充足感を覚えていた。

「これで決勝戦の舞台で、このサッカーを見せられる」

帝京との決戦を第2試合に控えながらも浦和南は監督以下全員で国立のスタンドに陣取り、静学のサッカーを確認していた。彼らの異質な試合運びの情報は断片的に耳に入っていた。

「ああ……、なるほど」

独り松本は頷いた。

「確かに1人ひとりのボール扱いは巧い。しかしいくらなんでもこれでは遅すぎる。この程度のチームなら、振り切って圧倒しなければいけない」

ミーティングでも、その通りの言葉で選手たちを鼓舞した。

「とにかく最初からスピードで圧倒してしまうんだ！」

松本は知将であり、闘将でもあった。鬼と呼ばれる厳しさは十分に自覚していた。

実は水沼は、全国制覇を成し遂げた本太中学時代に、松本と接したことがある。その時は「こんな怖い先生は絶対に嫌だ」と思った。水沼の自宅からの通学圏には、2つの強豪校があった。同じく全国制覇の歴史を持つ市立浦和のグラウンドの光景は、毎日本太中への通学の途中で視野に入る。そこでは下級生が過剰に雑用ばかりさせられていた。結局市立のマイナスイメージとともに「やっぱり強い学校へ行って、選手権で活躍してみたい」という思いが膨らみ、鬼マツの門を叩くことになる。

「入ってみれば浦和南も市立と同じでした。とにかく部員が多くて、練習がきつかった。最初は100人くらいいたけれど、1年の終わり頃には30人に満たなくなっていたと思います」

やはり松本は、ひたすら怖かった。

「右ウイングですから、前後半のどちらかはベンチの前でプレーをすることになる。とにかく怒鳴られたくないから、監督の前でプレーする半分の40分間は必死でした」

もっとも松本が妥協を排しているのは、指導だけではなく、自身の研究や気配りも同じだった。水沼の証言である。

「プレーの予測とワンタッチ処理を、いつも強調されました。ワンタッチで扱うためには、しっかりと状況を把握しておく必要がある。それとドリブルからクロス。こうした個人練習も徹底的にやりましたね」

松本は、グループとして勝利を掴み取る術だけでなく、個を伸ばすためのビジョンも兼ね備えていた。

1977年1月6日、松本はキックオフの3時間前に、選手たちを連れて国立競技場へ出かけた。トラックを歩きスタンドを見上げる。まだ観客は入っていないが、テレビカメラもセットされ、舞台は整っていた。

記念すべき首都圏開催の第1回。日本テレビ制作サイドの気合の入れ方から察しても、大観衆が集まることは予測できた。「1度足を運んだことで全然違いましたよ」と水沼は振り返る。

逆にロッカールームから出て、いきなり大観衆を見上げた静学イレブンには、かつてない緊張が襲いかかっていた。

「楽しくやろうぜ、と話したけれど、多少緊張しているのかな、と感じました。ましてピッチに入っていったらあれだけの大観衆。生まれて初めての経験ですからね」(井田)

バックスタンドだけが入った大阪開催から、一転して国立には続々と観衆が吸い寄せられ、試合途中にはほぼ完全に埋まった。

緩いピッチ上では浦和南の出足が素晴らしかった。開始1分、河崎淳一がドリブルで運び、FWの加瀬仁にパス。静学DFがクリアーしようとしたボールは、味方に当たって再び加瀬の足もとにこぼれた。右でコントロールした加瀬が左で流し込む。早々と浦和南が均衡を破った。

「相手はボールコントロールに過信がある。このまま我々のペースになれば、前半で2~3点はいける」

松本の読みは的中した。

続いて5分、右裏のスペースへ走って河崎からのパスを受けた水沼が、逆サイドに正確なクロスを送ると、同じく1年生でスタメンの筋野弘美がフリーでヘッド。これで2点目。

さらに17分には、水沼のCKを加瀬が高い打点で叩き込み、浦和南のリードは一気に3点に広がった。

静岡学園MFで軸を成す杉山兄弟は、あまりの急展開に戸惑っていた。

「ウォームアップの頃から『(緊張が)来ているかな』

とは思ったんですが、プレーを見てビックリしました。これは先輩たち、本当にヤバいと。とにかくいつもと全然違った」（誠）

「上級生の方がプレッシャーがかかったんでしょうね。0－3になって、これじゃ静岡に帰れないよ、と思いました」（実）

水沼と杉山兄弟は小学生の頃から切磋琢磨を繰り返していた。途中までは杉山兄弟の分が良かったが、最後の全国中学選手権決勝では、水沼の本太中が、杉山兄弟の属する藤枝中央中を下していた。

「アイツら、巧くて洗練されていましたからね。小学5年生の時なんか、かなり徹底的にやられて随分とショックでしたよ。でも中学の最後でリベンジできた。あれが精神的にも大きかったんでしょうね」

鬼監督が見守るベンチの前で勇躍する水沼は、3点目が決まると「これで勝った」と確信した。

しかし3失点で逆に開き直った静岡学園が、遅れ馳せながら徐々に持ち味を見せ始めた。1年生ドリブラーの宮原は2人に囲まれても平然と抜きにかかり、浦和南でマッチアップした森田が苦戦を強いられる。

「城内FCでは小さい頃から『パスは出すな。最後まで行け』と言われ続けていました。みんながパスを回していたら崩せない。勇気を出して行けと。だからそれが自分の役割だと思っていました。パスを出したら自分じゃない、パスを出したら負けだ、と」（宮原）

浦和南の3点目が決まって1分後、今度は静岡学園が反撃に出る。三浦哲治がタイミング良く送ったスルーパスで宮原が抜け出す。マークする森田が追いかけたが、それを振り切ると右サイドを抉った。するとニアサイドにはMF宮本行宏が入り込み、宮原のクロスに飛び込んで合わせる。一矢を報いた。

徹底してショートパスとドリブルで歩くように攻める静岡学園に対し、スピードと運動量を生かしてカウンターを仕掛ける浦和南。好対照な戦いは、3－1で折り返すことになった。

リードした浦和南の松本は、勝ちムードで弛緩してしまい、流れが変わるのが怖かった。そこで敢えて3年生の広羽康紀を怒鳴りつけている。

「おまえがいい加減にやったからゼロで抑えられなかったんだ！」

静岡学園が得点したシーンだった。宮原が森田を振り切った時、広羽のカバーリングが間に合わず、クロスを許していた。

一方、静学の井田は「3点差以内なら……」と考えていた。3点目を決められ、次の1点が勝負と見ているうちに1点を返すことが出来た。3点差以内なら、の根拠は、大商大を相手に3点差を盛り返した経験だった。

「まだ時間もある。しっかり学園のサッカーをやろう」

だが後半間もなく、浦和南が再び突き放す。静岡学園のGK森下がボールをキャッチするが、目の前に浦和南の加瀬が立ちはだかる。森下は1度足もとにボールを落とし、拾い上げて歩を刻む。これを2度繰り返したところで、主審の笛が鳴った。当時適用されていた5ステップルールに違反したのだが、静岡学園の選手たちは未経験の事態に呆気に取られていた。

すかさずボールの前に立つ水沼。1度野崎正治が狙うがやり直しになる。

その瞬間だった。ベンチの松本は、森田と目が合うのを確認すると、右手で「回り込め」とサインを出した。回り込む森田を背中で察知して、水沼がチョコンと出す。森田の動きを見つけた宮原が必死に追いかけるが届かない。森田のクリーンシュートが左隅に突き刺さる。浦和南のリードは、また3点に広がった。4－1。

「あれは、してやったり、でした。静学がガクッと来るのが判りましたから」（水沼）

宮原は、この時の自分の対応を覚えていない。宮原だけでなく静岡学園の大半の選手たちは、何が起こったのかも把握しきれていなかった。

しかしそれからも試合は活発に動いた。後半3分、静岡学園はセットプレーから八木が頭で1点を返す。4－2、なんとか1点差に詰め寄りたいとはやる選手たちの心理状態が透けて見えたので、井田は立ち上がった。

「歩け！」

杉山誠は、改めて凄い人だと感心した。

「試合が終わった後に監督に聞いたんですよ。なんであんなことを言ったんですか、って。そしたら『長いボールを蹴ったり、急いだりすればミスが出るだろう』と」

後半28分、浦和南が追加点を奪う。森田のミドルシュートをGK手前で河崎がトラップして、左足で蹴り込んだ。

「さすがにこれで決まっただろう」

松本は、そう思った。ところがその1分後に、静岡学園も有ヶ谷からのボールを、三浦がダイビングヘッドで決めて2点差に詰める。5－3。三浦は、泰年、知良兄弟の叔父に当たる選手だった。

それから浦和南ベンチの松本にも、少しずつ焦燥が広がっていた。

「それでもまだ6点目が入ると思っていたんですけどね……」

静岡学園が、ボールを運びながら波濤のように押し上げる。本来なら最終ライン中央に位置する神保英明は、まるで当時「皇帝」と呼ばれたフランツ・ベッケンバウアーのように、中盤に顔を出しては広範に動き、攻撃の起点となった。上がれるなら誰でも上がっていい。このポリシーに則り、静岡学園が分厚い攻撃を仕掛ける。そして残り3分、遂に神保のミドルシュートをゴール前で止めた宮原が、4点目を叩き込む。5－4。

それからは「心臓の音が聞こえるようだった」と松本は述懐する。

さらに浦和南の陣内でボールを動かす静岡学園。FKのクリアーボールが杉山誠の目の前で不規則にバウンドした。だが「まぐれでもいいから」と希望を込めて叩いたボールは高々と宙に浮く。追いかけるようにホイッスルが鳴り、浦和南の連覇達成を告げ、静岡勢の連続準優勝記録は5度に伸びた。

「終わっちゃったな……」と最後の希望を乗せたシュートを放った杉山誠が肩を落とす。兄の実も、号泣する先輩たちを眺めているうちに、見る見るその光景が霞んでいった。当時試合は40分ハーフ。「45分だったらな」と、井田の心の声が呟いた。

しかしそれでも井田は充足感を覚えていた。

「5万人の前でインパクトを残せた。高校サッカーのために第一歩を踏み出すことが出来た。まあ、それでいいじゃないか」

松本と井田。2人はコーチングスクールでともに学んでいた。激闘を終えると、しっかりと握手を交わす。松本が言う。

「井田さんは、その頃から世界と戦うためには、もっとボールコントロールを上げなければ、と話していました。スピードより、しっかりとボールを繋いで、ゆっくりと攻める。そのメッセージは間違いなく伝わってきた。首都圏開催の最初の大会が盛況だったのも、あのスタイルのチームが出てきてくれたからですよ」

静学スタイルは、猛烈な賛否両論に包まれた。だが松本は、確固たる信念に基づく井田のチャレンジを素直に称賛したし、何より瞬く間に全国に賛同者の輪が広がった。

「選手権が終わってからは、練習参加を希望する中学生や、見学の指導者が大勢訪れるようになりました。僕らも出かけて行って小中学生と一緒にボールを蹴る機会が格段に増えましたね」（杉山実）

それから11年後、キリンカップでフラメンゴの一員として来日したジーコは、日本代表との試合を終え、率直な印象を語った。

「日本は急がずに、もっとスピードを落としてでも正確にプレーすることを心がけた方がいい」

また静岡学園が旋風を起こしてから29年を経て「セクシーフットボール」をキャッチフレーズにした滋賀県立

野洲《やす》高校が全国選手権を制した。

「毎年水口のフェスティバルに参加していたんですが、そこで出会ったのが山本（佳司）監督だった。『静学みたいなサッカーをやりたいけれど、どうしたらいいですか』と相談されましたよ」

井田は、岩谷篤人という指導者を紹介し、二人三脚で進むことを勧めた。やがてセゾンフットボールクラブ（岩谷）→野洲高校（山本）のラインが確立され、２００５年度に全国制覇という形で開花した。

素人監督だから描けた帝京伝説

新入生の練習風景を眺める古沼《こぬま》貞雄の表情が緩んでいた。卒業したばかりのＯＢたちが、それを見逃さなかった。

「先生、鼻の下が伸びちゃってますよ」

「今年の1年生は凄いですね」

声をかけて来たのは、全国高校選手権を制したばかりの卒業生たちだった。初めて帝京高校を日本一に導き、歴史の扉を開いた名手から見ても、入れ替わりで入学してきた新人たちの豊作ぶりは顕著だった。

古沼には、サッカーの経験がない。東京五輪が開催された１９６４年に体育教師として帝京高校に赴任し、翌年サッカー部を任されるが、自他ともに認める「ズブの素人」だった。

ただし逆に素人だからこそ、固定概念に縛られず柔軟に幅広く学び、良いと思うことは躊躇なく取り入れた。帝京に先駆けて2度の全国制覇を成し遂げていた習志野高校の西堂就《たかし》監督のもとへは、下戸なのに毎回一升瓶を持って通った。

「5年間付き合って、ようやくアドバイスをもらいましたよ」

一緒に藤枝遠征に出かけた夜だった。

「サッカーには、攻めと守りがある。攻めばかりを指導していてもダメだよ」

若い古沼は貪欲だった。酒豪の西堂や名門の浦和南を率いる松本暁司に2軒3軒と付き合い、2人を自宅まで送迎すると、翌朝そのまま通勤する。一方で夜はアイスホッケーを観戦し、バスケットボールの戦術を学び、プロ野球の野村克也の言葉からもヒントを得た。

こうしてサッカー部の監督に就任してから10年目に全国高校選手権で頂点に立った。そしてその快挙をテレビで見た中学生が、100人近くも帝京サッカー部に押し寄せてきたのだ。

早稲田一男は、知人を通じて紹介された。

「宮崎県で1試合に10ゴールも決めている子がいるので、あずかって欲しいとのことでした。でも当時九州はレベルが低かったから、あまり期待はしていなかったんです」

ところが入試で初めて顔を合わせて、古沼は目を見張った。

「おまえ、本当に中学生なのか？」

「1975年2月14日」と、古沼の口から、40年以上も前の試験日が、即座に口を突いた。

「色黒で身体がしっかりとしていて、首が太いから学生服のカラーがしまらない。入学した時点で、3年生より立派な体をしていましたよ」

目黒五中時代から東京都内では際立った技量を見せていた宮内聡は、さすがに入学してすぐに「とんでもないところに来てしまったな……」と実感した。

「中学時代の担任は、年配の女性だったこともあり、帝京のガラの悪さや偏差値の低さを懸念していました。でもどうせやるなら一番強いところで、と入学したんです。初めて早稲田とすれ違った時に、馬のような足が目に入り、とても同級生とは思えませんでした。とにかくグラウンドが狭くて、野球部のライトとセンターの後ろがメインで、レフトの裏でミニゲームという状態です。Aチームが練習をしている間は、ボール拾いも溢《あぶ》れてしまうので、近隣の朝鮮高校の周りを走っていました」

大量の部員を抱えても、古沼はさり気なく隅々にまで目を光らせていた。宮内が続ける。

「ようやく1年生がボールに触れるのは、真っ暗になってからと、早朝のミニゲームでした。でもこのミニゲームを古沼先生が見ていて、夏前にはトップチームの練習に入れ、と言われました。ビックリしましたよ」

もっとも古沼は、宮内をひと目見た瞬間に「東京にもこんなにボールを扱える子が出てきたのか」と感嘆していたので、最初から引き上げるタイミングを待っていたようだ。

一方で古沼の目利きぶりを物語るエピソードを、宮内が教えてくれた。

「体育の授業で凄く身体能力に優れた子を見つけて、2年生からサッカー部に入れてしまいました。それまで1年間頑張って来た僕らからすれば、なんだ、こいつは、と白い眼で見ますよ。でも暫くすると、なるほど、と感心するようになるんです」

2年時に古沼からスカウトされて入部した大園浩一は、ほぼサッカーが未経験なのにCBのレギュラーに定着していくのだ。

その大園とコンビを組んだのが、高校生離れをした体躯を誇る金子久。当時サッカー界ではポーランド旋風が吹き荒れており、守備の要として1970年代に君臨したイエジィ・ゴルゴンの名を、そのままニックネームに冠し全国のファンに親しまれた。さらに圧倒的な駿足を誇る高橋貞洋は「陸上に進むか二者択一だったけれど、帝京でサッカーがやりたいと言って」(古沼)入学し、早くも3年時には日本代表に選ばれ1・FCケルン戦でデビューを飾っている。上手い順に11人を選ぶのではなく、個性を組み合わせ、それを束ねてチームを構成する。

まさに古沼独特の発想だった。

宮内が当時を振り返る。

「戻って守備なんかしなくていい。前でスルーパスを狙え。それがお前のいいところなんだから。そう言われてきました。逆に1つ先輩の則夫さん(佐々木＝前・女子日本代表監督)は、『とにかくお前は戻って守れ』って(笑)」

宮内が言葉を繋げていく。

「古沼先生が、直接技術や細かな戦術的な指導をすることはありません。帝京の練習メニューは毎日決まっていて、次々に流れていく。だから僕らはグラウンド上で、互いによく話しました。『日本一いいサッカーをしような、そのためには、ここをこうしていこう』とか……」

精鋭揃いの1年生は、早くも1年後には7人がレギュラーに定着し、新潟インターハイで全国制覇を成し遂げる。特に尻上がりに質が高まり、準決勝ではライバルの浦和南に2－0、決勝は古豪の古河一に3－0と快勝した。

「佐々木則夫さんが素晴らしいキャプテンシーを発揮し、2年生は伸び伸びとプレーが出来ました。この頃は、あまり高校生チームとは試合をしなくなっていました」(宮内)

帝京はグラウンドが狭過ぎて練習試合が組めないので、よくアウェイ戦に出かけたのだが、古沼は積極的に社会人との試合を繰り返した。

「加茂周監督が着任早々の日産自動車などは、最初はBチームを出してきた。でも2～3度立て続けに勝つと、さすがに次はレギュラーチームが待っていましたよ。日本リーグの富士通との試合では、帝京が2－0で勝つと、当時監督の八重樫茂生さん（メキシコ五輪日本代表主将）は怒って挨拶もしないで帰っちゃった。日本リーグ2部で優勝して、入れ替え戦を控えた東芝もベストメンバーで臨んできたけれど、終盤こちらが4－3でリードを奪ったら、もう日本代表歴を持つ大人の選手たちが必死でした。この頃から、社会人チームも帝京相手には、メンバーを落とせないと考えるようになっていましたね」

この年から全国高校選手権の開催地は大阪から首都圏へと移り、一気に人気も膨れ上がってメジャートーナメントとして定着していく。当然開催地を代表する帝京も、記念すべき最初の首都圏大会で優勝を狙っていた。

しかし準決勝では、連覇を狙う浦和南と対戦。夏のインターハイで「ほとんどハーフウェイラインを越えさせないほどの完勝」（古沼）をしたことが、逆に浦和南の徹底した警戒を呼び起こした。この年ここまでの両校の対戦は、帝京の3連勝。浦和南の松本監督は、綿密な帝京対策を練り、宮内と安彦篤也には徹底したマンマークを施し、守備の要金子を揺さぶり、引っ張り出すとカウンターに出た。前半は帝京が猛攻に出るがゴールが割れず、後半は浦和南も機を見て応酬し、両校ともに譲らず0－0で終了。帝京はPK戦の末に敗れた。

結局この大会は、帝京を退けた浦和南が優勝を飾るのだが、むしろ帝京の選手たちに衝撃を与えたのは、準優勝した静岡学園や、翌年のインターハイで対戦して完敗する広島県工だった。

「静岡学園の独特のテクニックを駆使したポゼッションには驚きました。なんだ、こいつら、どんだけ走らないんだ、って。また3年時の岡山インターハイでは、準決勝で広島県工に0－1で負けるんですが、スコアは1点差でも内容はチンチンにやられました。左右から物凄いクロスが飛び交い、やられ放題でした。良い薬になったと思います」（宮内）

帝京には破格の精鋭が集まった。だが他の強豪校も、譲らない実力を備えていた。プロのアカデミーがない時代に、高校はハイレベルな切磋琢磨を繰り広げていた。帝京は、日本の高校チームでは初めて単独でドイツ遠征を行っているが、現地では「国内のユース以上の水準」と絶賛されている。高校チームの力は着実に大人に接近し、前述の高橋のケースに象徴されるように、高校選手権で活躍したスターが即座に日本代表候補に浮上することもあった。

１９７７年、宮内、早稲田、金子らが揃った世代が最上級生になると、古沼はまたも1年生の隠れた逸材をトップチームに引き上げている。この年も新入部員が約１２０名もいたから、小柄なテクニシャンの名取篤が埋もれてしまっても不思議はなかった。

「最初の１ヵ月間くらいは、グラウンドに出たこともありません。2年生に挨拶の仕方やグラウンド整備、礼儀などを、ずっと教わっていて、3年生とは口を聞くことも出来ませんでした」

もともと名取は、帝京に憧れていたわけではなかった。中学の指導者にセレクションに参加するように言われたが、人数の多さに圧倒されてUターン。「行ってきました」と嘘の報告をしていたほどだった。

「サッカーは中学で辞めようとも思ったんです。でも今サッカーがなくなったら、どうなるのかな……と考えて、受験をすることにしました」

名取も1年生同士の紅白戦で古沼の目に止まった。

「同級生の半分くらいは辞めていったんですが、古沼先生は特待生以外の生徒のプレーも見ていてくれたんですね。６月のドイツ遠征で1年生も４人ほど声をかけてもらったんですが、僕以外の３人はすべて特待生でした」

古沼がこだわったのは、堅守からの速い攻撃で、そのために無駄なボールタッチを極力減らそうとした。

「『Ｓｉｍｐｌｅ ｉｓ ｔｈｅ ｂｅｓｔ．』。これは全ての球技の基本でしょう。サッカーの基本は、止めて蹴る。しかし止めなくて済むならそれがベスト。止めてトラップミスをしたらシュートが打てない。これはもったいない。ダイレクトで打てば、失敗をしたとしても敵に奪われることはありませんからね」

帝京は選手権の東京都予選を無失点で勝ち上がった。ところが全国大会前にメディアからは「守備に不安」という評価が出た。

「東京都予選では、90％以上の相手が８人は下げて守って来る。だからゴールを奪うにはリスクを懸けなければいけないわけですが、するとどうしてもカウンターを食い易くなる。だから守備に不安があると言われたんですよ。でも全国大会になれば、当然のように戦い方は変わって来ますからね」

皮肉にも選手権初戦の相手は、インターハイで完敗した広島県工だった。古沼はいきなり試合前日にフォーメーションの変更を告げる。それまではセンターフォワードの早稲田を軸に、両翼にウィンガーを配す４－３－３で戦って来たが、この試合は2トップで臨むというのだ。選手たちは面喰った。

「おい、2トップ、ってなんだ?」

それでも選手たちは、話し合って急なオーダー変更に応えた。苦手意識のあった広島県工には、本来のウインガーからトップに変わった高橋が2ゴールを挙げて、難局を乗り切った。

「いきなり挑戦した4－4－2で初戦に勝った。あれが大きな分岐点でしたね」(宮内)

苦しい試合が続いた。2回戦も鹿児島商に1－0、準々決勝は水島工に20本以上のシュートを浴びせながらも決め切れず、辛くもPK戦の末にベスト4への道を切り拓いた。

一方反対の山からは、ダークホースと目された四日市中央工が物凄い勢いで勝ち上がって来た。準々決勝までの3試合が計12ゴール無失点で、準決勝では3連覇を目指す浦和南を2－1で倒した。帝京も準決勝では北陽を3－0で下すが、勢いでは四日市中央工に分があるようにも見えた。

しかし古沼は内心自信に満ちていた。

「ウチの選手たちが1年生の時に、四日市勢が中心の三重選抜に完勝していたので……」

それでいて決勝戦を控え、選手たちにはこんな言葉を浴びせている。

「せっかくの首都圏開催だ。飛ぶ鳥を落とす勢いの四日市には、どうせ勝てっこないんだから、無様な負け方だけはするなよ」

これで「ふざけるな」と、選手たちの闘争心に火がついたという。

早くも開始5分、セットプレーから折り返したボールに1年生の名取が頭から飛び込む。

「GKのヒザは見えていたんですが、自然に体が反応していました。恐怖心はなかった。だってあそこで飛び込まなくて3年生に怒られる方が、ずっと怖いから(笑)」

実は先制シーンで脳震盪を起こした名取には、ここから後半途中までの記憶がない。

「気づいたら、あれ? 何をしているんだろう、という感じでした」

名取のゴールは値千金だった。

「あの先制点がなければ、逆の結果になっていた可能性もあると思いますよ」(宮内)

14分には、金子が豪快なヘッドで追加点を奪い、その2分後には早稲田、35分に安彦、そして39分に再び早稲田と、前半で5点を畳みかけて試合を決めてしまった。

宮内は大会後の日本ユース代表合宿で、四日市中央工のエース樋口士郎と同部屋になった。

「四日市は決勝前夜に入念なミーティングをやったそう

で、その時のノートを見せてもらったんですよ。本当に緻密な指示がびっしりと書き込まれていました。一方ウチは、ほとんど相手に対して具体的な指示はなかったですからね。僕自身も大会前に熱を出して、開会式はホテルのベッドでテレビ中継を見ていました。ようやく準決勝あたりから調子が上がって来たんですよね」

結局「守備に不安」を抱えたはずの帝京は、都予選から全試合を無失点で2度目の選手権優勝まで突っ走ってしまった。

「都予選と全国大会で、明確に戦術を変えているわけではなかった。でも本大会が近づくと社会人との試合を繰り返したので、必然的に守る時間が長くなります。それで鍛えられたんだと思います」（名取）

しかし2年生に進級した名取や川添孝一を中心に連覇を目指した翌年は、東京都予選の準々決勝で修徳に足をすくわれる。

「国体で東京が優勝して、5日後の試合でした。ウチの選手たちはほぼ全員がフル出場したのに対し、修徳の選手たちはサブだった」

そう言って古沼が続けた。

「準決勝、決勝を見越して、日程が重なる九州への修学旅行は欠席届けを出していたんです。でも負けてしまったので急遽参加することにして、現地に着いてからはバス11台に分乗し、サッカー部は別行動で連日練習試合をしました」

さらに古沼は、敢えて翌年主軸となる名取と川添には、選手権の開会式で優勝旗を返還させている。

「既に新体制も決まっていたし、行きたくはなかったですよね。でも黄色いユニフォームを持っているのが、僕と川添だけだった。口惜しさを噛みしめさせる意味もあったでしょうね」（名取）

当時帝京は、予選までは赤を着用し、ブラジル代表を模したカナリア色のシャツは、全国大会に進まなければ着られなかった。

名取の3年時、1979年晩夏には、東京で初めてのワールドユース選手権（現U－20ワールドカップ）が開催され、松本育夫監督率いる日本代表は、十数度にわたる地獄の合宿を繰り返した。しかし名取は、本大会直前にインターハイに合流するために、最終合宿を辞退している。古沼と連絡を取ると「おまえが選べ」と言われたが、落選を覚悟で荷物をまとめた。

「もちろん世界大会の大きさも感じていたから悩み抜きました。1年間近く合宿を重ねてきましたからね。でも僕は帝京の一員として代表に選ばれた。ワールドユース本大会と重なるなら別ですが、帝京が帰るべき場所だと思ったんです」

それでも名取は代表に選ばれるが、本大会ではプレー機会がなかった。

「ホテルからスタジアムにバスで移動し、同じフロアにはアルゼンチン（ディエゴ・マラドーナ、ラモン・ディアスらを擁して優勝）がいた。『これが世界大会なんだ、あの大会のピッチでプレーしたい』、そう思いました。年代別代表の合宿を重ねて高校生の試合に戻ると、あれ？（相手は）本気で来ているのかな……、と思うほど、楽に感じられましたね」

ワールドユースの日本代表に選ばれた高校生は、風間八宏、鈴木淳と3人だけだった。今なら高校の大会だけではなく、特別強化指定枠を利用し、大人のトップリーグでの試合経験も積めていたはずである。

名取が3年時の帝京も、盤石の強さで3度目の選手権制覇を成し遂げた。唯一スコア上で競り合ったのが、準決勝で顔を合わせたインターハイ王者の水戸商戦。前半川添の2ゴールでリードするが、後半にPKで1点を返された。ただしこの年も予選から全試合を通じて、これが唯一の失点だった。

「失点した後、自然と円陣が出来た。意識がひとつになり、これで勝ったな、と思いました」（名取）

「水戸商戦に照準を合わせていたので、これで優勝したな、と思いました。決勝の韮崎戦の前に、選手たちには『決勝で勝つと負けるじゃ大違いだ。何万人が見てくれる。楽しんで来い』と声をかけました」（古沼）

決勝は4－0の快勝。大舞台での帝京の強さが際立ち、名取は「2年前のチームを超えられた」と実感した。

以後帝京は、選手権、インターハイともに6度決勝に進み、どちらも3度の優勝を加えた。選手権では計9度も決勝の舞台を踏んだが、試合前に「有利」の下馬評が出たのは、この2度（1977年度、1979年度）だけだったという。「まあ、そういう意味で、気持ちは楽だったんですよ」と、すっかり勝負師の色が染みついた古沼は笑った。

決して恵まれた環境ではなかった。素人監督は、多角的に柔軟にサッカーを捉え、厳しい規律を植え付けて人を鍛えた。結果が出始めると選手が集まり「全国区」のイメージが定着するが、その頃には監督が口を挟まなくても上級生から下級生へと伝統やしきたりが引き継がれるようになっていた。

「入学すると先輩から帝京5カ条というのを教わるんです。そこで礼儀や慣習を、みっちり仕込まれる。3時限目を終えると昼飯を食って、4時限目終了のチャイムが鳴るとともに1年生は全員グラウンドに集合します。グラウンドを掘り、石ころを除き、トンボをかけると素晴

らしいグラウンドになった。ボールは全部ピカピカ。今思うと凄い伝統でした」(宮内)

ある時、素人監督は「サッカー教えてくださいよ」と頭を下げられた。日本代表を初めてワールドカップに導き、当時コンサドーレ札幌を指揮していた岡田武史だった。古沼は経験豊富な名将に向けて、おもむろに言った。

「やっぱりサッカーは守備じゃねえの」

その年、札幌はJ1への昇格を果たした。

ジャパンカップで世界の香りを

溜め息が少しずつ静寂を破る。どよめきが生まれて来るまでにはだいぶ時間がかかった。ボルシア・メンヘングラードバッハ(以後ボルシアMG)のベンチに座った鈴木良平は、そう記憶している。

1978年5月29日、東京・国立競技場に足を運んだ約3万人のファンは、未知の領域とも言えるハイレベルなプレーに、暫くは固唾を飲んだまま見入るばかりだった。4年前にワールドカップの決勝戦が初めて生中継されたばかりで、海外サッカーの映像を見るには、週に1度、しかも前後半の2度に分割して放映される『三菱ダイヤモンドサッカー』(テレビ東京)に頼るしかなかった。ビデオも普及していないから、ファンは番組を心待ちにして、テレビの前に座った。この日のファンはブラウン管越しだった憧れの世界と遭遇し、最初はどう反応していいのか戸惑っていたに違いない。

欧州と南米がクラブレベルでも対等の立場を維持していた時代だった。大陸間の移籍は皆無に等しく、各国には厳然たる外国人枠が存在したから、組織の欧州とテクニックの南米という色分けが明確だった。

先にどよめきを引き出したのは、ブラジルで20世紀最優秀クラブに選ばれたパルメイラス。個々が挑発的に仕掛けては、ショートパスを繋ぎ、ゲームを支配した。14分、左ウイングのネイが快足を飛ばし、鋭く高速のボールを逆のポストへと振る。すると１８４㎝の長身エスクリーニョが豪快にボレーで叩き、あっさりと均衡が破れた。感嘆の声が束になり、やがて拍手となって広がる。

しかし当時世界最高水準を誇るブンデスリーガで４連覇を目指し、最終戦まで１・ＦＣケルンとタイトルを競ったボルシアＭＧも負けてはいない。いつものように奮闘するリベロのハンスユルゲン・ビットカンプのユニフォームは早々に泥で汚れ、カウンター攻撃に転じるとバロンドール（欧州最優秀選手）を獲得したばかりの小さなアラン・シモンセンが、タッチライン際を軽快なドリブルで進む。そして26分、シモンセンと同じくデンマーク代表のカルステン・ニールセンがクロスを送ると、ボックス内でブラジル代表歴を持つベト・フスカオが痛恨のハンド。こうして獲得したＰＫをシモンセンが左隅に決めて、試合を振り出しに戻した。

パルメイラスの奔放な攻めを、ボルシアＭＧのＤＦが体を張って凌ぎ、元西ドイツ代表のベテラン、ヘルベルト・ビンマーの力強いドリブルを軸に反撃に転じる。記念すべき第1回ジャパンカップの掉尾を飾るに相応しく、大陸を代表する名門クラブの矜持《きょうじ》がぶつかり合う熱戦は、とうとう延長戦へと突入した。

わずか1週間あまりで5試合。両チームともに疲弊し切っていた。実は延長戦に突入する前に、パルメイラスのマリーニョ・ペレツ主将が、ボルシアベンチに交渉に来ている。

「もう十分だろう？　このまま引き分けでどうだ」

しかしブンデスリーガで2度の得点王を獲得しているボルシアＭＧのユップ・ハインケス主将は、それを毅然と振り切る。レフェリーに促され、重い足どりでピッチに向かう選手たちの背中を、心躍らせるファンの大歓声が追いかけた――。

長かった現場での指導歴にピリオドを打ち、ＪＦＡ専務理事に就任した長沼健がビッグプランを口にしたのは、日本サッカーが真っ暗なトンネルに迷い込んでしまっている時だった。

「我々にはもっとアジアとの交流を深めていく必要がある。そのためにも、欧州や南米の強豪クラブを招き、アジア諸国の代表も加えたトーナメントが開けないだろうか」

１９６８年メキシコ五輪での銅メダル獲得で第一次

ブームが到来したが、1970年代に入ると「代表」というひと握りのエリート集中強化方式の限界が露呈し始める。銅メダル組が高齢化すると後が続かず、それぞれ3つのワールドカップ、五輪予選では惨敗を繰り返した。「ジャパンカップ」と命名される大規模なトーナメントの構想には、低迷が長期化するサッカー界の起爆剤に、との願いが込められていた。

評議会で討論を重ねた結果、日本から代表ともう1チーム、さらにアジアから2ヵ国の代表チームを参加させ、目玉として欧州と南米のプロチームを招聘するという枠組みが決まる。

グループリーグを経てノックアウト方式というスタイルを採用した背景には、少しでも多くの試合をこなすことで、日本とアジア招待国の強化に繋げようという狙いがあった。ちょうど日本が1979年ワールドユース選手権の開催に立候補をしていた時期である。一部からは「強化のためにユース代表を参加させては」という意見も出たが、「プロのトップレベルのクラブを呼ぶのにそれでは失礼」との反論に跳ね返され、若手中心の日本選抜を出場させることに決まった。

総経費を試算すると、招待チームの航空、移動、滞在費だけでも約3億円。それに出場料が加算された。

「右肩下がりの中、まさに清水の舞台から飛び降りるような思いだった」

長沼の命を受け、実現に向けて動いたJFA事務局長(当時)の中野登美雄はそう述懐する。

各競技で次々に冠スポンサー大会が誕生して行くのは、まだ先の話である。スポーツ紙にジャパンカップが賞金大会になるという報道が出ると、アマチュア総本山の日本体育協会から早速クレームがついた。そこでJFAは、あくまで興行ではなく強化に主眼を置く大会であることを強調するために、賞金とは異なる1試合ごとのギャランティー制を導入する。当時の欧州トップクラブの相場は1試合約3万ドル(当時は1ドル＝240円)だったので、グループリーグ3試合で計9万ドルを保証した上で、勝ち進めばさらに加算されるシステムを採った。

開催が決まると、海外のクラブとの交渉等は全て中野に託された。中野は開催年の1月にアルゼンチンへ飛びFIFA理事会に出席するが、帰途南米から欧州を回り、関係者との会談を重ねていく。

「FIFA理事会では、翌1979年に行われるワールドユース選手権の日本開催が決まりました。そのまま私はブラジルへ飛び、サンパウロに住む日立の駐在員の方と話したところ、パルメイラスを推薦されたんです。日本側としては、サントスかパルメイラスと考えていたし、パルメイラスの会長も是非行きたいとの反応で、すんなり決まりました。さらに次はロンドンへ移動し、ミドルセックス・ワンダラーズ（全英アマチュア選抜）の副会長も務めていたレスリー・テイラーさんと話しました。当時ＪＦＡが欧州からクラブを呼ぶ時は、いつもテイラーさんを窓口にしていましたからね。テイラーさんからは、ドイツではケルンとボルシアＭＧ、イングランドならコベントリーが良いのでは、と提案されました」

中野はコベントリーの幹部とも話し、その後大陸各国で所用を済ませて帰国する。出場チームの選択には申し分がなかった。奥寺が在籍するケルンは必須だったし、ボルシアＭＧはブンデスリーガで3連覇中の強豪である。日本代表の二宮寛監督と昵懇《じっこん》のヘネス・バイスバイラーがケルンの現監督であり、ボルシアの前監督でもあったので、こうした友好関係からも交渉は円滑に進んだ。またブラジルを代表する名門パルメイラスは言うに及ばず、コベントリーも国内リーグでは総得点2位の攻撃的なチームで、4チームとも既に来日経験があった。それに韓国、タイの両国代表が出場を快諾し、全8チームが出揃う。中野が嘆息した。

「結局構想が出てから実現するまで、おそらく3年間くらいかかったんじゃないでしょうか」

二宮が日本代表監督に就任したのは、ジャパンカップ開催の2年前のことだった。前任の長沼が、モントリオール五輪予選で敗れて退陣。二宮は「もう社業に専念しよう」と考えていた矢先に、三菱重工社長から「これは社命だから引き受けろ」と言われた。

当時代表チームと言えば、監督と選手だけで他にスタッフは不在。しかも代表監督を引き受けると、そのまま技術委員長の肩書きもついてくるのが慣習で、二宮の仕事は強化プランの作成から対外交渉まで多岐に渡った。まただからこそ、いくつかの斬新な改革が可能だった。

二宮は考えていた。

「もちろん負けていいなどと思うなら、監督を引き受ける資格はない。しかし反面目先の勝負だけを求められるなら引き受けていなかった。私が追求するのは、自分が率いるチームの成功だけではなく、日本サッカーの長いリレーの中で、次の人（監督）にきちんとバトンを渡すこと。立派に育つのは、もっと先でいい」

日本サッカーは、とてもすぐに結果を望めるような状況ではなかった。優れた素材が芽を出さないだけではなく、まず戦う環境が未整備のままだった。代表合宿でも旅館に宿泊し、大広間で食事を取る。食膳には、野菜炒めに干物が乗り、ご飯だけが食べ放題。「いただきます」から5分も経過すると、あちこちから「ご馳走様」の声が挙がり、選手たちは三々五々手付かずの膳を後にして部屋を出て行くのだった。とても厳しいトレーニングに臨む選手たちの栄養価を満たす内容ではなく、彼らは自腹を切って近所の台湾料理屋に移動し、そこで食事を取っていた。また海外遠征に出ても、移動時の服装はバラバラ。まず二宮は「選手たち自身がプライドを持てる環境整備」に着手した。

浦和南高校時代に三冠を獲得し、古河電工に入社1年目から代表に選ばれていた永井良和が振り返る。

「二宮さんが監督になるまでは、完全にアマチュアの環境でした。それが一気に改善された。合宿も検見川から嬬恋の施設に変わり、旅館での雑魚寝からビジネスホテルの個室に格上げされ、食事も見違えるように良くなった。本当に快適になりましたね」

ある時二宮は、遠征先で選手全員を倉庫に連れて行き、スーツを新調させている。欧州で有料試合を行い、そのギャラを充てたのだった。ただし苦心惨憺の末の改革も、古株のJFA重鎮たちには「甘やかし」に映ったようで、批判の声が頻繁に耳に入ってきた。

二宮は既に代表からの引退の決意を固めていた釜本邦茂を「範を示してくれ」と口説いて翻意させると、計60人以上の選手たちを招集しては試した。伝統のムルデカトーナメントでは、成長著しい奥寺康彦を釜本と同室にして英才教育を施し、2人のコンビを武器に2位という史上最高の成績も残している。だがアルゼンチン・ワールドカップ予選の対イスラエル戦では、試合前の練習中に釜本が故障。入国許可が降りない相手なので、ホームゲームも敵地で戦い2戦とも0－2で落とす。結局韓国との三つ巴で争った予選は1分け3敗。出航当初は大量の新戦力を得て弾みをつけつつあったチームも、やがて荒波に呑み込まれるように停滞し彷徨うことになる。

二宮はかねてからドイツ屈指の名将バイスバイラーと、よく日本サッカーの未来について語りあっていた。その中で、バイスバイラーは必ず口にした。

「日本を強くする唯一無二の方法はプロ化だ。そのためには協力を惜しまないよ」

しかし即座にプロリーグは作れない。そこで二宮は「1人でも2人でもプロを」と、1・FCケルン、ボルシアMG、フォルトゥナ・デュッセルドルフなどドイツのクラブのキャンプに、日本の選手たちを分散して送り込んだ。プロのクラブの練習に、アマチュアの日本人選手が参加するのだから、当然カルチャーショックは大きかった。ボルシアMGの練習に参加した永井が苦笑交じりに話す。

「みんな選手たちは、練習を終えるとユニフォームとスパイクを脱ぎ、そのまま私服に着替えて何も持たずに帰っていく。ああ、これがプロなんだな、と思いました。なにしろ僕らは、毎日大きなサッカーバッグを担いで満員電車に揺られていたわけですから。時には空気入れやボールも持参したなあ……」

永井がプロとアマの格差を思い知らされたのは、1973年、東京・国立競技場で初めて1・FCケルンと対戦した時だった。

「ナイトマッチだったんですが、相手のボール回しが速すぎて目が回ってしまった。前半途中で自分がどこにいるのか、どっちに攻めているのか、判らなくなったほどです。やっと慣れたのは、後半に入ってからでしたね」

二宮の試みは、無駄ではなかった。1977年夏、1・FCケルンの合宿に参加した奥寺が、バイスバイラーの目に止まり、日本人として初めて欧州でのプロ契約に漕ぎ着けた。10月5日、奥寺は単身ドイツへと旅立つ。そして年明けには、ジャパンカップ開催の噂を耳にするのだった。

日本人プロ1号の奥寺康彦は、夢のようなルーキーシーズンを送ることになった。ブンデスリーガ終盤の3試合で4ゴールを集中し、1・FCケルンの14シーズンぶりの優勝に貢献。さらにドイツカップ決勝でも、フォルトゥナ・デュッセルドルフを下し二冠を達成する。街をパレードし、市庁舎で溢れかえる市民と喜びをともにしながら、奥寺は改めて実感した。

「オレは街中の人たちの大きな期待を背負い、みんなの代表として戦っているんだ」

クラブ史上最良のシーズンを終えると、チームからはプレイメーカーのハインツ・フローエ、得点源のディーター・ミュラーら5人の主力がアルゼンチン・ワールドカップへ向けての代表合宿に招集され、残ったメンバーにアマチュア組を加えた18人の選手たちが日本行きの飛行機に乗る。羽田空港が近づくと、チームメイトが次々に奥寺に声をかけてきた。

「オクがいるから、このメンバーでも下手な試合は出来ないよな」「さあ、降りたらオクが主役だぞ」

大会の目玉として凱旋帰国した奥寺は、早速空港で報道陣に囲まれフラッシュを浴びる。そしてそのまま東京プリンスホテルへ移動すると、バイスバイラー、ハンネス・レアー主将とともに記者会見に出席した。

「ドイツへ行ってサッカーが3倍楽しくなった。周りの選手のレベルが高いので、走ればいいパスを出してくれて、楽にボールを扱える。今度はケルンのメンバーとして日本代表とも戦うが、負けないように良いプレーを見せたい」

開催概要が固まると、中野は地方への挨拶回りに明け暮れた。それまで日本代表の強化試合と言えば、単独チームを招いて数試合を重ねるか、せいぜい3ヵ国対抗形式までだった。それがジャパンカップでは、8チームが全国10会場に分散して試合を行うのである。

「こういう大会を開くと、いつも積極的に手を挙げてくるのは神戸くらいでしたからね。とにかくできるだけ多くの子どもたちに本場の素晴らしいサッカーを見て欲しかった。まだナイター設備のあるスタジアムが本当に少なかった。照明がなければ、キックオフを午後遅めの時間に設定するなど工夫をしました。チケットは各県協会に託し、一応目標の売り上げは設定しましたが、どれだけ招待するかは裁量に任せました。あくまで地方に負担をかけるな、というのがJFAの姿勢でしたから、赤字が出れば中央で被るしかありませんでした」

因みに大会名は「ジャパンカップ78」、そこに関係者の期待と不安が凝縮されていた。もちろん翌年以降も続けて行きたいという願望はあった。しかし「せめてトントンにしないと続かないぞ」という危惧も同居していた。終わって総括してみなければ、次もあるとは公言できない辛い状況での冒険だったわけだ。

5月21日、奥寺は開幕戦を、慣れ親しんだ自分の庭のような横浜・三ツ沢球技場で迎えた。目の前には何度も試合をしたスタジアムで、中学時代は7年半勤めた古河電工の寮があった。だが「無我夢中で」戦い抜いたドイツでのシーズンを終え、帰国して時の人として注目を集めたこともあり、自分でも気づかぬうちに疲労が蓄積していた。早朝6時スタンバイのテレビ収録も続き、見かねたバイスバイラー監督がストップをかけたほどで、開幕の数日前からは腹をこわしていた。それでもケルンとタイ代表では力の差が歴然としており、奥寺自身も何度かのチャンスを逸した後、ようやく得意の左足でゴールを決める。バイスバイラー監督は「きょうのオクは、体の調子が悪く、いつものようなプレーが出来なかった」と話したが、ドイツで頭と右でしか決めていなかった奥寺は「やっと得意な左で決められた」と笑みを湛えた。

一方ケルンと同じグループⅠに入った日本代表は、それまでどん底で喘いでいた。3月には旧ソ連3部のクラブチーム「アムール・ブラゴベシチェンスク」を招待したが、まさかの3連敗を喫している。それでもジャパンカップでは欧州トップレベルと対戦できる機会を得て「世界との距離を測るバロメーターになる」(GK田口光久)と徐々にモチベーションを高めていた。

初戦の相手はコベントリー。後にJリーグで名古屋グランパスを指揮するゴードン・ミルン監督に「もし日本が先制していたら敗れていた」と吐露させるほど、立て続けにチャンスを演出した。しかし終了間際に決勝点を奪われ0－1で惜敗。続くタイ戦を3－0で快勝し、最後のケルン戦での勝利を条件に、準決勝進出へ一縷の望みを繋いだ。

5月25日、奥寺を擁するケルンと日本代表の対戦で、国立には約2万人のファンが集まった。今ならむしろ空席が目立つ印象になるだろうが、前年の日本リーグでの1試合平均観客動員は1773人にまで落ち込んでいた。それを考えれば、2万人は紛れもなく大観衆だった。

ともにケルン合宿を経験し、ピッチ上で久しぶりの対面を果たした西野朗が、金田喜稔《のぶとし》が、入れ替わり奥寺に冷やかしの声をかける。そんな光景を遠めに眺めながら、GK田口は「奥寺さんも変わったな」と感じていた。

「スピードはあるし、シュートの速さも晩年の釜本さんを上回っていた。能力的にはドイツへ行っても当然やれると思ってはいました。ただ優しすぎる性格が気になってはいた。それがプロになってからは、風格が備わってきたように感じられました。もっともそれ以上に驚いたのが、当時で5000万円近いという年俸でしたけどね」

日本代表側では、一躍スポットライトを浴びたのが、奥寺のマークを託された園部勉である。小柄だが俊敏な弱冠20歳の右SBは「ダイヤモンドサッカーで見ているチームとやるんだ」と気持ちを高ぶらせながら、試合開始のホイッスルを聞く。

「当たって砕けろ、という気持ちでしたね。急に変われと言われても変われるものではないですから。ただ、これでうまくいけば代表に定着できるという思いはありました」

勝たなければ準決勝へ進めない日本は、序盤から闘志を漲らせて攻勢に出た。サイドに展開し、永井、金田の仕掛けが冴える。スタンドから「ニッポン、チャチャチャ」の応援が出るようになったのも、この頃からだった。

いつも永井は日の丸をつけて国際試合に臨むと輝きを増し、それをよくメディアからも指摘された。しかし自分では、代表と所属チームでモチベーションが異なるという感覚はなかった。

「会社（古河電工）では、午前中は仕事をしながらリーグ戦に備えましたからね。その点、代表はコンディション調整も十分に出来て、サッカーに集中できたということだと思いますよ」

36分、良いリズムで試合を進めてきた日本に痛恨のミスが出る。カウンターからケルンのゲルト・シュトラックが抜け出しかけたのを見て、GK田口が前に出た。ところがシュトラックを追いかけた落合弘が後ろからつついてバックパス。ボールはコロコロと無人のゴールへと転がり込んでしまった。

前半はケルンが1点をリードして折り返した。

そして後半に入ると、早速二宮監督が動いた。「誰が考えてもFWの中では最も可能性のある選手だった」碓井博行を送り込む。

「あとから出しても、おまえが主役だからな」

そう言って「頼むぞ」と肩を叩いた。

資質に恵まれながらも、なかなか闘志が表に出てこない碓井を半分ベンチに座らせることで、二宮は発奮を促していた。その碓井が、51分、振り向きざまのミドルシュートを突き刺して期待に応える。

「ケルンには何度も合宿をさせてもらったので顔見知りの選手が多かった。それが気後れせずに善戦できた理由でしょうね」と二宮は分析する。逆にフローエ、ベルナルド・クルマン、ヘルベルト・ツィンマーマンと中盤のパサーを軒並み代表に取られてしまい、「使われる立場」の奥寺は、やりづらさを隠し切れなかった。

俊足を飛ばして突破を図る奥寺には、園部がピタリと張り付いた。攻撃参加が好きな園部も、この試合では「あくまで守備に重点を置き、夢中で抑える」ことに専念する。スコアは1－1のまま最後まで動かなかったが、日本代表は久々に手応えの残る好ゲームを見せた。

またケルンと人気を二分するボルシアMGには、現地で指導者養成コースを受講中に3年間行動をともにした鈴木良平が帯同することになり、旧交を温めた。東南アジア遠征を経て来日したボルシアは、ケルンと別のグループに組み込まれたため、静岡－広島－神戸と地方巡りが続き、さすがに選手たちからは愚痴もこぼれた。

「ケルンはいいよな。オクがいるから、ずっと東京だ」

それでも試合が始まると、勝ちたい気持ちを前面に出して戦う選手たちを見て、鈴木は改めて感心した。特に2戦目、広島での韓国戦では目の色が変わった。試合は韓国のエース、車範根の独り舞台。ボルシアのハードなDFたちも散々手を焼き、辛うじて4－3で競り勝った。車も奥寺の後を追うように、次のシーズンから西ドイツ（ダルムシュタット）へ渡るのだった。

順調にグループリーグを突破したボルシアは、ようやく東京へ移動し赤坂プリンスホテルに滞在するのだが、ロビーはいつもファンでごった返した。また選手への電話は全て鈴木が受けることになっていたが、なかでもシモンセンの人気は群を抜いていた。

残念ながらアジア勢はグループリーグで全滅。準決勝ではボルシアが2－1でケルンを、パルメイラスが1－0でコベントリーを下して、それぞれ決勝へと進む。

ワールドカップに向けて、ケルンからは大量5人が代表に取られていたのに対し、ボルシアはベルティ・フォクツ、ライナー・ボンホフの2人だけ。「やはりその差は大きかった」と奥寺は見ている。かつて奥寺はパルメイラスへの留学が飛躍の契機となったので、クラブには顔見知りのスタッフ、選手もいた。それだけに、もし〝準古巣〟と決勝戦を戦えれば申し分なかったのに……、と思うと、悔恨が込み上げてきた。

決勝戦を迎え、国立には緊張の糸が張り詰め、静寂を保っていた。ボルシア監督のウド・ラテックは、既にアルゼンチンへと飛び立っており、コーチのカールハインツ・ドゥリガルスキーが「何か一言ないか」と鈴木を促した。

「みんなにお願いがある。試合が終わったら、ユニフォームを交換しないで、全部記念にオレにくれないか」

「OK、判った。さあ、行くぞ！」

その瞬間から見る見る選手たちの表情が引き締まっていく。

「まったくリーグ戦と変わらない真剣モードだ」

鈴木は、そう思った。

実際120分間に渡り、ピッチ上で繰り広げられた熱戦は、それまで日本で行われたどの試合と比べても、ケタ違いのレベルだった。テクニック、スピード、切り替え、駆け引き……、そこには両大陸の対照の妙が高度に彩られていた。

1－1、両者優勝。引き上げてくる選手は、一様に憮然としていたが、それでも全員が忘れずにユニフォームを持ち帰り、次々に鈴木に手渡した。そして両チームの主将が2つ用意された七宝焼きのカップを仲良く掲げると、ようやくいつもの快活な彼らに戻るのだった。

15試合で集まった観客は16万1500人、赤字は避けられなかった。だが長沼は「最後でこれだけ盛り上がり、間違いなく開催した意義はあった」と語気を強めた。

初めて日本のファンが、本場の至高を生で味わった夜だった。

地獄を見て希望の灯　ワールドユース

ロッカールームを出て湿った石段を上りピッチに顔を出すと、未知の光景が広がっていた。国立競技場のスタンドが人で埋まり、隙間なく日の丸が揺れている。やがて日本とスペイン両チームの選手たちが整列すると、厳かに「君が代」が流れ、そのメロディーに乗せてサポーターが歌い始めた。

スタメンで唯一の高校生だった風間八宏は、改めて期待と責任の大きさを感じ身震いした。またチームで最も多くのゴールを重ねてきた水沼貴史も、日本人としての矜持を再認識していた。

左胸に日の丸、そして左腕にはシンボルの八咫烏《やたがらす》をあしらった日本協会章。協会章が加えられたのは、欧州遠征を経て「他国の代表がつけていて格好いいから」と触発された選手たちからの強い要望があったからだった。

国歌を終え、日本の尾崎加寿夫と、バレンシアに所属するテンディーリョ両主将がペナントを交換する。スタンドは、この瞬間を心待ちにしていたとばかりに、選手たちを熱烈に鼓舞し始めた。

「ニッポン！　チャ、チャ、チャ」

推定で3万人。プロがなく日本リーグを開催すれば、その10分の1程度の観客しか集まらず、寒々としたスタンドが恒常化していた頃の話である。若い代表選手たちにとって、それは紛れもなく大観衆だった。

１９７９年、当時の日本には、まだ観客がスポーツの会場で声を揃えて応援する習慣がなかった。その3年前のモントリオール五輪で女子が金メダルを獲得し、球技では最も世界に近い実力を誇ったバレーボールの関係者たちが、この光景を見て羨んだ。

ファンが贔屓チームを後押しする。その先駆けとなったという点で、第2回ＦＩＦＡワールドユース選手権は、日本のスポーツ文化の変革を主導したのだった。

ポジションごとにピッチに広がるスペイン。それに対し日本は尾崎主将が輪に戻るのを待ち、自陣中央で全員が手を繋ぐ。雨上がりの国立が、期待を膨らませた鼓動を乗せて、大きくどよめいた。

松本育夫は、１９７２年に日本ユース代表監督に就任した。その4年前にメキシコで開催された五輪の銅メダリストで、指導者としての初仕事がアジアユース選手権だった。育成カテゴリーの代表監督は魅力に満ちていた。

「教えると進歩が手に取るように判る。その点でフル代表より面白いですよね」

やがて1977年には、FIFAが第1回の20歳以下の世界選手権をチュニジアで開催。その2年後に東京で第2回大会を開くことを決定する。大会には前年のアルゼンチン・ワールドカップで「若過ぎる」という理由から土壇場でメンバー落ちしたディエゴ・マラドーナを初め、トップリーグでプレーをするプロや、その卵が多数参加してくることが想定された。一方アマチュアの日本の状況は、メキシコ五輪以降、実力も人気も下降の一途を辿り、ユース世代はアジアを制した経験もなかった。

それでも自国で戦う以上無様な戦いは出来ない。松本は重責を担うことになった。

「しかしあくまで最大の目的は、勝つこと以上に、フル代表に優れた選手を送り込むことです。そこがフル代表とは違う。それほどプレッシャーはありませんでしたよ」

本番を翌年に控え、敢えて日本はワールドユース選手権への出場資格を持つメンバーに絞り、約7ヵ月間のハンディキャップを承知でアジアユース選手権に臨んでいる。結果は5ヵ国参加のグループリーグ3位で敗退した。初戦ではスリランカを退けたが、続く北朝鮮戦は0－2の完敗。インドとサウジアラビアとは引き分けだった。

水沼が記憶の糸を手繰る。

「北朝鮮戦しか覚えていませんが、まず顔つきからして（年齢が）違うという印象でした」

試合以上に衝撃的だったのが、開催地バングラデシュの光景や環境だったという。ホテルから数百メートルのスタジアムまでの道のりには物乞いばかりが連なり、仮設スタンドはいつ崩れ落ちても不思議はなかった。

「監督自ら浄水器を持参し、水を濾過して、それを沸騰させてから飲むんですが、これでは全然間に合わない。仕方がないから、コーラなら大丈夫だろう、と飲んでいました」

未知の悪条件に加え、年齢的なハンディを抱えた代表だったが、彼らの戦いぶりから松本は「厳しさ、格闘力、精神面」と3つの課題を抽出する。その結果、最初の合宿に集まった選手たちに「君たちに足りないのはフィジカルだ」と強調するのだった。

「まだ学校教育の中でのサッカー部が主体だった時代です。全国9地域のトレセン、さらには国体や高校選手権を視察し、それでも目の届かない選手は、地方の指導者に推薦してもらうことになっていました」

最初の合宿が1978年3月。メキシコ五輪から10年が経ち、この間には少年サッカーが一気に普及していた。メキシコ当時の代表選手たちは大半が中学や高校からサッカーを始めていたが、このユース代表候補たちの多くは小学生高学年からボールに親しんでいた。しかしそれでも招集メンバーの技術的な落差は大きく、良く言えば個性が際立っていた。

浦和南高校1年生で全国高校選手権優勝の立役者となった水沼は、当然のように選出されエリートコースを邁進していた。だが初めて尾崎（当時日大高校）、風間（清水商業高校）、それに枚方《ひらかた》FC育ちの佐々木博和らのテクニックを目の当たりにした時には驚かされた。反面同じ代表候補なのに、ピッチをリフティングで横断できない選手がいる。合宿には途中から招集された風間が、苦笑まじりに教えてくれた。

「リフティングはウォームアップですよ。夜のトレーニングでは、さっさと終えて、僕らはウェイトトレーニングに入る。でもいつまでも横断出来ず、なかなかウェイトに取りかかれない選手もいる。リフティングが下手だと（楽が出来て）いいよなあ、と思いましたよ」

ドカーン、ドカーンと3回くらいでスライディングしながらラインに飛び込み「やったぁ！」と喜ぶ選手がいる。ところが彼らが試合になると快足を飛ばしたり、強烈なフィジカルを披露したりして、チームに貢献した。平均点の選手は見当たらず、明らかな特長を持つ個性派集団だった。監督の松本が解説する。

「私たちの時代は、高校でサッカーを始めて10年後に五輪で戦った。そのためには並外れた運動能力が必要だったわけです。むしろサッカーしかしてこなかったという選手はいなかった。たぶん釜本（邦茂）は野球でも巨人のクリーンナップに入るくらいの逸材だったし、片山（洋）は反射神経が群を抜いていた。杉山（隆一）は初体験でサーフィンを乗りこなしていたし、八重樫（茂生）さんは社交ダンス（マンボ）のチャンピオンですよ。この時のユース代表も、DFの越田（剛史）は、サッカーをしてきた時間が少ないので、左足がまったく蹴れなかった。でもその代わり、他のスポーツをやらせたら物凄かった。逆にサッカー一筋で来て、他の種目は何をやってもダメというタイプが出てきていたのも、この時代でしたね」

合宿は、その後本番までの1年7ヵ月間に13度も繰り返された。毎回終わる度に何人かが入れ替わる。この長いサバイバルレースを、誰もが「地獄」と判を押した。

情報収集もままならない時代である。松本も自分の経験に加えて、海外の試合を見て参考にする以外に強化の術を見出せなかった。熟考の末に導き出したのが「運動量に勝る技術、戦術はない」だった。まだサッカー専門のフィジカルコーチなど存在しなかった。そこでサッカーとは無縁ながら、人体や体力などの研究をしていた東大教授に指示を仰ぎ、メニューを作成していく。

「ホント、ようついてきてくれた。何しろ限界を超えていましたからね」

練習は松本が自らそう振り返るほど過酷を極めた。

若い選手たちを限界に挑ませるためには、まず松本自身が率先する必要がある。合宿では5時に起きて、選手たちのためにトーストを焼き、卵を茹でた。練習は早朝、午前、午後、夜と、多ければ1日4回。床に就くのは、深夜の1～2時までずれ込んだ。

頻繁に合宿が行われた千葉県検見川では、新館か、食堂の上階に宿泊したが、後者の場合は襖を隔ててスタッフ部屋の隣で選手たちも雑魚寝をする。朝から耳に飛び込んでくるのは、メニューを決める話し合いで、それは出陣前の選手たちをすっかり滅入らせた。

壮絶な日々を風間がコミカルに振り返る。

「朝6時から120mの坂道のタイムトライアルですよ。メシ食う前に吐いている選手がいる。一方で動くからにはしっかりと食べなければならないということで、僕なんか朝からどんぶり飯に鳥のモモを3本くらい食べさせられていました」

7～8kgのウェイトジャケットを着て3時間半も走ることもあれば、フルピッチの1対1もある。ポジションごとの練習を終えると、ディフェンダー陣の中には自分で歩けず誰かに背負われて戻る選手が何人もいた。

「練習が終わると、選手同士でマッサージをやっておけと言われるんだけど、触わると痛いから誰もやらせない」（風間）

「そんなことをやってあげるとか、考える余裕も気力もなかった」（水沼）

少しでもゆっくりしようと、トイレに入ったきり出て来ない選手もいれば、休むために追試や親の危篤を何度も理由にする者もいた。ある時などは「深夜2時に集合、逃げるぞ」と、みんなで密談が成立。事実脱走して消えていった選手もいた。しかし「やっぱり世界とやってみたいという願望が上回り」（水沼）、ほとんどの選手が思いとどまった。

プロがなく、一部を除き、ほぼ全員が高体連で鍛えられた時代だからこそ、誰もが理不尽とも思えるスパルタトレーニングに耐えられたのかもしれない。例えば、暁星小学校時代に読売クラブのコーチの指導を受け、高い技術を誇った尾崎。若大将と呼ばれ、本大会では主将としてチームを牽引するのだが、彼も日大高校に進むと丸坊主になり、厳しい上下関係の中で「走ること」や「勝つこと」を強調されてきた。

「もちろん引き続きテクニックは大切にしてきましたが、理屈ではなく、絶対に負けないということを教わり、週末になれば1日数試合をこなすのが当たり前でした。

だから合宿に入っても、その時一番大切なトレーニングに取り組んでいるとしか考えませんでした」

ところがある時トイレで用を足していると、隣の選手が驚きの声を挙げた。便器に流れ落ちていたのが、紛れもなく尾崎の血だったからだ。

「すぐに『言うなよ』とクギを刺しました。別にそれほど大したことだとは思わなかったし、練習も休むつもりはなかったですから」

しかし目撃者は口を割り、尾崎が血尿を出したという話は監督の耳に届いた。

松本が述懐する。

「医師は尾崎に対し『監督を連れて来い！』と凄い剣幕だったそうです。『その監督は、人を殺す気なのか』と」

水沼は3年生の高校選手権に腰の痛みを残したまま出場し、2戦目で足首を捻挫してしまった。それでも合宿には強行参加。別メニューとか部分合流という概念がない時代である。片足でハードルを飛び越え、なんとかメニューをこなしていたが、つい愚痴が出て、それが監督の耳に入った。

「ワールドユースまで残り3ヵ月くらいの時でした。監督室に呼ばれて、合宿途中で帰還命令です。やっちゃったかな、と思いました。2度とチャンスは来ないんじゃないかと真剣に考えました。みんなに挨拶をして帰ったんですが、なんだか僕を見る眼差しが、『いいなあ』と語りかけているようでもあり……。でも法政大学の寮に戻ったら、キャプテンの吉田弘さんから説教ですよ。『おまえ、なんで帰ってきたんだ』って」

それだけに再招集された時は、もう絶対に文句を言わないと誓った。

激務に耐えながら、逆に大半の選手たちが体重を増やしていた。猛烈にエネルギーを消費しているのに、それを上回る筋トレが体を大きくしていたのだ。「66㎏くらい。人生の中で一番重かった」と、50歳を過ぎてもスリムな体型を保つ水沼が笑った。

こうして徳島での最終合宿に残ったのは、登録人数プラス2人。だが風間と名取篤（帝京）だけは、インターハイ出場のために免除されて滋賀へ向かった。最年少でもあるし、2人とも「落ちるのは自分たちだ」と思った。しかし土壇場で代表から外れたのは、ともに四日市中央工業高校から本田技研に進んだ樋口士郎と熊谷義一だった。発表を聞いて誰もが号泣した。「もうチームは兄弟以上の関係だった」と、尾崎は言う。一方最終合宿に不参加だった風間は「オレたちが落ちるべきだった。心の底から、そう思いましたよ。こんなにうれしくない合格はありませんでした」と明かす。ともに地獄を味わった仲間の絆は、それほど固かった。

後半2分、水沼が右サイドをすり抜けた。

「必ず抜いてくる」

そう信頼して風間がニアに入る。だがライナー性のボールをダイレクトで叩くと、わずかにポスト右へと逸れていく。強豪スペインに対し、日本は絶好の先制機を逃した。シュートに入る瞬間に、風間はタックルを受けて体勢を崩していたから、PKの判定が出てもおかしくないシーンだった。しかし風間は、当時の自身を冷徹に見極める。

「あそこでオレが決めていればと思いましたよ。今思えば知識のなさです。相手の体を止めてから、あるいは一歩先に出てから打てば良かったんです」

逆にスペインは、72分、スニガのミドルシュートがディフェンダーに当たり、この幸運なゴールを決勝点とした。

誰もスペインに怯んではいなかった。欧州遠征ではポルトガルを下していたし、当時のスペインには「うまいという印象はあっても、強いとは思わなかった」（水沼）という。実際内容は拮抗していた。松本も「予想以上に戦えている」感触を得ていたし、主将の尾崎は「十分にやれた。でももっともっとやれた」と勝ち点を逃したことを、ひどく悔やんだ。だが一方で水沼や風間は、後の成熟した視点からこう分析する。

「きっちり勝とうとして結果を持っていったスペインとは、やはり差があった」

中1日で8月27日月曜、2戦目の相手はアルジェリア。初戦でメキシコと引き分けており、この時点で勝ち点1。日本は勝てば単独で2位に浮上するわけで、状況を一気に好転させられるチャンスを迎えていた。

日本のスタメンは、GK鈴木康仁、DFは右から越田、柳下正明、中本邦治、沖宗敏彦、ダイアモンド型のMFは底に田中真二、右が水沼で、左は風間。トップ下には尾崎を据え、FW高橋貞洋のパートナーには、初戦の柱谷幸一に代わって鈴木淳が起用された。

日本は猛攻を仕掛けた。9分、沖宗のミドルシュートがポストを叩く。23分には、ゴール目前で高橋がプッシュするがGKに阻まれた。そして38分には、尾崎のFKをフリーの鈴木淳が頭で叩く。誰もが入ったと確信したシーンだったが、アルジェリアのGKハバーニが奇跡的に手中に収めてしまった。

「こんなに攻めているのに、どうして……」

水沼は、そう叫びたい衝動に駆られていた。

後半も主導権は日本。しかしやはりゴールを割れないまま90分間を終えてしまう。サポーターに猛烈に後押しされ「いい形もたくさん作った」（尾崎）のにスコアレスドロー。これは松本の分析である。

「当時遠征と言えば欧州で、アフリカや南米と対戦経験がなかったし、もちろん映像も手に入らなかった。確かに勝てる試合でツキもなかった。でもやはり様々な国際試合経験が不足していたという点で、実力を反映した結果とも言えるでしょうね」

グループAを2位で通過すれば、準々決勝ではアルゼンチンと対戦することになっていた。マラドーナのアルゼンチンと戦う。それはチーム全員の大きなモチベーションになっていた。だが残念ながら3戦目を待たずに、日本のグループリーグ敗退が決まってしまう。開幕からの連勝で準々決勝進出を決めてしまったスペインが3戦目でメンバーを落とし、アルジェリアに勝利を献上。1勝2分けで勝ち点を「4」に伸ばしたアルジェリアの2位通過が確定したのだ。

この第1試合の結果を見届けて、松本は慟哭した。だが選手たちは初めての勝利とゴールのために、再び気持ちを奮い立たせて全力を尽くした。

「日本文化の素晴らしさです。外国のチームなら、敗退が決まった後など全然試合にならない。でもその純粋さ、生真面目さが長所であると同時に、裏をかく、ごまかすなど駆け引きという側面からすると、短所にもなっていたかもしれません」（松本）

日本はメキシコ戦も攻勢に試合を進めた。そして前半をスコアレスで折り返し、62分、国立は全ての鬱憤《うっぷん》を晴らすかのように爆発する。左サイドから田中が長駆ドリブルする。コーナーぎりぎりで折り返すと、ニアポスト目がけて走り込む柱谷がスルー。中央に走り込んだ水沼が、インサイドでプッシュした。

開幕から217分、遂に日本が待望のゴールを挙げた。水沼はアシストをした浦和南時代の同級生・田中に真っ先に抱きつく。尾崎は全身でガッツポーズを繰り返し、越田は涙を溜めている。ふと水沼が背中に目をやると、もうそこにはGK鈴木が駆け寄っていた。それはその後数々の歴史的な得点を積み重ねてきた水沼にとっても「最も貴重なゴール」だった。

結局日本は11分後にリードを帳消しにされ、2分け1敗で長い冒険の幕を引く。

「あんなに大変な思いをして点を取ったのに、また簡単に入れられちゃったなあ……」

水沼の実感だが、ファンは世界に果敢に挑んだ若い代表に大きな光を見出した。選手たちを乗せたバスは一瞬でファンに取り囲まれ、「ヤヒロ・コール」を受けた風間は、バスの窓から無数の手が作る『マット』の上へと飛び込んでいく。

「いろんなものを初めて見た大会でした。特にマラドーナ。手より足の方が凄い選手を見て、いったいオレは今

まで何をやってきたんだ！　って。でも反面驚いたのがマラドーナだけで、ホッとした部分もありましたけどね」（風間）

ワールドユースは、マラドーナが国際舞台で鮮烈なデビューを飾った大会でもあった。因みにアルゼンチン代表は、日本と同じホテルの上階に宿泊していたが、連日秋葉原で大量に買い物をしてきては部屋で騒ぎまくっていた。

「庭でボール回しをしているのを見ても本当に楽しそうだし、プロっていいなあ、と率直に思いましたね」（水沼）

感銘、焦燥、悔恨、憧憬……、ティーンエイジで大舞台に立ち、たっぷりと刺激を受けた選手たちは、その後も大半が斯界で活躍を続けた。

「本当にご苦労さんなんてもんじゃなかった」と、松本は自戒とともに31年前を思う。

「その2年後に私はドイツに留学し、初めて指導の真髄に触れたんです。もしその知識を持って監督が出来たら、絶対にアルゼンチンと戦わせることが出来た。同じ時間を費やすなら、もっとゲームを想定し、相手をつけたトレーニングをするべきでした」

互いにたっぷりと年輪を重ねたというのに、恩師は生徒たちに会う度に、そう謝罪を続けている。

1980年代

平均年齢21・5歳で挑んだスペイン82

快挙は低迷の始まりだった。

１９６８年メキシコ五輪で銅メダルを獲得してから、ちょうど10年後に釜本が日本代表を去るが、この間世界への扉はすっかり閉ざされたままだった。ワールドカップは夢の別世界へと遠のくばかりで、日本の現実的な目標はアマチュアの祭典である五輪だった。

この頃の時代背景をベテランライターの大住良之（当時『サッカーマガジン』編集長）が解説する。

「１９８０年3月に行われたモスクワ五輪予選は、下村幸男監督の下、原点回帰で泥臭い戦いを標榜したものの敗退。渡辺正監督が引き継ぎますが、スペイン・ワールドカップ1次予選を間近に控えた秋に、くも膜下出血で倒れました。そこで急遽強化委員長だった川淵三郎さんが、代表の指揮を執ることになります。しかし最大の目標である次の五輪予選までには4年間もある。一方でワールドカップ1次予選は、中国や北朝鮮と同居し勝算は見込み難く、言わば力試しみたいなものでした。特に北朝鮮の評価は、まだ韓国と同等以上でしたからね。既に渡辺監督が若くてテクニックの高い選手を選んでいたこともあり、川淵さんもそれをベースにしました」

日本サッカーは、暗中模索の真っ只中にあった。ただし新しい潮流も見え始めており、ジュニア世代からクラブチーム一筋で育って来た都並敏史などは象徴的な存在だった。当時19歳、熱狂的な日本代表サポーターでもあった視点から振り返る。

「ブラジルから帰化したネルソン吉村さんが退き、日本代表からテクニックの高い選手が減って面白くなくなってきました。日本リーグを見渡しても、テクニックで唸らせるのはブラジル出身選手ばかり。モスクワ五輪予選で負けると、ファンの間でも『このままでは限界だ』という空気が充満していたことは確かだと思います」

川淵は暫定的に指揮を執るが、ドイツで研修中だった森孝慈へ繋ぐことを既定路線としていた。むしろ新体制のメンバー選出は、中長期計画を練る強化委員長としての視点から舵を切った感も強い。

ワールドカップ１次予選は、１９８０年末に迫っていた。川淵は12月上旬に新しい代表選手たちを千葉県検見川に集める。平均年齢は現在の五輪参加規程より若い21・５歳だった。

初選出の都並は、まだ読売クラブでもレギュラーに定着していなかった。読売クラブではリベロ、ユース日本代表ではＭＦでプレーをしており、左ＳＢに定着していくのは、まだ先のことになる。

「ユース代表でシンガポールに遠征したことがありました。ちょうどフル代表も現地に来ていたので、僕は他のメンバーも誘って応援に行き、スタンドで日章旗を振りまくった。それを見ていた川淵さんが、アイツ、そんなに日本代表が好きなのか。面白いじゃないか、ということで抜擢したという後日談もあります」

だがさすがに川淵も、それだけで選出したわけではなさそうだ。同年６月都並は欧州遠征に参加し、ハノーファー国際ユーストーナメントでＭＶＰ級の活躍を見せている。決勝戦はブルガリアと１－１のままＰＫ戦にもつれ込み、優勝を決めるキックを成功させていた。そして川淵体制のヘッドコーチに就任する森も、ちょうどドイツに滞在中で大会を視察していた。

また都並と同い年の風間八宏は、新体制の発表直前にフィリピンのマニラで開幕したアジアユース選手権で、日本を準優勝に導いていた。韓国との決勝戦（１－３）が行われたのが12月14日、それから一旦帰国してフル代表に合流すると、１週間後には香港でワールドカップ予選のピッチに立った。

都並が述懐する。

「八宏を初めて見たのは、高校２年生の時の長野国体でした。左SBだったんですが、足の裏を使いながら、相手を引きつけて引きつけてかわしていく。こいつは何者だ！　と当時のサッカーノートに記してあります」

若い代表チームの主将に任命されたのは、26歳の前田秀樹だった。ただしMFには金田喜稔、戸塚哲也、風間らテクニシャンが顔を並べるため、突然攻撃的MFからリベロへのコンバートを通達された。

「後ろからゲームを作ってくれ、と言われました。確かに隣の韓国は、速いプレスがあり、ワイドアタッカーもテクニックとスピードを備えていました。同じスタイルで追いかけても抜けない以上、日本が変わる必要があった。もっとしっかりと中盤からビルドアップをしていこうと考えたのだと思います」

大胆に若返った新生代表チームの船出に、壮行試合の相手を務めたのが日本代表シニアだった。予選開幕を8日後に控えた12月14日、なんと新旧の代表チームが東京・国立競技場で対戦した。

「ファンの間では、もしかすると若い代表が勝っちゃうんじゃないか、という夢もあったかもしれません。でも新しい代表は、検見川で初めて3〜4日間だけ一緒に練習をしただけでした。逆にシニアの方は、『おお、久しぶり』と、あちこちで挨拶を交わしている状態で、まるで同窓会。個人的には、負けるとまずいというプレッシャーはなく、憧れの先輩たちと試合が出来る喜びの方が大きかったですね」（都並）

シニアにも代表から外れるのを惜しまれるくらい脂の乗り切った選手たちがいた。エース釜本邦茂は36歳になっていたが、依然として日本のトップストライカーとしての実力は示していた。釜本の後継者として期待された碓井博行は27歳で、シーズン自己最多得点を記録しており、西野朗はまだ25歳。28歳の誕生日を翌日に控えたボランチの小見幸隆も、充実ぶりを見せつけることになった。

「スタイル云々より、チームとしてまとまっているかどうかの違いが出たと思います。今の日本代表が欧州の強豪と真剣勝負をした時に感じるようなことを、当時の代表はアジアで体験したわけですが、シニア代表と対戦した僕らも同じような感覚でした。こちらも一人ひとりがボールを持てば上手いんです。でもチームとして、特に守備面でガチッと来られると、なかなか前には進めない。そんな感じでした」（都並）

試合は早くも開始5分にシニア代表の碓井が均衡を破り、39分にも西野が追加点を奪う。新生代表は後半に入り長谷川治久が1点を返すが、シニア代表は69分、小見の折り返しに今村博治が合わせて突き放した。

「試合慣れをしているシニアがツボを心得ているのに対し、若い代表はまったく未熟でした。川淵さんは強化委員長の立場から、若手を活かしつつではなく、これでやるしかないだろう、とワールドカップ予選を経験の場にした。少なくとも勝ちには行っていませんよね。この試合を見ても小見などは素晴らしいプレーを見せていた。もし若手の中に入れれば、豊富な経験から相手にとって嫌らしいプレーなど教えられることも少なくなかったと思います。小見も日本代表に入って来た頃は、自分の頭の上をボールが飛び交うばかりで『つまらない』とこぼしていたわけですが、新しい若い選手と一緒なら面白い連携も出来たのではないでしょうか」（大住）

シニアでプレーをした釜本も同様の見解を持っている。

「サッカーは経験が大きくモノを言う競技。試合を通して、いろんなことを経験し、教育されていくんです。僕が19歳で代表入りした時は、最年長の八重樫茂生さんと11歳の開きがあり、一緒にボールを蹴る時も物凄い緊張感があった。西野が入って来た時も、僕のバンテージを巻かされ、パンツの洗濯もさせられていたわけですが、やはり物凄い緊張感の中で先輩の顔色を窺《うかが》いながら毎日を送っていたはずです。そうやってチャレンジし、失敗し戸惑いながら成長していく。それは同年代の友だち同士の関係の中では築けません」

まだやれると思いながら外された代表シニアには「ひと泡ふかせてやろうという意地」（釜本）があった。

新生代表のキャプテン前田が言う。

「新しい代表は、テクニックやアイデアのある選手が揃った分だけ遅攻が多くなった。逆にシニア代表は前線に凄い選手がいるので、縦に速い攻撃を仕掛けて来る。スピードの違いが出ましたね」

前田は最後尾から、若い可能性と弱点を冷静に見つめていた。

「まだ日本のスタイルも確立されていなくて、役割分担が明確な時代です。ガマさん（釜本）などは、CFが守備なんかしていたら点を取れんやろ、と言っていました。でも概してシニアの選手たちの方が、守備への意識が高かった。逆に若い選手たちは、ボールを奪われた時の反応がまるで甘かった。木村和司などは、まったく守備をしませんでしたからね。だから切り替え時の守備に関しては、かなり口を酸っぱく言い続けました」

ボールを持ったら滅多に奪われない。だが反面奪い返す意識は欠落していた。

都並が続ける。

「ある程度リラックスした試合なので、中盤にはスペースがあり、お互い攻撃を仕掛け合う展開になりましたが、サイドに揺さぶり、クロスから落としまでしっかりと形を作れるのがシニアの方でした。逆に新生代表は、個人では通用するけれど連携が出来ていない。例えば金田－木村（当時ウイング）の広島県工同士のコンビは出来ていて、そこに戸塚が絡むような即興はあっても、全体の組織力では大差があった。このチームの最大の長所は、キンタ（金田）さんだったわけです。初対面の相手なら、どんな国際試合でもきりきり舞いをさせて来た。ところがシニア代表戦では、得意のキンタフェイントを初め、すっかり読み切られてしまい活躍出来なかった。たぶん相手に小見さんがいたからでしょうね。結局終わってみれば、相手の試合運びの上手さ、強さが際立った。完敗でしたね」

ワールドカップ予選を控えた現役代表は、終了1分前に1点を返すが、2－3で敗れて香港へ旅立つことになる。大仁も「シニアはもっと点を取れるチャンスも作っていたし、点差以上に内容に違いが出ていた」と評した。

結局スペイン・ワールドカップ予選に、日本はベストチームを送り込まなかった。しかしそれをおかしいと糾弾する声もなかった。そもそもメディアの報道も少なく、唯一『サッカーマガジン』だけが香港へ取材に出かけているが、カメラマンが写真を撮りながら記事も送稿している状態だった。

ところがそんな新生日本が、香港では一気に評価を高めていく。最初に強烈なインパクトを残したのが、グループリーグ最初の中国とのゲームだった。

日本は開始6分に大ベテランの容志行《ヨンジシン》にロングシュートを決められ先制を許すが、残りの時間帯は終始ゲームを支配した。前半は横山正文のシュートがクロスバーを、木村和司のFKがポストを直撃するなど次々にチャンスを創出する。さらに後半は、リベロの前田までが押し上げ分厚い攻撃を仕掛け、中国に1本もシュートを打たせなかった。そして試合内容を象徴するように、0－1で敗れた日本代表の前田の手にMVPが渡った。

「負けたのにMVPでビックリしました。でもそれ以上に中国は、日本の変貌ぶりに驚いたと思いますよ」

改めて前田が解説してくれた。

「最終ラインからショートパスを繋いで、組み立てるようになりましたからね。若いだけに吸収力も高かった。戸塚、金田、風間のMF3人は、渡せばボールを失わないので、特に後半は僕もかなり高い位置まで押し上げて怒涛の攻撃を続けることが出来ました。暑い中での試合なので、ボールを失うときついですからね。負けたけれど、悲観するところはなく、このサッカーを続けていけば勝ち抜けるという自信もつきました」

結局日本は、続くマカオ戦を3－0で勝利し、3ヵ国によるグループリーグ2位で準決勝進出を決める。しかしマカオ戦では、前半で乱闘を起こした都並が退場処分を受けていた。因みに、まだ都並は右SBの控えの立場で、グループ分け予備戦（対シンガポール）の途中で先発した越田剛史が骨折し、急遽代表にデビューしていた。

「まだデビュー3戦目。気合が入りまくりでした。こちらが反則タックルを食らわせたのに、相手が掴みかかって来たので回し蹴りを入れてしまった。これで乱闘騒ぎとなり、両者退場です。まだ熱さを冷静にコントロールする術がなかった。なんていうことをしてしまったんだ、と号泣しました」

その後、都並は川淵監督に連れられて、規律委員会に謝罪に出かけた。

「いいか、何を言われても『I'm sorry』で通すんだぞ」

散々釘を刺された。でも、と都並が、今だからこその笑い話を教えてくれた。

「英語の区切りが判らないから、どこで『I'm sorry』を挟めばいいのか判らない。だから片っ端から大きな声で連呼してしまったんです。川淵さんからは、『馬鹿か、おまえは！』と本気で怒られました」

都並の予選は、これで終わった。左SBで勝負をしたいと申し出るのは、日本代表監督が川淵から森にバトンタッチされてからのことだった。

「森さんには、『だったら毎日左足のクロスを１００本練習しろ。クロスが上げられるようにならなければ使わない』と言われ、本当に毎日１００本練習しました」

こうして左足のクロスをマスターし「カットインして右足シュート」「タックルあり」「戻りは速い」と、4拍子を揃えた左SBが完成していくのだ。

また余談になるが、この予選では当時〈日本サッカー狂会〉の幹事を務めていた後藤健生もメディアへのデビューを果たしている。中国戦前には一行3人で日の丸を掲げ、ジュースの紙パックやミカンなどを投げつけられたそうで、応援の様子は『サッカーマガジン』のグラビアで紹介され、自身も同誌に寄稿している。

都並が、いかにも当時の事情を物語るエピソードを引っ張り出した。

「日本代表が宿泊していたホテルの前に居酒屋があり、どうしても現地の食事が合わない僕と戸塚は、そこに天ぷらやチャーハンなどを食べに行っていました。そしたら後藤さんが、おまえら、頑張れよ、と奢ってくれたんです。その後後藤さんがライターとして大活躍するようになって本当に嬉しかったですよ」

12月30日、日本は準決勝で北朝鮮と対戦。０－０のまま延長戦にもつれ込む。しかし通算115分、不運な失点で力尽きた。前田の脳裏には、今でもイレギュラーしたボールの弾み具合が焼き付いている。

「カウンターで2対2の形でした。北朝鮮の選手が左からドリブルで持ち込み、逆サイドの味方に繋ぐのは判っていました。僕は完全に読み切り足を出した。ところがインターセプトしたと思った瞬間に、ボールがバウンドして抜けてしまったんです」

しかもパスを受けた金用男は、ダイレクトで叩きニアサイドを抜いた。イレギュラー→ダイレクト→ニアサイド……、考え難い不運の3連発は、悔やんでも悔やみきれなかった。

「でも日本の攻撃の多彩さは、中国や北朝鮮と比べても群を抜いていた。地元メディアも、連日〈チヤ〉、〈チヤ〉と大見出しを立てていました。戸塚は現地発音で『チヤ』って、いうんです」(都並)

日本が北朝鮮に敗れた翌大晦日の夜、戸塚の人気を物語る出来事があった。再び都並の証言である。

「ホテルの前で中国人がマカオの選手を乗せたバスを囲んで暴動になっていたんです。今思えば無謀なんですが、僕は戸塚を誘って止めに行きました。すると戸塚を見つけた中国人たちが『チヤだ、チヤが言うならやめようか』と暴動が収まってしまったんです」

日本の一般紙は、香港での敗戦をわずか数行の小さな記事で済ませた。しかし歴史を俯瞰すれば、ここで日本は新しい時代へ向けて、実は小さくても意義ある一歩を刻んだのかもしれない。

「まだ僕らは何も見えていませんでした。実際このチームのテクニックなら予選を勝ち抜けると思っていたし、本大会だって勝ち進めるくらいの自信を持っていました」(都並)

「大会中は川淵監督も、『彼らが何を見せてくれるのか、毎日が楽しくて仕方がない』と話していたそうです」(大住)

この日本の若い世代のテクニックを見て、韓国は危機感を抱いた。実際後に都並は韓国の関係者たちからも、裏話を聞いている。

「だからこそ韓国は日本に追いつかれないように先手を打った。それがプロリーグの創設だったそうです」

木村、戸塚、都並らを中心とした日本代表は、それから5年後にメキシコ・ワールドカップへの出場権を賭けて韓国と戦っている。それは川淵が抜擢した世代の集大成とも言える試合だった。しかし結果は日本が韓国の壁に跳ね返され、逆に力の差を見せつけられた。

「もともと韓国ではサッカーが国技でしたからね。実際に戦うと、どうしてもフィジカルの差が出る。よく何が違うんだろう？　という話になると、やっぱり食い物だな、という結論になっていました。でもプロリーグが出来てからの韓国は、速さや身体の切れがさらに進化していたんです」（都並）

逆に1985年の時点で韓国に叩かれたことで、日本でもプロリーグ創設の気運が高まっていくのだった。

大仁は1980年の変化をジャーナリストの視点から「1970年メキシコ・ワールドカップの効果」だと見る。

「日本でも初めてワールドカップの映像が紹介され、この大会を圧倒的な強さで制したブラジルは、当時の指導者たちのバイブルになりました。ブラジルのテクニックに触発された指導者たちは、足の裏の使い方や独特なドリブルの仕方などを小学生に教え始め、ちょうど育って来たのが、この時代だったのだと思います」

逆に1970年のワールドカップが欧州で開催され、もっとフィジカルな戦いに終始していたら、日本の進んだ道も変わっていた可能性があった。

一方、釜本は、当時の大胆な世代交代を例に、警鐘を鳴らした。

「現在はU17、U20、U23と代表も小刻みにカテゴリー分けされていますが、選手というのはいろんな先輩からピッチ上で教わり、それを吸収しながら成長を加速させて行くものです。僕らの頃は、ユースの次は大人のカテゴリーしかなかった。だから19歳で代表を経験した。逆に同年代とばかりプレーをする環境は、選手の成長を遅らせていると思いますよ。経験というのは一気には積めない。だからこそ数年先を睨んで、徐々に切り替えていく必要がある。今なら長谷部誠や本田圭佑の代わりを想定しながら、チーム作りを考えていかなければならないわけです」

皮肉にもこの1980年のワールドカップ予選（香港）で、日本は中国と北朝鮮を相手に計6本のシュートを枠に当てている。支配力は高まったが、最後の決定力だけが欠けていた。

改めて前田が語る

「たぶんガマさん（釜本）がいたら勝てていた。逆にガマさんも、どんどん周りがお膳立てしてくれるようになったわけだから、楽だったでしょうね」

せめてオーバーエイジの発想があれば、ここで歴史を動かせていたのかもしれない。

史上初、ドイツ人プロを指揮した鈴木良平

1984年夏、ブンデスリーガの開幕が秒読みに入っていた。アルミニア・ビーレフェルトの新任ヘッドコーチとして記者会見に臨んだ鈴木良平には、矢継ぎ早の質問が浴びせられていた。

「ここでやっていける自信はあるのか?」

「あなたはドイツのサッカーを知っているのか?」

当時ブンデスリーガは、紛れもなく世界最高水準を誇った。そこでサッカーが発展途上の日本からやって来たコーチが指導をするのだ。実は鈴木自身も内心では、本当にドイツの選手たちが自分の言うことを聞いてくれるのだろうか、と一抹の不安を抱えていた。だがこの席では、一切胸中を晒すわけにはいかない。鈴木は憂いを振り払い、堂々と答えた。

「私にはボルシア・メンヘングラードバッハ（以下MG）に3年間帯同した経験もあるし、指導者ライセンスも持っている。だからドイツのサッカーもよく知っているつもりだし、自信もある」――。

鈴木は改めて実感している。

「それにしても人生は偶然が積み重なると、思いも寄らぬ方向に流れていくものだ」

幼少時からサッカーと寄り添ってきたわけではない。中学時代までは水泳一筋。だが都立駒場高校1年の時に、耳鼻科で疾患が見つかり競技を止めるように勧告された。仕方なくプールから上がり、代わりに選択したのがサッカーだった。他の運動部に比べると初心者が多く、ハンディが少なそうに見えたからだ。東京五輪翌年、まだ国内でサッカーの認知度や普及度は、その程度だった。

しかも東海大学に進んだ鈴木は、あっさりとサッカーから離れている。

「大学進学の一番の目的は、体育の教員免許を取ること。サッカー部は覗いてみたけれど、レベルも低そうだったし入らなかった」

ところがそんな鈴木に、アジアで初めて開催されるFIFAコーチングコースを手伝う仕事の依頼が届く。駒場高の先輩に当たる中野登美雄が、JFAの事務局長を務めていた。借り出されたのは2人。「もう1人はキャプテンだったから判り易いけど、オレは体育学部で休みを取り易いとでも思われたのかな」と苦笑する。いずれにしても中野の一見無作為な人選が、鈴木をサッカーへ

と呼び戻すのだった。

「コースを指揮したデットマール・クラマーさんのサッカーに対する情熱が凄かった。途中過労で倒れ救急車で運ばれたのに、翌朝はグラウンドに現れましたからね。また千葉の検見川では、コーチングコースと並行して日本代表合宿も行われていました。そこで長沼（健）、岡野（俊一郎）、八重樫（茂生）各氏のように、サッカーに対して純粋で人間味のある方々と触れ合うことが出来て、本当に手伝えて良かったと思った。将来もこんなふうにサッカーと携わっていきたいと考えるようになったんです」

鈴木は合宿を通して親しくなった三菱重工所属の日本代表組、杉山隆一、森孝慈、横山謙三らに相談すると、早速当時代表監督の二宮寛を紹介された。

「無名の人間が指導者として認められるのは簡単じゃない。だったら先進国のドイツで、しっかりと勉強をした方がいい、ということになりました」

不動産会社を営む明治生まれの父には猛反対をされた。しかし東海大学教授の三栗《みつくり》崇（体操団体で五輪連覇のメンバー）や二宮が自宅まで足を運び、熱心に説得をしてくれた。父も1度納得すると「お金の心配はするな。アルバイトなんかしないで勉強に専念しろ」と完全なサポートを約束した。

東海大を卒業した鈴木は、翌冬、二宮に連れられてドイツへ視察に出かける。少なくとも鈴木は、一時視察のつもりだったから、トランク1個しか持参していない。ところがいざ現地に着くと、二宮の気が変わった。

「チケット代ももったいないし、そのまま居残れ」

そこから事態は急転した。二宮は鈴木を、ボルシアMGを指揮するバイスバイラーに引き合わせる。名将はいきなりドイツ語で話しかけてきた。

「Was ist das?（これは何ですか？）」

目の前には1本のペンが転がっていた。

反応がないのを確認すると、バイスバイラーは即座に秘書を呼び、アロルゼンという田舎町にあるゲーテ語学学校への入学手続きを命じる。こうして鈴木は、そのまま田舎町で孤独に半年間を過ごすことになった。

「国際電話も物凄く高い時代だから、手紙を書いて実家から服とか必需品を送ってもらった。でも船便だから2ヵ月くらいかかるし……。授業は全てドイツ語。最初の2ヵ月間は、なんて難しい言葉なんだと思った。でもバイスバイラーは、言葉がしっかり出来ないようでは、コーチングコースにもついていけないと判っていたんだろうね」

ようやく半年が過ぎ言葉に不自由がなくなると、バイスバイラーは鈴木を呼び寄せ、チームに帯同させながら指導者養成コースを受講させた。

「ボルシアMGは当時全盛。欧州屈指の攻撃的なチームだった。そこに1年半も同行できて、バイスバイラーが監督室でどんな話をするのかも聞けたしベンチにも入れた。凄く勉強になりました」

忘れられない試合がある。デュッセルドルフのライン・スタジアムで行われたドイツカップ決勝。レアル・マドリードへの移籍が決まっていた名手ギュンター・ネッツァーのボルシアMGでのラストゲームだった。

「移籍が決まっていても、あまり表には出さない時代でした。でもバイスバイラーが公言してしまったためにネッツァーが激怒。2人は犬猿の仲になり、この試合でもネッツァーはベンチに座っていました」

白熱の好ゲームは遂に延長戦に突入。するとネッツァーは勝手にユニフォームに着替え、スタメンでプレーをしていたディトマール・ダンナーに「代われ」と指示をすると、監督の許可も得ずにピッチに飛び出して行く。結局、ボルシアMGはネッツァーの決勝ゴールで優勝を飾った。

「試合を終えた選手たちは、全員対戦相手の1・FCケルンの選手たちとユニフォームを交換しました。ところがネッツァーだけは拒んだ。1人だけボルシアMGのユニフォームを着たまま記念撮影に収まったんです」

鈴木は1974年春にB級ライセンスを、同年暮れにはA級を取得。翌75年2月からは半年間のS級コースを受講した。

「最も苦労したのが、名GKコーチ、ロルフ・ヘリングスのトレーニング法でした。厳しい講師で、誰もが1度は赤点を取った。再試験を許されるのは1度だけ。再試験で合格しないと失格してしまうため、本当に必死だった」

ところがそんな鬼講師が、教壇を離れると別人のように穏やかで友好的になった。

「ある番組の撮影で訪れたら大歓迎してくれてね。何から何まで手配をしてくれました。元ドイツ代表のトマス・ヘスラーを紹介する時などは『そいつはしゃべるのが苦手だから（実技の）見本を示すだけだよ』なんて軽口を叩きながらね」

フスバル・レアラーと呼ばれるS級を取得するための半年間は、息苦しいほど濃密だった。毎日2〜3時間の復習は当たり前で、授業のない土曜日もブンデスリーガの試合を観戦し、レポートの提出が義務づけられた。「A級やB級とは比較にならないほどレベルの高い講義だった」と振り返る。束の間の楽しみは、ゲームの授業だった。受講者でメンバーを組み、順番に監督を務めてゲストチームと対戦。まだ26歳の鈴木は、全試合に先発し潑刺とプレーをした。

こうして1975年夏、鈴木は受講者30名中27名の合格者リストに名を連ね、遂にプロを指導できる最高級のライセンスを手にする。卒業式ではゲーロ・ビーザンツ校長から「私のもとには世界中から監督のオファーがあるので、希望者はいつでも連絡を」との訓示を受けた。日本に帰国したのは同年10月8日、当初1ヵ月間だった西ドイツでの滞在予定は、2年8ヵ月間もオーバーしていた。

もっとも鈴木に休息の時間はなかった。帰国して2日後には、三菱でサッカー部門の責任者だった森健兒から連絡を受け、創設されたばかりの三菱養和のジュニアユースチームの指導を任される。やがて教え子たちが年齢を重ねるとユースチームも増設され、そこに加わってきたのが、後に横浜F・マリノス監督などを務める木村浩吉だった。

「大学生になった浩吉をドイツへ連れて行き、5チームくらいで見てもらった。どこも高い評価でしたよ。でもまだ厳格な外国人枠がある時代。才能を感じるけれど、今すぐ助っ人として獲得するのは難しいと言われました」

鈴木に2度目の転機が訪れるのが1984年だった。欧州進出を熱望する日本代表のFW尾崎加寿夫のアルミニア・ビーレフェルトへの橋渡しをしたのを契機に、鈴木にもヘッドコーチとして招聘の話が舞い込んだ。

「1983～84年シーズンに指揮をしてきたカールハインツ・フェルトカンプ監督がバイヤー・ユルディンゲンに引き抜かれ、途中からゲルト・ローゲンザックが引き継ぐことになった。でも彼はS級を持っていなくて、ルール上、監督の仕事をするには誰かS級保持者をヘッドコーチにつけなければいけない。そこでシーズン終盤の4月ごろからテスト的にベンチに入ることになったんです」

このシーズンを8位と大善戦で終えたビーレフェルトは、そのままローゲンザック－鈴木体制で新シーズンに突入する。ところが実際に鈴木がチームに合流してみると、中心選手がことごとく売却され、補強なしで開幕を迎える事態に直面した。

「本当に驚きました。赤字を解消したらマネージャーに多額の報酬が入る約束が出来ていた。だから結果を犠牲にして、勝手に選手を売却してしまった。残った選手たちは、彼とは契約の話をしたくない、とボイコット寸前でした。それでも何とかしようと思うから、とにかく毎日が必死。多忙なばかりで、まるで余裕がなかった」

ヘッドコーチには、トップチームの指導だけではなくユースチームの監督業も加わり、金曜日にブンデスリーガの試合が組み込まれれば、スカウティングにも出かけた。

「トップが2部練習をすると、ユースと合わせて1日に3度も指導をすることになる。ユースは監督がひとりで見るわけですからね。ドイツの真冬は最高気温でも零下が普通。これは本当に堪えました」

まだアマチュアリーグしかない後進国から来たコーチの指導に、ドイツの選手たちは快く耳を傾けた。リベロのホルスト・ボーラース主将は鈴木の助言で著しくFKの精度を上げ、GKヴォルフガング・クナイプも「スズキの指導は金を払ってでも見る価値がある」とメディアに伝えた。日本でもトップレベルのプレー経験を持たない指導者が、ドイツのプロフェッショナルのパフォーマンスを改善していた。

「物事を見抜いて伝える。プレーをする能力と同様に、それも才能だと思うんですよね。例えばバイスバイラーという監督は、選手を見極め、眠っている才能を開花させる能力が卓越していた。私もずっとボルシアMGに帯同し、優れた選手たちのプレーを観察し続けていたせいか、どうすれば良くなるかが判ったんですよね」

ローゲンザック監督と鈴木は、二人三脚でチームを指揮した。戦術からメンバーの選択まで、2人で夜を徹して話し合うことも珍しくはなかった。戦力が急降下して「2部落ち間違いなし」との下馬評が立ったビーレフェルトは、いきなりアウェイでの開幕戦で優勝候補の1・FCケルンを下した。この時は鈴木も「いけるかもしれない」と手応えを感じたが、やはりシーズンが深まるとともに戦力不足が露呈し始める。ルーキーシーズンでは大活躍を見せた尾崎も、すっかり研究されて「2年目のジンクス」にはまり込んでいった。

「持ち味のスピードを警戒され、アドバイスをしても、1人で悩みを抱え込んでしまった」

ドイツのプロ意識は今よりも徹底していたという。ファンはクラブ宛てに返信用の封書を送る。すると受け取った選手たちは、それぞれがサインを添えポストに投函していた。

「メディアのインタビューはもちろん、街中でファンにサインや写真を求められても、絶対に断ってはいけない。ファンに疑問をぶつけられれば答えるしかないわけです。さすがに負けた時は、外出できないよね」

結局チームは大方の予想通りに2部に降格。鈴木の契約も終了した。しかし圧倒的に劣る戦力で可能な限りのパフォーマンスを引き出したという想いは、ローゲンザックと重なった。

「スズキ、オレたちは間違いなく良い仕事をしたよな」

最後の夜、日本人ヘッドコーチとドイツ人監督は、ワインで乾杯をして清々しく別れた。

帰国した鈴木は、日本女子代表監督、アビスパ福岡ヘッドコーチなどを経て、評論や解説の仕事をしている。活動の場をピッチの外に移しても、ドイツ基準でのプロフェッショナルな姿勢は不変だ。視聴者や読者より、多方面への気配りが先行する平板な評論家や解説者が溢れる日本で、豊富な知識や揺るぎない理論に基づき、ぶれない見識を発信し続ける。

「ドイツでは、マティアス・ザマーが全権を握り、国の方向性を定めた。ところが日本では誰が方向性を決めるのか、まるで判然としない。ＪＦＡ会長なのか、技術委員長なのか。これまでの推移を見ると、代表監督が変わる度に全てが変わってしまっている」

鈴木は強調した。

「ドイツでは１９９０年代後半にフランツ・ベッケンバウアーが音頭を取り、国の隅々にまでスカウト網を張り巡らせ、どんなタレントも見逃さない体制を作った。その結果、21歳以下の全てのカテゴリーで欧州制覇を成し遂げたわけです。日本も本腰を入れて、タレントを探し出し、育てる組織改革をしないと、早晩冬の時代は避けられない」

１９７０年代を象徴する名手だったネッツァーが、ドイツ代表の試合を終えたばかりのヨアヒム・レーヴ監督に、歯に衣着せぬ質問をぶつける。レーヴ監督の表情は見る見る紅潮していくが、それでも怒りを必死に静め、努めて論理的に受け答えをしていく。それがドイツ代表戦の中継放送である。

『ドッペル・パス』という人気番組では、ドイツを代表するスター選手だったベッケンバウアーやパウル・ブライトナーらのご意見番が、率直に厳しい意見を披瀝しあう。さらにそこに監督経験を持つ現役の指導者たちも参加して、侃々諤々《かんかんがくがく》の議論が繰り広げられる。

「ドイツでは評論家の肩書きを持つ人たちが、当たり障りのないオブラートに包んだコメントをすることはない。正しく厳しい評価を下さなければ、見ている人たちも納得しません。物事を改善するためには、突っ込んだ意見をぶつけ合う必要がある。日本に欠けている部分ですよね」

鈴木自身も、ビーレフェルトのヘッドコーチ時代にはメディアから批判された。

「もともと私はベンチに入っても激しく鼓舞するようなタイプではなかった。でもドイツでは、それはしっかり仕事をしていない、という評価になる。もっと一緒に戦え、ということでした。批判されなければ判らなかった。書いてもらって良かったと思いますよ」

東洋人として真っ先に欧州のトップリーグでの指導を経験した鈴木は、こうした議論を厭わず迅速に改善を進める文化に本場の真髄があると感じている。

なでしこ事始め　極貧から世界一へ

そもそも日常生活で外国人を見るのが珍しい時代だった。中学生の少女は、ひと回り大きな相手に無謀なチャレンジを続けていた。

「もう食らいつくのが精一杯。無我夢中で何をしていたかまったく覚えていません」

入江小学校時代にサッカーを経験していたDF山口小百合は、中学校へ進むとバレー部に入った。サッカーを続けたかったが、中学に女子サッカー部がなかったからだ。やがて清水第八という女子チームが結成され、中学2年時にサッカーに戻って来るのだが、それから1年間にも満たないうちに日の丸をつけて国際試合に臨むことになった。

1981年9月、日本女子代表は、イングランド、イタリアを招待し、神戸と東京で試合をしている。ドイツで最高級ライセンスを取得し、三菱養和サッカークラブで指導をしていた鈴木良平は「ポートピア'81」と称する国際招待大会の開催を聞き「冗談だろ」と耳を疑った。

日本女子連盟の発足は、その2年前のことである。理事会等は全て三菱養和会の会議室で行われ、同グラウンドでは女子のリーグ戦も行われていたので、鈴木は比較的女子の実情には詳しかった。まだ国内では8人制で、大人用よりひと回り小さな4号球が使用され、ピッチもゴールも「ジュニアサイズ」だった。

清水第八で山口より1学年上の半田悦子は、その3ヵ月ほど前に香港で開催された第4回アジア女子選手権に出場している。記念すべき日本女子代表の船出で、チャイニーズ・タイペイとタイに連敗した後、インドネシアを1－0で下し初勝利。半田は、この試合で日本代表初ゴールを記録し、それが決勝点となった。もちろん半田も「ポートピア'81」で引き続き日の丸をつけている。

「まだ国内では試合時間も20～25分くらいだったと思うんですよ。アジア女子選手権は経験しましたけど、髪の毛の色が違う選手たちと試合をするのは初めてでした。とにかく国内レベルとは試合展開のスピードが違う。当時はFWが戻って守備をするようなことがなかったので、DFが一生懸命体を張って嵐のような攻撃を凌ぐ様子を、1人ポツンと眺めていました。だから試合の模様は、まるで映像のように残っています」

結果はイングランドに0－4、イタリアに0－9。「酷な試合だった」と鈴木は述懐する。「たぶんイタリアは9点で止めた、という感じじゃないかな」

それから4年後の１９８５年、女子連盟は、代表に専任監督を置き、強化を進める方針を固める。

ちょうどそんなタイミングで、鈴木はブンデスリーガのアルミニア・ビーレフェルト（ヘッドコーチ）との契約を終え、帰国するのだった。早速三菱重工サッカー部OBの森健兒（当時日本リーグ総務主事）と、女子連盟理事長の吉田泰知が、鈴木を呼び出した。

「おまえなら、やれるだろう」

その一言で決まりだった。当時女子連盟の年間総予算は10万円。当然監督は無給の仕事になる。「やれる」人材は限られていた。

もちろん鈴木には、内心忸怩たる思いもあった。本場ドイツのプロを指導して帰ってきたのだ。本音を言えば、せめて日本リーグのトップチームで、その経験を生かしたかった。だが反面三菱には多大な恩義を感じていた。東海大学在学中から練習にも参加させてもらい、監督の二宮寛の仲介でドイツへ渡っている。断るわけにはいかない。そして引き受けるからには、急成長させてやろうと気持ちを切り替えた。当時35歳。最先進国で学び、経験を積んだ鈴木には、オレがやればなんとかなる、と相応の自負があった。

ただし鈴木が直面したのは、無いもの尽くしの環境だった。まだ女子は全国リーグもなく、登録チームも3ケタに満たない状態で、公園の片隅でボールを蹴っている選手も少なくなかった。試合も練習も、機会と場所が不十分で、何より先立つものがない。幸いなのは、学生が軸を成すことくらいしか見当たらなかった。鈴木は、そのメリットを活かすために、なるべく多くの選手を、格安で使用できる検見川合宿に招集し、そこで鍛えていこうと考えた。

「85年の夏に代表監督に就任して、翌年は年間120日くらい拘束しました。高校生が多かったので、夏休み等を有効利用出来た。ほとんどの選手たちが、フィジカルを鍛える環境がなかったので、検見川では体力作りに主眼を置き、かなり時間を割きましたね。しごくつもりはないから、個々の能力やポジションに応じてメニューは違ったけれど、きっと選手たちには鬼に見えただろうね」

小学5年生でサッカーを始めた野田朱美は、中学入学とともに最年少で読売ベレーザに入団。最初の1年間は「平日お姉さんたちと一緒の練習に参加できない」ため、柑川亮一監督とマンツーマンでのトレーニングが続き、見る見る技術を吸収していった。時には男子（読売クラブ＝当時）の鳥かごと呼ばれるボール回しに加わることもあったが、2時間ずっとボールに触れられず、輪の中で鬼を続けたこともある。ラモス瑠偉、都並敏史、戸塚哲也……、みんな中学1年生の女の子相手にも手を抜かない大人気ない大人たちだった。疲労困憊の野田に、ラモスは笑って声をかけた。

「ボールは奪わないとダメ。奪ったら取られちゃダメなんだよ」

それでも野田は、そんなラテン系の空気に包まれた練習が楽しくて仕方がなかった。だから逆に規律に満ちて厳格な検見川合宿が堪《こた》えた。

「合宿の通知が来て、持ち物のランニングシューズのところに、わざわざ蛍光ペンで線が引っ張ってあるんですよ。1日3部練習で、午前は坂道ダッシュが50本。午後は1周1分10秒以内を10本とか、様々な走りが組み込まれている。おまけに夜は体育館でミニサッカー大会です。これも半端な激しさじゃなくて。負けると罰ゲームとしての走りが待っていますから。二段ベッドに寝るんですが、上の段になったら、もう体が痛くて降りられない。本当に恐ろしい合宿でしたよ」

だが後から振り返れば、野田も地獄の合宿の成果を実感している。

「あれで90分間走り切る体力では負ける気がしなくなりましたからね。結局良平さん（鈴木）のトレーニングは対人プレーも多く、理に適っていた。また常に冷静でしっかり見ていてくれました。何より最初に言ったことを絶対にやり切らせる強さが尋常じゃなかった。あれは指導者としても、見習いたいですね」

一方、結成以来全日本選手権７連覇を遂げる清水第八の選手たちは、むしろ戦術的な要素も折り込まれた代表のトレーニングを、理詰めで新鮮だと捉えていた。所属クラブで杉山勝四郎監督の課すメニューの方が、恐ろしさでは上回っていたからだ。山口が語る。

「ピンチキックと言って、ボールに対する恐怖心をなくすための練習がありました。監督がＰＫスポット辺りに立って、投げてくるボールをヘディングでクリアーするんですが、怖がって逃げるとボールの勢いが増す。それでも逃げると、今度はキックになるんです」

敢然と向かっていく山口は良かったが、自称「怖がり」の半田は反射的に避けてしまうから、遂にキックの洗礼を浴びることになった。

「よし、と言うまで走れ、なんて練習もありました。でもいつまで経っても〝よし〟がない。みんなでずっと走り続けましたよ」

しかしそんな半田も、自身が指導者になり、改めて杉山の情熱を実感し、感謝もしている。

「練習は１年３６４日。お子さんに『お父さん、行かないで』と止められても振り切っていらっしゃったそうですからね。蹴る、止める、運ぶ。基本技術を徹底し、後輩が入ってくると伝えさせるんですよね」

女子サッカー黎明期は、男子も暗黒の時代を迎えていた。しかし静岡県、とりわけ清水は異質な街で、男女を問わず子供たちに物心が付けば、ボールを蹴るのが当たり前だった。

「だから『女の子がサッカーやるの？』なんて物珍しげに言われることもありませんでした。逆にサッカーをやると頭が良くなるという〝定説〟があったほどで、清水では小学生時代から女子のリーグ戦がありました」

入江小の卒業生は、中学に進学すると活動の場を失くしたが、同校を指導していた杉山が清水第八を結成するとともに再度集まり、日本代表に８～９人が名を連ねるようになる。山口や半田だけではなく、日本代表のエースとして君臨する木岡二葉や本田美登里らも半径１㎞圏内に実家があり、近所同士が日の丸をつけて世界で戦うのだった。

再び鈴木の証言である。

「最初の頃の合宿は、底辺を広げる狙いもあり50人近く招集しました。40人目くらいの選手になると、リフティングもまるで出来なかったので、木岡らトップレベルの選手たちには可哀想なレベルでしたね。清水の選手たちは、他にも山田千愛や金田三姉妹などがいて、別格の力を持っていた。彼女たちを中心に、技術的には世界に出ても遜色がなかった。やはり差がつくのはフィジカル。それでも1年間トレーニングを積んで、なんとか90分間持続するスタミナも集中力もついてきた。最初の頃は、国際試合で相手にぶつかるとヘナヘナ。体を入れられたらお手上げという状態だったけれど、なんとか競り合えるようにはなってきました」

こうして1986年1月、鈴木は、ある程度の手応えを感じ、初めての遠征に出かける。

「外国のチームを招待すれば滞在費を負担しなければならない。だから低予算で経験を積むには、海外の招待大会に参加するしかなかったんです」

遠征が決まると、鈴木は真っ先に女子連盟理事長であり、当時三菱重工営業部長として辣腕を揮っていた吉田に頭を下げに出かけ、なんとか予算を工面してもらっていた。それでも足りないので、毎回選手個々が数万円を負担する。その夏にはイタリア遠征を行ったので、個人負担は18万円になった。

もっとも選手以上に大きな負担を強いられたのは、ほかならぬ監督の鈴木だった。

「合宿のオフの日には何度もディズニーランドに連れて行ってくれたし、夕食もご馳走になりました」（半田）

ディズニーランドは吉田に招待券を用意してもらったそうだが、焼肉等の夕食は全て鈴木が自腹を切った。つまり鈴木は、無報酬で代表監督を引き受けている上に、釜本サッカー教室などを手伝ったり評論活動で稼ぎ出した収入を、強化に注ぎ込んでいたことになる。

「まあ、独身だったから出来たんだろうね」

鈴木は、昔日の盲目的献身と情熱を思い浮かべ、半ば呆れるように笑った。

そして鈴木体制での初遠征で、おそらく選手たちは代表史上最も過酷な経験をすることになる。スハルト大統領夫人杯に出場する日本代表に用意された宿舎は、24年前に開催されたアジア大会の選手村だった。内階段から上がる2階が寝室になっていたが、その前にまず選手たちは1階を探索する。

「この部屋、なんだろうね」

ドアを開けると一斉に「ギャーッ!!」と悲鳴が響き渡った。

部屋は一面真っ黒。何百匹のゴキブリが隙間なく連なっていた。

バイキングで出てくる食事は、一見して口にするべきではないとわかったが、シャワーを浴びるだけで下痢をしてしまう選手も出てくる。鈴木は、すぐに吉田と連絡を取り、現地の日本人会の家庭で食事とシャワーの世話をしてもらう手はずを整えてもらった。

「最初はみんなで『インドネシアの大統領の名前を覚えたね』なんてはしゃいでいたんですけどね。シャワーは水しか出ないし、寝室の天井にはヤモリがいる。トイレもよく詰まりました。あのすっぽんと吸い取るラバーカップの使い方を、初めて覚えましたから」

半田が、さらに続ける。

「とにかく日本人会の御家庭で日本食を頂いて、シャワーを浴びさせてもらうのが本当に楽しみでした。選手は分散して行ったんですが、どの御家庭にもお手伝いさんがいた。現地の日本人は、みんな裕福なんだね、なんて話しました」

喧騒の中でも試合はやって来る。日本の初戦はインドに0－1の黒星。決勝で再戦して7－0で大勝している相手だから、いかに心身ともに酷いコンディションだったかが窺える。もっとも選手たちからは、環境面の印象が強烈過ぎたのか、試合の記憶がすっかり吹き飛んでしまっていた。

野田が精一杯の記憶を手繰り寄せる。

「生活の基盤が出来ていない上に、ピッチのライン際にはドーベルマンを連れた警官が立っている。初戦はそれだけで怖くて試合どころじゃなかったんじゃないかな」

唯一正確に大会を辿ることが出来たのが、鈴木だった。

「初戦は小さなスタジアムで無料だったから超満員。練習を始めると、観客がピッチまで雪崩れこんできてしまい、危険だから1度選手たちをロッカーに引き上げさせたんです。大会役員にしっかり安全を確保してくれるように頼んだら、ピッチの周りに警官が配備されて試合が始まった。ところが試合が進むと、なんだか背中で殺気を感じる。変だな、と振り返ったら、もうベンチの後ろまで人が来ている。なんとかしてくれよ、と再度要請すると、警官が観客を棍棒で殴り始めた。そんな状況だから、選手も試合に集中できなかったんでしょうね」

逆に決勝戦は12万人収容のセナヤン・スタジアムで有料試合となったため、スタンドはガラガラ。実力通りの結果になった。因みにＪＦＡの記録には、インドとの2試合しか残っていないが、どうやら他のグループリーグの試合は、相手が地元のクラブチームだったらしい。

散々な思いをした大会だったが、それでも日本女子代表にとっては初めてのタイトル奪取だった。

「確か金メダルをもらいましたよ」

そう言って半田は嬉しそうな表情を浮かべた。

その半年後、86年夏にイタリア遠征に出た日本女子代表は、米国に1－3、中国に1－2と食い下がった。さらに来日したイタリアとも2戦して、どちらも1点差に止め、「守備ではなんとか頑張れる」（鈴木）感触を得た。しかし反面「このままでは勝ちゲームに転じることが出来ない」と考えた指揮官は、当時まだ世界でも珍しかったラインディフェンスとオフサイドトラップの兼用を決断。コンパクトな戦いと高い位置からの攻撃を標榜する。この戦術を機能させるために、フィジカルが強い野田をCBにコンバートした。本来ボランチ志望の野田は、代表ではCB、ベレーザに戻るとFWに回され、ストレスを溜めた。

「それまでは耐えてしのいでも、なかなか勝てる可能性が見えて来なかった。本当のチャンスは、1度か2度くらいでしたから。ポゼッションをしようとしても突破にかかる前にミスが出る。だから私には守備力というより、ビルドアップの部分を期待されたんだと思います。エースの木岡さんが、あまり下がらずに済むように。まだ『ライン』なんて言葉も知らず試行錯誤の繰り返しでした。でも私は全然好きなポジションでプレーが出来ない。泣いて抗議したこともありましたよ」

徐々に成果は見え始めた。1987年末には中華杯世界大会で米国に0－1と食い下がり、翌年広州（中国）で開かれたプレワールドカップでは、米国に5失点したものの2ゴールを挙げることが出来た。また次のチェコスロバキア（当時）戦も1－2で敗れたが「勝てる可能性を感じ評価できる内容」（鈴木）だった。

「ラインを押し上げ、オフサイドトラップを採り入れることで、かなり強豪国の攻撃も防げるようになっていた。広州での米国戦は、前半再三オフサイドトラップにかけたら、後半は一転サイドからのドリブルで崩してきた。さすがだな、とは思いましたが、それも十分に想定内でした」（同前）

この差は、いつか埋められる。鈴木には自信があった。しかし1989年に女子連盟は解散し、JFAの傘下に入る。JFAが新しく女子代表監督に任命したのは鈴木保だった。

女子代表の礎を築いた鈴木良平は、世界一に到達した後の現在を見て、黎明期を振り返る。

「もちろん当時と比べれば、平均レベルは格段に上がった。でもあの頃も何人かは十分に世界で通用した。例えば、澤穂希は世界一になったからMVPも獲得したが、もし当時世界選抜があれば、おそらく木岡は選ばれていた。どんなに強い国が相手でも、卓越したキープ力、パスセンス、シュートを見せた。あれほど多才な選手は滅多にいない。対戦した全ての監督が絶賛していました」

山口にも似たような感慨がある。清水第八では1対1の練習が多かったが、木岡のボールは絶対に取れなかったそうだ。

「チームの臍《へそ》として組み立て、1本のパスで局面を変えてしまう。木岡にあずけておけば何とかなるという信頼感があった。野田と2人は世界でも通用したと思います」

一方で山口は、第1回世界選手権（1991年）に出場して、限界を感じたという。

「グループリーグの3戦目でした。米国は既に勝ち抜けを決めてメンバーを落としてきたのに0－3で完敗。自分の力では100％出し尽くしても、たぶん追いつけないと思いましたね」

半田は2度目の世界選手権（1995年）でグループリーグ突破を果たし、翌年にはチーム最年長の31歳でアトランタ五輪も経験した。

「五輪では、もっと早く正式種目になると言われていたんですけどね。年齢的に出られるのかな、と思っていたんですが、なんとか間に合いました」

中学の3年間は陸上競技に打ち込み、卒業を控えた冬に清水第八が創設された。

「まだサッカーでは何もない時代。進学する高校の先生には、将来を考えれば陸上を続けて大学へ進んだ方がいい、と勧められました。でも長い年月をかけてですが、どんどん環境は良くなってきた。いつか世界一になって欲しいとは思っていましたが、早かったですね」

野田は、女子サッカーとクラブチームの活動が、なかなか一般社会で認められずに苦悩した。遠征に出かける際には、代表監督の鈴木が学校に足を運び説明したが「女子サッカー代表？ そんなものがあるの」という調子で、一向に理解を得られなかったという。

「スパルタ系の学校でしたからね。クラブ（当時読売ベレーザ）の活動を見に来てくださいと頼んでもダメでした。得体の知れないスポーツという捉え方をされて、受験期の中間、期末の両テストを欠席することになりました。でも両親は、私が真剣に取り組んでいるのをわかってくれて、全面的に支援してくれました」

世界選手権で1勝するのを目標にプレーを続けた。そして遂に1995年第2回大会では、自らの2ゴールでブラジルを下した。

「凄い達成感でした。結局良平さんの頃から積み上げてきたものが、成果となって現れたんだと思います。私たちは道のない所に道を築いてきた。1つコケれば、そこで振り出し。でもなんとか女子サッカーに市民権を得ようというエネルギーがあったから、環境への不満もなかった」

草創期からの歴史を知るだけに、なでしこの世界一を「うれしさ半分、怖さ半分」と表現する。そこにはJFA理事としての切実な思いが込められていた。

日本代表が読売クラブに負けた日

日本代表監督の森孝慈にとって、それは寝耳に水の出来事だった。

キリンカップの代表メンバー発表の会見に出席した顔見知りの記者が、血相を変えて小走りに寄って来る。

「これでいいの？」

「ええ！」と目を見開いてチェックしたメンバーからは、読売クラブに所属する加藤久主将以下、都並敏史、松木安太郎と3人の名前が抜けていた。

今では考えられないことだが、この時は代表メンバー発表の会見が、本来当事者である監督不在のまま行われていた。読売の選手たちを、日本代表ではなく所属クラブでプレーさせるという決定も、森には相談なく主催者側で済ませてしまっていた。

「よく言えばアマチュアのおおらかな時代だったということですよ」と苦笑する森は、決定を知ると、即座に読売クラブのルディ・グーテンドルフ監督に相談をしている。

「なんとか3人を代表でプレーさせられないだろうか」

実はグーテンドルフも、この企画には疑問を抱き、仲間内では「本当にこんな試合をしていいのか」と洩らしていた。しかし自身の一存で森の要望に応えるわけもいかない。結局日本代表は、最終ライン4人のうち3人を所属の読売クラブに取られる大きなハンディを背負うことになるのだった。

キリンカップは1978年に、日本代表の強化を目的として『ジャパンカップ』の名称で創設された。最初の2大会は日本代表と実質Bチームを選抜して参加したが、第3回以降は日本選抜の代わりに、天皇杯優勝チームに出場権を与えることになった。初めて日本代表が単独チームと戦ったのは1982年で、この時は日本鋼管を5－0で一蹴し貫禄を示した。ところが出場5チームが総当りした1983年には、直接対決こそ0－0だったが、総合成績はヤマハ（ジュビロ磐田の前身）の3位に対し、日本代表は最下位に終わっている。

日本代表と天皇杯のチャンピオンチームが同じトーナメントで競う。それはそもそも無理のある取り決めだった。日本一のチームなら、最も多くの選手を代表に送り出すのが必然だ。つまり最多数の重複を生み易い2つのチームが雌雄を決するわけで、1984年大会の参加資格を獲得した日産自動車（横浜F・マリノスの前身）

は、5人の代表選手を抱えていたため出場を辞退していた（代わりにユニバーシアード代表が出場）。

しかも日本代表は、重要な時期に差し掛かっていた。86年にメキシコで開催されるワールドカップの1次予選を勝ち抜き、秋には香港との2次予選、さらには対戦相手に韓国が想定される最終決戦を控えていた。キリンカップは、その前に行われる最後のテストマッチである。そこにフルメンバーで臨めない。それは明らかに度を越した「おおらかさ」だった。

前年の日本リーグで得点王になりながら代表を辞退していた戸塚哲也の言葉を借りれば、まだ当時はワールドカップ予選でも「出て試合をこなすだけ」という空気が支配していた。

「その先に本大会が繋がっていることは、とても想像できませんでした」（戸塚）

当時の状況を考えれば、無理もなかった。日本代表は１９６８年メキシコ大会で銅メダルを獲得してから４大会連続で五輪出場を逃しており、プロの最高峰を競うワールドカップは、まだ夢のまた夢だった。

日本サッカー界は、暗闇の中で彷徨い出口を見失っていた。その中でテクニカルなスタイルで旋風を巻き起こした読売クラブは、一筋の光明とも言えた。もはや無個性な企業チームが軸を成す日本リーグの観客動員は、１試合平均２０００人台と底を突いていた。しかし読売だけは、ジョージ与那城、ラモス瑠偉を旗頭に、奔放に中央を切り裂く独創性豊かな攻撃がコアなファンの人気を集め、同クラブが連覇を達成した１９８４年には10年ぶりに平均３０００人に回復していた。

１９７９年に1部昇格を果たした読売クラブは、5年目で初優勝を飾っている。しかしこのシーズン途中には、本社筋の意向で欧州から新監督を招聘することを決めていた。確かにラテン色に染まった読売クラブは、与那城、ラモスの2大柱が好調な時は痛快そのものだったが、少しでも歯車が狂った試合では一転して脆弱な一面を見せた。面白いだけではなく安定した結果を導くには、そろそろ彼らのアイデアの上を行く確かな組織論が必要なのでは、という声が高まったのだ。結局クラブは、JFA経由で「日本サッカーの父」と敬愛されたデットマール・クラマーと連絡を取り、ハンブルガーSVなどで監督経験を持つグーテンドルフを紹介される。逆に１９８３年シーズンは、勝手に後任を決められ監督代行に甘んじていた千葉進のためにと、選手たちが結束してタイトルへと邁進した。

そして結論からいえば、グーテンドルフを迎えた読売クラブは、翌１９８４年にリーグ連覇を達成する。ただし水と油をピッチ上で融合させるのは「物凄く大変だった」と、当時コーチでグーテンドルフの通訳も務めた湯浅健二は述懐する。

「読売新聞本社筋では、個人技だけではなく、欧州大陸の組織論が必要だという意見が出ました。グーテンドルフには、思うがままにプレーをしていたチームに規律を与え、仲良しクラブを壊す使命が託されたわけです」

案の定、異分子が入った読売では、度々衝突が起こった。チームのリーダー格だった小見幸隆が語る。

「当時の読売クラブは物凄く大人の集団でした。いつも全体ミーティングが終わると、ジョージ、ラモス、戸塚、大友（正人）ら前線の選手には『入らなくていいから』と告げて、ディフェンスライン4人とボランチ2人の後ろ6人のブロックで自主ミーティングをしていたんです。オイ、明日の試合どうする？　という感じですよ。マークの引き渡しから試合展開に応じた判断など細部までみんなで詰めました。場合によっては、監督はこう言っているけれど、やめておこうな、というのもありました」

当時ライバルとして頭角を表わしていたのが、大卒の代表クラスを大量に獲得した日産自動車（横浜F・マリノスの前身）だった。マンマークが主流の時代である。まず小見が相手のプレイメイカーの木村和司をマークすることが決まると、柱谷幸一－加藤久、水沼貴史－都並敏史、金田喜稔－松木安太郎、マリーニョ－森栄次という具合に、次々にマッチアップが描かれていった。

「相手を尊重するからこその自主的マンツーマン。ところがグーテンドルフが来て、おまえはこれをやっていればいい、という表現が非常に多くなった。たぶん内心で一番対立していたのは僕とラモス。実際に大喧嘩をしたこともありましたよ」

指揮官は、最終ラインの前でフタをする役割の小見が攻撃に上がってしまった時の穴を危惧していた。グーテンドルフの意向を受け、コーチの湯浅は小見を説得した。

「確かにキミは素晴らしい才能を持っているから、攻撃に参加したいのは判るけれど、その上がりたい気持ちをなんとか抑えてくれ」

湯浅が続ける。

「結局グーテンドルフの考え方は、こうでした。ジョージとラモスの才能を最大限に生かす。一方で汗をかく選手を増やし、一定レベル以上に到達しないクリエイティブな選手は使わない」

連覇達成を祝したパーティーは盛況だった。だが「ダーティー・ワークに徹し」縁の下で快挙を支えた小見の心は晴れなかった。

「おまえら、そんなに喜ぶけど、この1年、オレは面白くなかったぞ、と愚痴をこぼしました。本当にストレスの溜まるリーグ戦でしたからね。確かに1部に昇格した頃の読売の守備的なメンバーは、喧嘩殺法は出来ても他に誇れる水準ではなかった。それが加藤久を獲得し、松木、都並の成長もあり、ようやく整ってきたんです。僕は一緒にボランチを務めた森を労いましたよ。陰で努力をしているだけで、絶対にヒーローにはなれない。でもオレたちがこういう仕事をしていれば、自然と勝利が転がり込むんだから、とね」

奔放な個人技に、適度な堅実さという隠し味が加わり、読売は結果の出せるチームへと変貌していた。グーテンドルフは、さらにラテン一色だったチームに、スコットランドから１９０㎝のFWスティーブ・パターソンと、旧ユーゴスラビアからは１８５㎝のGKヴィエラン・シムニッチの２人を迎え入れ、競争を煽った。どちらも大きな補強というほどではなかったが、異質なタイプが入り、レギュラー組は「オレたちの脅威になりうると感じた」（湯浅）し、中央からのドリブルとショートパス一辺倒だった崩しに、時にはロングボールや、サイドへの展開というオプションがプラスされた。

グーテンドルフ監督を快く受け入れられなかったとしても、それまで読売に不足気味だった勝利を厳しく追求する姿勢は強調された。

例えば練習中のシュートシーンでFWの戸塚や大友が外せば、他のチームメイトを待たせて決めるまで何度でもやり直しを命じた。

「シュートの技術を植えつけるために、敢えてスローモーションで見本を示す。それをなぞらせて、出来るまで繰り返させた。１９７０年代後半に名将ヘネス・バイスバイラーが、ディーター・ミュラー（当時の西ドイツ代表ストライカー）に徹底させていた指導方法でした」（湯浅）

守備の意識や、細かな駆け引きについても、明確に言葉にする。だから浸透し易かったと都並は言う。

「基本的に上から目線の監督だったので、賛否両論はありましたが、結局僕らは踊らされていたのかもしれませんね。よくマリーシア（ずる賢さ）という言葉が使われますが、グーテンドルフは、このシーンでこういう行動（駆け引き）をすればどうなると、具体的に指示していました。またパターソンが入ったことで、必然的にクロスからシュートのトレーニングやロングボールも増えてくる。攻撃面でもバリュエーションが広がり、気がつけばテンポが速くなっていたんです」

円熟期を迎えつつある読売クラブの最終ラインを形成するのは、日本代表の３人とブラジル人のトレド。自慢のMFには、与那城とラモスが君臨し、日本代表経験を持つ小見や川勝良一らがサポートする。そして最前線には前年のリーグ得点王の戸塚がいた。それに対し日本代表は急遽最終ライン3人の入れ替えを強いられ、当時はまだ読売クラブに分が悪かった日産勢が攻撃の軸を成した。冷静に分析すれば、日本代表が勝機を見出す方が難しかった。

「技術レベルを比較すれば読売が上なのは判っていたし、単独チームでは僕らが一番良いサッカーをしているのは間違いないという自負もありました。もちろん僕自身は、日の丸の誇りにかけて団結したチームの可能性も判っていた。ただし技術で劣る代表は、チームワークが生命線になる。僕個人として本音を言えば代表の方でプレーしたかったですね」（都並）

一方都並と小学校の同級生だった戸塚は、別の観点から読売の強さを実感していた。

「都並は体操着に日の丸を縫いつけているほどの代表好きでしたからね。でも逆に僕は小さい頃から、海外の方に興味がありました。ペレの『サッカーレッスン』というビデオなんか、本当に擦り切れるまで見て、指先の動きまでマネをしました」

2人は小学生時代に東京・国立競技場に出かけて、日本代表の試合を観戦したことがある。

「あれが誰々で足が速くて……、と都並は、本当に詳しいんですよ。でも僕はその時、都並に言ったそうです。『大丈夫、オレたちも（代表に）なれるよ』って」

20歳前後の頃、2人が揃って日の丸をつけた時に、都並がそれを記憶の底から引っ張り出した。

「オイ、おまえの言った通り、オレたちホントに代表になっちゃったな」

しかしせっかく手にした代表の座を、戸塚は何度か辞退した。1981年に招集された時は、バレンシアへの留学と重なった。森監督は「おまえの人生だ。やって来い」と快く送り出してくれたが、後年にも再び代表入りを断っている。

「DFの選手たちは代表から読売に戻ってもポジションが約束されていた。でもFWは違う。少しでもジョージやラモスとリズムが合わないと外されてしまうんです。こいつ、調子悪いよ、とか露骨に言われて……。しかもポジションを失うと、勝利ボーナスも受け取れない。給料の少なかった時期ですからね。本当に堪えたんですよ」

ブラジル人のジャイロ・マトス、アルゼンチン出身の和後昭司、代表歴を持つ川勝、さらに若手の有望株だった大友、上島康夫……、戸塚のライバルは多士済々だった。加えて代表の方向性が、自分の目指すサッカー観と違った。

「代表へ行けば居心地はいい。みんな可愛がってくれて、おまえの言いたいことも判る、と理解は示してくれていました。でも大好きなサッカーなのに、そこを曲げてまでやるべきなのか、と真剣に考えました」

戸塚は１９８３年のシーズン途中で、ＭＦからＦＷへとコンバートされた。本来はラモスの役割だったが、ボールが出て来ないとどうしても下がってしまう。じゃあ、おまえやれ、と千葉監督代行に背中を押された。

「以前はシュートを外しても、ま、いいか、という感じだったのに、それからは『あれ、決めとけばな』とか、聞こえよがしに言われるようになった。ましてジョージとか、これは決めろよ、というパスを出してくる。決めないと、次はパスを出してもらえない。だから一時は怖くてボールが欲しくない時期もありました。代表では失敗をしても、お互いがかばい合う感じでしたが、読売では容赦なく厳しい言葉が飛ぶ。１つ１つのプレーに持たされる責任感の重みが違いましたね」

キリンカップ'85は、６チームが参加して5月26日に開幕する。日本代表VS読売クラブは、３戦目に組み込まれた。注目の一戦を任されたのは岡谷浩主審。ただし日本代表の試合を吹くのは初めてだったから、相当に緊張したという。

「なんでオレなの？　と思いましたよ。でも当時は『読売クラブの試合をコントロールできない』と国際審判員になれないと言われていましたからね。他の企業チームの試合は、おとなしいものだったんです。だって日立VS古河なんて、国立のバックスタンドを見上げても20～30人なんてこともありました。これじゃ、やる気出ないよな、なんてこぼしながら、選手たちと一緒に入場したものです」

それに比べれば、暴れん坊の異名を取る読売クラブの試合には神経を使った。

「ドリブルも多いし、引きつけてパスを出すから、遅れて足を狙われる。それをしっかりと吹いてあげれば文句は出ないんですが、流してしまうと荒れる。試合が終わってから、（喧嘩が）始まることもありましたから。読売はＤＦの選手たちも、ボールへ行ったのか、体へ行ったのか、ぎりぎりのプレーをしてきました。こうした駆け引きは、うまかったですね」

日本代表は初戦で若手中心のウルグアイに１－４で完敗。だが２戦目はウェストハムに２度リードを奪われながらも引き分けに持ち込み、意地を見せた。一方読売クラブは、マレーシア代表に５－０で弾みをつけ、若手中心のウルグアイにも３－４と食い下がった。特に目を引いたのは戸塚の好調ぶりで、途中からムキになった相手にシャツをつかまれ、ゲンコツを入れられながらも涼しい顔でしっかりとボールをキープし攻撃の起点となった。この試合では大きなアクシデントがあった。戸塚がクリアーしたボールが、相手に跳ね返って小見の顔面を直撃。両目から出血して、そのまま救急車で運ばれるのだ。

「大丈夫？　という声を聞いた瞬間に、濃い霧の中に放り込まれたようで、近寄って来た人たちの顔が見えない。失明するんじゃないか、という恐怖感が高まりました。でも結局は2日後の日本代表戦も、大丈夫だと嘘をついて出たんですよ。遠くはいいけれど、モノが近づくと2つに見える。ウォームアップでもボールが2つに見えるからリフティングが出来ない。もちろんマークする木村和司も2人に見える。ヘディングは相当に難しかった」

場所は東京・西が丘サッカー場。日本代表のロッカールームでは、森が代表のプライドに懸けても負けてはいけない、と語気を強めていた。

「当時日本代表の攻撃は、右では柱谷、木村、水沼の日産トリオを生かす。一方で左にはヘディングが得意な原（博実）を置き、ゴール前へ飛び込んでいく。そしてその後のスペースを利用して都並が上がるのがパターンでした」（森）

ところがその都並は相手チームにいる。そこでポゼッションでの劣勢を予想した森は、都並が攻撃に出た背後のスペースを突く狙いで、敢えて右ウイングには水沼ではなく俊足の平川弘を抜擢していた。

夜7時、９０００人が見守るサッカー専用スタジアムに、岡谷の笛が鳴り響いた。

日本代表は序盤からセンターフォワードの柱谷が猛烈にボールを追い回す。絶対に負けられないという気合いが漲っていた。ただし決して後方も連動して効果的なプレスが出来ているわけではなかった。

「冷静に見て代表のFWがプレッシャーをかけてきても、回せてしまうのが判りました。当時の読売は、プレスに対する逃げ方を、いくつも持っていましたからね」（都並）

前線から出てくる日本代表をいなすように、読売クラブはSBを高い位置に上げては、そこを起点にボールを回していく。

「読売がボールを支配する。一方で代表の方には、読売相手に行ったらやられる、という恐怖心がある。心理戦でしたね」（湯浅）

「こういう試合では、最終ラインからの繋ぎがポイントになる」と都並は指摘する。加藤、松木、都並の3人が読売クラブ側でプレーした利点は、予想以上に大きかった。

「読売というポゼッション志向のチームで鍛えられた3人が、広がりやラインからの出入りなどの動きを巧みに取り入れて、最後尾からの構築を機能させた。逆に読売のプレスが効いてくると、代表は蹴り返すしかない。そして相手のエース、(木村)和司さんには、小見さんが鬼のようなタックルを見舞って主導権を握る。基本的に和司さんは、小見さんに睨まれたら何も出来なかったですからね」

この都並のコメントに対し「下品なことを言うなあ」と、小見は軽く笑っていなす。

「和司には、トラップミスには気をつけろよ、と言っていましたよ。いいトラップをした時には行かない。でもミスを誘うプレスをかけて、実際にミスをした時には足もとへガーンと行く。それが僕の開始10分くらいの生き甲斐でした。和司や水沼は、良い形でボールを持たせてルックアップさせたら、良い仕事をする。それだけ神経を使わなければいけない相手だったということですよ」

代表を指揮する森は、歯がゆい思いでピッチ上を見つめていた。

「和司はキーマン。当然狙われる。だから相手の目先を変える駆け引きが必要だった。和司にパスを出すふりをして他へ繋ぐ。あるいはサイドチェンジを効果的に使う。そういう状況判断が不足していましたね」

一方DFに目を転じれば、CB加藤の代わりに起用されたのが岡田武史。ファイタータイプの石神良訓とのコンビでは、不慣れもあって判断が遅れてミスも目立ち、効果的なビルドアップが出来なかった。前半は0－0。だが読売クラブがボールを支配して相手を走らせたことが「後半へのボディブローとなった」と都並は見ていた。

負けてはいけないとの思いで結束する日本代表に対して、読売クラブ側はチーム内でもモチベーションにばらつきがあった。チームの看板を背負う与那城やラモスは、ひたすら勝利を追求していた。実際53分には、自らの放ったシュートが相手の手に当たったとして、強行に抗議をしたラモスにはイエローが出ている。しかし中盤から後ろの選手たちにも、同じような貪欲さがあったかは微妙だ。

「ジョージやラモスが、どうして行かないんだ！と怒鳴っても、味方が聞こえないふりをして下を向いてしまうシーンもありましたからね」(湯浅)

「試合前から、冗談で引き分けがいいな、なんて話していたんですよ。でも向こう(代表)もムキになって来ているし、とりあえず1点を取って1－1に追いつかれてもいいか、なんて考え始めていました」(小見)

78分、唐突に均衡は破れた。戸塚が得意な右サイドへと流れる。そこへ与那城からの縦パスが入った。

「角度はないし、入る確率は少ない」

戸塚は、そう思っていた。

「だって日本代表でシュート練習をしても、松井（清隆）さんや森下（申一）さん（ともにGK）を相手に全然入らなかったですからね……」

ところがペナルティエリアに入った付近で、振り向きざまに思い切り良く右足で叩いたボールは、GK松井の右肩口を抜いた。

「芝に凹凸があり、ほんの少しだけ浮いたボールが、ちょうどいい感じで引っかかったんですよね。シュートは会心でした」（戸塚）

日本代表ベンチで、森はこのゴールを「なんとも言えない」苦々しい思いで眺めていた。もっとも読売クラブ側のリアクションもバラバラだった。得点した戸塚やブラジル勢、それにベンチは歓喜に酔っている。しかし加藤、都並らは、まったく笑みを見せていない。小見は「入れちゃったよ、アイツ」と、むしろ呆気に取られていた。

結局、それ以降試合は動かず、岡谷は内心ひどく落胆しながら終了の笛を吹く。

「明らかに代表の方がやり難かったでしょうね。今思えば、最初から負けそうな雰囲気はあった。私自身は、ああ、負けさせちゃったよ、と相当へこんで、あとは周りも見ずにまっすぐドレッシングルームへ急ぎました」

ピッチ上では、柱谷を始め数人の代表選手が涙を流し、代表主将の加藤が寄り添って慰めている。それを見た都並も、勝利者にもかかわらず、ついもらい泣きをした。

「僕にとって代表は家族のようなものでしたからね。これで代表は読売より弱いとか書かれるのは納得いかなかった。むしろオレたちが入って、もう1回やってやりてえよ、という気持ちでしたよ」

勝者も敗者も「やってはいけなかった試合」という実感を共有していた。日本代表監督の森が「屈辱感だけが残った試合」と洩らせば、主将として君臨するはずだった加藤は「2度とやりたくない試合」と吐き捨てた。

終了後のロッカーで飛び交った言葉は、どちらも同じだった。

「早く帰ろうぜ！」

こうして苦々しい後味を振り払うように、各選手たちは帰途に着いた。

それから四半世紀を経て、森が振り返る。

「JFA内部でも、やっぱりこういう試合を企画するのは良くないという意見が大勢を占めたようです。今ならチャンピオンチームと、代表チームが試合をすれば、どういうことになるか、ファンも理解してくれると思いますよ。例えば、マンチェスター・ユナイテッドとイングランド代表が試合をすれば、どちらが勝つか。ましてワールドカップ予選を戦っている最中ですからね。もちろん選手に故障はつきものだから、代わりの選手が出ても戦えなければいけない。そういう意味で控えの選手に経験を積ませられたのは収穫でしたが、現実的にはCBと両SBに不安はありました」

欧州にいくつものドリームチームが誕生する現在なら、即席で集合する代表に分がないことは誰にでも想像がつく。だが当時は、国内の優秀な選手を好きなようにピックアップできる代表の利点は、格別だと信じられていた。

それから約5ヵ月後、戸塚が復帰し、帰化した与那城ジョージも加えた日本代表は、ワールドカップ出場を懸けた韓国との決戦に臨み、ホーム&アウェイともに1点差に泣く。皮肉なことに、キリンカップで読売クラブの一員としてプレーをした計5人が、日の丸をつけることになった。

最終決戦を前に再び森から招集の電話を受けた戸塚は、1度断っている。

「僕が入れば、ずっと予選を戦って来た選手の中から誰かが抜ける。でもそういう話をしたら、それが代表というもので、誰も何も思わないから、と説得されました」

そんな戸塚も50歳を超えた。「今なら代表に招集されれば真っ先に飛んでいきますよ」と屈託なく笑った。

近くて遠いワールドカップと韓国

木村和司は、レフェリーが指示したポイントに無造作にボールを置くと、腰に手を当て約25m先のゴールに視線を送った。すかさず赤のユニフォーム6人が目の前に立ちはだかる。消沈しかけたスタンドが再燃していた。

「入れたる」

木村は、ボールを受け取った瞬間に、そう発している。自信……、というよりは決意が口を突いたのかもしれない。こんなに長い距離のFKは練習もしていなかった。しかし2点を追う状況からして、一切の迷いや躊躇はなかった。ほぼ1年前、ソウルでの日韓戦では、さらに長い距離から叩き込んだ経験もある。

当然韓国も、何より木村のFKを警戒していた。こういう位置では不用意なファウルを避ける。それは周知徹底されていた様子で、逆に木村の方はバイタルエリア付近でボールを持っても「きょうは（当たって）来ないな」と感じていた。それを物語るかのように、ファウルの笛が鳴った瞬間、ヘッドコーチとしてベンチに座る岡村新太郎は、韓国の選手たちの間に困惑が伝染するのを見て取っている。

　正面からほんの少しだけ右寄り。ＦＫの位置を考えれば、ニアサイドを狙う手もある。しかし木村は、そう読んで来るであろうＧＫ趙炳得《チョビュンドゥク》の思惑を逆手に取った。

「壁があるのでＧＫには蹴る瞬間のボールが見えない。壁の上に浮き上がった時は、ニアへ飛ぶように見えるはずだ」

　その通り、屈伸して構えたＧＫキムは、1度左にステップを踏みかけた。しかしそれを嘲笑うかのように、ボールは反対側へと大きくカーブして逃げていく。

「よう曲がって落ちてくれた」

　ボールは左ポストの内側を叩いてネットを揺らす。木村は、右隣にいた水沼貴史に飛びつくと、何度も何度も天に拳を突き上げた。

　アマチュア時代に咲いた徒花のようなＦＫ、それは漆黒の闇に灯った、これから世界の扉に手をかけようともがく日本サッカーの小さなサインだったのかもしれない。

　宮内聡は、1年前の屈辱を、はっきりと覚えている。

　１９８４年9月30日、日韓定期戦が、4年後のソウル五輪用に完成されたばかりのメインスタジアムで行われた。日本代表は、木村が鮮やかなＦＫで均衡を破り、１度は追いつかれたものの水沼の決勝点で突き放して、アウェイ戦を勝利している。この試合で宮内は59分から交代出場し、自分でも納得のいく内容で代表デビューを飾った。

　だがその日、韓国代表の主力組は、ピッチではなくスタンドにいた。観客席でゆったりと高みの見物を決めこみ、日本代表の相手をしたのは若手中心の実質二軍だった。

「完全に舐められているじゃないか……」

　宮内は臍《ほぞ》を噛む。

　韓国では、その前年にプロとセミプロ5チームによる「スーパーリーグ」がスタートしていた。それに対し日本は１９７０年代以降全てのワールドカップ、五輪予選で負け続け、期待が高かった84年ロス五輪最終予選も4戦全敗に終わった。初戦でタイに2－5で叩かれると「もうチームがバラバラになってしまった」（木村）という。アマチュアで低迷が長期化する日本には、プロ化して最強の代表チームが出来上がりつつある韓国の背中が霞んでいた。韓国に勝つ前に、まず韓国を本気にさせる。それが日本代表の目標設定だった。

　ロス五輪予選で惨敗の責任を感じ、森孝慈監督は辞意を表明した。しかしＪＦＡの長沼健技術委員長、岡野俊一郎強化部長に「いや、おまえしかいないんだ」と説得され翻意する。

森には葛藤があった。1年間ドイツで指導者の研修を行い、1981年キリンカップから日本代表を指揮してきた。

「ドイツではプロチームは、こうしなくてはならない、というものを見てきました。ところがまだ日本はアマチュア。それでも当時から、せめて勝ったら少しは報酬があって然るべきというムードがあった。そんな状況だったので、いかに選手たちのモチベーションを上げるかが難しい問題でした」

故人となった森は、Jリーグ開幕を控えた浦和監督時代に、そう述懐している。

「だから最初に代表メンバーを集めた時に、敢えてみんなに言いましたよ。金をもらえなければやりたくないという者は、すぐに帰ってよろしい、とね。でも選手には、そう言いながら、協会には待遇改善を求めていた。難しい過渡期でした」

率直に日本代表の実力を考えれば、読売クラブのようにポゼッションをしながらゲームを支配していくスタイルを貫くのは難しかった。加藤久を中心とした堅守から、木村を経由したカウンターを狙う。それが当時の現実だった。

「もっとボールを支配しながら人もボールも動くサッカーをしたい。そういう理想は持っていたし、よくみんなで話したものです。でもやはりアジアの中での力関係を考えれば、泥臭いけれど負けない戦い方をするしかなかった」（宮内）

「弱いなりに各自が出来ることをやる。そのうちに、みんなやれるサッカーが判ってきた。しっかり守って原（博実）の高さか、セットプレー。とにかくアイデアがなければ原の頭という感じだった」（木村）

新チームでは、トップ下の木村の攻撃力を生かすために、ボランチを増やした。

「右に西村昭宏、左に宮内。木村の後ろをガチッと固め、さらに左右から飛び出していく。アンカーが1人だと、なかなか両SBが思い切って飛び出していけないという事情もありました」（岡村）

1985年1月には、3年前のワールドカップで3位のフランス代表の主力、アラン・ジレスやジャーン・ティガナなど豪華メンバーを揃えたボルドーが来日。神戸での2戦目は、原の左足ボレーで均衡を破ると、木村が2点を追加して3－0で快勝する。「これで戦い方が定まった。和司もイキイキとしていたし」（岡村）と、日本陣営は手応えを得ていた。

こうして翌月には、メキシコ・ワールドカップ東地区

1次予選に突入する。

「1982年にスペイン・ワールドカップを見に行きました。とにかく雲の上の出来事だと思った。メキシコ大会予選も、勝ち進めば最後に韓国と当たる。だからそこまではなんとかつなげて行きたい。それだけだったね」（木村）

ワールドカップ予選が始まっても、世間の注目度はまったく上がらなかった。3月、国立で行われた北朝鮮とのホームゲームは、完全にアウェイ状態。当時JFA事務局長だった中野登美雄は「在日朝鮮の人たちが大量にチケットを買ってくれたので、協会の財政を考えれば本当にありがたかった」と言うが、ピッチ上の木村は「本当に悲しかった」と振り返る。

北朝鮮の情報は、現地の商社などを通じ、ある程度は集めていた。しかし実際の展開は「まったく予想できなかった」（岡村）という。

当日国立のピッチは泥んこ状態。近年の日本代表なら大きなハンディになるところだが、むしろ木村は「あれで勝てたのかも」と語る。決勝点は西村のパスが、原の目の前の水溜りで止まり、プッシュしたものだった。

4月にはピョンヤンへ飛び、数万の観衆を呑み込んだキム・イルソン・スタジアムでアウェイ戦に臨む。ピッチは東レ製の人工芝。しかも下はコンクリートで固められ、ほとんど水も撒かずにキックオフの笛が鳴る。執拗なマークにあった木村は、59分にヒジ打ちを食らい、頭から叩きつけられ昏倒。そのまま担架で運ばれて行った。

「泡を吹いて失神。貴史（水沼）なんか、ワシが死んだと思って泣きながらプレーしたそうだからね。気がついたのはロッカールーム。もう試合は終わっていた」（木村）

ホームの北朝鮮は怒涛の攻撃でシュート23本を浴びせた。特異なピッチと耳をつんざく大歓声を味方に、息つく間もなくスピーディーな攻めを繰り出す。しかしそれでいてシュートがわずかに2本しかなかった日本も、意外に怖さを感じていなかった。

「確かに両サイドは速かったけれど、そこから崩してクロスを入れ、中でつめるというパターンはずっと変わらなかった。早い時間帯で1つでも決められていたら大量失点に繋がったかもしれないけれど、慌てず連携を取り、こちらの守備のリズムにはめ込めた。それにあの日のGK松井清隆はファインセーブの連続。本当に神がかっていました」（宮内）

0－0のスコアレスで耐え抜いた日本は、その後ホームでシンガポールに快勝して1次予選突破を決める。さらに2次予選では、香港とのホーム&アウェイ戦を連勝して、いよいよ韓国との決戦を迎えるのだった。

ところがここで難題が生まれた。香港とのアウェイ戦で柱谷幸一が警告を受け、国立での韓国とのホームゲームに出場出来ないことになったのだ。3トップで戦う日本は、右から水沼、柱谷、原で、ほぼ固定していた。

「右サイドでは木村、水沼、柱谷の日産トリオのコンビを活かす。一方左にはヘディングが得意な原を置きゴール前に飛び込んでいく。そしてそのスペースには都並敏史が上がる。それが当時の攻撃パターンでした」(森)

特に「身体が強くボールが収まる」(木村)タイプで中央に君臨した柱谷は、それまで予選全6試合でスタメン出場(うち5試合にフル出場)しており、代替が利かなかった。

そこで浮上したのが、読売クラブの攻撃を牽引する戸塚哲也と与那城ジョージの招集案だった。

与那城は既にクラブ側の要請で2月には日本国籍の取得が認められていた。34歳になっていたが、前年秋の日本リーグでは、ライバルの日産を3－0で一蹴する原動力になっている。一方戸塚は、前年の日本リーグで得点王を獲得していた。木村が改めて言う。

「2人の力は、みんなが認めていた。だからもっと早く一緒にやりたかった。どうして(合流が)今なの? という感じだった」

裏返せば、それが当時の日本サッカーの実力だったのかもしれない。

「柱谷の累積警告があって初めて2人の招集を考えたんですよね」(岡村)

戸塚は1度招集を断った。

「だって僕が入れば、その分それまでずっと予選を戦ってきた人が外れることになる」

しかし森は粘り強く説得した。

「それが代表というものだ。みんな賛成しているし、誰も何も思わないから」

森はホームとアウェイの試合日程を決める会議の前に、岡村に意見を求めてている。岡村は「最初アウェイで何とか粘り、帰って来てホーム」を提案した。だが結論は、国立で初戦に決まる。どうやら森は、先にホームで韓国を叩き、その勢いを利用しない限り勝ち目はないと考えていたようだ。

森は話していた。

「韓国は日本より2ヵ月も前に最終予選への進出を決めて、手ぐすねを引いて待っている。随分研究してくるんだろうな、という不安はありました」

また日本代表は、韓国との決戦直前に、もう一つのアクシデントに見舞われていた。宮内が右ヒザ遊離軟骨の摘出手術を受けることになったのだ。決戦は2週間後に迫っていた。だが森に「おまえがいなけりゃダメだ。なんとか間に合わせてくれ」と懇願され、それぞれ1週間ずつのプールトレーニングと最終調整で、ぎりぎりピッチに立つのだった。

「こんな大事な試合に、こういう状態の自分が出ていいのか、と思いましたよ。でももうこの試合で（選手生活が）終わってもいい。ソウルでのアウェイ戦は西村さんがいるし。そんな覚悟で臨みました」

10月26日、国立は6万を超える観客で埋まり、無数の日の丸が揺らいでいた。7ヵ月前の北朝鮮戦とは、まるで別世界が出来上がっている。かつて日本代表を応援するために、これだけのファンが集まったことはなかった。さすがに何人かの選手の顔が、緊張で強張っている。

「特に日本代表が大好きで、純真な都並が固かった。だから試合前に一緒にバックスタンドの前を歩きました。ファンの声援に応えて手を振っているうちに、だいぶ落ち着いてきましたね」（岡村）

「頑張れば、こんなに応援してもらえるんだ」と木村の心中では、驚きと感慨が交錯した。

キックオフとともに、韓国の選手たちが日本陣内に押し上げる。だが暫くすると日本の選手たちには、いくつかの戸惑いが広がっていった。宮内の証言である。

「ボールを持つことも許されないような戦いになるのかと思ったら、意外にいろんなところで受けられる。あれ？　ガツガツ来ないな、なんだかいつもよりス～ッと行けちゃうな。そんな感じでした」

徹底したマンマークを施す韓国は、中央をしっかりと固め、センターフォワードの崔淳鎬《チェスノ》が左右の裏のスペースへと流れてボールを受ける。

「崔は中央で完封しようというイメージでしたからね。CBの石神良訓は、ついて行くのかどうかの判断を、何度も加藤に確認していました」（岡村）

韓国の選手たちからも、少なからず緊張の色は見られた。右から水沼のクロスを原が頭で折り返すと、GK趙が飛び出して掴もうとするが、慌てて4人のDFが突進したため、ファンブルしてCKにしてしまう。韓国にとっても32年ぶりのワールドカップ出場がかかる試合で、日本以上に失敗は許されなかった。

19分、戸塚のパスを受けてペナルティエリアへ侵入した木村が左足で狙うが、GKが阻んでCKになる。木村のゴールへ向けて内側に曲がるCKは、原と競ったGKの手にかすかに触れて、加藤の足先を抜けていった。

さらに25分、木村のFKに、フリーで飛び込む戸塚が頭で合わせるが、枠を越えた。

しかしこれを最後に日本は長く自陣にとどまることになる。それまで比較的おとなしかった韓国が、一気にペースアップして波状攻撃を仕掛けてくるのだ。ラインを下げさせられた日本は、必死に跳ね返すが、再びセカンドボールを拾われるから押し上げることが出来ない。

そんな流れから30分、遂に均衡が破れた。

韓国の何度目からの波状攻撃から、右に流れて受けた崔がニアサイド目がけて速いクロスを送る。ボールはゴール前まで抜け、対応した石神が左足で必死にクリアーをするが、勢いが弱くバイタルエリアに走りこんだ鄭龍煥《チョンヨンファン》にダイレクトで強烈に叩き込まれた。確かに直接の原因は、石神のミスキックだったかもしれない。しかしこのシーンで、日本は相次ぐ攻撃を受け、ボックス内に10人が入るほど押し込まれていたから、必然の失点とも言えた。

さらに41分、それはまさに韓国が描いたプラン通りのゴールだった。自陣に戻って守備体型を整えた韓国に対し、日本は押し上げて最終ラインからビルドアップを始める。前方にスペースが出来たので、CBの石神がいつになくボールを運び始めた。前がかりの日本、ボランチの西村がバイタルエリアに進出し、ボールを受ける動きを見せる。しかし石神から西村へのクサビはあまりに弱く、CBの曺敏國《チョミングク》がインターセプト。そのまま高い位置を取る都並の背後のスペースで待つ崔へと繋いだ。

韓国がカウンターへと切り替えた時点で、日本は自陣に加藤しかいなかった。その加藤も、崔のスピード、爆発力を考えれば、直線的なチャージは出来ない。そして韓国は、崔が時間を作る間に、中央でボランチの李泰昊《イテホ》が猛烈にスプリントする。必死に並走する石神。だが崔からパスを受けた李泰昊が切り返すと、態勢を立て直すことが出来ない。韓国に決定的な2点目が生まれた。

「やはり研究されたな……」

森の不安は的中した。

「当時崔は、アジアでは抜けた決定力を持っていた。でも韓国は、そのエースストライカーをおとりに使ってでも勝ちに徹してきたんですよ」

参謀の岡村も、韓国の緻密な戦略と執念に戦慄を覚えていた。もっともそれは「韓国を本気にさせる」という1年前の目標を実現した証でもあった。宮内が述懐する。

「韓国の方がホーム&アウェイの戦い方を良く知っていた。ここだ！　という時間帯には、押し上げてくる。一方で日本を引き出して、速い攻撃も出来る。相手をリスペクトしながら、冷静な戦い方が出来ていた」

実は韓国は、1次予選2戦目に、アウェイでマレーシアに敗れ窮地に立たされていた。そんな苦い経験も良薬となった可能性がある。

しかし日本も、わずか1分後に息を吹き返した。戸塚が中央からドリブル突破を試み、ファウルを受ける。F

Kを託され、希望を繋ぎ止めた木村は、改めて記憶を辿った。

「あのFKは入ると思った。PKは、よう外していたのにね……。ウイング時代（木村は日産入社後に攻撃的MFに転向）から、カーブのかけ方は一緒だったので、ぺレやリベリーノの真似をして蹴っていた。でもFKばかり言われるのは、あまり好きじゃなかった。あれは、応援してくれる人たちの気持ちが、入れてくれたんだろうなあ……」

1点差に迫り、ハーフタイムのロッカールームでは、「行けるぞ！」と威勢の良い声が飛び交った。

実際に日本は後半立ち上がりから、暫く攻勢に出た。原のミドルシュートがGKを襲い、宮内の強烈な左足シュートが枠をかすめていく。63分には、左CKから加藤のヘディングがクロスバーを叩いた。

しかし攻めていながらも、ピッチ上の選手たちは、心の片隅で力の違いを感じていた。

「もちろん勝とうとは思って戦っています。でも韓国の速さ、強さ、プレッシャー、パススピードを体感し、行けばはたき、行かなければ運んでくる自在な戦い方に接していると、ちょっと彼らの上に行くのは、どうなのかな……、という思いもありました」（宮内）

結局切り札の与那城を送り込んだのが残り8分。しかし退いたのは木村で「そうじゃなくて一緒にやりたかったのに」と悔やんだ。

1－2、ホームで敗れた日本は、ソウルに乗り込むと、ボランチを宮内1人に減らし、木村－与那城の急造コンビでギャンブルを仕掛けるが、思うように機能しなかった。

「ジョージさん（与那城）の良さは、対戦してみて嫌というほど知っていたけれど、同じチームでそれを引き出すには、時間が足りなかったですね」（宮内）

ソウルでも0－1、2試合とも近くて遠い1点差だった。

「やはりプロとアマの差は大きい。このままの体制では勝てない」

それは日本代表のスタッフや選手たちの誰もが感じたことだった。韓国から帰国し、東京プリンスホテルでチームを解散する際に、森は選手たちに淡々と語りかけた。

「これからチームに戻り、お互い競い合い、早くプロの時代が来るように、みんな先頭に立って引っ張ってくれ」

JFAは森に続投を要請した。だが森はプロ化の時代を築くためにも、まずは指導者がプロになるべきだと考えていた。

「でもなあ、森チン、ダメだったら1年でクビとか、ワシにはそんなことは、よう言えん」

長沼技術委員長の返答を聞き、森は努めて明るく辞意を告げる。

「今度は三菱の社長を目指します」

そこから日本サッカー界は、少しずつプロ化へと動き始めるのだった。

ちゃぶり倒せ！　10番木村和司

日本サッカーを代表する10番誕生の経緯は、彼を支えたキャプテンの方がしっかりと記憶にとどめていた。

木村和司は、１９８１年に日本代表の右ウインガーとして、鳴り物入りで日産自動車に入社している。当時日産のフォーメーションは４－３－３、両翼に木村、金田喜稔と代表ウイングを擁し、センターフォワードの清水秀彦は豪華なサイドアタックの恩恵を満喫した。

だが木村が入社して2年目の夏、練習試合でＭＦのレギュラーを故障で欠いた。そこで当時の加茂周監督は、半ば実験的に木村を1列下げて起用する。それが伝説の始まりだった。

当時主将の清水が述懐する。

「実は和司は足が速いんです。ウインガーをしていたので、ドリブルも上手くて相手を抜き切るテクニックがある。また相手と並走しながらでも、相当に難しい態勢からピンポイントのクロスを上げて来たので、キックが正確なのも判っていた。でもまさかパスもあんなに上手いとは思わなかった」

初めて攻撃的MFでプレーをした木村は、まるで水を得た魚だった。独特のキープ力を生かしてタメを作り、巧みに味方を使いながら自分の創造性も表現していく。結局この年の日本リーグ後期からは、完全にポジションを新天地に移していた。

木村自身に登場して頂く。

「明治大学時代にも遊びでMFをやったことはあった。大学の頃なんて、自分たちでメンバー決めとったからのう。ウインガーとして、1対1で相手をちゃぶる（翻弄する）のも面白かった。でもそれもやり飽きてきていた。その点、MFならボールに触れる機会も増える。気がつけばば、どんどん楽しくなってきた。他ではともかく、ワシはピッチ上だけは目立ちたがり屋なんじゃ」

１９８０年代は、MFがスポットライトを独占していた。ブラジルもフランスも中盤に黄金のカルテットを擁し、アルゼンチンはディエゴ・マラドーナを輩出する。特に10番は万能な神のような存在で、ドリブルやパスだけではなく、FKも含めてゴールを奪う期待も担っていた。例えば１９８４年欧州選手権ではミッシェル・プラティニが5試合で9ゴールを挙げてフランスを優勝に導き、その2年後にはマラドーナを核に据えたアルゼンチンが2度目の世界制覇に成功した。そして同じ時代に10番を背負い、日本サッカーの命運を担ったのが木村和司だった――。

「最初の10番のイメージはペレ。なんでも出来る特別な存在だったなあ。それからマラドーナやリオネル・メッシへと繋がって来る。ヨハン・クライフが出てから14番に憧れる人が増えたけれど、あれも役割は10番だった。要するにそこだけ見ていれば試合も面白い。10番はただの背番号ではない」

FKは大学時代から取り組んだ。ただし「練習」というよりは「遊び」の感覚で、いつもジュースを賭けて仲間と勝負をした。

「成功すると面白い。だからもっと上手くなってやろうと夢中になる。決まるから、逆に練習をしようとやる気が出てきた」

日産では加茂監督が、国内では先駆的にFKの壁になる練習用の人形を購入してくれた。

「せっかく買ってくれたから、毎日１００～２００本は蹴っていたなあ……。日産時代は、アデマー（マリーニョ）も蹴りたがるので、長めのFKは蹴らせてやった。外国人は、蹴りたくてすぐに寄って来る。だから譲らないためにも決め続けた」

木村を迎えた日産は、１９８２年に日本リーグ1部への復帰を決めると、翌年に向けて水沼貴史、柱谷幸一ら大学のスター選手たちを一気に6人も補強した。瞬く間にチーム力は上昇し、日本リーグでは読売クラブに次ぐ2位を占め、天皇杯では5試合で22ゴールと圧倒的な攻撃力を武器に頂点に駆け上がる。特に県立広島工業高校時代からのチームメイトだった木村と金田のコンビは絶妙で、金田は大会中に1人で8ゴールを量産した。

「自分でもウイングをやっていたから、キンタさん（金田）が欲しいやろうな、というタイミングが判るんよ。その後（ハンス）オフト（日本代表監督）がやって来て、アイ・コンタクトという言葉を流行らせたけど、ワシらはその上を行くハート・トゥ・ハートやった」

目を合わせれば、2人の間には一瞬でこんなコミュニケーションが成り立っていたという。

「ここに出せ」（金田）

「そこじゃ面白くないでしょう」（木村）

メッセージを受け取った金田は即座に動き直した。

「逆に欲しくないだろうな、という時でも出す。走れ、というメッセージ。『また走らすのか』と聞こえてくるわな。ま、あまりに疲れて来たら、やめておいてやった……（笑）」

県工時代には「散々苛められた」という先輩を、木村は自在に操るようになっていた。

最前線が右から水沼、柱谷、金田、トップ下には木村が君臨する。多彩な攻撃のタレントは圧倒的な破壊力を持つが、その分守備には戻らないので、FWからボランチに下がった清水への負担は半端ではなかった。

「後ろから『帰れ！』と怒鳴りまくるけれど、みんな聞こえないフリをする。アデマーだけは言い返して来るので、いつも喧嘩になった。もともとスタミナがあり頑張れる方だったけれど、1試合終わると立てないし、靴ひもも『ほどいてくれ』と誰かに頼むような状態だった。でも試合は勝つためにやるもの。10番に渡しておけば、決定的な仕事をしてくれて勝つことができる。だから我慢も出来たんだ」（清水）

日産の破壊力は日本代表にも反映され、ロス五輪イヤーの１９８４年早々に来日したコリンチャンスとの親善試合からは、木村が中盤で攻撃を操るようになる。それまでの日本代表では木村がウインガーで金田がMFだったが、立場が入れ替わった。

「和司も金田もウイングとしては、テクニックもスピードもあり、人とは違う感覚の持ち主だった。彼らに渡しておけば、必ずマークする相手を抜いてクロスを上げて来る。ただし2人の違いは、キックやパスの精度だった。その点で和司は頭抜けていたからね。特に凄いと思ったのは空間認知力。このDFと、あのDFの間に浮き球を落とすから、そこを狙って走ってくれ、と言うと、本当

にそういうボールが正確に出て来た」（清水）

木村が攻撃を組み立て、金田が突破を図る。それは必然のコンバートで、すぐに成果が表れた。コリンチャンスは、1982年スペイン・ワールドカップでジーコ、ファルカン、トニーニョ・セレーゾとともに黄金のカルテットを形成したソクラテスを擁す名門クラブ。だが日本代表は神戸での初戦を2－1で逆転勝ち。名古屋での2戦目は1－2で落とすが、豪雪明けで開催された東京での3戦目は3－2で振り切る。日本代表がブラジルのプロチームに勝つのは17年ぶりの快挙で、ロス五輪最終予選へ向けて弾みをつけた。

木村が語る。

「特に3戦目の先制点が面白かった。FKを獲得して、コリンチャンスの左SBが集中を切らしていたから、キンタさんとアイコンタクトをしてクイックでパスを出し、ワシがゴール前に走り込んだらどんぴしゃのクロスが返って来た」

珍しく木村の豪快なヘディングシュートが決まった。

日本代表の森孝慈監督は「木村をゲームメイカーにしてリズムが良くなった」と語り、ソクラテスも当時の『イレブン』誌のインタビューで、こう語っている。

「日本の得点パターンは必ずと言っていいほど木村からだった。彼ならブラジルへ来ても十分にプロとして通用するよ」

残念ながら久々に期待を集めたロス五輪最終予選は、初戦でタイに2－5で完敗したのが響き4戦全敗に終わる。まさかの惨敗で森監督は退任が濃厚になったが、9月ソウルでの日韓戦に2－1で勝利し、一転して体制は存続することになった。

その後中盤で守備的な役割を担い、木村を支えていく宮内聡は、この日韓戦で代表にデビューしている。

「確かに合宿も楽しく過ごせたし、良い雰囲気で臨めた試合でした。でも勝ってスタンドを見上げたら、韓国代表の主力組はポップコーンを食べながらの観戦でした。『アイツ（主力）らを引っ張り出さなくちゃダメなんだよな』と話したものです。それでも日本に敗れたことで、韓国の監督は即刻解任されていましたけどね」

宮内も帝京高校時代は、攻撃的MFとして全国制覇を成し遂げている。花形ポジションで守備は免除され、後ろではボランチを務める1年先輩の佐々木則夫（後になでしこジャパン監督）が「いいよな、おまえらは」と愚痴をこぼしながら、汗かき役をこなしていた。

ところが古河電工に入社して2年目に右ヒザの半月板を損傷し、計6度の手術を繰り返す。

「4年間のブランクが出来て、その間にトップ下には新しい選手がどんどん出てきました。病室で数少ない海外のビデオを見ているうちに、今でいうアンカーのポジションの重要性が判って来たんです。ここでボールを奪い、シンプルにトップ下に繋げて行ければ良いサッカーが出来る。改めて帝京のサッカーは、（佐々木）則夫さんが担っていたんだな、と思いましたよ（笑）」

時代は日産自動車と読売クラブの二強時代の扉が開きかかっていた。どちらも木村和司、与那城ジョージというリーグを代表する10番を擁していた。宮内が続ける。

「日産、読売ともにテクニックをベースに攻撃的なスタイルを貫いていて、古河や三菱とはまったく違った。だから僕らは大変でした。ジョージさんは一瞬のスピードが凄くて、ハーフウェイライン付近の1対1でやられてから一気に4～5人ぶち抜かれたことがあります。それに対し和司さんは遠くを見ることが出来て、他の選手とは視点が違っていました」

後に日産（やがて横浜マリノス）で指揮を執ることになる清水が、両者の特長を解説してくれた。

「ジョージは、厳しく寄せて行くと平然と捨て球を使ってくる。簡単に前線にロングボールを蹴り込んでしまうんです。逆に蹴ってしまうかと思い寄せるのが遅れると、切り返しも速いので一気に突破にかかる。もちろんスルーパスも上手いし、読売では最も手を焼いた選手でした」

一方の日産でも木村を中心に優れた攻撃のタレントが、練習中から目を見張るような融合を見せていたという。

「ピッチの約半分の大きさに22人を押し込み、ダイレクトパスのみで11対11の紅白戦をしたことがあります。普段はやったことのないトレーニング。でも突然やれ、と指示を出しても、感性が合うのか、時々素晴らしい連携が出て、5～6本のダイレクトパスを繋いでゴールまで行ってしまう。本当に能力の高さに驚きました」

実戦での木村は、ダイレクトで処理することが、ほとんどなかった。清水が続ける。

「いつも半身に構えてボールを持ち、なんとも言えない間を作っていた。相手も判っているけれど、奪いに行けない。もともとウイングなので、奪いに行けばかわす能力は持っている。タメを作り引きつけてパスも出せるし、狭いエリアでもシュートまで持ち込める。

もちろんエースなので、散々削られていましたよ。でもどんなにやられても痛そうな顔をしないし、全然めげていない。プレーでやり返せばいい、というプライドがあったんだろうね。それに蹴られてファウルになればFKがある」

トップ下に転向した1983年から木村は2年連続し

て日本年間最優秀選手に選ばれている。ロス五輪への出場権を逃したが、木村という攻撃的切り札を持つ日本代表は、メキシコ・ワールドカップ予選を粘り強く勝ち上がっていった。さすがにアジア内でも木村の名声は高まり、どんな試合でも必ず専属のマンマークがつくようになった。

「今のようにどんどんイエローカードが出て、悪質なファウルから守られる時代ではなかったですからね。とにかく僕はボランチとして、10番の和司さんが欲しい時にタイミング良くボールを出していけるように考えていました。タイミングが少しでも狂うと、リズムも狂ってきてしまうので……。でも代表ではＣＢやＳＢも含めて、和司さんが一番欲しい時に出せていたかと言えば、普段から一緒にプレーをしている日産の選手たちとの感覚までは行かなかったでしょうね」（宮内）

最初のヤマになったのが85年4月のアウェイ北朝鮮戦。木村は空中に飛んだ瞬間に、マークする相手から頭に肘打ちを受けて記憶を失ったまま倒れる。気がつけばロッカールームで、すぐに平壌市内の病院へ直行した。

「後からビデオを見ても、間違いなく狙い打ちだった。よく死ななかったと思うわ……。そもそも小さい頃から、相手から離れてボールを受けて接触プレーを避けるようにしてきた。だから基本的にマンマークは嫌だった。どっかへ行けよ、と言いたくなる。でも執拗なマークより嫌だったのが、小見（幸隆）さんや久ちゃん（加藤）の駆け引き。視線を上げると、なんだかパスコースを先読みされているような気がした」

確かに読売クラブ（ヴェルディ）が、日産自動車（横浜マリノス）を天敵とするようになるのは、小見が現役を退いてからだった。

日本代表はメキシコ・ワールドカップ予選を順調に勝ち進み、遂に東アジア代表を懸けて韓国との決戦を迎える。このタイミングで森監督は、読売クラブの外国人枠の関係で日本国籍を取得した与那城ジョージと、一時代表を離れていた戸塚哲也を招集。日本を代表する２人の10番が競演することになった。粘り強い守備から、木村の創造性や原博実の頭を活かしてしぶとく勝ち抜いてきたチームの攻撃力は、見違えるように高まり、練習試合でも大量得点を生みだすようになる。

宮内が当時の心境を明かした。

「攻撃のオプションが増えて楽しくなりました。ボランチの僕らまでもが点を取れるようになりましたから……。でも実際は希望と不安が半々でした。もちろん積み重ねてきたものもあった。でもこのメンバーなら、ワンツーひとつで崩し切る可能性も秘めている。困ったら（与那城や戸塚を）入れるしかないだろうな、と思っていました」

宮内は日韓決戦の前に「この試合だけは相当厳しくなるので、もう少し守備のところを頑張って欲しい」と木村に話しに行った。だが先に木村から「そこはおまえがカバーしてくれ」と言われ「はい、判りました」と引き下がった。

「韓国には攻守両面でハードに出来る選手が揃っていましたからね。でももう思い切って点を取って来てください、と言うしかなかったです」

ワールドカップ予選では、さすがに韓国のフルメンバーを引っ張り出して本気にさせることには成功した。だがひと足先にプロ化を実現した韓国は、想像以上にしたたかだった。

「もっと最初から（攻撃的に）来ると思っていたのに、むしろ0－0でもいい、という感じで出て来ない。だから逆に日本も行き切れない。その辺の戦い方やバランス感覚が、我々より1枚上でした」（宮内）

1985年10月26日、東京・国立競技場での初戦。慎重にゲームに入った韓国は、日本のミスを見逃さず、機を見て2点を先行。木村の芸術的なFKがネットを揺らして1点差に詰め寄ったが、点差以上に力の差は明白だった。

その1週間後、ソウルでのアウェイ戦で、森監督は初めて木村と与那城を同時にピッチに送り込む。だがそれはいろんな意味でギャンブルだった。

「それまでは和司さんの後ろを、僕と西村昭宏さんがカバーしていました。西村さんは、物凄くよく走る選手で、何度も前に飛び出していけた。その分僕はバランスを考えるようにしていたんですが、ソウルの試合ではボランチが僕1枚になりました」（宮内）

木村と与那城の競演は、ファンも「せめてもう少し早く見たかった」と悔いる。もちろん当事者の木村も、その一人である。

「どう崩して点を取るか。時間を共有すれば、それは判り合える。読売との試合でも、やられるシーンでは、必ずスウィッチを入れるのがジョージさんだった。もっと一緒にやれれば面白かったのに……」

結局ソウルの試合でも0－1で敗れ、ワールドカップの夢は砕かれた。木村は1986年に「スペシャル・ライセンス・プレイヤー」という名称で国内初のプロ選手となるが、一時的にスランプに陥る。

「ピッチ上ではPK以外にプレッシャーを感じたことはない。でもこの頃はプロになって、いいことばかりをしようと意識し過ぎたんだろうな。それまでなら、時には遊びを入れてみたりしていたのに、プロだからとタバコをやめて節制してみたり……、要するに今から思えば、自分らしさが薄れていた」

しかしやがて10番は再び独壇場の活躍で、日産を黄金時代へと導いていく。1988～89年からは2シーズン連続してリーグ、天皇杯、リーグカップの三冠を獲得した。

「サッカーは基本的に騙し合い。だから日常生活から、そんなことばかりして遊んどった。本当は良くないことだけど、横断歩道で出るぞ、とフェイントかけたりしてな……」

ずっと身近で接してきた清水も言う。

「和司は、あまりにマークがきついと、わざと何もしないで突っ立っていることがあった。あれも戦略だからね」

だいたいね、と清水は言葉を繋いだ。

「4対2とかで見ていても、本当はボールを奪うのも上手いんですよ。だけどそんなことに体力を使いたくないからやらない。和司も金田も、ゴルフは30台（ハーフ）、ボウリングだって200点を超えて来る。日産は卓球の名門だったけれど、やらせると卓球部の連中が驚くほど上手かった。そんな運動能力の高いヤツらが一緒になると、言葉なんか要らない。感性だけで通じ合えちゃうんですよ。1980年代は、そんなクリエイティブで特長を持った選手が目立っていた。それから小野伸二、中村俊輔が出て来たけれど、後が続かない。やっぱり指導者は、そういうヤツと心中する覚悟で育てなければいけないと思いますよ」

特別な才能を持つ選手が、ピッチ上で好きなように長所ばかりを表現できて、観る側もそれを堪能した。だから10番が突出して目立った時代は、ファンタジーに満ちてファンも感情移入をし易かった。

木村がしみじみと言った。

「本当にワシは時代にも指導者にも恵まれた。加茂さんも森さんも、みんながワシのプレーを認めてくれた。逆に今は可哀想。走行距離なんか出て来るけれど、いっぱい走るのではなく、どこで走るかが大切なのに……。でもな、晩年はワシもよう走って守備もするようになった。守備をすると、きっとみんなもワシが頑張っとることが判ったんよ。ビデオで見返すと、スライディングなんかしとるからな」

それから30年以上の歳月が経ち、すっかりサッカーも変わった。だが清水は断じる。

「和司は、今この時代でも通用するよ。いくらプレッシャーがきつくても、その中に入ってしまえば、すぐに順応してしまう。きっとそういうものだよ」

最も近くで10番の凄みを目撃し続けたからこその言葉だった。

1枚の写真から空中戦支配・原博実

平凡な野球好きの少年が、サッカーに傾倒し始めたのは栃木県黒磯町立小学校5年生の時だった。

1976年、海外情報を中心に人気を集めていた専門誌『イレブン』は、ポスト釜本を探す「明日のヒーロー」という連載をスタート。その1回目に、当時県立矢板東高校3年生だった原博実を特集した。

原がサッカーに飛びついたのは、どこにでも転がっているような単純な動機からだった。

「体育の先生に、『サッカーの上手いヤツには5をやる』と言われたんです。でもソフトボールなら一番上手くやれるのに、サッカーは僕より上手い人がたくさんいたんです」

そこで負けず嫌いに火がついた。

父はバレーボールの選手で、相撲も玄人はだしだったと『イレブン』誌は伝えている。体格に恵まれた原は、最初から空中戦が得意で、上からドスンと叩けば面白いようにゴールが決められたという。だが学年が上がると、対戦するDFも早熟な原の身長に追いついてきて、簡単には勝てなくなってきた。

そんな時に出会ったのが1枚の写真だった。原自身の述懐である。

「専門誌にウーベ・ゼーラーの写真が載っていた。大き

来る日も来る日も、頭でボールを叩き続けた。

早稲田大学時代の1年先輩に当たる唐井直《ただし》の証言である。

「単調な反復練習ですが、全力で取り組んでいましたよ」

日本代表と三菱重工で先輩だったGKの田口光久は、一発ごとに声を挙げ、ウッ！　ウッ！　と、目を丸くして驚きの表情を作った。

「通常練習を終えてから1日200〜300発、いや500発くらい叩いていたこともあるんじゃないかな」

さらに日本代表で同僚だった木村和司は、苦笑した。

「ホント、あんなに叩いていたらパンチドランカーみたいになっちゃんじゃないかと心配でしたよ。大丈夫なのかな、って」

こうして武骨なまでに続けたトレーニングが、日本代表として171試合72ゴール（うちAマッチ75試合37ゴール）を叩き出すことになった。決して器用でオールラウンドな能力に恵まれたわけではない。しかしだからこそ一芸にこだわり続け、そして輝いた。

なCBが、これからジャンプしようという時に、もうゼーラーの体は宙に浮いていたんです。それからですよ。ヘディングは高さだけではなくて、タイミングや駆け引きが大事なのだと考えるようになった。ゼーラーのように、先に跳ぶことを心掛けて、また勝てるようになったんです」

ゼーラーは、1960年代の西ドイツとハンブルガーSVを象徴するストライカーで、169㎝と小柄ながら、絶妙のバックヘッドなどでゴールを量産した。原はゼーラーの映像を見たわけではない。たった1枚の写真から打開策を編み出したのだ。海外のサッカーに触れる機会が、週に1度の『三菱ダイヤモンドサッカー』しかなかった時代である。情報への渇望が、逆に想像力を刺激し、創意工夫を引き出した。

原が進学した矢板東高は、必ずしも強豪校ではなかった。だが連日授業が始まる前の早朝と、通常の練習が終わった後の時間を利用して、黙々とトレーニングに打ち込んだ。その結果、3年生の10月には、ユース代表合宿にも招集されるのだった。

この合宿で初めて顔を合わせて、ともに早稲田大学に進学し、無二の親友になったのが中山良夫だった。

「栃木弁丸出しで、例えば『ウソつくなよ』を、平気で『ごちゃっぺ、言うんじゃない』なんて調子です。顔は真っ黒で髪の毛はボサボサ。〝This is 田舎者〟でした」

5人の関係者に取材をしたが、全員が真っ先に「田舎者」を強調した。なにしろ原の栃木弁には、秋田県出身の田口が、自らなまった口調で呆れたそうだ。

「おめ、随分なまってんな」

唐井が続ける。

「ウチのサッカー部は広島弁とかも直さない人が多かったですからね。よくみんなを集めて〝頑張っぺ〟と、やっていた。栃木県出身と言えば松本育夫さん（元日本代表）の弟さんなどもいたんですが、やはりなまりは原の方がきつかったですね」

そして広島出身の木村が、豪快に笑ってダメを押した。

「基本的に田舎もんだよね。ワシもそうだけどね」

しかし田舎丸出しのなまりが、実は原の重要なクッションになっていた。大学3年時に、下宿で共同生活をした中山が言う。

「原は、いつも正論を吐くんです。大学年代なんて、間違っていると判っていても言ってみたくなることがあるじゃないですか。でも原は、いつも正しいことしか言わない。何か問題が起こっても、原が言っちゃったら、その通りだよね、と収拾してしまう。しかも馬鹿がつくくらい真面目に練習をする。ヘディングの練習をやり過ぎて、眉毛が薄くなっちゃったくらいですからね。監督やコーチにも怒られたことがない。怒られる要素がないんです。身体のケアにも物凄く気を遣う。足の疲れを取るために、マッサージも入念にする。あまり誉めたくはないけれど、絵に描いたような〝正しいサッカー選手〟なんですよ」

大学選抜でインドネシア遠征に出かけた時のことだった。サブに甘んじていた中山が、夜、街に出かけて酒を飲んで戻って来た。

「早速原に説教されました。『そんなことしていていいのか、ここへ来た目的は違うだろう』と。要するに、原は全てが正しいんです。それでも嫌味にならないのは、やはりあのなまりがあるからなんでしょうね。柔らかいなまりで、人の心をなごませ、ふっと入っていくんです」

高校時代は全国の舞台を踏めなかった原だが、全国から優秀な選手が集まった早稲田大学では、1年の終わり頃からレギュラーとして抜擢されるようになる。

重要な転機となったのが1978年、2年時の総理大臣杯全日本大学選手権だった。当時は藤枝市民グラウンドを主会場として行われ、決勝戦は前年に続き法政大学との顔合わせとなった。

試合は連覇を目指す法政大学が先制するが、29分に原が相手DFのミスパスを拾って同点。さらに原は、後半にも逆転ゴールを決め、母校に4年ぶりの全国タイトルをもたらすのだった。

早稲田大サッカー部で原と同期だった鈴木洋一が振り返る。

「堀江忠男さんが監督（1936年ベルリン五輪代表選手）、そして実質的に指揮を執ったのが宮本征勝さん（1964年東京、1968年メキシコ五輪代表選手）という時代です。3本横パスが続いたら怒鳴られます。とにかく裏へ放り込み、ウイングがクロスを原の頭に合わせる。そんなサッカーを徹底していました。特に総理大臣杯で優勝に貢献した後は、自信をつけていましたね」

1年先輩の唐井も語る。

「この頃には風格も出て来て、チーム内でも瞬く間に存在感を増していった。洗練されたタイプではなく、華麗さはないけれど、やれることをやり続けた。シュートの型にはこだわっていたと思いますよ。対人に強く、実戦に強くて、あの体で先に入られると、DFは抵抗できなかった」

翌1979年にはメキシコでユニバーシアードが開催され、原はさらに自信を膨らませて帰国する。

「米国などを筆頭にCBには190㎝クラスの選手が多かったんですが、とにかく早めに跳ぶことを意識して空中戦は勝ち続けましたね」

日本は参加26ヵ国中7位に終わった。だが原は8試合で7ゴールを量産した。

原の努力の量は、誰もが認めていた。ただ何も考えずに、全力で反復を繰り返していたわけではなかった。

「先に位置取りをする。先に飛んで滞空時間を延ばす。強く叩くためにひねりを入れる。いろいろ考えて工夫していました」

こうして翌年には、渡辺正監督指揮下の日本代表に初めて選出される。まさに周囲も目を見張る急成長ぶりだった。

「日本代表に呼ばれて、物凄くモチベーションは上がっていました。これからも絶対に選ばれ続けるんだ、って。もともと向上心の塊みたいな人間ですからね。この頃の原は、試合中に後ろから見ていても、空中戦は絶対に負けないという感じになっていました」

そう言って、さらに中山が続ける。

「早稲田は上手い選手より、頑張る選手を試合に出す。その点でも原は申し分なかった」

そして唐井が補足した。

「泥臭いプレーを辞さない。守備も凄く献身的にやってくれて、しかも大事な時に点を決めてくれる。攻守にわたって貢献度が大きかった」

実際に俊足ではないが、前線から守備を厭わないプレーぶりは、後の日本代表でも生かされる。

「早朝と練習終了後に、ひたすらペンデルボール（ヘディング練習用に吊るしてある）を叩き続けていました。ジャンプ力が凄いわけではない。位置取りがうまいんです。それに上半身の筋力、特に背筋が強かった。私はSBが本職ですが、時々紅白戦などではCBに入ることもあり、手で押さえられると入っていけなかった」

鈴木の証言が続く。

「まさにトレーニングの鬼でした。ヘディングだけではなく、キック板に延々と左足のシュートを叩きつけていたのも覚えています。キック板の前に最初にやって来て、最後まで残って蹴っていた。確か高麗大との定期戦では、振り向きざまに強烈なシュートを決めたことがあった。『オレ、左足は自信あるんだ』と話していたこともありました」

確かに左足の可能性には早くから自覚があったようで、前出の『イレブン』の特集記事中でも高校時代の原が、こう話している。

「型にはまれば左足のシュートも、自分でもびっくりするくらい凄いのが打てることがあります」

原は4年生になると文句なしに主将に選ばれた。

「私たちの代は、他に選択肢がなかったと思いますよ」（中山）

鈴木も同調した。

「誰が見ても申し分がなかったでしょうね。愚痴、文句、他人の悪口を聞いたことがない。日本代表に選ばれても偉ぶることがない。率先垂範で人一倍トレーニングに真剣に臨む。人柄が素晴らしく、キャプテンシーも備えていました」

この頃の原はチームを離れて日本代表として活動する時間が増えていた。81年に早大を卒業し、三菱（浦和レッズの前身）に進んでも、それは変わらなかった。

「当時は日本リーグの試合数も少なくて、日本代表として遠征に出れば、１ヵ月間以上戻って来ないのが当たり前だった。代表の遠征は嬉しかったですよ。普段は午前中会社で働いていたのが、サッカーだけに集中できるわけですからね」（原）

早大の主将も、三菱では新入部員として、いじられたようだ。田口が教えてくれた。

「基本的に真面目で、５つ６つ言われると、ようやくボソボソと反発するタイプですからね。ちょっといじっておこうか、という感じになる。よく〝アジアの電信柱〟なんて、からかっていました」

口の悪い先輩たちが、ヘディングにプライドを持つ原を揶揄する。

「おまえは利き足が頭なんだから、ゴロでもダイビングヘッドで行け！」「また、そういうことを言う……」

こんな調子だった。

特にタイ、マレーシアなど東南アジアのライバル国と対戦すると、原の頭は無類の威力を示した。田口の証言である。

「日本代表もそうですが、当時の三菱は構成力がなく、最も申し訳ないサッカーをしていましたからね（笑）。読売クラブは20本くらいシュートを打っても入らないのに、三菱は3本くらいで勝ってしまう。だから僕もフィードを早くして、原の頭をクッションにするカウンターを意識していました。原が落として川添孝一が決める。僕と原のダブルアシストみたいな形のゴールが結構ありました」

原は着実にストライカーとして、日本代表に不可欠な存在になっていった。

１９８２年には、ニューデリーでアジア大会が開かれ、森孝慈新体制の日本は、グループリーグを3戦全勝で突破する。初戦は原の決勝ヘッドで強豪イランを下し、続く南イエメン戦も原が同点、逆転の2ゴールを決めた。３戦目は宿敵韓国と顔を合わせたが、先制されながらも原のゴールで追いつくと、残り9分で岡田武史の逆転弾がネットを揺すった。イラン、韓国と同居したのだから死のグループだったが、首位通過は久々の快挙と言えた。結局この大会は、準々決勝で延長の末にイラクに0－1で屈したが、森体制の船出としては大きな収穫を得た。

代表監督として切り札と目された森が指揮権を引き継いだこともあり、16年ぶりの五輪出場への期待が高まる。いよいよロス五輪の最終予選が行われる1984年初頭には、ブラジルからコリンチャンスが来日。雪の残る国立競技場などで3試合を戦った。今ならコリンチャンスがどんなコンディションでプレーをしているのか、ファンも十分に理解できるはずだ。しかし当時は、シーズンオフの強豪クラブと自国で戦っても、勝てば快挙と報じられた。原は相変わらず好調を持続し、3戦連続ゴールを挙げ、日本代表は名手ソクラテスを擁すコリンチャンスに2勝1敗と勝ち越した。

これで手応えを得た日本代表は、久しぶりに大きな期待を背負って、ロス五輪最終予選の開催地シンガポールへと向かう。ところがいきなり初戦で大きく躓いてしまった。タイの強力なストライカー、ピヤポン・ピウオンにハットトリックを許し、2－5で大敗。出鼻を挫かれ、終わってみれば4戦全敗の最下位だった。

「集中開催のコンディション作りの難しさを痛感しました」と、原は振り返る。

ただし自身は、2戦目から3試合連続ゴール。この3戦で日本が挙げた全ゴールを決めただけに「初戦からうまく入れれば、五輪に行ける力は持っていたと思う」と悔やんだ。

「暑さ対策もなければ、対戦相手の情報も乏しかった。ピヤポンの存在も知りませんでしたからね。この予選では平木隆三さんが団長として厳しい管理をした。でも準備期間も長かったし、情況が悪くなると息が抜けずにストレスもたまる悪循環でした」（田口）

実はピヤポンとは、過去にユース代表が対戦していたのだが、まったく情報を共有出来ていなかった。実際に戦った堀池巧によれば「タイに優れたストライカーはいましたが、それがピヤポンとは知らなかった」そうである。

その後森体制で、原は4－3－3の左ウイングでプレーをするようになる。木村が解説する。

「うまく機能したと思う。原は中に入って来てヘディングを狙う。また原が入ってくることで、左サイドは都並（敏史）だオーバーラップをかける形が出来ていた」

攻撃の組み立てを託されていた木村も「アイデアがなければ、とりあえず原の頭を狙った」と言う。

「原は真面目だから、よう守備もした。逆にワシの守備は、みんな諦めていたから。とにかく原は落下点に入るのがうまかったし、ヘディングで結果も出していた。だからセットプレーでも、必ず原を見ていた。原を意識させておいて、ニアに久ちゃん（加藤）が入ってくるとか、原に当てて3人目が飛び出していくとか……」

ロス五輪予選で、まさかの屈辱を味わった日本代表だが、1985年に始まるメキシコ・ワールドカップの予選では、しぶとく勝ち上がっていく。

1次予選最初の難関が北朝鮮。3月21日、東京・国立競技場でのホームゲームだというのに、応援は在日サポーターが大挙した北朝鮮が支配していた。雨中の試合で、国立のピッチには、あちこちに水たまりが出来た。そしてその水たまりが日本に味方した。

20分、西村昭宏が原に送ったパスは、やや長過ぎたかに見えた。ところが水たまりで滑らず、原の目の前で止まる。素早く反応した原は、冷静にGKの脇を抜き、これが決勝ゴールとなった。

「自分にはこれしか出来ん、とヘディングにプライドを持っていたけれど、あんなセンスも持っていたんだな、と感心しましたよ」（木村）

値千金のゴールだった。このゴールでホームゲームを勝利した日本は、アウェイでも辛うじて引き分けて2次ラウンドに進む。さらに2次ラウンドでは香港を下し、ワールドカップの出場権を懸けて韓国との決戦に臨むのだった。

冬の時代に、ワールドカップにも五輪にも肉薄した。しかし1985年の日韓決戦は、1－2（ホーム）、0－1（アウェイ）で力の差を見せつけられた。続く1988年ソウル五輪予選は、中国との決戦になった。そして広州でのアウェイ戦、原の決勝ゴールがネットを揺らすと、超満員のスタジアムが静まり返った。

ロス大会で逃した五輪の切符は、もう目前だった。ところが引き分けても出場権を獲得できる雨中のホームゲームは0－2で敗戦。原の時代に、日本代表は世界の大舞台を踏むことが出来なかった。

改めて現役時代を見つめ直し、原は語った。

「もちろんワールドカップにも五輪にも行きたかった。でも僕らの時代は、それが『行けるかも』という夢に近いものだったのかもしれないですね」

周囲は「ヘディングのゴールしか記憶にない」と、言葉を重ねる。しかし原自身は「頭より足で決めた方が多いですよ」と主張する。

確かに1985年にはフランスの強豪ボルドーが来日し、原は鮮やかな左足のボレーを突き刺している。

「頭という武器があり、相手がそれを警戒してきたからボレーなどが活きた。代表合宿などではテニスボールを蹴って浮き球の処理も上達していたんですよ」

1960～70年代にかけて、日本では釜本邦茂という完璧なストライカーが君臨した。その後も釜本2世は生まれていないが、原は後継者の1人として「タイプは違うけれど､間違いなく歴史に残る選手」(木村)になった。

釜本以降も、サラブレッドの血統を思わせるストライカーが、何人も早大のユニフォームに袖を通した。細谷一郎、松永章、碓井博行、松浦敏夫……。母校の歴史を俯瞰し、唐井が語る。

「特に碓井さんなどは、万能型で速く美しいプレーをした。松永さんには、貪欲さがあった。それに対し、原は高校時代は無名の存在で、特別な上手さは持っていなかったけれど、やれることにこだわり続けることで記録を残したんですよね」

今ならタイプこそ異なるが、イメージが重なるのが岡崎慎司かもしれない。確かに、と唐井が続けた。

「資質では高原直泰の方が上なんでしょうが、うまくなりたいという意欲と自分のできることへのこだわりで、欧州でも仲間の信頼を集めていった」

多才ではなかった。「水泳もスキーも不得意」(鈴木)で、サッカーもオールラウンドではなかった。しかしだから一芸に集中し、ゴールという重要な結果を積み上げた。

実はストライカーとは、そんな人種なのかもしれない。

「純血」でアジア制覇の快挙・古河電工

1986年12月、古河電工は即断を迫られていた。前年には日本リーグで9年ぶりの優勝を飾った。優勝と疎遠になった8年間は、そのまま奥寺康彦がブンデスリーガでプレーして来た歳月だが、ようやくその奥寺が帰国を決めるシーズンにタイトルを奪回した。

ところが翌86～87年シーズンが開幕すると、優勝メンバーに奥寺を加えた古河が、いきなり4連敗と躓いた。良くも悪くも奥寺加入の影響は否めなかった。日本は、まだアマチュア時代である。本場ドイツのプロとして活躍してきた奥寺は、雲の上の存在だった。欧州リーグの生中継など皆無だったから、ファンは奥寺をひと目見たいとスタジアムへ足を運ぶ。チームメイトも奥寺にボールを集め、当然それを見越した対戦相手は意地でも止めにかかった。

誰もが奥寺が個で打開するシーンを望んだ。しかし奥寺の本当の凄味は別のところにあり、それは時間をかけて少しずつチーム内に伝わって行った。例えば、と攻撃を操る前田秀樹が教えてくれた。

「紅白戦でのことです。相手チームの奥寺さんの位置も確認し、一瞬視線を落としボールを蹴ろうとしたら、もう目の前に立っている。守備での読み、ポジショニング……、だからドイツで戦えたんだと感心しました」

やっと歯車が噛み合い始めたところで、アジアクラブ選手権の2次リーグを迎えた。マレーシアで行われた三つ巴戦では、地元セランゴールに２－１で競り勝ち、強敵ピョンヤン4・25の棄権で代替出場してきたマカオのハップクアンには３－１で逆転勝ち。４チームが集中開催で争う決勝リーグへの進出を決めた。１９８６年12月上旬のことである。

当初決勝リーグは年明けの1月に予定されていた。ところがＡＦＣ（アジアサッカー連盟）が、突然年内の開催を通達して来る。古河は12月に天皇杯を控えていた。一方アジアクラブ選手権は第6回大会を迎えていたが、それまで日本のチームは東洋工業（サンフレッチェ広島の前身）が第2回大会（１９６９年）に参加して3位の成績を残しただけで、残る4度の大会は全て参加を見送って来た。要するに伝統的に日本のチームは、国内に重きを置き、国際競争を視野に入れていなかった。実際古河電工社内や、サッカー部内でも、アジアに挑むか、日本一を目指すか、で意見が分かれていたそうである。

監督の清雲栄純が、社長室に呼ばれた。

「キミは、どう思う？」

「私はアジアを目指したいです。それがチームの総意です」

敢えて清雲は言い切った。

「判った。私もそれでいいと思う」

この簡潔なやり取りで、あっさりと結論が出た。清雲が述懐する。

「日下部（悦二）社長（当時）の英断でした。開催地がサウジアラビアで、古河電工の営業所が同じ中東のヨルダンにあったこともプラス材料になったと思います。中東はサッカーが盛んなので、古河が名前を売るチャンスですからね。実際効果は絶大だったと思います。現地入りすると、私や奥寺が盛んに取材を受け、地元の英字新聞などで大きく報道されましたから」

天皇杯全日本選手権1回戦は既にチケットが販売されていたため、急遽古河の壮行試合として行われた。古河は兵庫教員団に大勝するが、大会は棄権という扱いになり、兵庫教員団が2回戦に進んだ。清雲が続ける。

「壮行試合の翌日にはサウジに出発したと思います。深夜に到着して、朝はアザーン（礼拝の呼びかけ）の声で起こされ、もうその夜には初戦です。時差を感じている暇もなければ、コンディションを整えている時間もない。それがかえって良かったのかもしれません」

古河は12月26日に、地元サウジアラビアのアル・ヒラルと対戦し、中1日でアル・タラバ（イラク）、さらに同じ間隔で最終戦を遼寧（中国）と戦う日程が組まれていた。

日本代表を退いたばかりで「凄く楽になり（※当時代表は今とは比較にならないほど拘束期間が長かった）、絶好調だった」という前田が振り返る。

「3試合で勝ち点1か1勝を目標にしていました。勝てるとしたら中国かな、などと話していましたよ。当然地元サウジは優勝を義務づけられている。だから一番弱そうな日本（古河）戦で最初に弾みをつけようと考えていたんでしょうね」

首都リヤドのマラス・スタジアムのスタンドは、真っ白な民族衣装で膨れ上がった。ピッチコンディションはお世辞にも良いとは言えず、だいぶ芝は剥がれて緑の方が少ない。そういう意味では、当時の国立と似ていた。

両チームともに実質的な布陣は4－2－3－1。古河はゴールマウスに加藤好男が入り、DFは右から吉田暢、金子久、岡田武史、小林寛。金子がストッパーで、キャプテンの岡田がスイーパーという役割分担である。ボランチは、前年に新人王を獲得した越後和男と、日本代表として活躍してきた宮内聡が務め、2列目には右から池田誠剛、前田、奥寺が並ぶ。1トップは後に女子の指導に携わり、前年リーグ得点王とMVPを獲得した吉田弘。前田はFW表記だったが「ほとんどトップ下の位置から自由に動いていた」という。

古河にとって幸いだったのは、現地のリヤドが、まるで真夏から真冬に直行するかのように、夕刻になると一気に冷え込むことだった。プレーをするには絶好のコンディションに恵まれ、古河は序盤から運動量でアル・ヒラルを圧倒し、主導権を握った。

「個では絶対に負ける。だから局面ごとに人数をかけて全員で攻守をする。それが古河のスタイルなので」

そう語る金子は、左からの攻めに偏るアル・ヒラルのクロスを、ことごとくはね返した。

179㎝ながら85〜86kgの体躯で、帝京高校時代から往年のポーランド代表の重厚な名DFにちなみ「ゴルゴン」の異名で知られていた。

「よくサッカー選手らしくない体だとは言われました。でも1度70kg代に落としたら、小さなFWに弾かれちゃったので（笑）。岡田さんとは、クロスを上げられても跳ね返せばいいと確認していました。またリスクを避けることもあり、1度前線にロングボールを入れて陣地を挽回し、そこから守備に入る。つまらないという声も出ていましたが、それもうまくはまったと思います」

そこで重要な働きをしたのが、自称「ディフェンシブFW」の吉田弘だった。最前線は当然数的不利な状況にあったが、それでも執拗に追い回し、敵陣でのボール奪取に貢献した。吉田が守備のスイッチを入れることで、後方も押し上げ果敢にボール刈りに出る。逆にサウジアラビア代表の経験者7人を揃えるアル・ヒラルは、個々が能力を過信し独力で局面を打開しようとするので、どうしても展開とボールへのアプローチが遅くなった。

敵陣では数的優位を築き、アグレッシブな守備から速い攻撃を仕掛ける。自陣からはロングフィードか、右サイドで待つ池田のスピードを生かしてカウンターに出る。古河は見事なパフォーマンスを見せていた。

だが30分、アル・ヒラルが最初のチャンスをゴールに結びつける。左からのCKをGK加藤が両手を伸ばしてキャッチしかけたが、ボールは後方にこぼれ、FWに頭で叩かれた。

この時金子は、加藤がファウルをされたと確信していた。

「加藤さんの名誉のためにも、あれはファウルですよ。やっぱりアウェイなんだな、と思いました」

ただし映像で確認する限り、加藤は相手選手と接触していない。ファウルをされたとすれば、カバーリングに入りながら相手にのし掛かられてジャンプ出来なかった宮内だ。しかし金子の「本来ノーゴール」という思い込みは、むしろ好影響をもたらしたかもしれない。「別にやられていないしショックはなかった。これ以上点を与えなければいい」と、その後も自信を持ってプレーを続けられたからだ。

しかし5分後、古河は本当に大きなピンチを迎えた。アル・ヒラルが右サイドに運び2対1の状況を作りかける。CBの金子がフォローして同数の形を作るが、股抜きされてサイドを抉られた。鋭いグラウンダーのクロスが入る。GK加藤がなんとか弾くが、ボールはフリーの相手選手に渡った。加藤が右に倒れたのを見越して、冷静に逆を突いてくる。だがライン上でカバーに入った岡田が辛うじてブロックし、こぼれたボールを加藤がダイビングしながら懐に収めた。

大きな分岐点と言えた。ここでアル・ヒラルに追加点を奪われていたら、そのまま古河は逆流に呑み込まれていた可能性もある。逆に傷口が広がらなかったことで、古河は一気に流れを引き寄せていくのだ。

40分、右サイドで前田が2人に囲まれながらキープして短いクロスを入れる。

「ずっとサッカーをやって来て、あんな試合は2～3度しか経験していません。味方も敵も全てよく見えて、三手先くらいまで読めてしまう。この時も、手前の選手が

頭で擦らせて逆サイドまで流れれば、奥寺さんがフリーで打てる。そこまで見えていました」（前田）

ニアサイドで池田が頭で流すと、中央で吉田弘が飛びついてバイシクルで狙った。シュートはしっかりミートし切れなかったが、結果的に逆サイドの奥寺へと軌道を変える。奥寺が正確に左足で叩く――。古河は同点に追いついて、前半を折り返した。

さらに後半開始のホイッスルが鳴ると、古河は一気呵成にリードを広げていく。

46分、最後尾から金子が右寄りのスペースへロングフィード。吉田弘が競り勝ってDFを置き去りにすると、そのまま左足を一閃。逆サイドのネット天井を突き刺した。吉田にとっても会心のゴールだった。

「私にしては珍しい。裏に抜け、中へ切り込んで、そのまま自分で打つ。あんなシーンは他には記憶にないですね。器用ではなかったし、前線で勝ち切るのも難しいから、自分が潰れて相手にも自由にやらせない。そんなプレーを心掛けていました。でもあの時だけは、自分で行くんだという決断にまったく迷いがありませんでした」

またアシストをした金子にとっても、会心のプレーだった。

「あのパターンは多かったんです。ボールを持った時の第一目標はFW。あまりやると、前田さんとかに『一発狙いはやめろ！』と怒られるんですが、（ロングパスが）通った時は、点を取るより快感でした」

さらに5分後、中盤まで戻った吉田弘のインターセプトから、小気味よいパスワークで追加点が生まれる。宮内から奥寺、奥寺は前田にあずけてスペースへと走った。

「パスを受けた瞬間に、CBの2人がボールにつられ、ほんの少し内側に動くのが見えた。だからその裏のスペースへノールックで出したんです」（前田）

奥寺が抜け出して3－1。続いて57分には、またもアル・ヒラルが池田のスピードに翻弄されてファウルを犯す。池田はFKを大きく逆サイドまで振ると、再度フリーの奥寺が叩き込みハットトリックを達成した。

「ドイツでプレーしている方が楽でした。動けばパスが出て来て、スムースに展開していけた。日本に戻って来て『どうして？』ということが多かった。帰国してみて、技術の高い選手は出て来ているなとは感じました。でもチームとしての動き方が出来ていなかった」

さらに周囲の注目、期待が、奥寺の戸惑いに拍車をかけた。

「僕は使われるタイプで、ゲームを作る側ではない。でも期待されてボールが集まって来ると、自分でもいいパスを出さなくちゃ、と思ってしまう。リズムや動くタイミングなどをお互いで理解し合って感覚を擦り合せるのに、どうしても時間がかかりました。アジアクラブ選手権の頃は、だいぶ良くなってきて、短期決戦ということもあり、俗に言う『ゾーンに入った』状態だったんじゃないかな」

実は奥寺には直後に4点目を決める絶好のチャンスが訪れるが、これを外して頭を抱えた。本人には、この決定機を外した記憶が強く残っていたようで「ハットトリックを逃したんだったよね？」と、確認を入れたほどである。

しかし一気に3点差をつけられながら、アル・ヒラルもしぶとく食い下がった。スルーパスが小林の引っ込めた手に当たり、主審はPKを宣告する。このPKは、GK加藤が見事に横っ飛びでセーブしたが、残り15分を切ってから2点を返して来た。それからはアル・ヒラルの選手がボールを奪い返すごとに大声援が沸き上がり、騒然とした雰囲気の中で試合が進んだ。スタンドからは、クギ、櫛、鋏などの危険物が次々に投げ込まれ、タッチラインぎりぎりまで飛んできたという。

「でも前田さんとかは落ち着いたものでした。『レフェリーに抗議すれば、没収試合だろ？』って」（金子）

4－3、スコアを見れば激闘だが、内容的には古河の完勝という見方も出来た。いきなりダークホースが優勝候補を破ってしまったせいか、妙な反響が広がった。古河はホテルのワンフロアを占めていたが、廊下に用意されたフリードリンクのコーヒーに毒を入れたという悪戯電話が入った。池田が口にしてしまった後だったので「大丈夫か？」と、ちょっとした騒ぎになった。またPKを止めた加藤は、地元の同性愛者に執拗に言い寄られ、チームメイトからは「付き合ってやれよ」と散々冷やかされたそうである。

2戦目もスタジアムの雰囲気は完全にアウェイだった。イラクからサポーターが来ていたし、サウジの観客も古河に連勝されれば逆転優勝が絶望的になるので、対戦相手のアル・タラバの応援に回った。しかし前半耐えた古河は、66分、前田を起点に均衡を破る。

「相手はラインを高く設定していました。そこで斜めに走る越後へ、オフサイドぎりぎりのタイミングでスルーパスを出した。越後のクロスをフリーで走り込んだ吉田弘がヘディングで決めました。でも僕自身は、あまりに好調過ぎたんでしょうね。終盤肉離れを起こして、そこで退きました」（前田）

古河は終了4分前にも、スルーパスで抜け出した池田が、逆サイドでフリーの吉田弘にお膳立てをして2点目。本命視された中東の2チームに、あっさりと連勝してしまった。清雲が振り返る。

「イラクのアル・タラバは相当成熟したチームで、実力的には完全に我々より上だったと思いますが、うまく持たせて奪い、浅いラインを突いてカウンターを成功させた。とにかくなかなかこんな所に来ることはないので、現地では滞在を楽しみました。空き日もスークに出かけたり、ナショナルスタジアムを見学したりして気分転換ができた。こちらは素晴らしい芝で、夢のようなスタジアムでした」

2連勝の古河は、最終日の第1試合で遼寧と引き分け以上で優勝が決まることになった。逆に主催国が事実上の決勝戦と想定して最後に組み込んだ中東決戦は、消化試合になる気配が濃厚になった。

遼寧は、現在の中国の選手たちと比較しても、柔軟な技術を持ち、ショートパスを繋いで崩す攻撃を志向していた。一方で相手が自陣に入りかけると躊躇せずにファウルで止めにかかる。中東のチームより組織力には長けていたので、古河にとっては難しい試合になった。古河は2戦目からGKを佐藤長栄に代え、遼寧戦は肉離れを起こした前田の代わりに、ベテランの永井良和をスタメンで起用した。

13分、古河は早い時間に均衡を破る。アーリークロスを宮内がバックヘッドで擦らすと、右サイドから長駆上がっていた金子がゴールラインぎりぎりでボールに追いついた。

CBがこんな場所でボールを受けた意外性も影響してか、慌てた遼寧のDFが一気に吸い寄せられ、逆サイドの吉田弘が完全にフリーになった。金子の述懐である。

「ハーフウェイライン辺りから右サイドを上がって行きました。チャンスだと思えば上がる。そこは確認できていました。吉田（弘）さんがフリーなのは見えて、点で合わせるというよりは線で合わせたクロスでしたが、態勢を崩しながら、よく決めてくれました」

結局これで通算4点目を決めた吉田は、大会得点王に輝いている。

その後のボール支配は遼寧に譲った。主審が決断力を欠き、確信を持って笛を吹けないので、古河はラフなファウルにも苦しめられ、後半は永井や池田も自陣に戻って守備に追われる時間が増えた。それまで繋ぐことを意識してきた岡田も、終盤にはロングフィードを選択している。しかし序盤の1点は遼寧の重圧となり、冷静さを奪った。逆に古河は、ショートパスを駆使した中央突破を水際で阻止し続け、最少リードを守り切って遂に試合終了のホイッスルを聞いた。

派手なポーズもなく、静かな優勝決定シーンだった。

「勝っちゃったよ、という感じでした」と金子。「でも最後はサウジアラビアのファンも認めてくれて、僕らに拍手を送ってくれました」と語る前田は「今でも思い出すと楽しくなりますね」と満面に笑みを湛えた。

　表彰式を終えると一行は現地の日本大使館へ直行し、盛大な歓迎を受け、久しぶりにアルコールを口にした。サウジアラビアは厳しい禁酒国だが、ここは治外法権だった。

「大量のビールやワインなどが用意され、全部飲んでくださいと言われました。酔いが回り始めた頃に、大使から公邸にあるショートコースに誘われました。ゴルフなんて、やったことがなかったのに……」（清雲）

「普段はどれだけ飲んでも顔色ひとつ変えない酒好きの人たちが、疲れ切って３５０mlの缶ビールだけで真っ赤になっていた。もう芝生に穴を掘っちゃったり、大騒ぎでしたね」（金子）

　大使館のパーティーを終えると、そのまま大韓航空のエコノミークラスで、ソウルを経由して帰国の途に着く。ただしアジアチャンピオンになっても、空港への出迎えはなかった。当時の新聞記事を見ても、古河の快挙より天皇杯準決勝を優先している。唯一写真付きで詳報したのが、当時月刊だった『サッカーダイジェスト』誌。現地にはスタッフを派遣出来ないので、編集者の六川亨が機転を利かせて、出発前にカメラ好きの森本哲郎ドクターに10本程度のフィルムを渡し、撮影を託したのだった。

「当時は日本代表戦でもアウェイはカメラマンしか派遣しなかった。そこで一眼レフのカメラを持っている森本ドクターにお願いしました。だから全てベンチから撮影されていて、プレー中の写真はないんですよ」

　六川は、こう結んだ。

「あの頃、特に単独チームの競争は、国内で完結していた。それだけに天皇杯ではなくアジアクラブ選手権を選択したのは、画期的な決断だったと思いますよ」

　改めて清雲が、当時のチームを総括する。

「オク（奥寺）は、ドイツへ渡る前とはすっかり変わり、妥協なく強い口調で味方に要求するようになっていました。リーグ制覇した時も、ＭＦがＤＦに戻した時はダイレクトで繋ぐなど、いくつかの約束事はあったんですが、まだ縦への意識が薄く判断にも迷いがあり時間がかかっていた。そこをオクが意識改革し、同時にオクの良さも活かされるようになった。チームのバランスも凄く良かったと思います。ボランチの宮内の仕事ぶりが凄かったし、岡田はよくコーチングをして、金子も重い体でジャンプを繰り返し跳ね返してくれた。吉田はよくボールを追いかけてくれたし、前田にはキープ力があった。こうした日本代表歴を持つベテランや中堅に、若手が刺激を与え、チーム内でも良い競争が出来ていました」

翌年には読売クラブが続き、ＡＣＬ移行後は浦和が２度、さらにＧ大阪もアジア王座に就いた。しかし助っ人抜きの「純血」チームでの快挙は、後にも先にも古河電工しかない。

専守防衛が寂しく砕けたソウル五輪予選

言い訳で片づけるには、あまりに大きな敗因が隠されていた。石井義信は、その忸怩たる想いを、十数年間は胸の奥底にしまい込んで来た。日本代表が万全の支援を受けて戦える時代が来たからこそ、重要な秘話を少しずつ語り始めたのだ。

１９８７年7月、石井はソウル五輪最終予選の日程を決めるＡＦＣ（アジアサッカー連盟）会議にオブザーバーの立場で出席した。

「当面のライバル中国とは、最初にアウェイで、そして最終戦でホームゲームをやりたい」

中国側も思惑は同じで、10月11日東京、18日広州、という案を主張して来た。だが石井と同行したＪＦＡの村田忠男専務理事（当時）が粘り強く希望を通し、日本にとっては理想的な日程に決定する。つまり10月4日に広州でアウェイ戦、翌週の11日に東京で最終戦。石井は村田と手を取り合って喜んだ。

「あとは結果を出すだけだ」

ところが一夜明けて、歓喜は落胆に変わった。翌朝村田がJFAに連絡を入れると「11日に試合は出来ない」と突き返されるのだ。当日、東京・国立競技場では「コダック・オールスター」戦が予定されていた。

「それなら他の都市で開催できないのか」

村田が食い下がると、電話の向こうで怒りが爆発する。

「日本代表の強化費は、どこから出ていると思っているんだ。お客さんの入らない会場で代表戦を開催したら、JFAが大赤字になる」

今では考えられないやり取りである。当時日本代表戦を地方で開催すると、まったくと言ってよい程集客が見込めなかった。また日本リーグでプレーする助っ人も含めたスター選手たちが東西に分かれて戦う「コダック・オールスター」の観衆は3万9000人。これは貴重な収入源だった。

こうして歴史の分岐点になるかもしれない五輪予選最終戦は、約3週間も先送りになった。決まった日程は、10月26日だった。

日本サッカー界は、もはや変革なしには一歩も進めない状況に差し掛かっていた。1985年10月26日、国立競技場は6万2000人の大観衆で埋まった。勝てばメキシコ・ワールドカップへの切符が手に入る日韓対決の初戦。だが力の差は明白で、アウェイの韓国が2－1で日本を振り切る。さらに折り返しのホームゲームも1－0で手堅く勝利を収め、本大会への出場権を獲得した。

既に韓国ではプロリーグが始まっていた。一方まだ日本では、JFAもアマチュアスポーツの総本山「日本体育協会」の一室に居を構えていた。日本代表を指揮した森孝慈監督以下、現場は「もうプロ化なくして韓国とは戦えない」と痛感していた。しかしアマチュアリズムが染みついた体協内では、プロとの繋がりを持つサッカーは異端視され、JFA内でも変革への意識は鈍かった。

長沼健専務理事（当時）は、ワールドカップ予選で日韓決戦に持ち込んだ手腕を高く評価し、森に代表監督継続のオファーを出した。だが森は、あくまで次代を睨んだ体制への変革を望んだ。日本代表選手は、年間の半分以上を合宿や試合で拘束されながら、何も保証されていなかった。また森自身も、プロ化への第一歩はまず指導者から、と考えた。ところがこうした森の提案に対し、アマチュアリズムの中で育った人情派の長沼は言った。

「森チン、ダメだったらクビとか、ワシにはそんなことは、よう言えん」

こうして日本サッカー界の切り札と目された森体制は終焉を迎える。後任として白羽の矢が立ったのが、フジタ工業（湘南ベルマーレの前身）で2度の二冠を達成した石井だった。

「まさに青天の霹靂でした。それまで日本代表監督と言えば、選手として優れた経歴を持つ統率力のあるタイプばかりでしたからね。指導者としての実績が優先されたのは、下村幸男さん（東洋工業を率いて日本リーグ創設から4連覇）くらいでしょう。おそらくJFA強化部でも、もっと指導実績を評価しても良いのでは、と考え方を変えたのだと思います」

横山謙三強化部長から打診されると、石井は即答を避け、何人かの関係者に相談をした。

「やめた方がいいという声もありました。現在とはまったく状況が異なります。例えば、対戦国の情報収集をするにもお金がかかるわけですが、それも自腹を切らなければならない。三菱、古河、日立などなら会社側も理解を示し、支援してくれたようですが、フジタでは期待できません。代表監督時代の下村さん（フジタ工業の前任監督）が、苦労をするのも見て来ましたからね」

それでも最終的には、日本代表監督の重みとやり甲斐が勝った。

「やりたくてもできる仕事ではありません。釜本邦茂や杉山隆一だって、やったことがない。やはり代表監督は、男冥利に尽きます」

石井は就任に際し、こう挨拶している。

「攻撃的なチームを作って、アジアの壁を破りたい」

フジタ工業時代を考えれば、当然の志向だった。日本リーグでのフジタは、傑出した攻撃力を誇り、1977－78年シーズンには歴代シーズン最多の64ゴールを記録。天皇杯決勝でも、ヤンマーを4－1で圧倒する破壊力を見せつけた。中盤には柔軟なテクニックとダイナミックなプレーが売りのアデマール・マリーニョや古前田充が君臨し、FWのカルバリオは23ゴールで得点王に輝いた。

「MFでフリーになる選手が出れば、あとは個の力で自由に崩すこと出来た。そしてウチはマリーニョが必ずドリブルでマークを剥がせるので、フリーの選手が生まれるんです」

だが国内のフジタ工業と、アジアの中の日本代表とでは、根本的に立ち位置が違った。1986年秋に韓国で開催されたアジア大会で、石井はそれを痛感した。日本は5ヵ国で争われたグループリーグで2勝2敗の3位で敗退。ネパール、バングラデシュには大勝したが、イラン、クウェートの中東勢には、ともに0－2というスコア以上に「質の違い」を思い知らされた。

ここまで石井は、メンバー構成、フォーメーションとともに、森体制を継続していた。前年森監督時代に国立で韓国とワールドカップ予選を戦ったチームと、アジア大会のイラン戦では、スタメンが3人しか代わっていない。むしろブンデスリーガで9年間戦って来た奥寺康彦の復帰もあり、期待値は高まっていた。しかし日本は、テジョン（大田）でグループリーグを戦っただけで帰国の途に着く。

「アジアの強豪の中では、自由にプレーが出来ない。日本は、自分たちのサッカーができるほど能力は高くない。それを実感し、凄く考え方が変わりました」

思えば前任の森も、同じ歴史を辿っていた。１９８４年4月、大きな手応えとともに、シンガポール開催のロス五輪最終予選に臨んだ。ところが初戦でタイに２－５の大敗。出鼻を挫かれ、4戦全敗の最下位に終わる。そしてこの経験があったからこそ、次のメキシコ・ワールドカップ予選では、守備に重きを置く粘り強い戦い方を貫き、北朝鮮の猛攻も凌いで、韓国との決戦まで持ち込むことが出来た。

こうした経緯を踏まえれば、石井がここで改めてアジアの中での日本の実力を把握し、方向転換を迫られるのも必然だった。実際に石井体制に入り、初めて代表に抜擢された堀池巧も、中東勢との力の差を実感していた。

「ユース代表などでも中東とは戦ったことがありませんでした。初めて対戦してみて、懐は深いし、フィジカルも強くボール扱いも優れていました。(対等に戦うのは)難しいな、と思いました」

ソウル五輪予選は、翌年に迫っていた。だが反面、石井が監督に就任してから、日本代表の拘束時間は極端に減少していた。

「１９８０年にフジタ工業の監督を退いてから、日本リーグの常任運営委員になりました。リーグ側から、日本代表チームにモノを申す立場に回ったわけです。選手を育てるのは所属チームで、日本代表は育った選手を使うべきだと主張して来ました」（石井）

過去を遡れば、日本代表は長期合宿や遠征を繰り返すことで強化されて来た。１９６０年代の東京（ベスト８）－メキシコ（銅メダル）両五輪の成果は、まさにその賜物だったが、一部のエリートを鍛えるだけでは底上げが出来ず、限界が見えたのも事実だった。

「１９７０年代後半の二宮寛監督の時代には、年間で２３３日間も合宿に費やしたことがありました。森監督の時も、最長で１７６日間だったのが、最終的に87日間(試合も含む)まで減らしました。だから私の在任中も、2年間ともに１００日間に抑えました」（石井）

合宿を減らす代わりに、石井は週中の招集解散を繰り返した。

「関西のチームなども、よく協力してくれました。火曜日に招集し、水曜日の午前中にセットプレーを確認して、午後試合をする。夜台北へ飛び、翌日試合をして帰国。あるいはプサン（釜山）でデウ（大宇）と試合をして帰る。それを全部で8回くらい行いました」

アジア大会で敗退してから、石井の指針は「しっかり守ってカウンター」へと変わった。ところが同じ頃、大きな問題が浮上した。堅守を軸にしたチームにとっては、セットプレーが生命線だった。しかし卓越したキックの精度を誇る木村和司の調子が急速に下降し始めるのだ。

「目に見えて体調が悪くなり、動きも減り切れもなくなりました。和司は直接FKを狙うだけではなく、ヘディングが強い原博実に合わせる単純なパターンもあったので、本当に悩みました。もし後から振り返って悔いがあるとしたら、そこだけです。和司には長く広範に動くのは無理でした。でも守って速くカウンターを仕掛ける中で、もう少し役割を限定してあげれば、男気でこなしてくれたかもしれないですね」

石井は苦渋の決断で、木村を外した。木村だけではない。前線にも守備が要求されるようになり、応えられない選手は去って行く。一時は水沼貴史も外された。

「でも彼は『絶対にここに帰って来ます』と宣言して、本当に戻って来ました。有言実行したのは、水沼一人だけでしたね」（石井）

ソウル五輪1次予選は、1987年4月から6月にかけて行われ、最終予選の相手が決まった。石井はライバル中国が強力な2トップを用意して来ることを想定し、3バックの導入を決断した。

「最終ラインで1人余らせるという発想ではなく、守備に余裕を作りたかった。でも当時の私にとって3バックは未知のものでした。そこでマツダの監督を務めるハンス・オフトに、どういう概念でどんなシステムなのかを聞きに行きました。夏の欧州遠征で固めていくつもりでした」

アジア大会以降、石井は選手たちに「専守防衛で行く」と宣言していた。中途半端なことをやっても勝てない。そう考えるから、監督人生を振り返っても例を見ないほど、守備を強調し続けた。

この戦術変更で、本来のSBからMFにコンバートされた都並敏史が苦笑する。

「ドイツ遠征で勝っているゲームの終了2分前くらいのことです。ドリブルで上がったら、誰もサポートに来なくて、3人くらいに囲まれた。するとベンチからは『（外に）出せ！』と指示が出たんです。仕方なく自分でボールを外に出して戻って来たんですが、後にも先にもあんなプレーは初めてでした。石井監督には『離合集散』と、そればかり繰り返されました」

当初石井は、3−5−2の左ウイングバックとして、ドイツに留学中の或る選手を起用する案を温めていた。だが彼が所属するヴェルダー・ブレーメンのオットー・レーハーゲル監督に可能かどうかを尋ねると、言下に否定された。

「奥寺はドイツ人以上に上下動を繰り返せるし、何度でも同じようにピンポイントのクロスを送れる。だからこのポジションがこなせるんだ。しかし彼にはとても無理だよ」

代表合宿では同部屋で過ごすことの多かった都並も、奥寺の凄さを実感していた。

「間近で見ても、いつも物凄く正確なクロスが飛ぶ。世界でやって来られた理由が判りました。よく見ると、臍の向きで調整をしているんです。僕も真似をしたら安定して来たので、後の横浜ＦＣの監督時代に太田宏介に伝えました」

さらに都並が秘話を教えてくれた。

「実は奥寺さんも、もう少し繋ぐべきだと考えていて、自分が真ん中でプレーした方がボールが落ち着くと話していました。『オレとお前のポジション代えた方がいい』と。でもあのピンポイントのクロスを見てしまうと、やはり左に置いた方がいいと思いましたね」

選手たちには４バックから３バックと、新しいフォーメーションに変わったという意識は希薄だったようだ。

例えば、堀池も「まったく攻撃には出ていかない右ＳＢ」のイメージで、相手のエース格をマンマークすることに専念していた。

「順天堂大学の試合では、リーグ全体でトップ３に入るほどゴールを記録しました。ハットトリックの経験もあるし、ＰＫも蹴っていた。でも代表では１対１に強い守備力を買われたので、奪った後の攻撃参加は控えました」

ソウル五輪最終予選は、中国、タイ、ネパールと４ヵ国での総当たり戦となったが、中国に次ぐ難敵タイとの試合でも、堀池は相手のエース、ピヤポンを、ホーム（１−０）アウェイ（０−０）と２試合ともに完封した。

「ピヤポンは、スピード、緩急の変化、相手の裏を取るターンなどが持ち味でしたが、こうした対応は得意でした。１度だけ危ない場面がありましたが、外してくれました」

タイをしぶとく下した日本は、いよいよ10月４日、60000人の大観衆を呑み込んだ広州の天河体育中心体育場に乗り込む。

「不細工なサッカーだが、選手が一生懸命やり通してくれている。逆に下手だから、中国は勝てると自信満々で臨んで来る。繋ぎは良いが、フィニッシュは甘いチームなので、攻めて来てくれた方がチャンスがある」

前日練習を終えた石井は、日本のメディアに対応し、そうコメントした。

「よく覚えているのは、直前合宿でクロスからのクリアー練習があり、FWも含めて全員が参加したことです。実際広州での中国戦は、これぞアウェイという感じで、押されっ放しでした。クロスを上げられ、競ってセカンドボールを拾ってクリアー。その繰り返しで、とにかく苦しかった。でもそのうちに守りのリズムが出てきたんでしょうね」(堀池)

21分、均衡を破ったのは、防戦一方の日本だった。水沼のFKから原のヘッドがゴールネットを揺する。

「6万人の中に日本人は30人程度。先制した途端に、大騒ぎだった音が完全に消えて、不気味な静けさが訪れました。やがて時間の経過とともに、中国は選手同士が喧嘩を始め、落ち着きを失っていきました」

そう述懐する石井は、中国を率いる高豊文監督とは旧知の間柄だった。

「普段はとても温厚で冷静な方です。ところが試合が終わり、挨拶に行くと顔を真っ赤にして気もそぞろでした」

動揺しまくる中国の指揮官を見て、改めて石井は「もし翌週東京で再戦だったら、とても立て直しは出来なかったな」と思った。

プレーする当事者も、見る側も、決して楽しくはなかった。しかし守って結果を手にすると覚悟を決めた石井は、ここに至るまでに完璧なシナリオを進めて来た。

「ボールを奪うために守備をする。そして奪ったら速く攻める。それは常にサッカーの生命線です。でも当時のメディアには、攻めを捨てて守っていると批判されました。ただそれに逐一反論しても仕方がないので……」

広州での試合は引き分け狙いだった。それが望外の勝利を得て、東京での最終戦は引き分けでも五輪切符が手に入る有利な状況となる。しかし再戦が3週間先延ばしされたことで、微妙に両国間の明暗が分かれた。石井が続ける。

「中国は3週間をかけて、日本を十分に研究し、精神的にも立て直すことが出来ました。逆に日本では、この間にも試合が組まれていたので、原との2トップを予定していた松浦敏夫が故障で離脱してしまいました」

10月26日、東京は大雨に見舞われた。

「中国はしっかりと研究し、マークのずれを誘発して来ました。FWが中盤に下りて来たり、マークから離れたかと思えば、選手と選手の間で受けてみたり……。ピッチ上では、まずい、マークがズレている、と感じながらプレーをしていました」(都並)

前半日本は、松浦の代わりに先発した手塚聡が抜け出し、GKと1対1になるチャンスがあったが、右45度からのシュートはＧＫの胸にしっかりと収まる。

「雨でピッチも悪かった。それに日本代表は、今までもああいう形で決め切れていなかったですからね。木村や水沼なら絶対に決めていた。でも逆にあのチャンスを作れたのだから、まだ次もあると思っていました」（石井）

しかし37分、先制したのは中国だった。ＣＫからボールを動かされ、マークがずれた。エースの柳海光との空中戦は、勝矢寿延が競る予定だったが、あまりヘディングが得意ではない西村昭宏が対応を強いられた。

日本は守備のチームだけに、追いかける立場に回ると打つ手が限られた。交代カードを切ったのも70分、守備的な西村を下げて、若い攻撃的な松山吉之を送り込んだ1枚のみ。反撃の糸口が掴めないまま、82分に追加点を許し、五輪への挑戦は終幕を迎えた。

「広州で勝って大喜びし過ぎました。後のドーハ（１９９３年米国ワールドカップ予選）の時のラモス瑠偉さんみたいに、まだ終わってないぞ、と言う人もいなかった。五輪に出れば人生が変わると思っていたのですが……。やはりＭＦの中央にリーダーが不在だった。例えば、ラモスさんなら、個人の戦術的な引き出しが凄かったので、悪い時間をいかに凌ぐかで、真ん中で的確な指示を出せましたからね」（都並）

専門誌『イレブン』の１９８８年1月号には、最終予選での日本代表のデータが紹介されている。日本の失点は、最終戦で中国に奪われた2ゴールのみだが、その堅守の反面、攻撃は水沼のドリブル頼みが顕著で、スルーパスの成功がホーム3戦で4度しかない。またＧＫは中国、タイとの2戦（ホーム）で55回のフィードのうち53回がロングキックだったが、味方がキープできたのは18％に過ぎなかった。結局、専守防衛で五輪出場という結果には近づけたが、質の落差を埋めたとは言い難い。10月26日には2年前に続き、歴史的な敗戦が重なるのだった。

土壇場でソウル五輪を逃し、石井は「これで良くも悪くも日本のサッカーが変わる」と思った。現実に痛恨の想いは、日本サッカーの進化を促した。後年石井は、Ｊリーグ創設の立役者木之本興三にジョークを言われた。

「あの時、ソウル五輪に出場出来ていたら、間違いなくプロ化が遅れていた。そういう意味では功労者ですよ」

歴史のサイクルは皮肉だ。もし日本サッカーの切り札と期待された森体制が成功していれば、長期政権が確実だった。失敗したからこそ、指導者として叩き上げた石井にチャンスが巡り、やがて同タイプの加茂周へと繋がった。

「加茂がなければ、岡田武史もありませんからね。だから日本代表も外国人監督ばかり連れて来ないで、誰か日本人に失敗させればいいんですよ。最初にやる人は失敗してもいい。それが繋がっていくんです」

石井は、そう語り、静かに笑みを添えた。

〝助っ人〟のバナナシュートで選手権制覇

目の前が真っ白になる。

ベレーザの脳裏には、そんな感覚が焼きついている。

ペナルティエリアまで5m、ゴールに向かって、やや左寄り。絶好の位置だった。

「ああ、来たな……。これが、僕の将来を決めるFKになる」

早く蹴りたくて足が疼き、それを鎮めるようにグルグルと足首を回す。自信満々で蹴る時に、決まって出る仕草だった。

「足が痒くなるんですよね」

国見高校が6枚の壁を作る。しかしそれが障害になるとは思わなかった。

普段からベレーザのFKの練習を見ていた東海大一高（現・東海大翔洋）のチームメイト、吉田康弘は、既に確信していた。

「距離、角度を考えて、あそこなら間違いなく入るだろうな、と思いました」

ゆっくりと助走をとる。一瞬、東京・国立競技場を埋めた観客が静まり返る。会心のインパクト。柔らかく繊細に擦り上げられたボールは、向かって一番左側の選手の頭を越えて、なだらかに落ちていく。そしてその軌道を見極めると、ベレーザはネットが揺れるのも待たずに踵を返して疾走していた。

「もう視界には何も入らなかったね」

ジャンプしながら右拳を振り、大きく咆哮した。

だが次の瞬間、急に目まいが襲う。

「まるで6kmくらい走ったみたいだった」

そう振り返り、目を大きく見開いた。

1987年1月、全国高校選手権。

ベレーザは準決勝を終えると体調を崩し、病院で点滴をして宿舎に戻った。決勝戦当日を迎えても、朝から吐き気が止まらず唾ばかりが出てくる。

「でも途中で救急車に運ばれても構わないから試合に出る。勝てば入院してもいい」

伝説のFKの舞台裏には、そんな秘話が隠されていた。

まだバナナシュートという言葉が盛んに使われていた。それだけバナナのように曲がるキックが珍しかった。しかしそれ以上に珍しかったのが、高校選手権への本場ブラジルからの参戦である。ベレーザは、助っ人留学生の先駆けとして、鮮烈な歴史を刻み込んだ。

「12～13歳の頃からジュベントスというクラブでプレーしていました。ちょうどブラジルに来て間もないカズ（三浦知良）が1つ上のカテゴリーにいて、僕も時々引き上げられて一緒に練習に参加するようになったんです。カズとは同じポジションで、すぐに仲良くなりましたよ。カズはホテル暮らしで、まだ辞書を引きながら、一生懸命話そうとしていた。暫くして納谷（宣雄＝カズの父）さんに、リベルタージ（サンパウロの日本人街）で焼きそばをご馳走になった。とにかくその味にはまったんですよ」

カズとは、兄弟のようだったという。一緒に練習に通い、休みの日には公園で遊び、まだ言葉に不自由なカズがからかわれれば「気にするなよ」と慰めた。

「僕も最初はリフティングが上手くなかった。でもカズがやっているいろんな種類のリフティングを真似て上達しました」

本名アデミール・サントス、ベレーザは愛称である。日本では女子チーム名でも使用され「美しい」「可愛い」と解釈されているが、他に「元気がいい」という使い方もあるそうだ。水溜りにはまっても、泥んこになりながら元気良く遊びまくるサントスは、いつの間にかそう呼ばれるようになっていた。

「ニックネームは、誰でもつけられた時は『ええっ？』

と嫌がる。でもそのうちに逆らえなくて慣れていく。ベレーザの愛称は、ブラジルからカズが持ち帰ってきたんですよ」

　ジュベントスのトップチームで紅白戦にも出ていたベレーザは、U－15ブラジル代表候補に名前が挙がり、コロンビアのクラブでプロになる話も出ていた。ところがそこに降って湧いてきたのが日本行きの誘いだった。

　その背景を、当時東海大一高校監督を務めていた望月保次が解説する。

「静岡県の体育協会がブラジルとの交流を図りたいと考え、岩崎茂会長以下が現地へ渡り話を進めたそうです。その第一弾として白羽の矢が立ったのがベレーザでした。でもたぶんウチより先に清水東や清水商に話が行ったと思います。結局受け入れが難しいと東海大一に回ってきたんでしょうね」

　打診されて望月は「もし受け入れたら、いろんなことを言われるだろうな」と過《よぎ》った。それまで東海大一は、惜しいところで選手権の静岡県代表の座を逃していた。決勝にも2度進んでいたが、自信作のチームが土壇場で全国への切符を掴み損ねていた。

　しかし本場から良い見本が来れば、確実に選手たちにも刺激になる。軽い気持ちで、同校の校長、教頭、教務主任に打診をしてみると、最初から「それは良い話じゃないか」と好反応で、すぐにカリキュラムを組んでくれた。

　ベレーザ自身も留学の話を前向きに受け止めていた。外国に行けば良い経験になるし、カズの生まれ育った国なら行ってみたいと思った。そして何より日本食の虜になっていた。

　昼食時に梅干しを口にしたら、もう止まらない。気がつけば目の前には20個近く種が並ぶことになった。唯一の障害は母。既に父を亡くしていただけに大反対だったが、それも納谷らが時間をかけて説得してくれた。

　東海大一高に伝えられていたのは、本人の名前だけだった。ポジションや特徴はもちろん、髪、肌、目の色まで、情報が届いていなかった。ただしアマチュア時代の日本の高校生にとって、王国ブラジルは雲の上。さすがに日本では王国の静岡県の強豪高の選手たちも「相当上手いんだろうな」と、想像していた。

　1985年5月、17歳のベレーザは、Tシャツ姿で片手に網に入ったボールをぶら下げると飛行機に乗り込んだ。出発前の1～2ヵ月間は、日本語学校で集中講義を受ける予定だったが、通う暇がなく、機中でなんとか覚えたのが「ボクの名前はアデミール・サントスです」だった。到着を待ち受けたテレビ番組でのやり取りも、まるでチグハグだった。

たという。

「日本はどうですか？」

「おいしいです」

こんな調子だから、チームメイトにはいじられまくったという。

「フュ～、と口笛を吹いて、これ、日本語でなんて言うの？　と聞く。僕は『風』という単語が知りたかったんです。すると悪戯好きの先輩が『ああ、それね、〈カツ丼〉だよ』って。僕は監督に挨拶をする。『監督、きょうは〈カツ丼〉が強いですね』」

望月監督は、すぐに沸騰した。

「誰だ！　そんなことを教えたのは」

カツ丼の罪は、ゲンコツの嵐という手厳しい刑で償うことになった。

だが私生活ではいじられるベレーザも、いざグラウンドに出てボールを持つと、面白いようにチームメイトを翻弄した。

「それまで抜かれたのを見たことがない3年生の先輩がいたんですが、ベレーザと1対1をすると負け越してしまう。ボールタッチ、裏の取り方、持ち方、駆け引き……、全てが想像以上でした。それにどんな局面でも、負けられないという気持ちがビシビシと伝わってくる。先進国から本当に良いお手本が来た。そんな感じでしたね」（吉田）

ベレーザが1対1に挑むと「取るよ」と宣言して本当にボールを奪い取ってしまう。だいぶ鼻をへし折られた選手がいた」と望月は回想する。

もっともブラジルから来たベレーザにとって、東海大一の練習環境や雰囲気は辛かった。望月監督宅に下宿したベレーザは、自転車で片道50分もかけて朝練習に参加し、年功序列が明確で重苦しい雰囲気に戸惑った。

「朝練習はまったく必要ない。確かにブラジルのクラブでも午前、午後の2部練習はある。でも授業があるのに、体の成長を考えても無理ですよ。ブラジルでは食事もしっかりとしたメニューで4度取る。でも日本は一番成長する時に、寮のおにぎりで済ませてしまう。ジーコも鹿島に来て、食事の内容に一番怒ったんですよ」

先輩後輩の関係も理解に苦しんだ。

「年上の人をリスペクトするというのは、だんだん判ってきました。それは日本の文化。でもピッチに出たらなくすべきだと、僕は言ったんです。だって後輩の方が怖くて思い切ったプレーを出来なければ、先輩だって伸びない。僕も後輩に激しく当たられて、最初はカチンと来た。でも、コイツはいいな、こういう負けず嫌いな選手を育てたいな、と思ったんですよ。それが田坂和昭（後の日本代表）でした」

来日して2週間でホームシックになり、監督宅2階の自分の部屋にこもると、連日泣きながら大音響でサンバをかけた。

「監督夫妻は、今でも僕の日本のお父さん、お母さんだと思っています。お母さんは優しく注意するんです。ベレーザ、ちょっと音が大きいよ、って。でも僕のパスポートを持っている納谷さんに電話をすると、『勝手に帰れ、パスポートなしで』って突き放されました」

望月夫人は、東京・渋谷まで出かけてブラジル料理の食材を買い込んできたことがある。

「フェイジャン（豆料理）の缶詰を1度出したけれど、それが最初で最後でしたね」（望月監督）

「日本で食べるのは日本食が一番。納豆、玉ねぎ……、なんでも食べた」（ベレーザ）

1年生の時は、ひとり職員室で授業を受けた。だが2年生に進級すると教室に移動した。

「1対1の授業より、みんなの中に入ったことで言葉も自然に覚えていった。最初に覚えた日本語の歌が『ハトポッポ』。みんなが先生になって教えてくれた。校歌は教えてくれなかったけどね。家庭科の授業は、男子が僕一人だけ。1度『ズームイン‼朝！』の撮影で、先生たちに寿司を握ったことがある。ネタは物凄く大きいし、卵にわさび塗って訳のわからないことやっていたけれど、みんな美味しいって……。大笑いだった。ホント、先生はいい人ばかりでした。休憩の時に、僕が寂しいと思って、喫茶店に連れて行ってコーヒーを飲ませてくれたり、ドライブでその辺を1周してくれたり……」

3年生に質の高い選手を揃え、さらに1年生のベレーザを加えた東海大一高は、自信を持って選手権静岡県予選に臨んだ。ところが決勝戦では清水商と対戦し、PK戦の末に涙を呑む。同じく1年生だった吉田は「このチームでも全国へ行けないのか」と愕然としたが、望月監督の失意はさらに大きく「もうオレは全国へは行けないのかもしれない」とまで沈み込んだ

実は2年生に進級する前に、ベレーザは日産自動車（現横浜F・マリノス）に誘われている。17歳で入学したベレーザには年齢制限があり、高校の試合にはあと1年しか出場できない規定になっていた。しかし来日して全国制覇の目標を達成しないまま、高校を出て行くわけにはいかなかった。

一方最強チームで選手権出場を逃した望月監督は「何が足りないんだ」と悩み、一つの結論に辿り着く。

「清水東や清水商には、清水FCなどからエリートが入ってくる。そこに体力やスピードで対抗しても勝てない。しかも次の年の3年生は上手くなかったですからね」

技術を磨き、トレーニングも量より質を追求すること

にした。さらに当時としては珍しいゾーンディフェンスを採用し、守備組織の構築にこだわった。

「試合数を半分近くに減らして、フレッシュな状態でゲームをやらせました。守備に関しては、ゾーンが出来れば、将来マンツーマンと言われても対応出来ると考えました。基本的に私は、高校生は育成段階なので、20歳になった時に、どんなチームへ行ってもプレーできるように、と考えて指導をしていました」

たぶんベレーザが溶け込めたのは、望月監督が当時としては非常に革新的な考え方をしていたことと無関係ではなかった。

「確かに静岡県選抜などで他の高校の話を聞くと、清水東や清水商は相当走り込みをやらされているようでした。でも僕らは毎週月曜日は必ずオフだったし、ゲーム形式の練習がほとんどで、負けたら走らされるようなこともなかった。高校年代はケガもし易い時期ですからね。良いコンディションを保ちながら、楽しく出来たので燃え尽きることもなかった。やっと本当に楽しくなってきたところで卒業という感じでした」（吉田）

ベレーザ自身も共感する。

「清水商などを見ていると、みんな選手たちが（監督を）恐ろしくて仕方がないという感じでやっていた。でも望月監督は違った。ただ走るだけでは、選手は伸びませんよ。それは指導者の手抜き。そんな練習では、相手の裏を取るとか、遊び心、マリーシア（狡賢さ）なんて絶対に育たない。ただ守備への切り替えは厳しく言われました。これじゃ肺が３つないと持たないと思った」

２年目に入ると、ベレーザの役割も変わった。１年生の時は左ウインガーだったが、２年生になるとトップの平沢政輝の後方を自由に動き回るようになる。同じレフティーで状況判断に長けた杉山淳一（五輪メダリスト杉山隆一氏の長男）とも絶妙の連携を見せるようになった。

「守備は安定していたし、MFにも良い選手が揃っていたから、僕は右に左に動いた。つまり僕はネズミを引きつけるチーズ。餌に食いつかせて、パスを出せば、相手も疲れて諦めるようになる」

前年に比べ期待薄だったはずのチームだったが、夏を越えると急成長を見せた。

「むしろ静岡県を抜け出すのがきつかった。でも全国に出て優勝しなければ、僕が日本に来た意味がない。毎試合神経を消耗するけれど、勝ったらその試合のことは忘れる。その繰り返しでした」

激戦続きの静岡県予選では、決勝で清水東を１－０で下し、念願の選手権初出場を決める。望月監督にとっては、勝てたこと以上に「やっとチームを見てもらえる」歓びが大きかった。

「だからあとは国立まで行って、出来るだけ多くの人に見て欲しいと思いました。2年連続して全国制覇中の静岡県の代表でしたが、絶対に勝たなければというプレッシャーは、あまりなかったですね」

東海大一高は全国大会に進むと、4試合全てを3－0のスコアで危なげなく決勝まで勝ち上がった。その内訳は、ベレーザ4点、平沢3点、澤登正朗、杉山2点、それに守備の要で主将の大嶽直人が1点だった。決勝戦の相手は、やはり初出場だった国見。全員坊主頭で猛烈な練習に取り組み、夏のインターハイでは初優勝を飾っていた。当時2年生のエースFWで、大会4ゴールを決めていた二宮浩が言う。

「インターハイを含めて全タイトルを獲るのが目標で、とにかく日々の練習をこなしていくのが精一杯でした。監督も先輩も怖かったですからね。過酷な練習で靭帯等を痛める選手もいましたが、テープをぐるぐる巻きながら続けていました。東海大一高とは何度か対戦しているので、サントスの存在は知っていました。止める、蹴る、を含め、別格でしたね」

技の東海大一高と、フィジカルに長けた国見。対照的な両校の決戦に、国立競技場は満員の観客で膨れ上がった。たまたま来日中の元ブラジル代表のエース、カレッカは、ベレーザと顔を合わせると「どうして高校生の大会に、こんなに大観衆なんだ」と目を丸くしていたという。

「でも過緊張はなかった。なでしこジャパンがワールドカップ決勝のPK戦の前に笑顔を見せていたじゃないですか。あんな心境だったと思いますよ。この中でやれるのはいいよな、って」

当時の記憶を辿りながら、後に鹿島アントラーズで活躍する吉田が続ける。

「テレビのダイジェストで見る限り、国見が大量点を取って勝ち進んでいたので、このまま行けば決勝戦の相手になるだろうな、と気にはしていました。僕らとは体つきも違うし、国見のフィジカルは頭抜けていた。でも東海大一高もアントラーズと似て、ポゼッションをされ攻められても、セットプレーという武器で勝つパターンを持っていました」

序盤は国見の攻勢が続いた。22分には、東海大一高が最も警戒していた其田秀太が、長いドリブルからミドルシュートで脅かす。さらに3分後には、アーリークロスから村日一弘が頭で狙ったが、わずかに左に逸れた。

しかし32分、東海大一高も杉山のトリッキーなドリブルから絶好の位置でFKを得る。待ちきれないという様子で、ベレーザがスポットに歩を進め、ボールをセットした。

「きっと今まで頑張ってきた御褒美に神様がくれたんだ。そう思いました。苦しさ、寂しさ…、いっぱいあった。でもそれに耐えてきた10％が、歓びを300％にする」

国見はFKの壁を通常より1人増やしたというが、ベレーザの蹴ったボールは、誰にも触れずにゴールネットに吸い込まれた。

「あのFKは何度も繰り返して見ました。まるでゴールにパスするかのようなキックでしたね」（二宮）

その後も国見は猛攻を仕掛けた。前半終了間際には、小島光顕がGK不在のゴールを襲うが、東海大一はカバーに入ったDF内藤直樹が阻む。さらに東海大一は、68分にも大橋進一がライン上で、相手のシュートを体に当てて阻止。望月が「本当は一番見て欲しかった」という守備力が国見の怒涛の攻めを食い止めた。

そして終了7分前、遂に待望の追加点が生まれる。斜めに走りゴール前に飛び出す澤登に、杉山が絶妙のスルーパス。GKをかわした澤登のシュートはDFにカバーされたが、CKを獲得した。この瞬間、最終ラインから上がってくる大嶽にベレーザは声をかける。

「頼む、これ入れてくれよ」

「大丈夫、任せろ」

こうして澤登の精度の高いキックから、大嶽のヘディングでゴールが生まれる。ベレーザが2年越しの夢、全国制覇を手繰り寄せた瞬間だった。

「集中を切らせてはいけない。でも負けることはないと確信しました。大嶽の顔を見たら、もう泣いていたね」

決勝の2ゴールも含め、全14点中半分の7ゴールをセットプレーから生み出し、大会を通じて無失点。当初指揮官が自信を持てなかったチームには、確固たる勝利の方程式が出来上がっていた。

終了のホイッスルを聞くと、ベレーザはそのまま跪《ひざまづ》き、両手を折ってガッツポーズを作った。初出場で初優勝。望月が同校監督に就任して9年目の快挙だった。

「計画を立てて作るとチームは完成するんだな、と思いました。あまり清水出身の子が多くなかったので優勝パレードに人が集まらないのでは、と心配したんですが、大勢の人たちから大歓迎を受けた。改めてやっぱりこの街の人たちはサッカーが好きなんだな、と思いました」

ベレーザは、大会を終えると、高校生の身分のままヤマハでプレーをすることになった。早速望月は「サントスがいたから優勝が出来たと言われないようにな」と新チームに気合いを入れ、今度こそはと自信作を引き連れ、2年連続で国見との決戦に臨んだ。だが結果は国見が1－0で雪辱を遂げる。

「本当は最初の決勝は分が悪く、翌年のチームは勝てると思ったんですけどね」

同じく2年連続で決勝を戦った国見の二宮は「2年生の時よりは、しっかりと自分のプレーが出来たと思います」と振り返った。

ベレーザはJリーグの開幕を控え、ヤマハ経由で清水エスパルスに入団。だが相次ぐケガに悩まされ、プレシーズンも含め5年間の在籍で、出場は11試合（2ゴール）に終わった。

その後は日本国籍を取得し、三都洲アデミールを名乗る。そして長男舞人は、流通経済大柏の一員として、親子二代の全国高校選手権出場を果たした。

誰も知らない王国ブラジル初挑戦

ビッグマッチは唐突に、日本サッカーの真冬の時代、1989年夏に組み込まれた。

どんな経緯で成立した試合なのか、もはや確かな記憶の持ち主はいない。当時日本代表を指揮していた横山謙三が、おぼろげな記憶を辿る。

「あの頃、日本代表戦をアレンジしていたのは、強化委員長の平木隆三さんです。常々、なるべく強い相手と戦うべきだと話していました。まだアジア以外では、ほとんど代表チームとの試合が組めない時代です。急遽組み込まれて、世界のトップとやれるなら失うものはない。そんな感じだったと思います」

日本代表の攻撃の切り札で、充実期に入っていた水沼貴史は、こう振り返る。

「1990年イタリア・ワールドカップのアジア予選は1次で負けてしまった。その4年前のメキシコ大会が、もう少し（韓国との決定戦で敗退）だっただけに、史上最低とか言われて凄く落ち込みました。でも僕にとっては初めての南米遠征だったし、この試合が組まれたのを知って、一気にテンションが上がりまくったのを覚えています」

１９８９年7月、日本代表は約３週間の南米遠征に出かけた。イタリア・ワールドカップのアジア地区1次予選の後に組み込まれ、本来は集中開催の最終予選へ向けての強化を目的としていた。日本代表でトレーナーを務めていた野崎信行によれば「選手たちと顔を合わせても、(遠征は)なくなっちゃうのかな、などと話していた」そうである。だが遠征は中止になるどころか、大きなサプライズマッチを加えて実現する。アマチュアの日本代表が、ブラジルのフル代表と戦うことになったのだ。

7月6日、日本代表は、全員がエコノミークラスに詰め込まれ、まずはアルゼンチンへと向かった。機内は混み合っていたというから、長旅は堪えたはずだ。野崎がユーモラスに振り返る。

「もう地獄でした。よ〜く覚えています。３席の真ん中で、ずっと横山監督と落合（弘）コーチに挟まれていました。緊張で眠ることもできませんでしたよ」

それでも唯一の大学生だった井原正巳は「凄く高いモチベーションでした」と語る。

1年半前に横山が代表監督に就任すると、いきなり筑波大学3年生で抜擢され、それまで加藤久主将が務めて来たリベロを任された。

「とにかく無我夢中でした。日本代表で遠征に出れば、食事付きでサッカーに専念できる。こんな幸せなことはないと思っていました」

横山が大胆な代謝を敢行したのは、ここで世代を切り替えなければ将来の見通しが立たないという強い危惧を抱いたからだった。１９８５年メキシコ・ワールドカップのアジア予選では、森孝慈監督率いる日本代表が、韓国との最終決戦までこぎ着けた。しかしいずれも1点差だったホーム&アウェイ戦を通じて、得点差以上の実力の違いを痛感した。さらに１９８８年ソウル五輪は、ライバル韓国が開催国枠で出場権を確保していたため、日本にとっては20年ぶりに迎えた大きなチャンスだった。だが引き分けでも出場権獲得が決まる最終戦、雨中の東京・国立競技場で中国に０－２で敗れ、逆転で切符を持って行かれた。

ワールドカップと五輪の夢が連続して遠のき、横山は言わば日本サッカー界が最も消沈した時期に代表監督を引き継いだ。

「当時の日本は、選手を育てていくプログラムが確立されていなかった。代表チームに入れないと、なかなか国際経験も積めない。だからまだ出来るベテランもいましたが、敢えて若い選手に切り替えました。当時の日本の実力を考えると、どうしても攻撃される時間帯が長くなる。しかしだからといって守っているだけでは夢がない。ウイングバックを活用したのは、奪ったらワイドから攻撃に出られる形を築きたかったからです」

それまで日本代表の軸を成したキャプテンの加藤や木村和司などが外れ、ウイングバックには佐々木雅尚（本田技研）森正明（フジタ）平川弘（日産）ら「上手さは足りないかもしれないけれど、攻守に貢献できる」（横山）俊足プレイヤーが抜擢された。

こうして新生代表は、結成から1年5ヵ月間を経て、最初の試金石としてイタリア・ワールドカップ1次予選を迎える。4ヵ国により最終予選への1枚の切符を競うグループ6で、日本の最大のライバルは北朝鮮だった。

だが日本は開幕から香港、インドネシアと続いたアウェイの連戦を、ともにスコアレスで引き分けてしまう。水沼の述懐である。

「予選が始まる前の合宿にデットマール・クラマーさんが来ました。どうも僕のようなタイプを気に入っていない様子でした。結局最初のアウェイ連戦で、僕はスタメンから外れ、歯がゆい思いで見ていました。横山監督は、僕の経験値が必要だと思って代表に残したはずなのに、ベンチに座っているわけですからね」

アウェイ2試合で水沼に与えられた出場時間は、香港戦が17分間、インドネシア戦は9分間だけだった。そしてこの選択が誤りだったことは、3戦目で十二分に証明される。当面のライバル北朝鮮とのホームゲームでスタメンに起用された水沼は、前半終了間際に強烈なミドルボレーでクロスバーを叩き、後半にも左足のスーパーボレーで同点弾を生み、日本を2－1の逆転勝利に導くのだった。

続くインドネシアとのホームゲームが行われたのは、国立西が丘サッカー場で、さすがに相手国からは抗議も出た。帝京高校時代には、毎年満員に膨れ上がった西が丘で選手権東京都予選を戦って来た名取篤も「ワールドカップ予選でも1次だと、こんなものなのかな」と小さく落胆した。

「西が丘の芝は高校時代より、ずっと荒れていました。対戦する国に、どんな選手がいるのか、まったく情報はなかった。三菱所属の僕は、午前中に会社の仕事をして、午後から人工芝で練習。比較的恵まれていました。でもそれで本当に日本を背負って戦えていたか、というと、難しい部分もあったと思います」

西が丘ではインドネシアを5－0で一蹴した日本だったが、続く香港戦（神戸総合運動公園）は再びスコアレスドロー。勝利が求められた北朝鮮とのアウェイ戦を0－2で失い、早くも1次予選で本大会への夢が消えた。

ただし横山は長期的視野で日本サッカーの再建を考えていた。就任の際には、強化責任者の平木に「将来に向けて思い切って改革をしていいですか。そうでないと、強くなるきっかけが掴めません」と訴えている。ワールドカップを逃しても、そこで足を止めるわけにはいかなかった。

日本代表は、アルゼンチンに到着すると、それぞれ中1日でエストゥディアンテス（1－2）、ボカ・ジュニオールズ（2－2）、インデペンディエンテ（0－2）と、いずれも南米王座の歴史を持つ名門クラブと強行軍で連戦をこなした。その後はブラジルへ移動し、コリチーバ（0－1）、さらにはジョインビーレ（1－1）とのゲームを経て、中2日でブラジル代表戦を迎えるのだ。

コリチーバ戦には、在籍中のカズが対戦相手としてフル出場している。日本代表選手たちにも、日本人のカズが活躍しているらしい、という情報は届いていた。水沼が語る。

「実際にプレーを見て、ブラジル育ちらしい選手だな、と思いました。持ったら必ずドリブルをするし、本人も『日本代表で出来ればいいな』などと話していました」

野崎トレーナーには、試合以上に日本領事館で開かれたパーティーの方が印象に残っている

「びっくりしたのはカズの出で立ちでしたよ。ダンディーなスーツを着こなし、もしかしたらボルサリーノもかぶっていたかな……？　とにかく既に、その後のJリーグ時代の雰囲気そのまま。横山監督にもタメ口で、よくしゃべっていました（笑）」

一方後年カズは、この試合について「まだ日本代表が誇りを持って戦える情況になっていない印象でした」と話している。

日本代表が南米への出発を控えた頃、ブラジルではコパ・アメリカが開幕した。

ワールドカップでは世界に先駆けて3度の優勝を果たしたブラジルだが、コパ・アメリカの成績は、ライバルのウルグアイやアルゼンチンに大きく水を開けられていた。それまでウルグアイが13度、アルゼンチンも11度も優勝をしているのに、ブラジルは自国開催で3度タイトルを獲得したに過ぎなかった。しかもセバスチャン・ラザローニ監督が就任して、初の欧州遠征では、デンマーク、スウェーデンに連敗。ベストメンバーが集まる地元開催のコパ・アメリカは、優勝を宿命づけられていた。

ブラジル代表も過酷なスケジュールを課せられていた。しかしグループリーグは2勝2分けで2位ともたつくが、決勝リーグに入ると見違えるように引き締まった

試合を見せる。7月12日からはリオ・デジャネイロのマラカナン・スタジアムで3連戦となり、ディエゴ・マラドーナを擁する世界チャンピオンのアルゼンチンを2－0、パラグアイを3－0で下すと、最終戦は激闘の末にロマーリオが決勝ヘッドを突き刺し、連覇を狙うウルグアイを退けた。7月1日から16日間で7試合を戦い抜き、4度目のタイトルを手にするのだった。

当時のブラジル代表の事情を、サンパウロ在住で『マラカナンの悲劇』の著者でもあるジャーナリストの沢田啓明が解説する。

「ラザローニは、ブラジルで初めてリベロを使う3バックを導入した。これは4－4－2の伝統を覆すもので『3人もCBを並べて、あまりに守備的だ』と一部では批判も出ていました。ただしブラジルは1982年、86年と2度のワールドカップを、テレ・サンターナ指揮下の攻撃的なチームで臨み結果が出なかった。少しは守備的になるのも仕方がないという声もありました。最後のウルグアイ戦は、スタジアムに詰め込むだけ詰め込み、間違いなく15万人を超える観客が集まりました。ロマーリオが右からのクロスに競り勝って決勝ゴールを決めると、凄まじい興奮に包まれました」

沢田が続ける。

「だから日本戦は、ブラジル代表選手たちにとって迷惑な試合だったと思います。やっとコパ・アメリカを終え、2週間後にはワールドカップ予選が始まる。1度解散した選手たちが、また1週間後にリオに招集されたわけですからね」

日本の選手たちが街を歩けば「5－0」、「6－0」などとからかわれた。

「試合前日に日本レストランへ出かけたら、そこで働くブラジル人の店員にも『おまえら、絶対に無理』とか『明日は6－0』だとかしつこく言われました」（野崎トレーナー）

さすがに日本戦はマラカナンではなく、ヴァスコ・ダ・ガマのホーム「サンジャヌアリオ」で行われた。だが3万6273人収容のスタジアムに集まった観客は、わずか2174人。井原が「きょうは、お客さんを入れていないのかな」と訝ったほどだった。

ブラジルはベストメンバーを揃えた上に、コパ・アメリカを欠場したカレッカも故障が癒えて復帰してきた。チーム最年少ながらディフェンスのリーダーを務めた井原が言う。

「テレビの画面でしか見たことのないスター選手ばかり。申し訳ないけれど、どれだけやられてしまうんだろう、という恐怖感はありましたね」

ブラジルは、ゆったりとしたペースで試合に入った。当時の『サッカーダイジェスト』誌が伝えている。《試合開始から日本陣内でのワンサイドゲーム。ブラジルは1分ドゥンガ、10分ベベット、25分ロマーリオ、28分カレッカと、少なくとも4回の決定的なシーンを作ったが、いずれもGK森下申一のファインセーブで逃れた》

井原の証言も、記述の正しさを裏づける。

「完全に押し込まれて、とてもポゼッションなんか出来ない。攻撃に転じられる状態でボールを奪えたシーンはなかったでしょうね。ブラジルは、いかにも日本など眼中にないという感じで、なんでやらなきゃいけないの、という雰囲気さえ漂わせていましたが、ハードワークをしなくても試合は支配出来てしまう。テクニックはさすがで、いったいどうしたら奪えるんだと、こちらは夢中で食いついていたと思います。それでも粘って体を張ってシュートブロックをしたり、相手がシュートを外してくれたりしているうちに、守りのリズムが出来て来たんでしょうね」

水沼が続けた。

「とにかくFWのレベルが違い過ぎた。ロマーリオは、仕事量は少ないけれど、取りに行けば足先でかわされる。ベベットも瞬間的には凄く速かった。強烈に覚えているのは、アウダイールの股抜きをして、さらに突破を図ったら思い切り後ろから削られました。また日本代表ではフィジカルが強い松山吉之がブランコにチャージをしたら、逆に跳ね飛ばされてしまった。やっぱり違うんだな、と思いました」

ベンチで見守る野崎トレーナーは「気がつくと、時々ファンの視線になっていました」と打ち明ける。

「前半は凄くスローな展開で、ブラジルの選手たちは完全に流していた。でも動かなくても、本当にうまいんですよ。味方(日本の選手)がかわされているのに『オ〜』と感嘆の溜息の連続でしたね」

しかし劣勢でボールに触れる回数も限られていたが、名取は貴重な経験を満喫していた。

「身体的なコンディションも良かったので、どのくらいできるのか試してみようと楽しみにしていました。通常日本では、相手に食いつかせて逆を取るようなプレーをしていたんですが、この試合では通用しなかった。逆を取ろうとすると、もう先読みされてコースを塞がれている。もっとシンプルにやった方がいいと、途中から変えていきました。試合が進むにつれて、新しい自分が発見出来て楽しかったですよ」

ブラジル在住のジャーナリスト沢田は、コパ・アメリカに続き、この試合も観戦した。

「さすがに当時の日本とは、組織力、個人能力ともに差が大き過ぎました。ブラジルは無駄なボール回しも多かったんですが、単独でも、２～３人の連携でも、その気になれば簡単に突破が出来てしまっていた」

しかし前半を０－０で折り返し、スタンドからはブーイングに混じって「何をやっているんだ！ さっさと試合を決めろ」などの野次も飛んでいたという。

スコアだけを見れば善戦だった。ただし横山は、確かな質の違いも痛感していた。

「流していても、部分的には迫力があった。２列目からど真ん中で縦パスが通り、落とされて飛び出していくロマーリオに出されたら終わりだな、というシーンが何度かありました。でもある程度は防げたし、もちろん運も良かった」

後半に入ると、ブラジルは３バックのマウロ・ガウボン、アウダイール、アンドレ・クルスだけを残し、ＧＫも含めて８人もメンバーを代えて来た。だがサブ組の若手は、スタメン組より確実にモチベーションが高かった。

「後半はだいぶ本気モードに変わりました。ベンチでも『これはやばいな、顔つきからして前半とは違うぞ』などと話していました。間違いなく前半より動くようになりましたね」（野崎）

ブラジルがペースアップする。日本はひたすら必死で守る。そんな攻防の中でアクシデントが生まれた。ヘディングで弾き返そうとした井原が、交代出場したチッタの後頭部を叩いてしまい、チッタはそのまま担架で運ばれていく。

「ムチ打ち状態になったので、選手生命も危ないんじゃないかなどと、だいぶ周りから脅されました。チッタが浦和レッズの監督で来日（２００１年）した時に『あの時やったのが僕です』と言ったら、『おまえか！』としっかり覚えていました」

ほぼゴール前に釘づけにされたままの日本だったが、後半に入っても均衡は保たれていた。ブラジルは「ＤＦ全員が攻め上がるシーンもしばしば」（『サッカーダイジェスト』誌）だったが、「ＧＫ森下が神がかりだったので、もし1点を取ったら奇跡が起こるかも」（名取）と、日本側に淡い希望も芽生え始めていた。

ところが74分、ブラジルが右サイドから分厚い攻撃を仕掛け、遂に日本ゴールのネットを揺する。ウイングバックのジョジマールが右サイドを攻め上がり、負傷退場したチッタに代わって入ったクリストバンへ繋ぐ。クリストバンのクロスは信藤健仁、堀池巧の頭を越え、２列目から走り込んでいたビスマルクがフリーでヘッド。結局これが決勝点になるのだが、この時日本陣営でビスマルクを知る者はいなかった。

「前半からＤＦは物凄く走らされていましたからね。失

点シーンは、やっぱり疲れ切ってやられちゃった、という感じでした」（野崎）

だが終了間際に、日本にも決定機が訪れる。左サイドからカウンターを仕掛け、佐々木のクロスを中央でフリーの黒崎久志が頭で叩く。

しかし「ライトが目に入り、ジャストミートできず」（『サッカーダイジェスト』誌掲載の本人弁）枠を外れた。

「あれが唯一の決定的なチャンス。全員が頭を抱えたと思います」（井原）

その夜、ホテルに戻ってテレビをつけると、この試合を振り返るトーク番組が放映されていて、こちらはピッチ上をはるかに凌駕して熱かったという。日本に1点しか取れなかったブラジルは、とことん酷評されていた。

「でも日本の選手でGK森下だけは固有名詞を何度も繰り返され、絶賛されていました」（野崎）

それから7年後、水沼はテレビの仕事でアトランタ五輪を取材し、日本が猛攻を凌ぎブラジルに勝利した試合を目の当たりにした。

「ブラジルは、大音量の音楽をかけてスタジアムに到着するのですが、ピッチに立ったら完全に目の色が変わっていました」

さすがに「あの時のリオ」とは真剣さの度合いが違った。

また名取には別の感慨があった。

「東京開催のワールドユースから10年間が経過していました。当時は世界（スペイン、アルジェリア、メキシコ）を相手にしても、もしかしたらやれる、という感覚があった。でもこのブラジル戦は0－1で終えられてホッとしていた。世界についていけていないショックがありました。だから今指導している選手たち（浦和レッズ・ジュニアユース）には言うんです。この年代で満足しちゃいけない。世界はまだまだ広いんだよ、と」

試合を終えると、途中で退いた水沼はロマーリオに駆け寄りユニフォームを交換した。名取も確かに交換した記憶がある。だが鮮明に覚えているのは、アマチュア時代でもユニフォームやスパイクなどの質では、日本が王国ブラジルを凌いでいたことだった。

「むしろブラジルの選手たちの方が、僕らの身に着けているものに興味を持って話しかけてくる。サッカーではかなわないのに、そこでは勝っている。それがなんだか恥ずかしかったですね」（名取）

この遠征をコーディネートした旅行会社のやり繰りで、日本代表は初めてビジネスクラスで帰ることが出来た。だがビジネスクラスの利用が定着するには、さらに数年を待たなければならなかった。

1990年代

オフトマジック――〝恐韓症〟の終焉

あの狸オヤジが……。

ハンス・オフトのことを、当時の選手たちは、そう呼んで懐かしむ。

「サッカーはもちろんだけど、いろんな修羅場を通って来た男としての深み、面白さがあった。だからこそ、あの時代の選手たちを成長させることが出来た。格好良かったと思いますよ」

都並敏史は語り続けた。

「毎日同じこと、つまり5つのキーファクターくらいしか言わない。でも実はそれが大きなポイントだった。敢えて難しいことは言わない。言いたいことがあっても口に出さずにしまっておく。それは選手の個性を殺さないためだったんですよね」

1992年、オフトは初めて外国人のプロ監督として日本代表を指揮することになった。

「ワールドカップへ連れて行くのが私の役割だ」

就任会見では、そう明言した。

翌年にはJリーグの開幕を控えていた。新設されるプロリーグを軌道に乗せ、サッカー人気を定着させるためにも、ワールドカップへの出場は不可欠の起爆剤と言えた。

だが当時の日本代表の中核を成すのは、即興的な創造を好む読売クラブ（現・東京ヴェルディ）の選手たちだった。オランダから窮屈そうな組織論を持ち込み、基礎から叩き込もうとするオフトは、途端に反感を買った。

「ピッ！」

オフトが指笛で止める。

「犬じゃないぞ」

再び「ピッ！」

「（ボールを）奪われていないに、なんで止めるの？」

ラモス瑠偉が、三浦知良（カズ）が不満を口にする。

特にラモスとは衝突を繰り返した。

「もっとシンプルにサイドを使え。狭い所でやるな」

中央突破を狙いたいラモスにクギを刺す。

「どうして3回もボールに触るんだ。それはターンとは言わない」

とうとうオフトは、ラモスを呼んで告げる。

「オレの言うことを聞けないなら去れ」

しかしそう宣告しながら、オフトはラモスが人一倍日本代表を愛し、決してチームから離れようとしないことを知っていた。

後の沖縄合宿でも、あまりに戦術的で細かな切り取りメニューが続き、ラモスが業を煮やした。メディアも見守る前で大声を発する。

「こんな練習ばかりじゃ、絶対勝てないよ。コンビネーションを作るには試合だよ、試合。冗談じゃないよ！」

即座にオフトの指笛が鳴り、集合がかかる。

「このチームのリーダーはオレだ。規律を守れないヤツは出て行け」

ところが次の日からは、一気にゲーム形式のメニューが増えるのだ。

「当然だよ！」

ラモスは機嫌良くピッチを躍動した。

「この辺がオフトの上手さです。みんなの前では、不満を言うラモスさんを叱責した。でも後で主張は受け入れる。結局ラモスさんは、気分良く練習に臨むわけです」

（都並）

さらにヘッドコーチを務めた清雲栄純が証言する。

「当時はフィジカルコーチもいなくて、オフトが体への負荷のかけ方なども考えていたんですが、よくラモスを捉まえては、マンツーマンでふざけ合うように腹筋を鍛えさせていました」

福田正博も、実は日本代表の活動には少々嫌気がさしていた。前任の横山謙三監督時代には、本来のＦＷではなくウイングバックで起用された。だが新しいポジションは、やればやるほど難しいし、そのせいか故障も連鎖した。ただし当時の代表は、監督、ヘッドコーチ（落合弘）ともに、三菱（現・浦和レッズ）の先輩だった。辞退を申し出ると、落合には「そんなことをしたら、一生代表に入れないかもしれないぞ」と諭され、仕方なく翻意した。

ところがオフト体制に移行し、引き続き代表に呼ばれると別の疑問が浮上する。船出となったキリンカップ２戦で、福田だけがベンチ入りをしながら1度も出番を与えられなかった。また初招集の際に、オフトは選手たちを名前ではなく背番号で呼んでいたので、それに対しても嫌悪感を抱いていた。

キリンカップを終え、オフトはミーティングで全員に自己採点を提出するように命じた。だがプレーをしていない福田は「点数なんか、つけられない」と用紙を突き返す。

「逆になんで選ばれたのか聞きたい」

小さな反乱だった。

「周りはビックリしたようでした。でも僕は本当にオフトに評価されて選ばれたのか疑問だったんです。もうこれで代表には選ばれないだろうな、と思いました」

ところが福田の反乱は、意外な効果をもたらした。都並が言う。

「帰りのバスの中は、一気に盛り上がりましたよ。福田、よく言った！　って」

読売勢を中心に、まだオフトには反感を持つ選手が少なくなかった。それだけに指揮官に食いついた福田は、ちょっとした英雄のように讃えられるのだった。

清雲が、オフトの真意を明かしてくれた。

「オフトは、もともと福田を高く評価していました。ピッチ上で何を出来るかも知っていた。でもどんなふうにチームに入っていくかを見ていたんです」

キリンカップの1ヵ月後に、日本代表はオフトの母国オランダへ遠征をする。そして福田は再度招集され、今度はトップ下のポジションを与えられ、3連戦全てにフル出場するのだった。

「その一件があったので、オフトと顔を合わせるのが凄く憂鬱でした。でもオランダ出発の前泊で品川のホテルに着くと、既にオフトは先乗りで母国に向かっていた。ホッとしましたよ。オランダに着いてからは、不信感が消えていきました。オフトは役割を明確にして、試合が終われば出来たことと出来なかったことを分析して伝えてくれた。だから評価も判り易く、目標も立て易かった」

オランダではチームの方向性を全体で確認出来た。日本代表は少しずつまとまりを見せていった。現地での3戦を通じて、安定したプレーを見せたDFの要、井原正巳が言う。

「3ライン、トライアングル、コンパクト、アイ・コンタクト、コーチングなどのキーワードを踏まえて、トレーニングマッチをこなす中で意識を共有できるようになっていきましたね」

日本代表はオランダから帰国すると、8月中旬に神戸、東京でユヴェントスと2試合を行い、ダイナスティカップ（現・東アジアカップ）が開催される北京へと向かう。ロベルトとディノの2人のバッジオ、ジャンルカ・ビアッリ、アントニオ・コンテらイタリア代表勢を軸に、ドイツ代表のアンドレアス・メラー、イングランド代表のデヴィッド・プラットら豪華な顔ぶれが揃った強豪と、2－2、1－1で2試合ともに分けて、さらに自信を深めるのだった。因みにユヴェントスとは、翌年2月にイタリア遠征をした際にレッチェで再戦している が、都並がこんなエピソードを教えてくれた。

「普段オフトのミーティングは、あっさりと終わるんですが、この試合の前だけは相手を徹底分析して、物凄く細かな指示を出したんです。『オフトは本気だ、勝って欧州で名を上げようとしているんだ』みんなでそう話していました。ところが結果は1－3で完敗。すると試合後の会見では『天狗になりかけていたから、敢えて組んだ試合だ』と語ったそうです。とんでもない狸オヤジだと思いましたね」

ただし狸オヤジの臨機応変のパフォーマンスは、何度も選手たちを勇気づけ、信頼を引き寄せていく。裏を返せば、それだけ人心を掌握し、モチベーションを高める引き出しの持ち主だったという証でもある。

国立競技場でのユヴェントス戦の5日後、8月22日に日本はダイナスティカップの初戦を迎える。相手は韓国、4ヵ国が総当たりで決勝進出の上位2チームを決める大会方式を考えても、重要な意味を持つ一戦だった。

ロッカールームに選手たちが集まる。オフトは手にした紙に目線を落とすと、韓国のスタメンを読み上げ始めた。

「チェ、キム、パク……」

ところが何人かの名前を乱雑に口にしたかと思うと、そのまま破り捨てて踏んづけた。

「ドキッとしましたね」

そう言って清雲が、さらにその前夜のオフトとの会話を引っ張り出した。

「選手たちは十分に韓国の情報を持っている。細かな情報を伝える必要はない」

オフトは、日本の選手たちの韓国への過剰なコンプレックスを知っていた。だから相手を怖れず、自分たちのやって来たことを発揮しろ、と伝えたかったのだ。

「やるしかないぞ！」

柱谷哲二主将が気勢をあげてピッチへと先陣を切った。

それが韓国への呪縛が外れた瞬間だったのかもしれない。都並が述懐する。

「韓国は軍隊調で前から厳しいプレスをかけてくる。今までの日本は、そのプレスが緩んだ時しか相手陣内にボールを運べなかった。きっと韓国は、この試合も同じだろうと、半分舐めてかかってきたと思いますよ。ところが開始早々にフルプレスをかいくぐると、テンポ良くボールが回りハーフウェイラインを越えて行けた。ラモスさんはスタメンで出ていなかったけれど、中盤は浅野（哲也）を見ても落ち着いて回している。それを4、5回繰り返したら、あれほどフィジカルが強いと思っていた韓国の選手たちが肩で息をし始めたんです」

日本は前半終了間際にアクシデントに見舞われた。右SBの堀池巧が、韓国の鄭龍煥のタックルを受けて負傷。後半から福田が交代出場する。

しかしこのアクシデントによる変更が、その後の新しい日本のCBコンビを生み出した。それまで井原とともにCBを務めていたのは主に勝矢寿延だった。だが堀池が退いたために、勝矢が右SBに回り、ボランチだった柱谷が最終ラインに組み込まれるのだ。井原が語る。

「急造でしたけど、（柱谷）哲さんとは日産時代も一緒にやっていたし、その頃からいろんな話をしていたので、やり易かったですよ。哲さんが主導し、僕が合わせていく形で、アグレッシブに最終ラインをコントロール出来たと思います。もちろん韓国はスピードのある選手が多く、ハードな試合になるのは百も承知でしたが、やって来たことが通用するという感触を得られました。何回かは、韓国の攻撃陣との駆け引きに勝てたな、と思えるシーンもあったと思います」

都並が続けた。

「韓国は正攻法で激しい。でもひねりがない。それまでの日本は個々の感覚でプレーをしていたけれど、戦術的な取り決めをしてグループのコンビネーションを作り、組織的なビルドアップが出来るようになった。そして日本がボールを動かせるようになると、韓国の選手たちの方が先に足がつっていた。うれしかったですよ。これで韓国へのコンプレックスは消えた。日本が急激な成長を示した試合だったと思います」

試合は0－0で終了した。決定機では、やや韓国が上回りフィニッシュの精度不足に救われたが「自分たちのやりたいことが出来ていたので、やられる感じはなかった」（都並）という。井原も「内容的には勝ちに等しい引き分け。それだけに今度は決勝で決着をつけたいと思った。韓国の選手たちには『もう1度決勝で会おう』と話した」そうである。

2戦目の対戦相手は地元の中国。今度はオフトが預言者になった。

「25分までは中国が猛攻をしかけてくるが、そこを凌いで先制するんだ。残り15分になれば、中国の観客は日本の応援に回る」

試合は完全にオフトが提示したシナリオ通りに進んだ。中国は序盤から何度もチャンスを連ねた。しかし25分を過ぎると、流れは一気に日本へと傾く。28分には、井原のスルーパスを受けたカズがマークするDFをブロックしながらキックフェイントを組み込み振り切る。だがGKと1対1で放ったシュートは、辛くも弾かれた。日本は、その後も敵陣で小気味良く繋いだ。こうして38分、左から吉田光範が折り返すと、ゴールに背を向けて北澤豪が丁寧に落とし、福田が会心のダイレクトシュートでネットを揺らした。

後半も中国の攻勢が続いた。しかしGK松永成立が忙しくセーブしていく。そして残り15分を切ると、今では考えられないことだが、本当に中国の観客は日本を声援し始めるのだ。

結局日本は終了8分前に、カズが右サイドを抉り、中央で高木琢也がプッシュ。2－0で勝利を収める。

「全てがオフトの言う通りに進んでいく。こうなると、オフトにも信頼が集まりチームに一体感が出てきました。そしてそれが判ると、オフトが突然デモンストレーションを見せるんです。ディフェンスラインの裏へスルーパスを出す練習で、オフトは裏へ抜けて止まるボールを要求した。でもみんなの蹴るボールが強過ぎる。そこで『こうやるんだ』と左アウトで見事に自分でやって見せた。オフトが自分でやって見せるのは、結成当初の浜松合宿以来2度目でした。最初は何度やってもスローインがうまく受けられない高木に、見本を示したんです。もちろんプレーも上手いんですが、それ以上に上手いのが見せるタイミング。こうして、このオヤジ上手いんだ、と選手の心を掴んでいくんです」（都並）

開幕前は、地元中国と韓国の決勝戦が予想されていた。しかし2戦を終えて、前回最下位の日本の評価が上昇していた。

グループリーグ最終戦の相手は北朝鮮。日本でプレーをしていた金鐘成《キム・ジョンソン》は、チーム内で日本について「もう今までとは違うぞ」と力説したという。しかし「所詮日本は日本だ」と誰も真剣に受け止めてはいなかった。

結果は4－1で日本が快勝。北朝鮮は金鐘成が先制したが、その後日本は、福田、高木＝2、カズと4ゴールをたたみかけた。

「北朝鮮は、個々のテクニックでは日本を上回っていたかもしれない。でも組織的ではなかったから、攻守を分断するのは難しくなかったですね」（清雲）

2勝1分けで勝ち点5の日本は、グループリーグの首位で決勝進出を決め、勝ち点4で2位の韓国と再戦することになった。

ところが決勝戦当日は、キックオフ直前から猛烈な雷雨に見舞われる。試合は30分遅れの午後8時半に始まることになるが、その時点で工人体育場のピッチにはすっかり水が溜まり、グラウンダーのパスを繋ぎたい日本にとっては最悪の状態となってしまった。

前半は蹴り合うしかなく、徐々にパワフルな韓国へと流れが傾く。韓国の金浩《キムホ》監督は、早くも前半のうちに2トップから3トップに変更。中央に高正云《コジョンウン》、両翼には俊足の鄭在権《チョンジェゴン》と交代出場で好調な金正赫《キムジョンヒョク》を配し、シンプルなオープン攻撃を仕掛けてきた。そして32分、左から金のクロスを、高が頭で裏に流すと、鄭が左足でボレー。サイドネットを揺すって均衡が破れた。日本にとって幸運だったのは、前半終了間際にも韓国に同じような決定機が訪れ、再びゴール前の鄭がフリーで狙ったが、今度は大きくクロスバーを越えたことだった。

後半1点を追いかける日本は「ラモス投入のタイミングがポイント」（清雲）だった。前半途中で雨は止み、水はけの良いピッチ上ではだいぶボールが滑るようになっていた。

67分、オフトが満を持して最初のカードを切る。吉田光範に代えてラモス。さらに76分には2枚目、福田を下げてパワーのある中山雅史を送り込む。この大会でオフトの打つ手は、魔法のように当たりまくった。

「韓国は日本に外へボールを運ばせたい。ところがラモスが中央を進めてしまうので、中から外へとボールが動くようになった。決まったパターンの中に、即興が加わり韓国は対処し難くなりました」（都並）

83分、右サイドで浅野からボールを受けた中山が、リターンパスを落として前線へと走る。浅野がラモスに託すと、中山のスピードを殺さない絶妙なスルーパスが糸を引き、最初のタッチで抜け出した中山がゴール右上に叩き込んだ。1－1。試合は延長戦に突入する。

「先制されてもはね返せた」（井原）ことが、日本の進化を物語っていた。

後半開始早々に日本は、都並が2枚目のイエローを受けて退場になる。それでも井原は冷静だった。

「もちろん10人になるのは苦しい。でも相手も相当に疲れていて苦しそうだった。ＰＫ戦でもいいかな、と思い始めていました」

ところが96分、日本はカウンターを結実させる。ラモスが自陣から右サイドの中山へ通すと、2対1の形が出来た。中山が冷静に高木に繋ぎ、高木のシュートは1度ＧＫに阻まれるが、再度押し込む。しかしリードして歓喜が大きかった分だけ、日本にも隙が出来て1分後には韓国に追いつかれる。結局優勝の行方はＰＫ戦に委ねられることになった。

先行は韓国。２人目の崔康熙《チェカンヒ》と、３人目の高が失敗する。一方日本は、柱谷、井原、カズ、北澤の４人が全員成功して決着をつけた。

アジアで初タイトルを獲得すると、日本サッカーの歴史は劇的に動き出した。秋には広島でアジアカップを制し、Ｊリーグ開幕を経て、ドーハの悲劇へとドラマを紡いでいく。

改めて福田が総括する。

「あれほどフィジカルが強いと思っていた韓国の選手たちの足がつり始める。それは物凄い驚きでした。結局人間のフィジカルには限りがある。日本には技術や組織力という韓国とは別の特長があるのに、それまで僕らは『そんなんじゃ韓国に勝てないぞ！』などと、同じベクトルで気合いを入れられていました。でも自分たちの特長を活かせば相手を怖れる必要はない。オフトは、それを教えてくれたんです」

都並が続ける。

「韓国というと、ファイティング・スピリット、パワー、走力などがクローズアップされてきましたが、実は戦術的にも日本の先を行っていた。しかし反面、突っ込み過ぎる守備や、ゾーンディフェンスをやらせてもマンツーマンの意識が強過ぎるなど、欠点も抱えていた。オフトは初めてそういうことを整理して伝えてくれたんです」

そして再び言葉を繋いだ。

「世界に出ていく前に重石になっていた韓国を超えた。その瞬間にそこが通過点になった。本当に世界への夢が広がったんです」

最後に井原が笑みを湛えながら語った。

「僕らは、あの狸オヤジに乗せられたんですよ。チームをコントロールする上手さは素晴らしかった」

この大会を取材した記者の数は、韓国の35人に対し、日本はわずかに2人。しかしこれを機に日本でも、サッカー熱は急騰していくのだった。

ドーハの悲劇　ラモスに残された謎

結末は運命づけられたものだった。

ラモス瑠偉は、そう思っている。

終わってから原因を列挙するのは簡単だ。自分のパスミスがその１つだというなら、それでも構わない。ただし……、と心の中で反駁するのだ。

あの時、ラモスの足はパンク寸前まで張っていた。２週間で５試合という殺人的なスケジュールの終焉に向けて、36年間たっぷりと酷使してきた重い足を気力だけで引っ張りボールを運んでいた。

あと１分あまりでワールドカップへの切符が手に入る。疲労と痛みばかりを詰め込んだ身体とは裏腹に、ラモスの頭脳は滑らかに回転し、胸中には自信が漲っていた。スコアは２－１、何より対戦相手のイラクは、世界中を敵に回しているような雰囲気があった。

「負けるわけがない。そう思っていた。だからあそこでボールを外に蹴り出したり、ＦＷに蹴り込んだりして時間稼ぎをしようなんて考えなかった。あの暑い中でイラクも必死に戦っている。まだ最後までボールをキープし続けるのは難しい。もし奪われたら相手の戦意を冷めさせるプレーをする必要はあるな、とそこまでは考えていた。だけどボールは取られても、絶対にもう1点は取られない。みんながそう思っていた」

ラモスは三浦知良（カズ）へと低く緩やかなパスを送った。そのボールをインターセプトしたイラクがカウンターに出る。

経験豊富なラモスがなぜ？

そう書くメディアがあった。なぜ、ファウルをしてでも止めなかったのか、という論調もあった。あのラモスがなぜ……。

しかしラモスにすれば、この試合は不可解に満ちている。ラモスは試合の流れを的確に読み、大会の雰囲気を感じ取った上で、最後の最後に勝てる、ワールドカップへ行ける、と確信していた。

ところが土壇場で2つのミステリーが重なった。

あれほどイラクの敵として立ちはだかっていたレフェリーが唐突に寛大さを示す。そして終了のホイッスル間際に、イラクが選択したショートコーナー。読めないシナリオは、神様が予め用意していたものとしか思えないのだ。

だからラモスは、ただし……、と付け加える。

「誰にも判らないよ。もしあそこで僕が相手をファウルで止めたとしても、FKからワンツーでドスン、そんなケースだってあったかもしれない。僕らの何倍もの給料をもらっていたフランスだって、地元5万人の前で同じことをやってしまったんだ」

同じ米国ワールドカップ予選、最終戦でホームにブルガリアを迎えたフランスは、引き分けでも出場権獲得の条件で試合に臨んだ。しかも先制し、絶対に有利な状況で終盤を迎えたのに、同点。さらには逆転のゴールを許し、土壇場で出場権を逃した。フランスは出場していれば確実に優勝候補に挙げられるほどの豪華メンバーを揃えていたが、逆転で出場権を獲得したブルガリアも、本大会では前回優勝のドイツを下しベスト4に進出した。

「どっちにしても、神様はまだ日本はワールドカップへ行くべきではないと思ったんじゃないかな。プロが出来たばかりで早過ぎる、って。今ワールドカップに出てダメだったら、リーグの人気も下降する。だからあと4年間、真面目にやったら、次は行かせてあげるよ、ってね」

なるほどそれから4年後に、日本は初出場を果たし、フランスは地元で初優勝を飾った。

「あれは神様が借りを返してくれたんだ。僕はそう思っているよ」

でもね、とラモスは言葉を連ねた。

「死ぬ前に神様に聞いてみたいよね。あれは、なんだったの?」

ワールドカップに、それほどのこだわりはなかった。

世界にはワールドカップに出られなくても素晴らしい選手たちが溢れている。ただ自分を育ててくれた日本への恩返しとして、日本代表をそこへ連れて行きたい。

ラモスは、ひたすらそう願っていた——。


１９７７年、ラモスはジョージ与那城に誘われて来日し、１９８９年に日本国籍を取得した。翌年には日本代表に選ばれるが、当時は「チームの半分以上が韓国にコンプレックスを持っている」状態で、とても現実的にワールドカップをイメージすることは出来なかった。下手をすると韓国には一生勝てないかもしれない、とさえ思ったほどだ。

だがJリーグ開幕を翌年に控えた１９９２年、初めての外国人監督としてオランダからハンス・オフトがやって来ると、チームは急速に変貌を遂げていく。オフトはプロ意識を説き、代表チームの何たるかを熱弁し、選手たちに自信を植え付けることで、アジアの列強に対するコンプレックスを拭い去っていった。

「サッカーは技術だけじゃない。やっぱり日本代表として戦うには、相手を潰さなければならないこともある。プロ（Jリーグ）も出来るし、もう言い訳は許されない。目の前のチャンスを活かさなければ後悔するだけだぞ、ってね。それは僕が言いたいことと、まったく同じだった」

それまでは韓国のラインナップを聞くだけで「ああ、またアイツが出てくるのか」と怖気づく選手がいた。ラモスは、そんな光景を腹立たしく眺めていた。

「だって日の丸をつけたら、相手が誰なのかは関係ないよ。ペレでもマラドーナでも、まったく関係ない!」

オフトもそれを伝えたかったのだろう。ダイナスティカップ（東アジア選手権の前身）の韓国戦を前にして、メンバー表を読み上げるや否や、その紙を破り捨てている。破れた紙が風で飛び散るように、そこから日本の低迷も雲散霧消していった。

オフト率いる日本代表は、夏にダイナスティカップ、秋にはアジアカップを制し、次々に新しい歴史を開拓していく。一方で３度の欧州遠征では、代表ではなく敢えて地元クラブとの試合を重ね、国の威信を賭けた正真正銘の戦闘に備えた。

「僕らにも日本代表としてのプライドがある。最初は、なんでこんなチームとやらなければいけないの?と思った。でもだんだん判ってきた。オフトは教えたかったんだね。我々を待っているのは、こういう戦いなんだ、って」

オランダ、イタリア、スペイン……、いずれも荒れたピッチで、汚く激しい相手と戦った。さすがに故障をすると代替の利かないラモスは免除されることが多かったが、他の選手たちは痛み傷つきながら逞しさを増していった。

「みんな厳しさを身体で覚え、精神的にも肉体的にも強くなった。僕はあまり出て行かなかったので可哀想だとは思ったけど、やっぱり必要な経験だったんだ。あれがなくて、いきなりドーハに臨んだら、たぶん戦えなかっただろうね」

1993年2月のイタリア合宿を回避したラモスは、日本に残りフラビオコーチの下で理想的なコンディションを作り上げた。1次予選を順調に勝ち抜き、直前のスペイン遠征では、対戦したベティス（当時はリーガ2部、翌シーズンに昇格して旋風を巻き起こす）から真剣に誘われるほど素晴らしいプレーを見せた。そしてスペインから帰国すると、東京・国立競技場でコートジボアールを破りアジア・アフリカ選手権を制覇。大きな自信とともに、6ヵ国が参加して最終予選が集中開催されるカタールのドーハへと向かった。

「ワールドカップ最終予選だから楽な試合はない。でもこのチームだったら絶対にワールドカップに行ける。どこかに引き分けることはあったとしても、負ける気はしなかった」

本命は日本と韓国。最終予選が始まる前の大方の予想である。日本は前年のアジアカップを制していたし、韓国には過去連続出場の実績があった。

だが10月15日、開幕戦を見て、この予想は一変する。

「イラクが強い。しかも半端じゃない」

ラモスの目には、そう映った。しかし一方で、スケジュールを見直して幸運も感じていた。

「イラクと当たるのは最終戦。それならいろいろと計算できるから」

イラクの開幕戦は、最終予選の雲行きを十分に予感させるものだった。後半開始早々に2点目を挙げ、それまで北朝鮮を圧倒していた。ところがその直後に退場者を出したことで流れが急変。逆転負けを喫してしまうのだ。

湾岸戦争を経たイラクを米国に乗り込ませるわけにはいかない。大会を通してイラクの試合を裁いた主審は、いずれもそんな恣意的なジャッジを繰り返した。

イラクは、きっと苦労する。しかし敗れてなお強し。それがラモスの実感だった。ただし本大会への道筋は、しっかりと見えていた。

「日本がサウジアラビア、イラン、北朝鮮に3連勝すれば、それで勝ち点６（当時勝利は勝ち点2だった）になる。韓国と引き分け、もし最終戦でイラクに０－１で負けても大丈夫という状況に持ち込めるはずだ……」

しかし指揮官オフトの思惑は違った。日本の開幕カードは、前年のアジアカップ決勝の再現。ナイフで切り合うような試合は避けたいと考えた。結果は０－０、ラモスは悔いを残していた。

「もちろん負けるよりはいい。でもサウジは怖くなかったし、もっと勇気を出して攻めにいけば勝てた試合だった」

オフトがサウジ戦で慎重を期した裏には、次のイラン戦の勝算があった。イランは前年アジアカップでの出場停止処分で３人の主力を欠き、韓国との初戦も０－３で完敗していた。しかもベテラン揃いで、高齢化が進んでいるのに、中2日で2戦目に臨まなければならない。ラモス自身も「我々の速いサッカーにはついて来られない」と読んでいた。

だが後がないイランは、手段を選ばずに勝負に出てきた。警戒するのはラモスとカズ（三浦知良）。まずカズへのパスの出どころを断つために、ラモスを潰しに来た。

森保一からのリターンをヒールで処理した瞬間である。長身のフォノニザデーがラモスの後方から強烈な体当たりをしてきた。

激痛に顔を歪めるラモス。自力では立ち上がることも出来ずに、担架で運び出されていく。まだ試合は始まって15分も経っていなかった。一発目からレッドは出ない。フォノニザデーの行為は、それを読みきった上でのイチかバチかの確信犯にも思えた。

「あれはレッドでもおかしくなかった。ただの打撲じゃない。骨にヒビが入ったんじゃないかと思ったね」

それでもラモスは1分あまりでピッチに戻った。

「逆にあれ以上時間を置いたら、きっと歩けなかった。とにかくプレーをしている間は走りにくかったけど、なんとかしなきゃ、という一心だった」

前半終了間際に先制を許しロッカーに戻る。周囲からは、交代させた方が、という声が出たが、オフトは躊躇なくそれをはねのけた。

「いや、このままやってもらう」

もちろんラモスも下がるつもりはなかった。

「でもこの試合では僕の良さが出なかった。ゲームを作れなくて、吉田（光範）に負担がかかったな」

試合は１－２の敗戦。ラモスを傷つけたフォノニザデーは「抑えないと勝てないからね。ごめん」と謝りに来た。

「これでもうオレのワールドカップは終わったかな……」

ラモスは、そう思った。イラン戦を終え、おぼつかない足取りの自分の姿は「まるでお爺さんみたい」に映った。だがそれから24時間、武井経憲ドクターの献身的な看護により、ラモスは蘇る。それどころではない。次の北朝鮮戦から、日本代表の操縦は完全にラモスに託された。

「イランに負けて、みんな物凄くショックを受けていた。マスコミも絶対に韓国には勝てないと言い出すし、オフトもちょっと暗かった。でもオレは言ったよ。ふざけんなよ！　オレたちの力であと3つ勝てば、それでいいじゃん、って。それからオフトも、その通りだ、と続いて、一気にみんなが元気を取り戻した」

監督就任当初からオフトは、敢えてラモスに頼らないチーム作りを心がけてきた。4－4－2の左MFに据え、ラモスも11人のうちの1人と強調してきた。だが勝つしかなくなった北朝鮮戦では、4－3－3に布陣を変え、ラモスをMFの中央に据える。

「来たな！　そう思ったね、完全に信頼関係が出来た。オレだって馬鹿じゃないんだから、任せてくれれば、必ずやる、って」

最低限の役割だけを守れば、あとはおまえの判断でやってくれ。オフトの指示は、それだけだった。

日本は瀬戸際に来て、ようやく吹っ切れたように、北朝鮮、韓国に連勝する。特に宿敵の韓国を破ると、泣きじゃくる選手もいて、マスコミもJFAも揃って大騒ぎになった。しかしそんな光景を見て、逆にラモスは冷めていった。

「あんなにはしゃいでいいのかよ。いったい、これからどれだけ大変な試合が待っていると思っているんだ」

頭の中は、既にイラク戦に切り替わっていた。

「翌朝、みんなが物凄く明るいムードで練習をしていた。僕はその光景を1人で眺めていた。すると治療で少し遅れてバスから降りてきた柱谷（哲二）が声をかけてきたね。『おっさん、何やってんだ』って。僕は言ったよ。『やばいよ、この雰囲気』ってね」

やがてラモスはマスコミを追い出すと、全員を集めて柱谷主将、オフトとともにまくしたてた。

「冗談じゃないよ。本当の戦いがこれからだと思っているのは、オレだけなのか？」

午後からは全員が見違えるように集中して取り組むようになった。

いける、これなら大丈夫。ラモスは、そう確信して、運命の10月28日、イラク戦を迎えるのだ。

そして前半を終えるまで、その確信が揺らぐことはなかった。

「カズが先制して、あとは70分くらいまでに、もう1点取れれば、こっちのものだな、と思っていた」

ところが後半に入り、イラクの選手たちの目の色が変わる。少なくとも、ラモスには、そう映った。

どんな気合いの入れ方をされたのかは判からない。いずれにしても、後半からイラクの選手たちの戦う姿勢が一変した。

48分、イラクの同点ゴールは、オフサイドの判定で取り消し。

55分、再び日本ゴールのネットが揺れ、今度は正真正銘、得点が認められる。試合は振り出しに戻った。

しかしラモスは冷徹だった。

69分、副審の心理を見抜いたスルーパスを通し、もう1度突き放す。

「ゴン（中山雅史）がオフサイドポジションにいるのは知っていた。でもいったん下がってくると思ったんだ。ところがゴンは下がって来ない。だったらイラクがオフサイドトラップをかけてきた瞬間に出そうと思った。それならゴンが多少前に出ていても、副審は旗を上げない。１２０％間違いない。そう思ってパスを出した」

幸運だが、同時に必然的な1点が生まれた。こうして日本はリードを保ったまま歓喜の瞬間を迎えつつあった。

その時、ラモスは「カズも疲れている。だから止めやすいボールを」と考えて、低く緩めのボールを供給した。だが頭は冷静でも、パンク寸前の足が微妙にパスのコントロールを乱した。

イラクがカウンターに出る。ＣＫを取った。しかし何も問題はないはずだった。主審も近づいて来て、『これで終わる』と囁いたのだ。

「よし、ここはマンツーマン、何をやってもＰＫを取られることはない。さあ、蹴って来いよ、これで終わりだ」

ところが、イラクは常識外のショートコーナーに出る。唖然とする中、オムラムのヘディングがゴールへと緩やかに放物線を描いた。

「主審はＣＫの前に終了の笛を吹いても良かった。誰も文句なんか言わない。途中で物を投げ込み、試合を中断させたのもイラクのサポーターだった。なのに、どうして？　それまで主審、副審、ＦＩＦＡ、みんなずっとイラクを苛めてきたんだ。不思議だよ、逆に主審に聞いてみたいよ」

さすがに主審も最後の最後で良心の呵責を覚えたということだろうか。

「そう、今までやり過ぎた、ってね。判った、じゃあ最後のチャンスだけあげるよ。そんなところかな……」

イラクのキッカーは時間を気にしてはいなかったという。ショートにしたのは、通常の練習通り。ラモスは、後にイラクまで出かけて、それを確認した。

「時間がないのに、なぜ蹴って来ないの？　アホや、そう思った。でも結局アホなのは、オレたちの方だった」

人生で最大の喪失感に襲われた。

「予選に全てを賭けてきたからね。本大会への出場は、たぶん体調と日程を考えても無理だった。とにかくオレは日本をワールドカップに連れて行きたかっただけなんだ」

ワールドカップの扉はノックした。

「頑張れば開くんだぞ」

ラモスは後輩たちに激励のメッセージを残した。

そう信じている。

Ｊ開幕　読売が日産に勝てない理由

全ての照明が落とされ漆黒の静寂に包まれた東京・国立競技場が、唐突な爆発音を合図に派手なセレモニー会場へと様相を変えていく――。

日本サッカーが新しい歴史を刻み始めた瞬間だった。苦難のアマチュア時代を支えた関係者、それに80万人の応募者の中からチケットを手にした幸運なファンが、約6万人収容のスタンドを埋め尽くし固唾を呑む。やがて春畑道哉がギターを手にJリーグのテーマを伸びやかに奏でると、思わず水沼貴史の頬を涙が伝わり落ちた。

水沼は国立の申し子だった。浦和南高1年生で初の国立開催の全国高校選手権を制して以来、ユース代表、フル代表、さらには日産自動車のチャンスメイカーとして、ここで数々の伝説を記してきた。国立が聖地だったアマチュア時代最後のファンタジスタとも言える名手は、選手生活の晩年でプロの時代を迎えていた。

「ホテルから国立へ向かうバスの車中から眺める光景が凄かった。バスにはマリノスの大きなステッカーが貼ってあるんですが、道行く人たちがみんなこちらを見て騒いでいる。代表戦なら、ある程度サッカーを知っている人たちで盛り上がりますが、これは社会的な関心事になっているなと実感しました」

スタメン平均年齢は、ヴェルディ川崎が29・9歳、横浜マリノスは29歳。どちらにも水沼と想いを共有するベテランが多く、ヴェルディで大ベテランの域に入った加藤久と握手を交わすと、やはり目を潤ませていた。

「これじゃ試合にならない」

水沼は感傷を振り払うように顔を洗うと、気持ちを切り替えてピッチへと向かった。

１９９３年5月15日。

ヴェルディ川崎－横浜マリノス。

それはアマチュア末期を象徴するクラシコで、誰もが納得するプロのオープニングマッチだった。いち早くプロ化を視野に入れ、新興の日産自動車は「読売に追いつけ、追い越せ」との加茂周監督の号令により、急ピッチで大卒のスターをかき集め肩を並べた。

自他ともに認める二強。両雄の直接対決は格別な一戦で、ピッチ上の選手たちも心地良い緊張感とともにプレーを満喫した。

「お互い絶対に勝ちたいという気持ちで戦いながらも、いいプレーをするとカリオカ（ラモス瑠偉）から『うまいねえ』とか『今のいいねえ』とか、声がかかったりもしていましたね」（水沼）

不思議なことに両雄の対決は、１９８７年3月8日を境に一気に形勢が逆転していた。それまで日産は、どうしても読売に勝てなかった。１９８６～87年の日本リーグも、優勝を果たしたのは読売クラブで、日産自動車は5位にとどまっている。しかし後期の対決で遂に２－１で勝利を飾ると、過去の歴史と決別するかのように日産の連勝が始まる。

「初めて勝った喜びが半端じゃなかったんですよ。だから逆に、もうあんなに悔しい思いはしたくない。毎回読売戦は、そんな気持ちで集中して戦えたんだと思います」（水沼）

途中からは内容もパターン化されてきた。

「いい試合をしたのにね……」

現役からコーチを経て、監督としてJ開幕を迎える松木安太郎は、日産戦の度に、そう声をかけられた。高いテクニックを駆使してボールを支配する読売。だが最終的に白星をさらっていくのは日産だった。

「僕がいなくなってからですよ」

ひとつのヒントを提示してくれたのが小見幸隆である。

「確かに……、汚いヤツがいなくなった」

小見が聞いたら「失礼だなあ」とほくそ笑みそうだが、今回取材した誰もが異口同音に即反応した。とりわけ小見は、日産の攻撃を操る木村和司に絶対の自信を持っていた。

「専門誌に小見さんが相手に思い切り肘を入れている写真が載ったんです。当時こんなことをする人はいなかったですからね。小手先ではなく、本当に潰しにきていた」（水沼）

読売クラブでは、1985～86年のシーズンを最後に、2人の選手がスパイクを脱いだ。1人が小見、そしてもう1人が「ミスター読売」と呼ばれたジョージ与那城だった。

2人の穴は想像以上に大きかった。

横浜マリノスの初代監督となった清水秀彦が分析する。清水は1988年に現役を退き、翌年からヘッドコーチを務め、1991年からは日産自動車最後の指揮官となった。

「ジョージ（与那城）が引退したことで、読売のパスの出し手がラモス（瑠偉）1枚に減った。ジョージは、うまくて速くて賢い選手だった。長短のパスが自在で、自分でドリブル突破も出来る。当時はマンツーマンが主流の時代。試合の序盤は、こちらがしっかりマークしているから、自分は出て来ないでロングボールを散らしている。ところがこちらが出て行かず、隙を見せた瞬間に、一気に飛び出してくる。もう止めようがなかった。でもラモスは、5～10ｍのパスは抜群でも30ｍのパスはない。気持ち良く持たせておいても、最後はワンツーに絶対に飛び込まず、3人目の飛び込みをケアしておけば良かった」

一方で1987年まで読売クラブに勝てなかった背景も、また面白い。清水が教えてくれた。

「日産には、次々に攻撃的なタレントが入ってきて、僕はボランチに回されたわけです。でも金田（喜稔）、木村（和司）、水沼と、いずれも長い距離を走ったり汗をかいたりするタイプではない。とにかく試合中は『帰れ！』って、怒鳴ってばかりだった」

法政大の先輩でもある清水に「ディフェンスをさぼるな」と怒られても、水沼は悪びれずに「すいません、点取りますから」と頭を下げていた。

攻撃的サッカーを標榜する加茂は、自由に個性を融合させようとしていた。だが1987年には、ブラジル代表主将の経験を持つCBのオスカーを獲得。異例の大物が加わり、日産自動車の色も徐々に変化していく。清水の後継者として、加茂がボランチにコンバートした柱谷哲二が振り返る。

「オスカーは、いわゆる1－0の美学を持っていました。手堅く失点をせずにカウンターでゴールを奪う。押し込まれてもGK松永（成立）さんを中心に踏ん張り、逆に攻撃にはあまり人数をかけなくなりました」

1988～89年、加茂指揮下の日産自動車は、オスカーの加入などで守備を引き締め、三冠（リーグ、JSLカップ、天皇杯）を達成した。柱谷はMVPを受賞し、ボランチというポジションに焦点を引き寄せた。読売クラブが潰し役の小見を失ったのに対し、日産自動車が柱谷を得た。それは象徴的な出来事だった。

日産自動車は、オスカーが監督に昇格した翌シーズンも連続で三冠を獲得。1991年からは清水が指揮権を引き継ぐのだが、その頃にはしっかりと勝ちパターンが確立されていた。

「読売のキーワードはラモス。ラモスの色に染まった攻撃が、日産の戦い方に適合したとも言える。ブラジル色の濃い読売は、ショートパスを連ねて中央から前がかりに出てくる。常にパスの寸法は変わらない。それに対して日産は、今で言うブロックを作り、後ろを固めて前線のタレントを使ってカウンターに出る。分厚い攻撃なんかなかった。結局どちらも戦い方を変えなかったから」

もうひとつ、今だから明かすけどね、と清水は続けた。

「ブラジルの伝統で、どうしても4バックと言いながら、左SBを前に出そうとする。つまり都並敏史の裏が狙い目だった」

当時は口にすれば、読売が対処してしまうから当然機密事項だったという。

「お互いにハイレベルで神経を研ぎ澄ませて戦うから、それほど多くのチャンスは生まれない。ウチはトップを走らせて、相手のCBを引っ張り出し消耗させる。特にプロ化が近づく頃には読売のCBが高齢化してきていたから、彼らが疲れてきた終盤や延長に、こちらは若くてスピードのある神野（卓哉）や山田（隆裕）を送り込んで決着をつけにいった」

要するに神野が読売キラーになるのも、清水にとっては目論み通りだった。

1990年、日産自動車には、日本代表の井原正巳が加入。2年連続三冠達成の強さに魅かれるとともに。オスカーに「一緒にやろう」と誘われたことも決め手になった。オスカーは井原に帝王学を叩きこんでいく。

「どんなに名前のあるストライカーが相手でも決して怯んではいけない。いかに自信を持って戦うか。それが大切なんだ」

井原が入団する頃には、チーム全体に読売クラブに対する自信が漲っていたという。

「相手を尊重しながらも、しっかり守って効果的にゴールを奪う。そんな我々のやり方を貫けば必ず結果はついてくる。先輩たちは、口々に言っていました。読売は何年間もかけて築き上げて来たサッカーで、正々堂々と崩しに来る。でも日産もゲームを支配され、チャンスを作られたとしても、集中した守備を続けていれば、ウチの攻撃陣は決めてくれた」

一方読売クラブ側にも、変化の必要性を感じる者もいた。ヴェルディの初代監督になる松木である。

「いい試合をやっても結果がついて来ない。どこかに問題がある。時にはロングフィードも必要だし、中央一辺倒ではなくサイドから崩す意識も大切だと考えていました」

そして松木がプロ化に向けて、変革のビジョンを描きつつあった１９９２年、事件が起こった。日産で厳しい守備を牽引していた柱谷哲二が、ライバル読売クラブへの移籍を表明するのだ。ただし当時巷間伝わった高額年俸で引き抜かれたという説を、柱谷自身は否定する。

「むしろ逆ですよ。日産のフロントが現役の代表選手を高く評価し、僕の年俸を和司さんや水沼さんより高く設定すると言い始めた。僕があるのは、こうしたベテランの人たちのおかげでした。サッカーを教え育ててくれた人たちより、僕の方が高い年俸をもらうのは苦しいし悲しかった。だからもうこのチームでは続けられないな、と思ったんです」

当時柱谷は、日産側からの視点で、読売をこう見ていた。

「もっとサイドにポイントを作れば崩せる。それにボランチが凄く弱い印象だったので、僕が入れば強くなると思いました」

Ｊリーグ開幕が近づくと、ヴェルディ川崎の初代監督に決まった松木は、思い切って改革に着手する。

「このままのサッカーでは勝っていけない。中央突破もあれば、サイドからの崩しもある。ショートパスもあれば、長いボールを駆使した大きな展開もする。それが欧州も南米も共有する世界に通用するサッカーなんだ」

当時松木は35歳。自ら振り返れば頭でっかちだったと思う部分もあるが、とにかく変革へと猛進した。兄貴分のムードを断ち切り、監督として選手とは距離を置いた。プロとしての細かなルールを定め、生活管理にも乗り出した。補佐には、読売草創期に監督を務めたファン・バルコムをオランダから招聘。同じくオランダから、知名度は低くても安くて働けるヘニー・マイヤー（ＦＷ）、イェーネ・ハンセン（ＭＦ）、エリック・ファン・ロッサム（ＤＦ）の３人を、それぞれ１０００万円から１５００万円で獲得した。

しかし松木自身が「あの時だったから出来た無謀な改革」と述懐する通り、チーム内には「改革を急ぎ過ぎ」と冷ややかな視線もあった。

柱谷が当時を思い起こす。

「ワールドカップ予選を終えて、シーズン開幕へ向けての合宿に入ったら全然チームが出来ていなかった。オランダ勢もフィジカルがフィットしていなくて、上手くもなかった。結局オランダ色の導入は、反感を買っていましたね。『松木さん、おかしいんじゃないの』みたいな声が、あちこちで出ていましたから」

変革を図っていたのは、横浜マリノスを指揮する清水も同じだった。

「オスカー時代から主力は高齢化し、マンネリの傾向が見て取れた。外国人の選択も含め、別の方法を探らなければいけないと考えました」

チームの代謝を進めるとともに、助っ人も今までのブラジル路線から、もっと勝つための厳しさを表現できるアルゼンチンへと方向転換。自ら見極めて獲得してきたのが、１９８２年ワールドカップに出場したラモン・ディアスと、同じくアルゼンチン代表歴を持つダビド・ビスコンティだった。

清水は38歳で若いスタッフを束ねていた。バルコムを呼んだ松木を見て「いいな、相談する相手がいて」と羨んだ。それほどプロの時代を迎えるプレッシャーは強烈だった。

「全部最後に決めるのは自分。グラウンドに行くのが怖くなったこともある」

悩み抜いた末にスタメンを決めた時には、開幕まで１週間を切っていた。

「情が80％。そこがオレの甘いところだったかな。でもベテランも厳しい練習に耐えてきたからね」

最終ラインの前には、ブラジル勢で唯一残留したエバートンと、柱谷の穴を埋めるためにコンバートした野田知を配し、１トップのディアスの後ろには、木村、ビスコンティ、水沼。４－２－３－１の先駆けだった。

一方ヴェルディ川崎は柱谷を獲得したが、日本代表の堀池巧や三浦泰年が清水エスパルスへ移籍。代わりに右SBには中村忠が入り、ボランチは柱谷とハンセン。マイヤー、武田修宏の２トップの後方にラモスとカズ（三浦知良）で、言わば４－２－２－２。依然として中央集中の傾向は見て取れた。

５月15日土曜の開催は、この１試合だけだった。まさに日本中の視線を引き寄せて、午後７時29分、小幡真一郎主審がキックオフを告げる。

アマチュア時代からの流れを引き、やはり序盤はヴェルディが主導権を握った。それはマリノスベンチにとっても想定通りで、清水は「最初からどんどん出て来ると見ていた。球際の激しさ、スピード、コンパクトさは、アマ時代の1・5倍のイメージで、いかに入念な準備をしてきたかを物語った。

横浜マリノスは井原が最終ラインからスルスルとボールを運んでいくと、すぐに柱谷の足がかかる。かつての同僚で、日本代表でも最終ラインでコンビを組む2人だが、柱谷が意識したのは「とにかくオレのところに来たら止める」ことだけだった。

試合が動いたのは19分、ペレイラが左サイドに展開すると、ヴェルディの新外国人マイヤーが切れ込みながら豪快にネットを揺する。しかし清水は隣に座る木村浩吉ヘッドコーチに「凄いシュートだよな」と軽妙に話しかけたほどで、まったく動揺はなかった。

「崩されたわけでもないし、むしろエバートンがカバーに入って防ごうとしていたくらいで、集中は出来ていたから」

またピッチ上の井原も、マイヤーについては「偶発的なゴールを決められたが、それほどヴェルディのスタイルに噛み合っていないし、強烈な存在ではない」と見切っていた。

前半はヴェルディ川崎が1－0で折り返す。だがマリノス側に焦燥はなく、むしろ逆転への手がかりを掴んでいた。試合前にはオランダ勢の情報が一切なかったのだが「ウチの外国人の方が上」（井原）だと確信できていた。

しかも前半を終えて、先に動いたのはヴェルディだった。後半から切れのある動きを見せていた武田を下げて、北澤豪を送り込む。

松木監督は「ＭＦとＳＢの受け渡しが不安定だったし、相手のエバートンが中途半端なポジション取りをしているのが気になり」ＦＷを1枚削り、マリノスのフォーメーションに合わせることを優先した。

しかしこの交代が、むしろマリノスベンチを楽にした。

「こちらとしては、いつ追いつくかが問題だった。もしなかなか追いつけなければ、リスクを懸けて動かさなければならない。でも相手がこちらに合わせてくれたので、取り敢えずその必要がなくなった」（清水）

「武田はラモスさんとのホットラインもあるし、いつもディフェンスラインの裏を狙っていて、ゴールに直結する怖さがありましたからね」（井原）

後半は一転してマリノスの思惑通りに試合が進む。47分、水沼が左サイドで仕掛けると、ファウルで止められ、ボックスのわずか外でＦＫを得る。木村のキックはクリアーされてＣＫ。再び鋭くゴールに向かうボールを送るが、またも弾かれて2本目のＣＫを得た。木村のキックには定評がある。「木村だから必ず狙ってくる。その心理状態を読んだ見事な戦術眼」（清水）が同点ゴールを導いた。

ゴール前を固めるヴェルディは、ボックス外のエバートンをフリーにした。そこで木村は意表を突いてショートパスを送る。エバートンは、まるでヴェルディの先制ゴールをなぞるようなシュートを豪快に突き刺した。

さらに2分後、井原が右サイドでフリーになった木村へフィード。「コントロールしてもらおうと思った」（井原）ボールは、頭でしか扱えない高さに浮いたが、木村が落とすと、その内側へと水沼が走った。

「井原が蹴った瞬間に、もうシュートまでの形はイメージできた。和司さん（木村）なら、必ず僕の動きを見てくれるだろうし、スピードに乗ってサポートに行けば抜けると思った。トラップまではイメージ通り。ただ次のタッチがやや外側に出過ぎて決め切れなかったんですよね」（水沼）

水沼独特のすり抜けからのシュートは、ＧＫ菊池新吉が阻むが、ペレイラに当たってこぼれる。そこに走りこんだディアスがプッシュしてマリノスが逆転した。

ヴェルディはキャプテンマークを巻き、新しいヘアスタイルで颯爽と登場してきたカズが、どうしてもボールを引き出すために深い位置へと走った。

「カズは自由にやらせていました。でも僕が常に強調していたのは『下がるな』だった」（松木）

カズは中盤をドリブルで運ぶシーンが目立ち、なかなかゴール前に顔を出せない。唯一マリノスが警戒していたシーンを作られたのは残り9分、ラモスがマイヤーとのワンツーでボックス内に侵入。フリーで走りこむ柱谷にラストパスを送った。だが柱谷が左足で放ったシュートは、マリノスの勝矢寿延が鋭いスライディングで体に当てる。

「あれでジ・エンド。流れが悪すぎた。さすがマリノスという勝矢のファインプレー」

柱谷が天を仰いだ。

「あの試合は、僕にとってリーグ戦の1試合ではなかった。とにかく負けて腹が立って仕方がなかったですね。いつも自分の試合は3回くらい見直すんですが、これだけは1度見てやめましたから」

柱谷は日産（マリノス）のノウハウをヴェルディに持ち込んだが、即効性はなかった。

「僕はサイドへ散らそうと意識しましたが、ラモスさんはなかなか変わらなかった。カズも日産時代に戦った時には、絶対に抜かれない自信がありました。MFならボールを持たれても、深く潰しに行けますからね。ボックス内だと、そうはいかないわけで……」

マリノス２－１ヴェルディ。

プロの時代が訪れても、マリノスの連勝は途切れなかった。

結局連勝が止まったのは、１９９３年11月10日。やはり国立での試合だった。ヴェルディは、ディアスらスタメン４人を欠くマリノスに苦しみながらも、延長戦の末に武田が決着をつける。清水や井原の記憶からは、この試合が飛んでいるが、松木や柱谷は明確に覚えている。ヴェルディには、ラモスだけでなく、ビスマルクというもう１人の司令塔が加わっていた。松木がビスマルクに因縁を伝えると、こんな反応が来た。

「いつも攻め込むんだけど勝てないんだよ」

「だったら攻めなければいいじゃないか」

与那城と小見を失い、ビスマルクが加入するまで、マリノス（日産）は引き分けを挟み、ヴェルディ（読売）に15連勝していた。

神様ジーコが鹿島で築き上げた礎《いしずえ》

住友金属蹴球団の選手たちは、目の前の光景が信じられなかった。

あのジーコが自分たちのユニフォームに袖を通し、大勢の記者の前でフラッシュを浴び会見の席に着いている。

確かにチーム内にも噂は広がっていた。

「ウチのチーム、ジーコと交渉しているらしいよ」

「まさか、来るわけないだろう」

「でも来たら凄いよな……」

住友金属で９年目のシーズンを迎えていた大野俊三にとって、ジーコはテレビの中の人だった。そもそもワールドカップがテレビの中の出来事で、ジーコはそこで活躍をする「地球の裏側の神様」だった。

大野は衝撃の瞬間を思い起こして呟く。

「感動というより、驚きでしたね。この先何が起こるのか想像もつかなかった」

１９９１年３月、順天堂大学を卒業してＮＴＴ関東に進んだ石井正忠は、プロでやりたくて会社に辞表を出していた。ところが新しい受け皿になるはずの住友金属からの連絡が途絶えた。ようやく5月に連絡を受けると「実はジーコとの交渉が長引いて、そちらにかかり切りになっていたんだ」と説明を受けた。

実際ジーコは、同年3月に1年間務めて来たブラジルのスポーツ庁長官を辞任し、5月に住友金属との契約を結んでいた。

住友金属の選手たちは、夢のような出来事に高揚した。ただし38歳のジーコより4歳年下の監督は、それどころではなかった。

「大変でしたよ。なにしろ急にジーコと対峙しなければならなくなったわけですから」

当時34歳の鈴木満は、それから毎朝4時に目覚めるようになってしまった。

「毎日ジーコから質問攻めですよ。『なぜゴールネットが緑色なんだ』から始まり、『更衣室にパイプ椅子しか置かれていないが、どうやって着替えるんだ』『なぜ今日はこのメニューなんだ』『なぜこういうスケジュールを組むんだ……』相手は世界のトップ、こちらが言えることなんて何もない。眠れなくなりましたよ。朝が来ると、またグラウンドに行かなければならないのかと、本当に気が重かった」

ジーコがやって来たのは「ゴールにネットも張っていない土のグラウンド」（『ジーコ自伝』／朝日新聞社より）だった。でもね、と鈴木が述懐する。

「それだけジーコは真剣だった。気がついたことはなんでも質問し、注文をしてきた。私もすぐに、これは生半可な覚悟では出来ないと腹を括りました」

ジーコの要求は、ピッチ内外で多岐にわたった。フロント作りからインフラ整備、そしてサッカーの本質にかかわること……。

「年齢も上だし、ジーコに教えてもらおうというスタンスに切り替えました。それが良かったのかもしれません。毎日ジーコに指導を受けながら、言われた課題をクリアーしていく。こうしてウチは、他のクラブがプロ化に時間を要している間に、急ピッチで体制作りが進んだんです」

ジーコ招聘の狙いは、見事に的中したのだった。

１９７５年、住友金属蹴球団は、活動の拠点を大阪から茨城県鹿嶋町に移した。それから14年後にプロリーグ検討委員会から聞き取り調査を受け、Jリーグ参戦の意向を固める。だが日本リーグでも際立った成績を残せていない住友金属が、プロリーグ開幕時のメンバーに残れる可能性は限りなくゼロに近く、川淵三郎初代チェアマンが「99・９９９９％無理」と伝えたのは有名な話だ。

それでも屋根付き専用スタジアムを用意して大逆転劇を遂げるのだが、同時に用意したアドバルーンがジーコとの契約だった。

改めて鈴木が、その経緯を説明する。

「ジーコサイドからJFAを通して売り込みがあり、古河電工（現ジェフ千葉）とウチに打診がありました。古河は38歳という年齢を考慮して見送り、何もないところから始めなければならないウチが乗ったわけです。既にジーコの人間性などは調査済みでしたからね。選手としてのプレーだけでなく、プロクラブになるために全ての面でノウハウを伝授して欲しいと考えた。だから年齢は関係なかったんです」

もっとも1年間のブランクを経て復帰したジーコは、ピッチ上でも圧倒的な存在感を示し、チームを変貌させていった。

「次の目的の位置に止めて、正確なパスを送る。当たり前のことが、まったく無駄なく流れるように進んでいく。まずはそれが凄かったですね」（大野）

「これほどミスのない選手を見たのは初めてでした。しかも味方のミスパスも難なく処理してしまうからミスに見せない。運動量は少なくてもテクニックの質は別格でした」（石井）

「ゴールの角に的をつけて、必ず壁には人間を立たせてFKの練習をするんですが、10本蹴れば8本くらいは当ててしまう。それを見せれば、話すことにも説得力が出ますよ。あまり速くはないけれど、キックをする間際で自在に判断を変えられる。また記憶力が凄くて、各選手の癖を覚えるのも早い。ミニゲームで、こちらがフェイントをかけ、わざとノールックでパスを出すと、その裏の裏をかいてインターセプト。どうだ賢いだろうと笑っているんです」（鈴木）

名門サンパウロFCでトレーニングを積んだ経験を持つ古川昌明（現GKコーチ）は、当時クラブを指揮していた名将テレ・サンターナの姿がジーコと重なるという。

「テレは若い選手と一緒にトレーニングセンターに住み込み、朝一番に起きて3面あるグラウンドをチェックして回るんです。用具やユニフォームも細かくチェックして、失敗したら言い訳のできない状況を整えていました。物事に厳しく、いつも理想を抱き、一切の妥協がない。ブラジル人には少ないタイプ。バンデルレイ・ルシェンブルゴやトニーニョ・セレーゾも、そこまでの細かさはないですから。でもジーコは、テレに似ていました」

来日1年目のジーコは、住友金属の一員として日本リーグ2部で戦った。得点王（21ゴール）と、アシスト2位（12）の活躍で牽引するが、フジタ（現湘南ベルマーレ）の後塵を拝し2位だった。しかしクラブはJリーグへの参戦も決まったので、本田技研から宮本征勝監督以下、黒崎久志、本田泰人、長谷川祥之ら6人の選手を補強。戦力の底上げに成功すると、1992年ナビスコカップではベスト4の躍進を遂げる。

しかしジーコに満足感は微塵もなかった。

「ジーコには、これくらいでいい、という意識がない。日本リーグでもナビスコカップでも、最初から優勝しかないと思っている。逆にジーコが、なぜ優勝出来なかったんだ、と悔しがるから、誰も満足は出来ないんですよ」

そう話す鈴木は、ジーコスピリットの軸を成すのは、勝利への執着心と結束力だと考える。とりわけ勝利を掴み取るためには、誰に対しても妥協を許さなかった。

鈴木が続ける。

「ある時、スタッフが親睦のために群馬でブラジル人を多数抱えるチームと試合をしたんです。相手はプロになりかけたような人もいるのに、こちらには素人も混じっている。でもジーコは味方が素人でも、ミスをすれば容赦なく怒鳴りつける。ショックを受けて、次からは来られなくなったスタッフもいました。負けていたら30分ハーフの試合が50分に延びるなんてことは、よくありましたよ」

「1度試合中にサイドチェンジをしようとして、目の前で避けようとしゃがんだジーコにぶつけてしまったんです。顔を真っ赤にして怒られました。でも厳しいのは、僕ら日本人選手に対してだけではなく、ブラジル勢に対しても同じでしたね」（石井）

「そう言えばアルシンドには、頼むからイエローをもらうな、と口を酸っぱくして言っていた。さすがにアルシンドも、わかった、わかった、と恐縮していました」（古川）

こうしてジーコの完璧主義を物語るエピソードは、枚挙に暇がない。再び鈴木満の証言である。

「住友金属時代は、ジョナスという選手が通訳を兼任していました。ある時ジーコが選手たちに向かって真剣に話すと、笑いが起こった。ジョナスのボキャブラリーが不足していて、おかしな表現を使ったからなのですが、ジーコは烈火のごとく怒りました。ここは命がけで戦う場だ、と。それから暫くは、通訳がいませんでした」

鹿島アントラーズの時代に入ると、鈴木圀弘通訳がやって来るが、ジーコは「オレが怒ったら怒れ、泣いたらおまえも泣け」と指示していたという。

「通訳の鈴木さんは、まるでジーコが乗り移ったようでしたよ」と、鈴木満は2人の関係を思い起こして笑った。

「やがて僕らもサッカーに関するポルトガル語なら、ピッチ上で理解できるようになった。そのせいか、ジーコも間違いを避けるために、変に日本語を使おうとはしませんでしたね」

来日間もない頃、ジーコが全員を集めて話した。

「プロとアマの違い、それは自己管理能力だ。ブラジルには私よりうまい選手がたくさんいた。もし私も周りの選手と同じように遊びたい誘惑に負けていたら大成しなかった。だが私はサッカーにマイナスになることは一切しなかった。毎晩10時には帰宅し、パーティーに付き合うとしても、翌日トレーニングがあることは忘れない。それが出来なければ、プロとしてはやっていけない」

アマチュアの集団にプロ意識を植え付けるために、ジーコは躊躇なく選手たちに問いかけ、フロントに進言し、改革を進めた。

仕事場であるグラウンドや更衣室の整備、メリハリをつけた練習スケジュールの組み方、試合の準備、遠征での心構え……。鈴木満が振り返る。

「鹿嶋からだと、どこへ出かけるのも遠い。ジーコは、管理責任者を同行させて前泊し、集中を高めて翌日の試合に臨むべきだ、と主張しました。ジーコとは、よく一緒にホテルのロビーで見張りをしましたよ」

夜10時過ぎにコンビニから戻る選手を見つけると、ジーコは頬を真っ赤にして怒った。

「せっかくコンディションを整えて来たのに、こんな時間に食べたら台無しだろう！」

以後前泊のホテルにはリラックスルームが設けられ、フルーツやコーヒーなどが用意されるようになった。

「試合前の食事は3時間前に取ることになっていたんですが、日本の選手たちの食べっぷりを見たジーコが、4時間前に変更しました。こんなに食べるなら、3時間では消化しきれないじゃないか、とのことでした」（鈴木）

「アマチュア時代は、前泊をすると食事もほどほどに街に出かけ、当地の名産に舌鼓を打ちながら飲んで、ラーメンを食べるのが楽しみでした。でもジーコが来てからは、外出はせず、前夜寝る前に1試合分のシミュレーションをするようになりました。先制した場合、先制された場合、ゲームの締め方、相手のFWはどんな動きをするのか……」（大野）

Jリーグ元年に主将を務め、後にチームを指揮して〝世界2位〟に導く石井も、ジーコから教わったことは少なくない。

「一時期練習場まで車で送っていたんですが、夏にカーエアコンをかけると注意されました。体が冷えるだろ、窓を開ければいいじゃないか、って。ファンへの対応も率先して見本を示していましたね。『オレたちの給料は、ファンにチケットを買ってもらって支払われるんだ。だから街で声をかけられても、しっかりと対応しろ』と、サインや写真は嫌な顔ひとつせずに応じていました。ジーコがやっていたら、僕らがやらないわけにいきませんからね」

ジーコという模範的なプロフェッショナルに牽引され、アマチュアの住友金属蹴球団は名実ともに鹿島アントラーズへと変貌していった。鈴木が語る。

「戦術的にも本当に細かく積み上げていきました。まずセオリーを叩き込み、個人戦術からＣＢ２人の関係、そこに両ＳＢが加わり、さらにボランチをつけ、攻撃的ＭＦ、そして最後にＦＷという具合に11人の関係を構築していった。ミーティングを聞いていても、こういうふうにやるものなんだ、と感心しました。例えば相手がヴェルディなら、トップにヘディングの強い選手はいない。だから外からクロスを上げられるのは構わない。ＤＦはペナルティエリアの幅に絞り、そこでワンツーをさせないように。とにかく重要なポイントは誇張して話すんです。今日は攻撃に転じる時でも、ハーフウェイラインを越えるのは３人までだ、とか。駆け引きに長け、テーマを意識させるのがうまかった」

さらに石井が続ける。

「対戦したチームや選手の特徴を覚えるのが物凄く早くて、自分のプレーも全て覚えていました。90分間、いつも他の10人の位置を把握し、戦況を考えているからだそうです。スタジアムの風景もよく覚えていて、あそこのコーナー付近に何色の看板があるから、そこを走る選手にはどんなボールを出せばいいか、などと説明してくれました」

１９９３年、いよいよＪリーグの開幕イヤーを迎えると、日本人選手たちは宮本征勝監督に率いられ、ゴルフ場で３日間の徹底した走り込みを行った。ボールは持参せず、早朝、朝、午後と１日３度、身体を苛め抜きベースを築いた。

４月になるとイタリアへ飛び、総仕上げに入る。ところが現地に入ってみると、練習場に指定されたのが公園のような広場だった。

「酷い環境でした。コーディネイトをしたのは現地のエージェントだったんです。ジーコが呼び出して怒鳴りつけ、そこから自分で交渉してトレーニング場も対戦相手も確保してしまいました。初戦はセリエＣのマントバで、２戦目の相手には当初ジーコの古巣ウディネーゼが予定されていた。でもリーグ戦で好調だったために練習試合を渋られ、ちょうどウディネで合宿をしていたクロアチア代表とマッチメイクをしてしまった。３戦目もセリエＡのインテルに決まってしまいました」（鈴木）

雨中の試合で、クロアチア代表は、ツボニミール・ボバン、ダボル・シューケル、アレン・ボクシッチらベストメンバーを組んで来た。しかも鹿島がジーコのアシストからアルシンドが先制弾を決めたことで、本気モードに拍車がかかった。

「ボールを奪いにいけば、はたいて次に動かれの繰り返し。何度も裏を取られました。大人と子供のような試合でした」(大野)

結局先制されたクロアチアは、そこから8ゴールを積み上げる。

だがどんな相手でも負けることを許さないのがジーコである。「その後が凄かった」と鈴木が嘆息した。

「ドキュメントの撮影で同行していたスタッフをシャットアウトし、いきなりホワイトボードをバーン！　と叩くと、マグネットが全部落ちた。いつも怒っているけれど、髪の毛は逆立ち、声は裏返って、あんなジーコは初めてでしたよ」

翌日ジーコは宮本監督に「オレに笛を渡してくれ」と直訴。フィレンツェに移動すると、連日守備の連係を細部まで突き詰め、同時にメンバー編成も進めていった。

「CB2人はフラットに並ぶ。しかし相手がクサビを入れてくれれば、1人はインターセプトを狙いに出て、もう1人はカバーに入るわけだが、その局面が終われば即座にラインに戻すんだ」

「SBが裏を取られたら、CBがカバーリングに入るが、その時ボランチはここに入れ」

日本代表監督時代は「自由」が強調されたジーコだが、鹿島では細かく手とり足とり守備の動き方を確認していった。

成果は覿面《てきめん》に現れた。イタリア遠征で最終戦の相手はインテル。もちろんクロアチア代表ほど「本気モードじゃなかった」(古川)が1－1で引き分けて、選手たちは自信を深めて帰国する。

さらに開幕を前に、ブラジルの強豪フルミネンセと連戦し1勝1分け。「相手のエドゥ監督も鹿島の戦いぶりに驚いている様子だった」(古川)という。

こうして5月16日、アントラーズはホームの鹿島スタジアムに、名古屋グランパスを迎える。当然メディアは、ジーコと1986年メキシコ・ワールドカップで得点王だったガリー・リネカーとの対決を盛んに煽り立てた。

リネカーをマークする大野は「ワクワクしましたよ」と当時を思い浮かべる。

「前を向かせたら、小刻みなドリブルと振りの速いシュートがある。でもまだ、ここにくれ、と動き出しても、パスを出せるのがMFのジョルジーニョしかいない様子だった。だからジョルジーニョを視野に入れながら、リネカーをしっかりとマークしました」

前半名古屋は、右からのクロスを沢入重雄が落とし、リネカーが蹴り込むシーンがあった。実際鹿島の守護神古川は「やられた」と思ったが、オフサイドフラッグが上がった。

逆に鹿島は25分に、ジーコがアルシンドへのスルーパスを狙う。阻もうとした名古屋DF2人が接触してボールがこぼれた。真っ先に反応したジーコが右足を鋭く一閃。均衡が破れた。

「実はさらに早い時間に、僕も同じような位置からシュートを打つチャンスがあったんです。ところが、チャンスだ！　と思った瞬間に力んで、シュートはボテボテ。改めて、やっぱりジーコは凄いな、と思いました」（石井）

さらに30分には、左からのFKをポスト内側に当てながらゴールに叩き込む。

後半に入っても、ジーコはアルシンドのゴールをアシストして3－0。63分には左サイドに流れたアルシンドへ展開し、左からのクロスをGKの鼻先で左足インサイドのボレーで叩く。40歳を迎えていたスーパースターは、いきなり開幕戦からハットトリックを達成してしまうのだった。

結局鹿島は、アルシンドがダメ押しのループゴールを決め5－0で大勝する。これで勢いを得て、一気にファーストステージの優勝へと突っ走るのだった。

古川が総括する。

「ジーコはクラブの象徴。ピッチにいてもいなくても、みんなこの人のためにやらなきゃいけないと引き締まった。勝つために何が必要なのか。それをサポーターやフロントを巻き込んで、基礎から作り上げてくれたんです」

鈴木満は、1996年から強化部長に転身し現在に至る。鹿島にはジーコの後にも、ジョルジーニョ、レオナルド、モーゼルなどブラジルから名手たちが続々とやって来たが、鈴木は誰にでも臆することなく、堂々と渡り合えるようになった。

「ジーコは、いつもオレの傍にいろ、と言うんです。そしてトレーニングが始まると、よく2人で雑談をしました。それを選手たちは、遠くから見ているわけです。ジーコは、『おまえのために』などとは一切口にしませんが、要するに僕の立場を作ってくれたんですよね」

チームが成熟していくと、ジーコが選手たちを直接怒鳴る回数は減って行った。僕に直接言いに来るくらいで、と鈴木はさらに言葉を繋げた。

「現場を管理する人間の振る舞いについても教わりました。場違いな恰好をしてくると、きちんとネクタイをして来い。早く帰りたくて、後片付けを手伝っていると、『おまえがやるな……』。勝つためにはチームで、さらにはクラブ全体で戦わなければいけない。それがジーコの考え方でした。だからウチは、ただサッカーがうまいだけでなく、一体感をもたらす犠牲心のある選手を獲ってくるんです。

なぜあんなにボロクソに怒るジーコが、みんなに慕われるのか。それはちょっとした配慮があるからなんです。一生懸命やろうとした人は、怒っても必ずフォローをする。でもいい加減な人間には、声もかけなくなる。凄く人間味を感じるんですよね」

ジーコとともに先駆的に築いた鹿島の伝統は、やがて他の追随を許さない強固なものになる。プロとは何かを伝授する最適任者と巡り合い、Jリーグ屈指の小さな町はいくつもの奇跡の物語を発信してゆくのだった。

「エースの城」は高卒ルーキー

開幕して2年目、Jリーグのスタジアムは、どこへ行っても満員だった。残念ながら日本代表は「ドーハの悲劇」でワールドカップ初出場を逃すが、新しいシーズンが始まると再びフレッシュな話題がブームを刺激した。

1994年3月12日土曜、市原臨海陸上競技場には傘の花が咲いていた。スタンドが一気に爆発したのは24分だった。

ガンバ大阪の右SB今藤幸治がドリブルで運ぼうとする。だがジェフ市原（現千葉）は西ドイツ代表として3大会連続でワールドカップ決勝を戦ったピエール・リトバルスキーが奪い取り、ここからカウンターに転じた。

左サイドをレフティーの江尻篤彦が快走する。G大阪のDFは、やはり西ドイツ代表歴を持つフランク・オルデネビッツ（登録名オッツェ）の動きに集中した。一方オッツェは、2トップを組むパートナーを視野に入れ、ニアサイドへと走り出す。この動きに2人のDFがつられた。そして次の瞬間、江尻の絶妙なクロスがオッツェの頭上を越えていく。中央から頭で叩いたのは、18歳の高卒ルーキーだった。

「オッツェが凄く僕のことを見てくれていた。もう僕は合わせるだけでした。思い切り叩きつけようとする余裕はなくてコースも甘かった。無我夢中で当てに行ったら、本並さん（健治＝G大阪のGK）の手の上を抜けていったんです」

翌朝は4つのスポーツ紙が、18歳の快挙を1面で派手に報じた。それから約半年間、鹿児島実業高校を卒業したばかりのルーキーを取り巻く喧騒が続いた。

北海道室蘭市で生を受けた城彰二は、中学時代に鹿児島に越し、名門の鹿児島実業高校に進んだ。まだJリーグは創設前で日本にはプロもない。「どうしてもサッカーでメシを食っていきたい」と、海外へ出るための資料を集めていたという。

「ドイツなどを中心に調べて、高校2年生の頃にはトライアル留学の準備も進めていました。でもちょうど同じ頃にタイミング良くJリーグが出来た。それならまず近くでプロに、と考えるようになったんです」

ジェフのスカウトを務める川本治は、既に高校1年生の頃から城に注目していた。室蘭出身で城と同郷の川本は、古河電工（ジェフの前身）の黄金期に活躍したストライカーという共通点も持っていた。

「プロが出来て、日本のチームにも初めてスカウトが誕生しました。それまでは専任のスカウトがいるわけではなく、監督やコーチが兼ねていたんです。当時は3月に全国の名門高校を集めて古河《こが》フェスティバルが行われていて、この大会から面白い選手をピックアップして追いかけるようにしていました。鹿実の松澤隆司監督にも、この大会の時に挨拶をさせて頂きました」

同じストライカーとして、川本は城の動物的な勘を高く買っていた。

「止めて蹴るという教科書的な部分は、トップレベルではなかった。頭抜けて速いとか高いわけでもない。でも実際の試合になると、いろんな形でゴールを決めてくる。体の使い方がうまくて、空中戦のタイミングの取り方やパスの受け方にも非凡なものがありました。何よりストライカーは、プレッシャーの中で簡単なシュートを決められるかなんですよ。ゴール前のプレーも、ある程度までは教えられます。でも勝負を分けるのは、その先の天性の部分なんです」

高校3年生の夏を過ぎると、スカウトたちの城詣でが過熱する。鹿児島実業は、夏のインターハイ、さらには全日本ユース選手権で準優勝し、城は間違いなくそれを牽引した。まだJリーグは10チームで構成されていたが、横浜フリューゲルス、東京ヴェルディ、名古屋グランパス、サンフレッチェ広島などが入れ替わり立ち替わり挨拶に来た。

争奪戦では完全にフリューゲルスが先んじていた。既に鹿実からは2年先輩の前園真聖が進んでいたので、同校の松澤監督との信頼関係も堅固で、城自身も2年生の終わりには天皇杯を制したフリューゲルスの祝勝会に出席していた
「松澤先生からは、フリューゲルスならプロの道があるぞ、と言われていました」（城）

しかし最後の全国高校選手権で川口能活を擁す清水商にPK戦の末に敗れると、Jリーグの選手名鑑をペラペラと捲りながら閃いた。各チームのストライカーの戦績を見比べているうちに、ジェフのページで手が止まった。関東大学リーグを代表したFWがレギュラーで25試合出場していたが、シーズンを通して2ゴールしか挙げていなかった。逆にフリューゲルスは、パラグアイ代表歴を持つアマリージャ、日本代表歴を持つ前田治や先輩の前園、さらにはエドゥ、バウベルのブラジル勢など攻撃陣が多士済々だった。

「とにかくどうしても試合に出たかった。ここ（ジェフ）なら勝負が出来ると思ったんです。まあ、無知だったので、数字だけを見ていたんですけどね。一方のフリューゲルスは、名前を見る限り、これはとても出られないだろうな……と。すぐに松澤先生に、ジェフでチャレンジしたいと話しました」

当然松澤は激高した。

「冗談じゃない、おまえはフリューゲルスだ！」

それでも城は粘り強く頼み込み、松澤を通じてジェフと連絡を取ってもらった。

「先生と一緒に浦安まで行って、ホテルで待ち合わせをして関係者と話をしました」（城）

ところが現場を担当していた川本は、そこに同席していなかった。

「個人的には絶対に欲しい選手でした。でも当時のスカウトは横の繋がりの中で、『良い選手は他のクラブへ行ったとしても活躍して欲しいね』と話していました。率直に（獲得は）厳しいな、という感触でした」

ジェフの対応は、あまりに素っ気なかった。

「ジェフは獲る気など、さらさらないという姿勢でした。予算も決まっているし、他に行った方がいいんじゃない？とまで言われました」

今だから話せますけど、と城が続けた。

「フリューゲルスやグランパスは1500万円の年俸を用意してくれましたが、ジェフは500万円でした（当時は新人に年俸の上限設定がなかった）。でも僕は、『お金の問題じゃないし、それで十分です』と頭を下げまし

た」

逆に最終交渉に参加していない川本は、土壇場のどんでん返しに驚いた。むしろ同郷の母親が信頼してくれたのだと思い感謝していた。

しかし城は初めてプロの練習に参加して、高校時代との想像以上の落差に面喰らった。

「まったくレベルが違いました。安易に試合に出られるなんて考えていましたが、ありえないと思い知らされました。同期の秋葉（忠宏＝リオ五輪代表コーチ）とも、やっぱりプロは凄いな、と話していました。純粋な体力、パス、考える……、全てのスピードが違った。僕らは金魚のフンみたいに追いかけているだけでした。トレーナーの池田誠剛さんには、若手はもっと鍛えなければダメだと、いろんな走りをやらされました。鹿実時代は1日に2～3試合やっていたし体力には自信があったんですが、高校とは質が比ではなかった」

さらに縦関係の厳しさも今とはケタ違いだった。

「ちょっとでもミスをすると物凄い勢いで怒鳴られました。『おまえら、プロじゃねえだろう！』って」

すぐに試合に出たいからジェフを選んだ。ところが連日練習に参加をする毎に衝撃を受け、それが思い上がりだったと痛感した。

ジェフは城を獲得するのと同じタイミングで、監督を代えていた。新監督にはハンス・オフト体制の日本代表でヘッドコーチを務めていた清雲栄純が就任していた。

「城が争奪戦になっているのは聞いていました。初めて顔を合わせた時に、『どうしてジェフを選んだの？』と聞いたら、『オッツェという良い見本があるから』と答えていました」

清雲も高校選手権での活躍は聞いていたが、最初からスタメンは難しいと思っていた。だが「通用しない」と落ち込む城の自己採点とは裏腹に、スタッフの評価は確実に上昇していった。

「ボールが収まるし、左右の足に頭と、いろんなフィニッシュの可能性を持っていました。ボールを引き出す動きも良かったですね。メンタルも含めてストライカーとしての資質を十二分に備えていました。よく先輩のDFとも言い合いをしていたし、江尻やリトバルスキーなどパサーに対しても、しっかりと要求を出していました。太々しくて、痛くもないのに大袈裟に倒れるような駆け引きにも長けていた。何か言われると、奮起するタイプと逃避するタイプがいますが、城は明らかに前者。ゴン（中山雅史）のように、相当に厳しいことを言っても大丈夫。これはストライカーにとって物凄く重要です」（清雲）

ジェフは2月にオーストラリア遠征に出かけるが、現地での親善試合で城は2試合連続ゴールでアピールする。帰国して寮生活に入ると、当時サテライトの監督を務めていた岡田武史が週末以外は泊まり込み、食事や休養などピッチ外の部分にも目を光らせた。

「開幕1ヵ月くらい前に、城をサテライトからトップチームに上げました。その頃からスタメンの構想に入ってきましたが、まだ新人なのでケガや体調面を注意深く見ていく必要がありました。もしパフォーマンスが落ちて来ていたら使ってはいけないですからね。でももう2週間前に、迷いはなくなっていたと思います」(清雲)

開幕2日前に、清雲は報道陣に城のスタメン起用を告げている。しかしチーム内で報道を目にした選手はいなかったようだ。少なくとも城の耳には、このニュースがまったく届いていなかった。

「前日の紅白戦もサブチームのFWでしたからね。スタメンだと知ったのは、試合当日朝のミーティングでした。最後に城と呼ばれて、僕もみんなも本当に驚いた。『えっ! おまえかよ』みたいな感じでした」

清雲は、城の物怖じしない姿に改めて感心していた。

「早めに伝えると考え込んでしまうこともあるので、敢えて試合当日にしました。でもロッカールームから出ると、試合前なのに『城くん、城くん』と声をかけられ、満員のスタンドへ向かって手を振っていましたからね」

Jリーグはまだ2年目だったが、高卒ルーキーが開幕からスタメンで出場するのは初めての出来事だった。前年は帝京高校からガンバ大阪へ進んだ松波正信が3試合目に出場を果たし、それが最速デビューの記録として残っていた。

「前泊のホテルでは、越後(和男)さんと2人部屋で、いろんな話をしました。ちょうどチーム内では中西(永輔)さんがバック宙(後方宙返り)をトレードマークにしていたんです。そこで越後さんが『だからおまえは、試合に出てゴールを決めたら前に回れ』と言い出しました。いやあ、僕回ったことないすよ、と言ったんですが、当時先輩の言うことは絶対でしたからね。『やれ!』と言われたら、やるしかなかった」

それまでジェフは、ガンバを苦手としていた。ナビスコカップも含めると4連敗中の相手で重苦しいムードも漂ったが、24分、城の先制ゴールが完全に払拭してしまう。約束通り前宙返りも飛び出し、スタジアムの熱気は最高潮に達した。

「前宙は初めてですからね。怖いなあ、と思っているから、VTRで見ても一拍置いてビビりながら跳んでいるんです。でもそれが代名詞みたいになったんですよね」

因みに清雲監督は、城の不器用な前宙を見て「そんなことをするとヒザが壊れる」と、何度も厳しく叱責した。

最大の注目株だったルーキーが期待に応えて均衡を破り、ジェフには格好の弾みとなった。前半でオッツェが追加点を奪うと、後半も3ゴールを叩き込み5－1で大勝するのだ。

「でも開幕戦を終えた後は、嬉しいというより物凄い疲労が押し寄せてきました。先輩たちは食事に出かけたんですが、僕は何も食べずに寮に帰って寝てしまったほどです。精神的なプレッシャーと試合の質の高さが、まったく未知の領域だったんでしょうね」（城）

ドーハの悲劇で沈んだサッカー界は、新鮮なスターの誕生に沸いた。しかも注目を引き寄せながら、さらに城は結果を出し続けた。2節横浜フリューゲルス戦は、力の差を見せつけられ4点のリードを許すが、79分に1点を返した。またネットに挟まったボールを掴むやいなや、センターサークルへと走る闘争心が話題になった。続く3節の浦和レッズ戦では、劇的に流れを変えた。1点を追いかけて終了3分前に、SB木澤正徳のクロスを2人のDFを背負いながら胸で止めて右足で叩く。土壇場で追いついたジェフは、さらに2分後に越後が決勝ゴールを挙げて逆転勝利を飾る。そして第4節ベルマーレ平塚戦では2ゴールで3－2の勝利に貢献。結局城は、ルーキーながら4試合連続でフル出場し、全ての試合でゴールを連ねるのだった。

城は完全に時の人になった。ところがここでJの話題の主は、チームから離れてしまう。平塚戦の翌日、高校選抜の一員として欧州遠征へと旅立つのである。当時の記事を探ると、城はこんなコメントを発している。

「高校選抜の遠征は行きたくないですよ。戻って来たらポジションがなくなっているかもしれないですからね」

しかし内心は同年代の選手たちとの遠征でチームを抜けられて安堵していた。

「連続ゴールを挙げて乗っているというよりは、心身ともに相当に追い込まれてきつかった。きっとマスコミが5戦連続を期待して煽ってくるので、そういう言い方をしたんだと思いますが、むしろちょっと（Jリーグから）離れたいなというのが本音でした。もし本当に遠征に行きたくなければ断っていたと思います。同世代との遠征は凄く良いリフレッシュになりました」

もちろん高体連側にも卒業したばかりの選手がプロのレギュラーで活躍するという想定がなかった。監督の立場で清雲が言う。

「チームのためというより、城を伸ばすためにはどちらが良いのか、ということだと思いました。確かにプロでデビューして緊張状態が続いたので、岡田ともどこで休ませようかという話し合いを持っていました。4～5試合プレーをして2試合くらい休ませる。そんなプランも描いていたので、欧州遠征が必要なリラックスを提供したのかもしれない。でもどんなレベルの試合をするのかが未知数なので、そこは不安でした」

城は欧州でも好調を持続した。現地での親善試合から本番のスイス・ベリンツォーナ国際トーナメントの初戦（対マンチェスター・ユナイテッド）まで、またも4試合連続ゴールを記録。最後は地元ベリンツォーナとの7、8位決定戦でも決勝点を挙げ、7戦で5ゴールを量産して帰国する。そして4月7日に帰国すると、そのまま早朝練習に参加し、2日後の清水エスパルス戦にも交代出場した。連続得点記録にこだわるなら、途中出場は得策ではなかった。しかし反面前半からリードを許す展開で、指揮官が城をベンチに置いたまま敗れれば、ファンが納得しなかったに違いない。

こうして開幕から続いた城の連続得点記録は「4試合」で途切れた。だがその後もシーズンを通してコンスタントに活躍し、12ゴールのルーキー記録を打ち立てる。しかも城へのマークが厳しくなったことで、FWのパートナーだったオッツェが恩恵を受けた。

「オッツェは、城と組むと凄く楽だと言っていました。このシーズンは30ゴールで得点王でしたからね。またシーズン後半からはネンド・マスロバルが加入するんですが、彼も城のクロスへの入り方、オフ・ザ・ボールの動きなどを高く評価していました」（清雲）

高卒で激変した環境の中で、城は4つのチームを掛け持ちした。ジェフ、高校選抜に続き、五輪代表候補に入り、ファルカンが監督を務めるフル代表にも招集される。しかも城の凄さは、これほどの過密日程を乗り越え、マークが厳しさを増した2年目に、ゴールを増やした（14得点）ことだった。

「それでもプロで通用しているという感覚は、まったくありませんでした。胡坐《あぐら》をかいたら、途端に結果が出なくなり1年でクビを切られる。そんなケースを見てきたし、当時の先輩はとにかく厳しかった。ちょっと足先で行こうとしたり、生半可な気持ちで当たって跳ね飛ばされたりすると『ふざけるな、倒れるんじゃねえ！』と物凄い剣幕でした。とにかく何も考えずに突っ走って来た。肉体的には倍以上疲れたけれど、18歳という何でも吸収出来る時期に、いろんな経験をさせてもらいました」

お金じゃない。試合に出たい。そんな18歳の選択は、大きく未来を切り拓いた。

「あの頃の18歳は、高校でやれていれば大人の中でもやれる可能性を秘めていた。Jユースが充実した今では、高校選手権で活躍した選手が卒業してすぐにプロで出て来るのは考えられないですけどね」（川本）

時代は流れ、今ではJクラブのユースの選手が高校生年代でプロデビューすることはあっても、高体連と大人との距離は大きく開いた。再び城が語る。

「それだけプロのレベルが上がったということだと思います。でも僕自身は、高校で学んだことも大きかった。当時Jのユースと対戦して、上手いけれど甘いなという印象でした。上手いだけでは戦えないのがサッカーです。局面の厳しさやガムシャラさは、僕ら（高校）の方が体で表現出来ていた。メッシに直接聞いたこともありますが、小さい頃から勝負へのこだわりが凄い。『日本人は優しいよね』と言うんです。フェアなのは良いけれど、叩きつけてでも勝つというのも大事な要素。今はそこが薄れていると思います」

城はジェフでルーキーの頃から世話になった岡田の下でフランス・ワールドカップを戦い、その後はスペインへ渡ってバジャドリードでも活躍した。

「ワールドカップではテレビや雑誌でしか見たことがないアルゼンチンやクロアチアの有名な選手たちが目の色を変えて挑んで来た。それまでのアジアの予選や親善試合とは全く別物で、それを僕は死ぬほど味わった。スペインでもチーム内で削り合いや小競り合いが絶えず、いつもサバイバルが行われていました。コイツが出られなくなれば……と。僕は現役時代を通して、これが本当の戦いなんだな、と感じられた。そこが大きかったと思います。それを思うと、今の日本代表やユース年代の姿勢は、全く物足りない印象になってしまいますね」

日本が世界との差を急速に詰めていった時代は、こうして技術の差を旺盛な闘争心や貪欲な向上心で埋めていたのかもしれない。そしてその土台を築いたのが鹿実の指導だったと、城は考えている。

それから四半世紀以上が経過したが、城の高卒ルーキー記録に迫る選手は現れていない。

痛快に暴れた超攻撃ベルマーレ

小太りのブラジル人シェフは、新鮮な素材の持ち味を存分に引き出しJリーグを席巻した。駆け引きにこだわらない徹底して攻撃に比重をかけたスタイルは「子供じみている」という批判もあったが、ファンはけれん味のない『暴れん坊』ぶりを堪能した。

例えばまだ守備能力が開発途上だった岩本輝雄は、代わりに左足には破格の威力を秘めていた。

「左サイドで前を向いて受けたら逆サイドまで斜めに50mくらいのボールを送る。それで一気にチャンスになる。バルセロナでは、最後尾を2バックにして両SBを上げて中盤ダニエル・アウベスやジョルディ・アルバを上げて中盤の仕事をさせていますよね。オレたちは、1990年代前半に、それをやっていたんですよ」

岩本から矢のようなボールが横切ると、右サイドを名良橋晃が快足を飛ばして追いつき、その勢いのままにスリリングなクロスを送り込む。

「テル（岩本）の左足は相当に精度が高かった。ここに走れば絶対に出て来る。そう信じて走ると、本当にピンポイントで来ました」

そしてチーム最大の得点源だった野口幸司が口を添えた。

「結局ベルマーレは、両サイドからの攻撃が活きるかどうかが生命線になっていました。前線は流動的で決まった形はなかったんですが、サイド攻撃が機能しないと僕も生きない。そんな感じでしたね」

1993年、ベルマーレ平塚（現湘南）は16勝2敗でJFLを制しJリーグに昇格した。まだ産声を上げたばかりのJリーグは10チームで構成され、すぐ下に2部の位置づけとしてJFLがあった。

JFL時代のベルマーレは、攻め抜いて勝利を重ねて来た。しかしさすがにJリーグは甘くなかった。新たに昇格した平塚とジュビロ磐田を加え12チームでスタートした1994年ファーストステージでは、いきなり開幕戦で前年王者のヴェルディ川崎と対戦し、1－5の大敗を喫してしまう。終わってみればリーグ最多の54失点が積み上がり11位だった。

ところがそれでもブラジル人シェフは、守備という味付けを施そうとはしなかった。

当時のサッカー専門誌は、中断期間の北海道キャンプで「フィジカル、メンタル、戦術を徹底して鍛え直した」と伝えている。だが肝心の選手たちに、そんな記憶はない。岩本が言う。

「セカンドステージへ向けて変わったのは、僕が1列上がって、ＳＢに守備のスペシャリストの公文裕明さんが入っただけです。それで守備が安定して、僕は攻撃に専念で来て、ナラ（名良橋）さんももっと飛び出して行けるようになった」

実際この隠し味は絶妙だった。新しい壁にはね返され続けたJ新入生は、後期に入ると見違えるように元気良く暴れ始めるのだ。

ベルマーレの前身となるフジタ工業が、ブラジルから小太りのヘッドコーチ、ニカノールを招いたのは１９９１年春のことだった。肩書はヘッドコーチでも実質的な指揮権を託され、逆に監督の古前田充はサポートに徹した。

「2人のバランスが凄く良かった。古前田さんは温かいオヤジみたいな感じで、テーマを投げかけ、試合に出られない選手たちのケアなどをしていました」（名良橋）

「ミーティングでもニカノールが戦術的な話をして、最後に古前田さんが『ＯＫ！　それで行こう』と締めていました」（岩本）

Ｊリーグ開幕前夜で、まだフジタは日本リーグ２部で戦っていた。チームには主に高卒で獲得して来た原石が詰まっていた。ニカノールは、その一つひとつをしっかりと吟味し、可能性を探っていく。

才能が攻撃に偏っていた岩本がいきなりＳＢへのコンバートを告げられると、大爆笑に包まれた。フジタは、ニカノールの招聘と同じタイミングでブラジル代表歴を持つピッタを獲得していた。同じポジションでは出番がなくなるというのが、コンバートの理由だった。

岩本は直ちにニカノールに聞いた。

「ＳＢは守備が出来なければダメですよね？」

「カバーリングと1対1でやられないこと。それだけ気をつけておけばいい」

こうして開幕からベンチに入り、当面のライバルとして優勝を争うと目されたジーコを擁す住友金属（現鹿島）戦でチャンスが巡って来た。

「開始20分くらいで2失点し、ニカノールから『自由にやっていい。ピッタのそばにいろ』と言われて交代出場。いきなり池内（豊）さんからのクロスをヘディングで決めました。それがデビュー戦のファーストタッチ。１９９２年2月に行われた後期の住金戦も５－０の大勝。結局シーズンを通してＳＢなのに7ゴールを挙げ、ジーコからは2度もオファーをもらいました」（岩本）

横浜商科大学高校出身の岩本は、隠れた逸材だった。名の知れた強豪校ではなく、2年生の時に同じ神奈川県内で活動していた読売クラブ（現・東京ヴェルディ）や日産（現・横浜F・マリノス）から誘われたこともあったが「評価されるのはうれしいけれど自分とはかけ離れた別の世界」だと見送り、3年生の春には日本体育大学への進学を決めていた。ところが夏にフジタからオファーがあり「母子家庭だし、サッカーをやってお金をもらえるなら、その方がいいか」と翻意する。

それからは「夢のように刺激的な世界」が待っていた。

「高3の11月に高校選手権神奈川県予選の準決勝で負けると、チーム（フジタ）に呼ばれて教育リーグに参加することになりました。まだ63kgしかなくて当たると飛ばされるんですが、大人の世界に入ってもスピードとテクニックはいけるな、と思いました。何より1試合に出ると日当が3000円も出る。高校生にとっては滅茶苦茶大きな金額ですよ。当時フジタは、高木（琢也＝後にVファーレン長崎監督）、上川（徹＝後に国際審判員）の2トップ。僕には優しくて『点取ったら奢ってやるぞ』なんて言われて、本当に3試合連続で決めて奢ってもらった。19歳で天皇杯に出場したら、ちょうど右ウイングで出て来たカズさんが目の前にいる。僕にとっては最大の憧れの存在をマークするわけですからね。ホント、サッカーは素晴らしいと思いました」

フジタに入社して1年間は、午前中仕事をこなす会社員の待遇だったが、2年目からはプロ契約を結びナビスコカップや天皇杯で3試合連続ゴールと、SBとしては際立った攻撃力を発揮してゆく。

「1993年米国ワールドカップ最終予選〝ドーハの悲劇〟を控えて、左SBの都並（敏史）さんが故障をした。そこで当時日本代表のハンス・オフト監督が僕の試合を見に来て『どうだ』と声をかけられたんです。でもまだ代表なんてとんでもないと思っていたので、さすがに断ったんですよね」

しかし着実に結果を出し続ける岩本を評して、ニカノールはメディアに公言する。

「テルは3年以内に日本代表入りする」

実際には、その半年後に日本代表監督に就任したファルカンに抜擢され、94年秋のアジア大会では10番を背負うことになった。

名良橋も高校時代から「凄いヤツがいるらしい」と千葉県内では噂になっていた。だが選抜合宿などの集まりが嫌いで、何度招集されても断り続けた。さすがにラストチャンスで千葉英和高校の恩師に「今度だけは行ってくれ」と懇願され、仕方なく千葉県の選抜合宿に参加すると、そのまま一気にユース日本代表まで登り詰めてしまう。

右利きでも「カットインしてシュートを狙うのが好きで」左ＭＦでプレーをして来たが、３－５－２で戦うユースや五輪代表ではウイングバックで起用された。その流れで４バックのフジタでも左ＳＢでプレーするようになるのだが、ニカノールはレフティーの岩本が入って来たこともあり、右サイドに配置換えをする。その後の日本代表としての華々しい活躍は、周知の通りである。

野口は市立船橋高校の中心選手としてインターハイ連覇を成し遂げているので、高校時代から攻撃的ＭＦとしての評価は確立していた。ところがある時ニカノールに「今日はＦＷで試す」と告げられゴールを決めると、その試合を境に最前線に定着することになった。

「ちょうど契約が社員からプロに変わった時期でした。ＭＦにこだわりがあったので、アマチュアならＦＷをやらなかったかもしれません。自分の中でのＦＷ像は『速くて強くて上手い』だったので、本当にプロの世界で出来るのか、という思いもありました。でもプロなら試合に出るのが大切ですからね。点を取ることには自信があったので割り切りました」

こうしてニカノールの眼鏡に適った若いタレントが攻撃的な資質を開花させ、フジタは独走でＪＦＬを制し、ベルマーレ平塚と名称を変更してＪリーグに参戦する。両ＳＢやＦＷの野口以外にも、習志野高校出身の名塚善寛と水戸商出身の渡辺卓がＣＢでコンビを組み、東海大学卒業のルーキー田坂和昭もＪリーグの開幕戦からスタメンに名を連ねた。

「僕と渡辺、田坂は同い年だったので、凄くやり易かったですよ」（名良橋）

だが１９９４年前期は12チーム中の11位。リーグワーストの54失点ばかりがクローズアップされた。

「ＪＦＬ時代と同じように攻撃的なスタイルで臨めば、守備が崩壊するのは目に見えていました。Ｊリーグには優れた外国人選手もいて、攻撃の質が違いましたからね。特にヴェルディ、マリノス、エスパルス……、このクラスのチームには通用しないんだな、という印象でした。でもニカノールは、守備の強化には乗り出さなかった。ぶれずに攻撃というこだわりで勝負することに徹したんです。守備に目を向けたら、このチームの良さが消えてしまうと思っていたのでしょうね」（野口）

中断期間の夏には北海道でキャンプを張り、セカンドステージもヴェルディ川崎戦で幕を開けた。前期は０－５と力の違いを見せつけられた相手である。ところが今度はシナリオが一変した。開始11分に野口が先制すると、57分にも再び野口が決めて突き放す。その後もプライドにかけて前にかかるヴェルディを巧みなカウンターで脅かし続け、２－１で勝利を飾るのだ。ヴェルディは、ラモス瑠偉が故障で欠場し、エースの三浦知良がジェノアにレンタル移籍をしたばかりで、代わりに獲得して来たベンチーニョは、まだチームにフィットしていなかった。だが前年度王者からの白星は、若いチームに大きな自信を植えつけた。

「みんな若かったので、Jリーグのレベルへの順応が早かった。前期に負けが続いた時も暗くなる雰囲気はなかったんです。しかも勝てるはずがないと思った相手に勝利して、その勢いで突っ走ったんでしょうね」(野口)

第2節からは苦手の横浜マリノス、清水エスパルスに連敗するが、そこからは4連勝して一気に首位に躍り出る。好調の要因を、名良橋が検証した。

「前からの守備でボールを奪い、そこから速いカウンターという形が出来ていました。個人的には同じ右サイドでプレーをするアウミールとの連携が改善されました。前期のアウミールはボールを持てば自分で行っちゃうばかりだった。でも後期になると僕の特長を理解してくれたみたいで、中に入って僕が上がるスペースを作ってくれるようになりました。左サイドも公文さんがSBに入ったことでバランスが取れて安定した。ボランチも前期は顔面を骨折してブランクを作った田坂とエジソンのコンビが熟成して来ました」

野口が続ける。

「サイドアタックに加えて、上下動するMFベッチーニョに合わせて前線が流動的に連携するので中央でも怖さを出せた。変則的な攻撃なので、相手にとっては分析し難いチームだったでしょうね」

翌第8節は横浜フリューゲルスに延長勝ちで順位を落とすが、第9節は前期に連敗している浦和レッズを4－1で叩き、再び首位に浮上。ニカノールは「優勝を狙う」と公言した。

「前期は両サイドの穴を突いていけばいいと、たぶん対戦相手もなめていたけれど、後期はこちらの勢いを感じて引き気味になるのが判りましたからね」(岩本)

「ニカノールは、どんなに調子が悪くても、『攻めていく姿勢を変えるな』と強調していました。勝っているのだから少し引いた方が……という時や、本当に大丈夫なの？　と思うこともありましたが、そこは一貫していた。その分、試合前日には選手だけでミーティングをするようになりました。名塚を中心に、お互い要望を出し合った。相当な個性派集団で、ピッチ上ではテル(岩本)とアウミールなどが喧嘩腰でやり合っていましたからね。その中でベッチーニョの存在は凄く大きかった。みんなにいろんな声かけをして、雰囲気が悪くなるとバーベキューも企画してくれた。ミーティングを締めるのもベッチーニョ。『相手は関係ないよ、自分たちの仕掛け

るサッカーをしていこう』って」（名良橋）

ニカノールが、いかに攻撃にこだわったかを物語るエピソードを、岩本が教えてくれた。

「5－1でリードした後半25分過ぎでした。ニカノールがテクニカルゾーンで『おまえ、眠いのか！』って言うんです。大量リードなので、後ろでは名塚さんが行くな、と指示を出している。ところがニカノールは、もっと行け、というわけです。『監督はオレだ、行かないと次使わないぞ！』と凄い剣幕でした」

セカンドステージは、完全にヴェルディとのマッチレースの様相を呈した。ヴェルディとは最終戦で再び顔を合わせることになっていたので、選手たちは「その試合が事実上の優勝決定戦になれば」と話していた。

しかし直接対決を3日後に控えた第21節の鹿島アントラーズ戦で、左サイドで守備を引き締めていた公文が出場停止になる。

「あれは本当に痛かった。ニカノールは鹿島戦で僕をＳＢに戻すんですが、両サイドから見事にやられました」（岩本）

結局鹿島に1－3で敗れ、昇格元年での優勝の目は消えた。平塚は最終戦でもヴェルディを下していたので、勝利数1つの差で2位。しかし前期の得失点差が「マイナス27」だったチームが、後期は得失点ともに優勝したヴェルディと並び「プラス22」に転じていた。

肉薄したタイトルを逃がし、チーム内には口惜しさと手応えが共存していた。

「前期は思い切りやられましたからね。本当に僕らはトップレベルで通用するのかという不安がありました。でも後期では個人的に点も取れたし、やれる自信がついた。もちろんチャンスはあったので優勝はしたかった。でも逆に天皇杯は集中して自分たちのやりたいサッカーが出来たと思います」（野口）

天皇杯では、相次ぐ波乱も追い風になったのかもしれない。トーナメント表の同じ山には鹿島や清水が入っていたが、それぞれ東京ガス、川崎製鉄に足をすくわれる。準決勝でガンバ大阪を3－2で下すと、反対のゾーンからは2回戦でヴェルディを下したセレッソ大阪（１９９４年度はＪＦＬで優勝）が決勝に勝ちあがって来た。好調にゴールを連ねて来た野口が言う。

「高校選手権の国立には重みがありましたが、元旦に天皇杯を戦うのは憧れでした。僕らは横綱でもないし、ペース配分が出来るようなチームではない。セレッソが格下というイメージもなく、どこが来てもチャレンジャーのつもりで臨みました」

快晴の国立競技場で、平塚は序盤から思い切り攻勢に出た。開始4分、野口が落としてベッチーニョのシュートがＧＫの正面を突く。8分には「準決勝は出場停止だったので冷や冷やしながら見ていた」という名良橋が、思い切り良く35ｍのロングシュートを放った。攻撃の看板を掲げる平塚と、堅守が売りのＣ大阪。前半のシュート数は、対照的なチームカラーを象徴するかのように「9－1」、しかし均衡は崩れなかった。ハーフタイムにニカノールは、岩本、名良橋に「もっと積極的に」と指示を出している。

そして後半開始早々の47分、遂に平塚がゴールネットを揺すった。右サイドで名良橋がインターセプトすると、素早くアウミールに繋ぎ、フリーになった野口が仕上げる。特に起点となった名良橋にとっては会心のゴールだった。

「3－5－2のセレッソは、左サイドの神田勝夫さんが強烈な攻撃力を持っている。この人をどう抑えて前に出て行くかがポイントだと思っていたんです。だから守備でうまく〝はめて〟攻めに転じることが出来た先制シーンは、理想的でした」

さらに終了4分前には、交代出場した西山哲平のスルーパスで抜け出した野口が、飛び出そうとしたＧＫの出鼻を突いてループシュート。この2点目がダメ押しとなった。

フジタ時代には2度制している天皇杯も、ベルマーレ平塚としては初優勝。そのまま翌シーズンには、アジアカップウィナーズカップでも優勝を飾っている。試合を終えてニカノールは、決勝戦で2ゴールを挙げた野口について「前期から後期にかけて大幅に成長した」と絶賛したが、1995年ファーストステージの対鹿島戦では、一人で5ゴール（試合は7－0）の大爆発を見せた。野口は当時を振り返りながら、日本のストライカーの現状についても言及した。

「僕はＪ1通算59ゴールを挙げましたが、自分で切り開いたのは2～3ゴールしかない。シュートの本数も多い方ではありませんでした。タイミングを考え、相手と駆け引きをして、シュート技術を磨いた。最近のＦＷの総合力は上がっていると思う。でも逆に点を取る術を持つ選手は減っているような気がします。せっかく高い能力があるのに、考えていない若い選手を見ると、もったいないと思いますね。やはり佐藤寿人など点を取れている選手たちは、よく考えています。ごっつぁんゴールは、決して偶然ではない。その点でも、僕はゴールを奪うことに特化して取り組めたのが大きかったと思います」

岩本にとっては激動のシーズンだった。

「日本代表に選ばれ、メディアには持ち上げられた後に、とことん叩かれた。なんでオレばかり……って、大好きなサッカーが嫌いになりかけましたよ。年間60～70試合くらいこなして心身ともに疲れが蓄積していました。天皇杯ではビタミン剤を取り過ぎて、終わったら吐いちゃいました（笑）」

名良橋は1997年に鹿島に移籍して行くが、改めて平塚との違いを痛感した。

「鹿島は個々が成熟していて、チーム全体で攻守にメリハリが効いていました。CBの秋田（豊）さんや、ボランチの本田（泰人）さんから、絶えずバランスを考慮してコーチングの声が出て来た。でも平塚はどんな時でも自分たちの特長を出すことだけを考えていた。ニカノールには、空いたスペースがあれば飛び出して行かないと怒られた。右サイドを攻め上がってクロスを上げようとしたら、どうして左SBのテルがそんな所にいるの？　ということが何度もありましたからね」

でもね、と名良橋は続けた。

「今のJリーグにも、あんな暴れん坊みたいなチームが欲しいですよね。はっきりとした特徴を持ち、プレーする選手もサポーターも楽しめるチームが出て来れば、きっとリーグも活性化しますから」

野口は、今でもいろんな人から「あの時のベルマーレは楽しかったね」と声をかけられるという。

「いくら失点しても、ニカノールは『行け！』と叫ぶ。弱気なプレーは一切許さず、ネガティブな面が見えると凄い勢いで怒り出した。アンバランスなのを覚悟で両サイドはガンガン出て行く。DFは大変だったでしょうね」

全身に攻撃魂を宿すブラジル人シェフが提供した渾身の作品は、賞味期限が限られていた。しかし逆に短期間だからこそファンの記憶に深く刻み込まれ、今でもその大胆な味付けを懐かしむ声が少なくない。

短命だったファルカン革命の実相

目の前に立つスーパースターを見て、岩本輝雄は「変わってないな……」と思った。

1982年スペイン・ワールドカップでのブラジル代表のパフォーマンスは、脳裏にしっかりと宿っていた。当時岩本は10歳、ブラウン管を通して、同じレフティのエデルの魔法のようなキックにときめき、ワンタッチで状況を一変させてしまうジーコのスルーパスに胸を躍らせた。そしてその記憶の中には、ひときわ優雅に中盤を支配し、運命のイタリア戦（2－3でブラジルが敗戦）で同点弾を叩き込むファルカンの姿も鮮明に残っていた。

それから12年の歳月が流れていた。21歳で日の丸をつけた岩本の前に現れたファルカンは、シルエットもテクニックもほぼ健在だった。

「ファルカンは40歳、身体も動いたし、2タッチゲームに入ったり手本を示したりしてもメチャメチャ上手かった。FKの勝負では、本並健治（当時の日本代表GK）さんが全部決められていたんじゃないかな」

1993年秋、ハンス・オフト監督が率いる日本代表は、カタール・ドーハで米国ワールドカップ最終予選に臨み、最終戦の終了間際にイラクに同点ゴールを許して初出場を逃していた。川淵三郎委員長が統括するJFA強化委員会は「オフトでも修羅場をくぐった経験が足りなかった」と総括し、厳しい国際舞台での経験を持つ次期監督候補者をリストアップ。1994年3月、ブラジル代表の名手で、同国代表監督歴もあるファルカンに絞って交渉を進め契約に漕ぎ着けた。秋に広島で開催されるアジア大会で「韓国に勝ってベスト4以上」が、新監督に課したノルマだった。

ファルカンは、フィジカルコーチのジウベルト・チンとともにJリーグを視察し、次々に新しいメンバーを登用した。特に注目されたのが、ドーハの最終予選で故障した都並敏史の代役を発掘し切れなかった左SBだが、抜擢されたのは若い岩本とFWからコンバートされたばかりの遠藤雅大だった。

まず岩本が述懐する。

「日本代表発表の数日前に横浜フリューゲルス（当時）戦があり、試合を終えて握手を交わしたら、対戦相手のエドゥから『あなたは代表に入るよ』と言われたんです。代表なんて雲の上の存在でしたからね。あり得ないだろうと思っていたら、本当に選ばれた。クラブのロッカールームで聞かされて、ええっ！と驚いて声を挙げましたよ」

当時岩本が所属したベルマーレ平塚（現湘南）を指揮していたのは、ファルカンと同じブラジル人のニカノール。エドゥも含めて、ファルカンがJリーグのブラジル人関係者から情報を収集したのは想像に難くない。

一方、遠藤が所属したジュビロ磐田の監督には、日本代表を退いたオフトが就任していた。

「浜松大学との練習試合でした。前半は中山（雅史）さんと2トップでプレーしたんです。ところが後半になると、突然オフト監督がSBをやれと言う。理由を聞いたら『おまえの体の向きが適している』と。それからライン際について『今出ろ』とか『下がれ』などと、逐一指導してくれました」

さらに大黒柱の三浦知良（カズ）に続く得点源として一躍クローズアップされたのが、名古屋グランパスからオランダ2部のエクセルシオールへレンタル移籍をしていた20歳の小倉隆史《たかふみ》だった。四日市中央工業高校を卒業すると名古屋と契約。Jリーグ開幕前年にスタートしたナビスコカップでは活躍していたが、その後オランダへ渡ったので、Jリーグのデビューより日本代表の方が早まった。

「五輪予選のためにクラブのスタッフが空港へ送ってくれるところだったんですが、途中で戻るように連絡を受けました。聞くと代表の合宿があるというんです」

「だから今五輪代表で……、と言いかけたところで、電話の主は「その上（の代表）だよ」と、言葉を被せて来た。

１９６８年メキシコ大会で銅メダルを獲得して以来、日本は五輪への出場が途絶えていた。西野朗監督が率いる五輪代表には長い空白を埋める大きな期待がかかり、小倉はそのために帰国したのだが、同時にフル代表にも組み込まれることになった。

ワールドカップ出場を目指し、ほぼメンバーが固定されてきた日本代表は、新体制に移行して一気に様変わりした。ドーハでの米国大会最終予選を主力として戦ったラモス瑠偉、福田正博、高木琢也らが外れ、両SBの顔ぶれも変わり、柱谷哲二は再度CBからボランチに戻る。船出となったキリンカップ2試合では、計8人の選手が代表初キャップを記した。

だがキリンカップの相手は、新生チームが立ち向かうには、あまりに荷が重すぎた。初戦はオーストラリアと1－1で分けるが、続く東京・国立競技場でのフランス戦は、世界との果てしない距離を痛感させられることになる。次期ワールドカップ開催国のフランスは、パリでの予選最終戦でブルガリアにまさかの逆転負けを喫し、深い悲しみに沈んでいた。しかし4年後にカップを掲げるディディエ・デシャン、マルセル・デサイー、ローラン・ブラン、ユーリ・ジョルカエフらに加え、まだ往年のスター、エリック・カントナ、ジャン・ピエール・パパン、ダヴィド・ジノラらが君臨し、もし本大会に出場していれば優勝を争ってもおかしくない陣容を整えていた。

どこを取っても一級品のフランスは、日本の攻撃を悠然と受けながら、ミスを見逃さずダイナミックでスピーディーなカウンターに繋げていく。15分、デサイーが中盤でもたつく長谷川健太からボールを奪うと、即座に左サイドのジノラに展開。ジノラは逆サイドのポストまで振り、ジョルカエフが正確に叩き込む。その3分後にも、前線で仕掛ける澤登正朗からデサイーがボールを奪取したのが起点となり、最後はジョルカエフのスルーパスでパパンが抜け出し2点目。さらに最終ラインからブランがスルスルと持ち上がりジョルカエフに繋ぐと、次の瞬間にはカントナの狙いすましたキックがクロスバーを叩く。連携が未完成で個々がボールを持つ度にパスコースを探す日本と、少ないタッチ数で的確に急所を突いていくフランスでは、組織力、個の能力ともに雲泥の違いがあった。

左SBでスタメン出場をした岩本が言う。

「僕が攻撃に上がっても、対面する相手はついて来ないで嫌なポジションに開いている。そうすると僕も、なかなか（攻めに）行けない。とにかくフランスは、凄くワイドに開いてサイドチェンジが上手く、ドカンと蹴られてマークを剥がされる連続で、気がつけば4点取られていました。向こうは流しながら余裕でやっているのが判るんです。やっぱり世界は凄いんだな、と思いました」

しかし日本代表にも光明がなかったわけではない。68分に交代出場した遠藤は、逆サイドからボールが入って来た瞬間に、パパンに身体を当てて、そのままボールを外へ流して運ぶシーンがあった。

「試合中にパパンから英語で、おまえは素晴らしい選手じゃないか、と言われたんです。うれしかったですよ」

さらに78分には、後半から交代出場した小倉が、味方のシュートブロックを拾ってカウンターに出る。右オープンスペースへ駆け上げるカズに送ると、自らもゴール前へ疾駆。カズはカバーに戻って来たビセンテ・リザラズをかわし、GKも引き出して小倉へラストパスを通す。そのまま左に反転した小倉は、すかさず左足を振り抜くと、ゴールライン上のデサイーに当たってネットを揺らした。

「GKの位置も確認し、ゴールが空いているのは判ったので速く打とうと思いました。でも点を取れたのは良かったけれど、ボールを取りに行くことも出来ず、何の対応も出来なかった。大きな差を感じましたね」

因みに、当日試合後の柱谷のコメントが、端的に苛立ちを表している。

「フランスはチーム全体が何をするべきかを判っていた。日本は、まだまだそれが判らず幼稚なサッカーをした。頑張るだけでは追いつかない。とにかく疲れました」

結局日本代表全体に焦燥が蔓延していた。ファルカンは「時間が足りない」と繰り返す。ところが数少ない短期合宿では、むしろ長期的な展望に基づくかのように、個を伸ばすことに主眼が置かれた。夏の合宿では、1日4部練習が組み込まれ、猛烈なフィジカルトレーニングが課されるのだった。

「ブラジルというと、ボールを使うイメージかもしれないですが、物凄くフィジカルをやる。昼間１０００m走や10分間走が3～4本入り、その後に1時間半ゲームとか」（岩本）

「個々を伸ばして、その組み合わせでどんな化学反応が起こるか見ていく。それがブラジルのやり方なんでしょうね。とにかくチン・コーチの課すメニューはきつかった。ジャンプを繰り返すから、みんな肩が痛くなっていました」（小倉）

一方で抜擢された若手は、悩みが解消されず試行錯誤を続けていた。特にSBにコンバートされたばかりで、日本代表の左サイドを託された遠藤は、当時の苦境を「ドーハに続き、エンマサ（遠藤雅大の名前を短縮）の悲劇でした」と振り返る。

「まだSBとして素人なのに、個人的に相談する人もいない。日本には都並さんの後、左SBの人材がいないと言われる状況で、もちろんチャンスだと捉えようとは思いましたが、実際には本当に辛かったですね」

この頃の遠藤は、まさに「1日中サッカーをしていた」という。ジュビロ磐田の練習を終えると、厚木自衛隊までクルマを走らせ１９５６年メルボルン五輪代表のDF三村恪一《かくいち》に守備の教えを請い、空いた時間には砂浜でターンを繰り返し、家の近くの田んぼで滑ってすぐに立つなど工夫を重ねた。

またチームで一番ファルカンに質問を繰り返したのも遠藤だった。

「国を背負うサッカーと、クラブのサッカーは違いますよね。僕をどんな理由で選び、何を求めているんですか」

それを皮切りに、SBとしての役割や周囲との関係性など、細部まで突き詰めたかったが、最後まで隔靴掻痒感は解消されなかった。

「だから練習や試合中に、ピッチ上で確認するしかない。随分言い合いにもなりました。もし僕にウイングとしての役割が期待されているなら、攻撃に出た時には、背後のカバーリングや戻るために相手の攻めを遅らせることが必要になる。CBの井原（正巳）さんには『どうしてカバーに来てくれないんだ』と何度も主張したし、柱谷さんには煩《うるさ》がられて『おめえ、黙ってろ！』と言われたこともあります。でも僕らはあくまで国を背負って戦うわけです。必要な議論は避けて通れません」

キリンカップ2戦を終えると、ファルカンは岩本をSBではなく1列前で使うようになる。その結果広島アジア大会は、背番号「10」で登録され、ルーキーJリーガーには一気に重圧が増した。

「少し前まで普通の高校生だったわけです。水、土曜日に試合が入る過密スケジュールも初めてで、疲労が蓄積して身体が動かなくなってきているのに、代表にも入ってメディアも高い要求をしてくる。なんでおまえが10番なんだという雑音も入ってきました。カズさんは『気にするな』と言ってくれましたが、6番ならやり易かったのに、とも考えました。周囲に適切なアドバイスをしてくれるような人もいなくて、当時は批判を鵜呑みにしていましたからね」

同じブラジル人でも、ベルマーレ平塚を率いるニカノール監督は攻撃しか求めて来なかった。

「そもそも僕と名良橋晃の両SBは守備の練習をしたことがない。5－1でリードしたフリューゲルス戦、もう残り10分でした。監督に『おまえ、寝てんのか！』と怒鳴られたんです。もっと休まず攻撃に出て行け、と。でもピッチ上では、後ろから『行くな』と声をかけられる。今でも昔のチームメイトに会うと笑い話になるんです。『おまえ、いつも板挟みになっていたよな』って。その日も2アシストくらいしたのに、ニカノールさんには物凄く怒られました」

結局ファルカンが指揮する日本代表は、1994年5月にキリンカップ2戦、7月にはガーナとの2戦をこなし2勝1敗1分け。9月下旬にオーストラリアとの壮行試合の引き分けを経て、10月には卒業試験の意味合いを持つアジア大会を迎える。

約2ヵ月間に1度の集合では、ほとんどチームとしての蓄積がなく、紅白戦でもサブ組が勝つことがあった。

小倉が回想する。

「サブ組では高木さんと2トップを組むわけですが、タメを作ってくれるので凄くやり易かった。ちょうど当時は五輪代表と（フル代表で）試合をやらせろ、という声が出ていたんですが、五輪代表の方が戦術的な上積みもあったし、まだ若くて生意気盛りだったので、本当に勝てると思っていました」

発足以来ファルカン体制では、スタッフがブラジル人なのに、ピッチ上もメディア対応も向笠直がひとりで通訳として対応して来た。しかしさすがにこれでは無理が生じてきたので、急遽アジア大会直前にファルカンとは旧知のアデマール・マリーニョが、２人目の通訳の依頼を受けた。

「17歳の時にコパ・サンパウロというブラジルのU－20選手権があり、当時ファルカンはインテルナショナル。僕はクルゼイロに所属して、同じホテルに宿泊していました。日本流に言えば同級生なので、よく話もしましたね。２人とも白人金髪なので、兄弟じゃないか、などと冗談が出ていたほどです」

その後マリーニョは、クルゼイロの錚々《そうそう》たるベテラン代表組の壁を破れず札幌大に留学。以後フジタ工業（当時）、日産自動車で活躍した。

「ブラジルでは、お腹が真ん丸なおじさんたちも『日本ならオレだって出来るさ』と笑っていた。だからフジタが遠征してボタフォゴと引き分けたら『あり得ない』と本当にビックリしていました」

アジア大会前からは、気心の知れたマリーニョがファルカンに付き添うことになった。

「お洒落ですが、スター気取りはなく、優しい人ですよ。ミーティングではくどいほど『判らなかったらなんでも聞いてくれ』と繰り返したので、選手たちからは『それ、マリーニョが言ってるんじゃないの』と茶々を入れられたほどです」

大会が迫り、柱谷と井原がセットプレーの対応を、ゾーンからマンツーマンに変えたいと直訴して来た。その方が守り切れる自信があると主張する。ファルカンは、そのまま彼らの希望を受け入れた。だが２人が去ると、マリーニョに囁く。

「ドーハでは、それで負けたのにな……」

「どうしてそれを言わなかったんだ？」

「せっかくの自信を失くして欲しくないじゃないか……」

名良橋には、延々クロスの練習を続けさせて、途中で本人が怒り始めてしまい、マリーニョが「それだけ期待しているんだから」と宥《なだ》めたこともある。実際ファルカンは、自分で選んだ選手の能力を信じ、根気良く成長を促して行こうとしていた。しかしそれはおそらく契約期間内に結果を求められる代表監督の採るべき方法論ではなかった。

例えば、澤登個人には「あまり守備に戻り過ぎるな」と指示を出していた。だが反面、同じく左サイドの守備に関わるＳＢ遠藤、ＣＢ井原、ボランチ柱谷のみならず、チーム全体を集めて共通理解を深めるような作業については、手つかずのままだった。

遠藤の口調に、もどかしさが滲む。

「僕にはフィジカルはあったけれど、守備技術がなかった。だからこそ他のポジションとの関連性が重要で、全体の組織の中での役割をもう少し具体的に伝えて欲しかった」

広島アジア大会のグループリーグで、日本は開幕からUAE（アラブ首長国連邦）、カタールと引き分けた。もしミャンマーとの最終戦を2点差以内の勝利に止めれば、準々決勝の相手は韓国ではなくクウェートになる。ところがファルカンから駆け引きの指示は一切出なかった。ミャンマー戦で2点をリードすると、柱谷や遠藤らがベンチに「(ゴールを奪いに）行っていいのか？」と確認したほどだった。逆にコンディションを崩しスタメンから外れていた岩本は「何も言われずに交代で出て行くわけだからアピールしなければ」と、躊躇なく3点目を叩き込む。最終的には5点差がついた。

試合後の会見で、ファルカンに言った。

「メディアのみなさんの方が、韓国を怖がっているのではないですか？」

こうして日韓戦は、準々決勝で実現してしまった。中盤をダイアモンド型にした4－4－2の日本に対し、3－3－3－1の韓国は、この大会で柳想鐵《ユサンチョル》をリベロに、洪明甫《ホンミョンボ》をトップ下に配していた。この時点でチーム唯一の左SBだった遠藤は「韓国とはユース代表時代から対戦していて特徴は判っていたので、精神的な準備は出来ていたつもりです。でも僕が左SBに入ることでの世間の不安を感じながらプレーをしていた」という。それでも試合が始まり、対峙する高正云《コジョンウォン》と目が合うと、ニヤリとされて「絶対にボールは通しても人は通さない」と闘争心に火がついた。

30分、日本は遠藤のアシストからカズが均衡を破る。一方、韓国は、大黒柱の洪が29分に故障で退くアクシデントに見舞われ、流れは日本に傾きかけたかに見えた。だが韓国も、日本の不安要素を十分に把握していたのか、徹底して右サイドで数的優位を築いて崩しにかかった。ウイングの高を、韓正局《ハンジョングック》が精力的に追い越し、さらに後半からトップ下の前園真聖のマークに回った姜喆《カンチョル》がサポートに回る。51分には、高がボックス内に縦パスを入れ、黄善洪《ファンソンフォン》がヒールで折り返したボールをリベロの柳がゴール。さらに77分には、ボランチの李咏真《イヨンジン》の右からのクロスを黄が合わせて逆転した。

それでも日本は86分に、井原のスーパーミドルが突き刺さり1度は追いついたが、アディショナルタイムに、その井原がペナルティエリア内のポジション争いでファウルを取られ、このPKが韓国の決勝点となった。

後日JFAは、ファルカンの更迭を発表。わずか7ヵ月間という短期政権の幕引きとなった。マリーニョには痛恨の思いが残る。

「ファルカンは、元読売クラブ監督のカルロス・アルベルト・パレイラから、ラモスの悪い情報を耳にしていて招集しなかった。でも僕がそれは誤解だと説明し、アジア大会を終えたらラモスと話し合いの場を設けることになっていたんです。もしラモスが入っていたら、結果は違っていた可能性がありました」

しかし実は解任されたファルカン以上に深い傷を負ったのは、左サイドを担った若い2人のタレントだったかもしれない。遠藤は試合を終えると茫然自失の状態で、ホテルに戻って号泣した。

「川淵さんには、新聞の一面で叩かれ、一方で激励もして頂いた。チャンスをくれた協会、スタッフの方々には本当に感謝していますが、当時は3番（左SB）を任される力がなかったから物凄く辛かった。例えば、都並さんのようなベテランと一緒に選出されて、徐々に受け継いでいくなどの方法があれば良かったとは思いますね」

アイドルのようにもてはやされた岩本は、後にベルマーレ平塚を指揮するピッタ監督から「代表入りが早過ぎたな」と言われた。「天国に上がってから地獄へ突き落とされて、大人の世界、ってこんなものか」と感じたという。

ちょうど同じ年に開催された米国ワールドカップで優勝したブラジル代表の中核を成したのは、ファルカンが監督時代に抜擢した選手たちだった。だがファルカンは、その後も監督として際立った成功を刻むことなく、解説者に専念することになった。

名古屋を一変させたヴェンゲル哲学

ピクシーの表情が輝いていた。

「これからグランパスは、きっと良くなる。だって凄い監督が来るんだ」

一緒に食事をしていた中西哲生は、妖精の心から湧き上がるような笑みに接して面喰らっていた。

1994年夏に来日して以来、母国セルビアでピクシー（妖精）の愛称で親しまれてきたドラガン・ストイコビッチは、すっかり不遇をかこっていた。名古屋グランパスのチーム内でも、1990年イタリア・ワールドカップでの大活躍は知れ渡っていた。実際練習でも誰もが驚嘆する圧倒的なテクニックを見せていた。

ところがチームを指揮するイングランド出身のゴードン・ミルンは、同国のスター、ガリー・リネカーを重用し、セルビアの天才を冷淡にベンチに置くことが少なくなかった。

中西は自分が試合に出場していながら不可思議だったという。

「だって僕が出ていて、あんなに上手いピクシーがベンチ。どういうことだ？って」

妖精が苛立ち、やる気を失いかけているのは誰の目にも明らかだった。

「この頃のピクシーは、太っていて頻繁に遅刻もしていました」

ただしそう述懐する小倉隆史自身も、同様に苛立ちを覚えていた。

「なにしろ監督自身が練習の開始時間に来ない。遅れて始まった練習は、30分間ほどウォームアップをしたかと思うと、もう休みが入る。いったいなんのために日本に帰って来たんだ、と思いましたよ」

直前の1993〜94年シーズン、オランダ2部のエクセルシオールでプレーをした小倉は、14ゴールを挙げ欧州での基盤を築きかけていた。しかし所属元の名古屋からの復帰要請があり、帰国していたのだ。

1994年には13ゴールを挙げ、チームの得点王だった森山泰行もクラブへの不信感を募らせていた。

「クラブも、クラブが連れて来る外国人も信頼出来なかった。とにかくこういうサッカーをするんだ、という方向性がなく、あまり団結もしていなかった。中盤ではジョルジーニョが好きなだけボールを持ち、なかなか前線にボールが供給されませんでした」

結局指針が見えない名古屋は、1994年セカンドステージを最下位で終え、監督のミルンはシーズン途中の11月に解雇された。

そしてアーセン・ヴェンゲルが初めて来日したのが同年11月19日。瑞穂陸上競技場でリネカーが、現役最後の試合に臨んでいた。

名古屋にヴェンゲルを紹介したのは、JFA認定代理人の今時《いまとき》靖だった。

「名古屋が監督を探していると聞いていたので、欧州で複数の代理人に声をかけると名前が挙がりました。もっともその代理人は、過去にホルヘ・ブルチャガ（元アルゼンチン代表＝86年メキシコ・ワールドカップ優勝メンバー）を7億円で吹っかけて来た経緯があった。どこまで信用できるのか未知数なので、他のルートで調べてみることにしました」

今時が、さらに記憶を掘り起こして行く。

「ヴェンゲルは7年間指揮を執ってきたモナコとの契約が残っていたのですが、バイエルンからコンタクトがあり、本人も行くつもりになっていた。ところがモナコサイドは、それが面白くなくて新シーズンが始まって間もなく解任してしまうんです。まだ監督の移動が少なかった時代でした。9月の段階でフリーになってしまうと、同じシーズンに次の仕事を見つけるのは難しい。日本に呼ぶチャンスはあるな、と思いました」

早速今時は、名古屋にヴェンゲルの招聘を提案した。だが返答は「他にも候補がいるから」と素っ気なかった。

実は名古屋は既にフース・ヒディンクとコンタクトを取り、本人の来日も決まり十分な手応えを得ていた。ところが土壇場でオランダ代表監督の話が浮上し流れてしまう。再び今時に名古屋から連絡が入った。

「他にブラジル人の候補もいたようで、当初ヴェンゲルは候補の3番目に沈んでいました。でも上位2人が破談になり『あの話、まだ生きている？』と連絡を受けました。改めて調査をしましたが、指導力はもちろん、人格的にもフランスでナンバーワンとの声が高く、若くて結果も出していた。すぐに交渉に入り、来日が決まりました」

来日したヴェンゲルは、試合だけではなく、トレーニングの光景や施設などを含めて視察をして帰る。日本の選手たちの素直で真剣にサッカーに向き合う姿勢には感銘を受けたようだった。こうして2週間後に返答があり、2年契約が締結された。

しかしヴェンゲル効果は、即座に現れたわけではなかった。新シーズンも、開幕から1つのPK勝ち（当時は引き分けの場合はPK戦が実施された）を挟み、7連敗を喫している。成績だけを見れば「リーグのお荷物」

と揶揄された前年までと変わらなかった。

ただし現場の選手たちは、明らかな変化を感じ取っていた。森山が語る。

「まずチームに規律が生まれた。遠征先での外出が禁止になり、守らなければ厳しく怒られた。『おまえら、辞めさせるぞ！』って。またそれまで負け続けてきて、みんな自信を失っていた。戦う姿勢が見えない時は、『それでもプロか！』と。最初は通訳にも一緒に怒るように要求していましたね」

中西が続ける。

「食事に関しても、味付けも含めて繊細なこだわりを持っていたはずです。後のアーセナルでも、週の初めから週末にかけて、徐々に塩分を減らしていくようなメニューが作成されていましたから」

小倉は、何よりピクシーの変化に目を見張った。

「ランニングもヴェンゲルの横で先頭に立つ。どんどん身体も絞れて、プレーも見違えるように切れてきました」

ミルン時代には時間通りに始まらず無駄の多かった練習が、180度変わって濃密で効率的になった。

「当たり前のことが当たり前に行われるようになりました。長くても90分間ですが、メニューは次々に無駄なく流れて休む時間がない。水も予め置いてあって、移動中に取れ、と言われました。逆に負荷が少ないので、浅野（哲也）さんなどは『ホントにこれでいいの？』と不安を覚えていたようです。キャンプと言えば、身体が張ってパンパンになるものだと思っていましたからね」（森山）

ある時小倉は、練習終了後に居残りで練習をしようとして止められた。

「心配するな、オレの練習を真剣にこなしていれば必ず上手くなる」

実はヴェンゲルの就任早々に、小倉は監督室に呼び出されていた。

「サッカーが上手くなりたいのか」

「もちろんです」

「でもトレーニングで100％出さないヤツに、なぜ教えなければいけないんだ」

小倉は、ことあるごとに怒られた。それが愛の鞭だったことは、やがてアーセナルの監督として来日したヴェンゲルから直接確認している。

「おまえのプレースタイルが大好きだった。だから怒ったんだ」

小倉も、それは薄々感じていた。

「実践するトレーニングのデモンストレーション役には必ず指名されました。それから『虎の目になれ！』って。これはいつまでも言われ続けました」

またヴェンゲルは、誰に対しても平等に接した。ピクシーの警告や退場が目立つと、遂に雷を落とした。

「ミーティングの際に『みんなに謝れ!』と怒鳴りつけました。ピクシーは小さな声で汚い言葉を吐きながら、渋々謝りましたよ」(森山)

「ピクシーが変貌して、相手チームも露骨にターゲットにして来た。もうデュリックスやパシも『欧州に戻った方がいいよ』と言っていたほどでしたから。僕はいつもピクシーが怒った時に、体を張って止める役でした。切れるなら、オレに切れくれ、という感じで(笑)」(小倉)

「でもあれだけ怒れるというのは、それだけ人生を賭けてプレーをしているということ。名古屋の選手たちが、負けた帰りのバスの中で笑みさえ浮かべて携帯で話しているのにも苛立っていました」(中西)

今時によれば、ヴェンゲルは一緒に仕事をするスタッフや選手を、必ず人格を見てから選択していたという。

「外国人のCB獲得の依頼があったのでトーレスを紹介しました。シーズンオフなので、プレーは映像でしか確認できない。しかし直接会わなければ決められないとのことでブラジルまで行きました。すると既にヴェンゲルが来るという噂が広まり、宿泊したホテルにはエージェントがごった返していました」

選手たちが最初に手応えを感じたのは、4月15日、第9節瑞穂陸上競技場での清水エスパルス戦だった。開始5分に森直樹のゴールで先制すると、終了10分前にピクシーがダメ押し。2−0で完封し、シュート数も13−4本と圧倒した。

「プレスをかけると相手が困っているのが凄くよく判る。高い位置でボールを奪えるようになりました」(森山)

「ようやくヴェンゲルの言いたいことが判って来た。まずゼロに抑えられたことが大きい。一方で攻撃については、まだモヤモヤ感があった。そこで具体的な指示が欲しい、と監督に直訴した選手がいました」(中西)

ヴェンゲルは答えた。

「それは私の決めることではない。キミたちが自由に積極的にやればいい」

一方で素晴らしいヒントも添えた。

「パスは未来に繋げるものだ」

ヴェンゲルはゴールに近づくことを「未来」と表現したのだ。前に速く展開する。思えば、それは練習でも繰り返し強調されてきた。

中西が解説する。

「FWとCBを残し、攻撃側はボールを奪った瞬間にトップにつける。CBはFWが最初にタッチにする時にはチャージしない。この練習を重ね、必然的にフリーランニングも増えていきました。僕もボランチとしてインターセプトしたボールを、そのままスルーパスに繋げることを意識するようになった。もちろんピクシーという絶対にミスをしないターゲットが存在するのが前提ですが、それで相手の選手たちを何人も置き去りに出来る」

森山も同じことを感じていた。

「ボールを奪ったら、まずトップを見る。優先順位は前。その意識が共有され始めた。でも僕としては葛藤もあった。ゴールを奪える最短距離にいたかった。でもヴェンゲルからは、ゴール前に突っ立っていて受けて決めるのはモダンなサッカーではないと言われ、スペースを開ける動きを要求されました」

5月中旬からは約1ヵ月間の中断があり、チームはヴェンゲルの要望により、パリ郊外のベルサイユで合宿を行った。トレーニングはフィジカルを中心として、基礎的なことに終始したという。だがそれ以上に、母国に戻ったヴェンゲルを取り巻く光景が、選手たちには刺激的だった。

「宿舎にバロンドールを受賞したばかりのジョージ・ウエアが来たんですよ。ヴェンゲルのことを、パパと呼んでいました。また合宿中にみんなでパリ・サンジェルマンの試合を見に行ったんですが、ヴェンゲルは席に着くまで全て顔パス。現地ではデュリックス、パシも含めて、ずっとサイン攻めにあっていました。ああ、みんな本物なんだ、と思いましたよ」（中西）

監督も助っ人も外国人では失敗が続いた名古屋の選手らしい感慨だった。

「ホテルに詰めかけた関係者やメディアは、アーセン、アーセンと質問攻めでした。『いつ戻って来るんだ、なぜ日本なんだ』って。因みにフランス合宿では、ヴェンゲルがダール・ティビュースという最高級のフィジカルコーチを用意しました。サッカーに限らず、スキー、テニス、F1などでも活躍している人で、ぜひ名古屋に、とも思ったんですが、契約するにはとてつもない金額が必要でした」（今時）

フランスから、開幕3年目のJリーグにやって来て、当然ヴェンゲル自身はギャップを感じ、少なからず試行錯誤があった。しかし軌道修正の手腕が水際立っていた。

「おそらく最初は要求するレベルが高過ぎたんだと思います。2タッチ、1タッチのゲームをやらせるんですが、とにかく面白くない。だって全然繋がらないんですから。僕自身は、ドリブルが出来ないストレスも感じました」（小倉）

「ヴェンゲルがアーセナルの監督になってから、練習を見学したんです。プレミアで二冠を達成した全盛時の98年でしたが、基本的にメニューは同じでした。でも名古屋では、3タッチ以内のパス回しから始まり、徐々に難易度が高まっていたけれど、アーセナルでは最初から2

タッチ以内だった。つまり日本の選手たちに合わせて、監督が降りて来たということだと思います」

そう言って、中西はさらに言葉を繋げた。

「縦にボールが入る。ボール保持者を他の選手たちが追い越して行く。こうしてどこを見ても減速しない縦に速いダイナミックなサッカーが出来ていったんです」

ヴェンゲルを補佐したのがボロ・プリモラッツ。元バレンシエンヌの監督は、冷静で厳格なヴェンゲルとは対照的にオープンな性格で、ユーモアを交えて選手たちとの橋渡しもした。

「試合が済むと2人で徹底して分析し、次の試合に落とし込んでいく。名コンビでした」（小倉）

フランス合宿を終え、リーグは6月17日に再開されるが、名古屋は一転して第1ステージの残り10試合を9勝1敗で突っ走る。さらに第2ステージもフタを開けると4連勝。5節には、当面のライバルと見られるヴェルディ川崎（当時）との直接対決を迎えた。ところがヴェンゲルは、この重要な一戦でピクシーをベンチからも外してしまう。

「ヴェンゲルは、僕らのそれまでの常識からすると信じられないことを平然とする監督でした。1995年の夏は猛烈に暑かった。ある時練習中に疲労の目立つ主力選手を見つけると、もう帰っていい、次は明後日来い、と言い渡すんです。ビックリでしたよ」（中西）

しかしピクシー抜きでも、名古屋は絶頂期のヴェルディとシーソーゲームを演じる。小倉が先制し、1度は逆転を許すが、残り5分で森山がボレーを突き刺し試合を振り出しに戻す。名古屋は逆転への勢いを得ていた。終了間際にはゴール前に飛び出した中西のヘッドがクロスバーをかすめる。だがその直後に、ビスマルクに決勝点を許し惜敗した。

試合後、ピクシー欠場の影響を問われ、ヴェンゲルは表情ひとつ変えずに答えた。

「いなければ敗因にされる。でもいなくても面白い試合は出来た」

再び中西が解説してくれた。

「メンバーは固定しない。逆にいろんな役割が確立され、周りとの足し算でメンバーを決めていたと思います。例えば、僕と森山は一緒にベンチに座るんですが、森山はスーパーサブとして負けている時に、逆に僕は勝っている時に出ていき、拮抗していれば2人とも出る。短い時間で結果を出す森山の集中の仕方は、本当に参考になりました」

当然森山もスーパーサブを受け入れていたわけではなかった。

「でも半分食ってかかるつもりで話に行ったら、芝の上で（理由を）丁寧に説明してくれた。納得するしかなかったですね」

中西は鹿島戦で突然右MFとして起用されたことがある。鹿島は左SBの相馬直樹がビルドアップの起点になっていたので「フィードして来る位置に立ち、アングルを潰してくれ」という指示だった。ところが後半早々に交代を告げられる。出来が悪かったのかと気になり、ヴェンゲルに理由を尋ねてみた。

「いや、プラン通りの交代だ。ここからは点を取りに行く」

一方で各自がプロとして役割を全うすることを強く求めたので、軽いプレーには容赦がなかった。学者然とした風貌とは裏腹に、ピッチ上では激情的な勝負師だった。

「天皇杯で3点差をつけていた試合でした。僕が複数の相手をかわし、もう決まったと最後はインサイドで軽く蹴ったらポストに当ててしまった。自分でも、やばい、と思ったんですが、もう間髪を入れずに交代でした。戻ってきたら物凄い形相で言われました。『I kill you』って」（小倉）

Jリーグは3年目を迎えていた。開幕当初は軒並みチケットがプラチナ化する異常人気だったが、さすがにブームも沈静化し総体的には観客動員に陰りが見え始めていた。ところが名古屋だけは逆だった。毎試合チケットは売り切れ、満員の観客の前で戦っていた。

「練習が楽しくて、試合も楽しくて、それを見に来るファンの人たちにも『面白いね』と言われるのが嬉しかった」（中西）

惜しくもJリーグの第2ステージでは優勝を逃すが、天皇杯では圧倒的な強さで初めてのタイトルを手にする。準決勝は1993年の開幕戦で5ゴールを叩き込まれた鹿島アントラーズに5－1と雪辱。決勝はサンフレッチェ広島と顔を合わせ、ヴェンゲルに「殺すぞ」と言われた小倉が、その叱咤に応えて2ゴール。ピクシーのパスを受けた平野孝が3点目を奪い快勝した。

「当時チームに日本代表は1人もいなかった。しかも前年ビリだったチームが日本一ですよ」

中西は「別格の達人」の下でサッカーが出来る歓びを噛みしめていた。

「優勝争いをするようになり、チームの雰囲気もすっかり変わりました。負けると、バスの中はまるでお通夜。負けの重みを知り、もう受け流せなくなったんですね」

翌年も名古屋は快進撃の兆しを見せていた。シーズン開幕を告げるゼロックススーパーカップでは、まだ卒業式を終えていない高卒ルーキーの福田健二を抜擢して勝利している。

カーが、少しだけスローで再現された。

「ベンチには森山が控えている。若い選手はフレッシュなうちに使った方がいい」

ヴェンゲルらしい大胆な仕掛けだった。

しかし欧州市場は、いつまでもヴェンゲルの日本滞在を許さなかった。

「シーズン前半、リーグ戦の合間を縫って、ヴェンゲルは2泊3日でドイツに行っています。ドルトムントとの交渉で、これは流れたんですが、アーセナルのデヴィッド・ディーン副会長が狙っているという話もあった。これはいつ引き抜かれるか判らないと考え、後任探しの準備にかかりました。アーセナル行きの話が現実化した時、名古屋のクラブ内には契約を盾に移籍を許すな、という強硬論もあった。でも本人の気持ちが離れてしまったら仕方がないですよ、と説得しました」(今時)

こうしてヴェンゲルは「なにひとつ悪い経験はなかった」と、良いイメージだけを焼きつけて日本を後にする。

「凄くショックでしたよ」と小倉は言う。

「でもその後のアーセナルのサッカーを見て嬉しかった。やっぱり本物だった。今にしてみれば、日本にいたのが不思議なくらいでしたね」

ヴェンゲルが去って20年近い歳月を経て、名古屋は当時のメンバーを集めてOB戦を行った。キックオフの笛が鳴ると、そこでは紛れもなくヴェンゲル直伝のサッ

ゴン中山、4試合連続ハットトリック

敵陣で相手のミスパスを拾った藤田俊哉がドリブルで運んで来る。それを見た中山雅史は、左サイドからディフェンスラインの前をトップスピードで横断し、ボールを迎え入れる態勢を作った。

まったくのフリー。タイミング良く出て来た藤田からのパスを右足で叩くと、この日自身5つ目のゴールが決まった。

祝福に駆け寄ってきた名波浩が声をかける。

「ゴンちゃん、新記録行けるよ、6点目」

Jリーグの1試合最多得点記録は5ゴール（95年野口幸司＝当時ベルマーレ平塚／96年エジウソン＝柏レイソル）。まだ残り時間は17分あり、ジュビロ磐田は7－0とリードを広げている。そしてそれから9分後、絶好のチャンスが訪れた。名波がGKと1対1、その横にいた中山は、ありったけの声を張り上げた。

「寄こせえ～！」

新記録達成は目前だった。ところが中山の背中を叩いた張本人の名波が、なんと自分で決めてしまった。

「なんだよ、おまえ、嘘つきじゃん」

中山が名波を突つく。

「だってオレもゴールが欲しいもん」

バツが悪そうに名波が答えた。

結局中山は5ゴールで、最多タイ記録に終わった。だがこの爆発は、まだまだプロローグに過ぎなかった。

得点王になりたい。

中山が明確な目標を口にしたのは、1998年シーズン開幕前、30歳の時だった。

一般的に三十路を超えれば、ストライカー人生も晩年に差し掛かる。そろそろタイトルという記念碑が欲しいのだろうと、JFAから磐田にコーチとして戻って来た山本昌邦は解釈していた。

「1試合1点で36ゴール。これなら確実に得点王が獲れる。でも大変だぞ」

「判りました。オレ、行きます！」

このやり取りを、より鮮明に覚えているのは山本の方だ。

「それまで中山は、思ったほど点を取れていなかった。1997年秋に東京ヴェルディ戦でハットトリックを達成し、生涯初めてかもしれないと喜んでいたくらいです」

山本と中山の付き合いは長い。まだ磐田の前身ヤマハ

がＪＦＬで戦っていた頃、山本はコーチ兼スカウトとして、中山を口説き入団に導いている。

「日本人だけで勝てるチームを作ろうよ」

それが殺し文句だった。筑波大学のエースストライカーだった中山が来たことにより、藤田、名波ら大学の有望な素材が次々に後に続いた。つまり中山が突破口を開いたことで、黄金時代の土台が築けたのだ。

開幕時にJリーグ入りを逃した磐田（ヤマハ）が、やがて日本一へ向けて急上昇を遂げるのも、やはり中山の牽引ぶりを抜きには語れない。中山は主将として、常に「オレがやれば、おまえらも出来るだろう」と、ガムシャラに先頭を突っ走り続けた。

しかしそんな中山の居残りシュート練習を見て、山本は首を傾げた。

「ゴンちゃん、そんなことが実戦でありえるのかな？」

中山は動かないコーンをジグザグにかわし、気持ち良くゴールネットを揺すっていた。山本は得意のデータを披瀝した。

「現代サッカーでは、70％が1タッチで、85％が2タッチ以内でゴールが決まっている。ボールを止めてから時間が経つほど、チャンスはなくなる。要するに大切なのは、ボールを受ける5秒前、トップスピードで何が出来るか、じゃないかな」

山本は理詰めに、中山の得点王への道標を示した。

「当時の磐田は、いつでも圧倒的に主導権を握っていた。ボールはいくらでも運んで来られる。ただし磐田が押し込み、相手が守備に入れば、当然スペースはなくなる。だからゴールはワンポイント、一瞬の差で決まる」

山本は、中山の動きをペナルティエリア内に限定し、1タッチでゴールを狙える動きの工夫に特化したトレーニングを進めるように提案した。

「決してトラップが上手い選手ではないから、ボールを止めた瞬間にチャンスが逃げていく。しかもスピードアップすれば、さらに精度が落ちる。しかし一瞬のスピードや体の強さがあり、相手の鼻先でダイレクトで決める上手さはあるから、良い状態でボールを呼び込み、蹴る前の準備がしっかり出来ればゴールは奪える。DFとの駆け引き、体の向き、スペースの作り方などの動きの質を高める工夫をしました」

当時の記事を見ると「中山は上手くなった」という称賛が目立つ。だが現実的には、30歳になって技術的な進歩は、あったとしても微々たるものだ。それは当人も重々承知している。

「結局、いかにゴール前で落ち着くか。それがテーマでした。ペナルティエリア内で、どう動き、どこにボールを置くか。それでほぼ決まる。だからそこまでの動きを自分の体に染み込ませようと、練習を繰り返しました」

中山は、そう解説して「例えば」と続けた。

「必ずボールを視野に入れるターン。ボール保持者に背中を向けないで、呼び込むようにターンをする。1日に何度も出来る楽な動きではないから、試合前に5本なら5本と決めて、集中して反復しました」

その成果が表れたのが、1997年フランス・ワールドカップ予選プレーオフのイラン戦である。中山はパサーの中田英寿を視野に入れながら裏へ飛び出し、動くボールを迎え入れて左足で叩き先制した。山本が補足する。

「動いているボールを迎え入れながら、3つのポイントくらいでシュートを打てる。これならGKは正しいポジションを取れない」

さらに1997年には2つの要因が重なり、翌年の大爆発を誘引した。まずは中山自身のコンディションの向上、そして1990年イタリア・ワールドカップ得点王のサルヴァトーレ・スキラッチの離脱だ。

「1997年後半くらいから体が切れ始めていたんです。でもジュビロにスキラッチがいた頃は、彼に依存している部分もあった。自分で打つより、スキラッチに渡した方が確実だとパスを出したこともあります。でもいなくなってからは、自分でシュートの意識を高めないと、と思い直したんです」

◎1998年4月15日　第6節

9－1セレッソ大阪（大阪・長居）

磐田は開幕から5試合を中山とアレサンドロの2トップで臨み、3勝2敗ともたついていた。中山自身も、ここまでは2ゴール。そこでバウミール監督は、この試合からアレサンドロに代え、奥大介を1.5列目に起用し、4－2－3－1に近い布陣で戦うことにした。

一方、森島寛晃、西澤明訓、マニッチら攻撃にタレントを揃えたセレッソ大阪は、開幕ダッシュに成功。一気に4連勝したが、前節ベルマーレ平塚（現湘南）に初黒星を喫したところだった。チームを指揮していた松木安太郎が語る。

「磐田はJリーグの歴史的にも最強と言えるチーム。それに対しセレッソ大阪は、多くの問題を抱えていた。4連勝は前線から献身的な守備で踏ん張ってきた結果ですが、決して実力ではなかった」

前半は磐田が2－0で折り返す。中山のアシストから奥大介が先制し、39分には名波の速いクロスを中山がフリーで合わせた。

一方ホームのセレッソ大阪は、ピッチ上で軽い内紛が起きていた。松木が述懐する。

「前半途中で元Kリーグ得点王のマニッチと高正云《コジョンウン》（韓国代表）が言い争いになった。マニッチは、決して悪い人間ではないけれど、感情的になり易い。もし勝利だけを考えるなら、そのまま使っていた。でもセレッソは、まだアマチュアから本当のプロへという意味で過渡期にあった。和を乱す発言があるなら、断ち切っていかないと先には進めない。そう考えて、前半でベンチに下げたんです」

最強チームを追いかける立場のセレッソ大阪が、後半からは得点源のマニッチを下げて、若い横山貴之を送り出した。

「だから結果は、ある程度予測がつきました。さすがに磐田は、こちらの苦境を見逃さなかった。失点を振り返っても、どれも対応が甘かったですよね」（松木）

後半に入ると中山は、53分、58分、70分、73分と固め取り。ハットトリックどころか、リーグの1試合最多タイの5ゴールを記録する。チームも9－1と1試合最多のゴールラッシュで大勝した。中山自身が振り返る。

「ゴールを重ねていくことで、相手の集中力が切れていくのが判りました。前線は行こうとするけれど、後ろはリスクを考える。そこで全体が間延びした。こちらはMFを支配できているから、簡単に2対1の状況を作り出せました」

◎4月18日　第7節

5－0サンフレッチェ広島（磐田・ヤマハ）

開始11分、高い位置でボールを奪取した磐田は、右サイドを駆け上がった古賀琢磨の正確なクロスを、中山がファーサイドに流れ頭で合わせて先制。その後、なかなか追加点が奪えなかったが、64分には中山がダイビングヘッドで2点目。さらに中山は、88分、89分と終盤にセットプレーから追加して、この試合でも4ゴールを記録した。

「早めに先制し、前半終了間際にもビッグチャンスが来たんです。ところがループで狙ったら外れてしまい、あ～あ、今日はまずいな、と。でも最後に立て続けに取れた。僕が注目され、相手の意識が集中すると、他の選手が空く。また他の選手が決めると、僕も決め易くなる。そんな循環になっていましたね」

◎4月25日　第8節

7－1アビスパ福岡（熊本・水前寺）

この時点で中山は、ハットトリックは3試合連続で新記録だと聞いていた。しかしJ1初挑戦で、開幕から7連敗（PK戦負けも含む）中の福岡には、中山の記録阻止に照準を絞る戦略など用意する余裕はなかった。

当時福岡は森孝慈体制。腹心としてヘッドコーチを務めていたのが鈴木良平だった。

「磐田攻略の最大のポイントは、中盤の構成力をいかに抑えるか、だった。ドゥンガ、福西崇史のボランチ2枚と、奥も含めた2列目の3人に、どう対処するか。最終ラインは、ウチの選手たちのスピードを考えたら、あまり高くするのは危険なので、センターサークルの敵陣先端あたりから厳しくプレッシングをかける。このやり方で、前半は凄く良いゲームが出来て、結構やれるぞ、と思わせてくれた」

確かに前半は奥の1点だけに抑え、福岡も後半に望みを繋いだかに見えた。だが時間の経過とともに、磐田の真価が際立ち始める。

「後半に入ると、徐々にパス回しのペースが上がり、我々のスタミナと集中を削いでいった」（鈴木）

51分に名波が追加点を挙げると、いよいよ中山のショータイムが訪れる。

53分にはドゥンガのFKを、ファーポストに走り込み豪快に頭で叩いて3点目。64分には崩しきって、藤田のラストパスをフリーでプッシュ。73分にも服部年宏の折り返しを左足で流し込み、あっさりとハットトリックを達成した。

「服部からの3点目は、1度ゴール前で失敗したけれど、動き直して次は冷静に決められた。磐田には前のミスを修正できる攻撃力があり、とにかく動き出せば必ずボールが来ましたよね」

福岡戦では終了間際にも追加点を奪っているが、この4点目（チーム7点目）などは、中山の勢いを象徴していた。

「FKが相手の壁に当たって、僕の目の前に落ちてきましたからね。ツキもありました」

福岡には成す術がなかった。再び鈴木が解析する。

「磐田と福岡では11人のどこを比べても、相手が上だった。例えば福岡はボランチにフェルナンドという優秀な選手を獲れたけれど、磐田の同じポジションにはドゥンガがいた。素晴らしい技術を持ったMFの選手たちが、目まぐるしくポジションを変えながら崩していく。その中でゴンは生かされ、ダイレクトで打てるところに飛び出していけば良かった。逆にゴンが福岡のようなチームにいたとしても特徴が生きないわけで、恵まれたチームで幸せなシーズンを送ったと思いますよ」

もちろん中山自身も、豪華なラインナップのチームで1トップを務める幸福と責任を噛み締めていた。

「あれだけ繋げてきてくれるわけだから、僕がしっかりと決めるかどうかがチームの成績を左右する。最後の仕上げなので、やって当たり前というか、クリーンなシュートでなくてもいいから、体のどこにでも当ててゴールを奪う。それが僕の仕事だと思っていました」

ただし福岡戦を終えて、中山は3試合連続ハットトリックが、まだリーグタイ記録だったことを知る。新記録達成は、さすがに難しいだろうと思った。

◎4月29日　第9節
4－0コンサドーレ札幌（磐田・ヤマハ）

山本昌邦は、記録達成の要因の1つとして、中山の人徳を挙げる。

「いつも真っ先に練習に出てきて、絶対に努力を怠らない。試合中も『寄こせ！』と、見ている方が『まだ動くの？』と呆れるほど何度も繰り返しアクションを起こす。周りの選手たちは、そういう彼の人間性を見ている。だからさすがに札幌戦は、ゴンちゃんに記録を作らせようという雰囲気になっていました」

記録のかかった試合をホームで戦えたことも、中山を後押しした。先制は41分、ドゥンガのCKを田中誠が頭で合せ、さらに中山が叩く完璧なゴールだった。

続いて72分、ドゥンガがペナルティエリア内にスルーパスを送るが、札幌のDF木山隆之が先に読みコースに入っていた。だが後方から追いかけた中山が、一緒にもつれるように倒れ込むと、上川徹主審はPKを宣した。

「レフェリーも雰囲気に呑まれたのかな。あれはPKじゃないですよね。オレ、自分で倒れたのに、可哀想かな、と思いながら蹴りました。不思議と98年はPKも全部決まっているんですよ」

さすがに「自然体でゲームに臨んだ」中山も、2点目が決まると緊張感を覚えた。

そして81分、磐田がゴール前で2対2の形を作る。ボールを保持するのは奥。3バックで戦う札幌は、直前のプレーでペレイラが前に出ていたので、渡辺卓が奥に対応し、もう1人のDF木山も奥に吸い寄せられる。逆にファーサイドへ逃げた中山は、その瞬間に全くのフリーになった。

「あまりに凄い顔で呼んでいたから、出さないとまずいかな、と思って」

奥は、中山にそう笑いかけた。

奥は自分で打つことも可能だったが、より確実な中山にラストパスを通して、ギネスブックに残る4試合連続ハットトリックという記録が生まれた。

この4試合で、中山は計16ゴールを決め、うち14ゴールが1タッチ（PK2つを含む）で、ペナルティエリア外からのドリブルシュートは1度だけだった。また前半に決めたのは3ゴール。前半から磐田に翻弄され、それがジャブになり、対戦相手がスタミナを奪われていく様子が表れている。

「僕が動けばMFがフォローしてくれる。それがおとりの動きになってもいいわけです。あれだけのMFがいて、お膳立てをしてくれる。だから決めるべきチャンスを決めていれば、得点王も獲れるだろうな、とは思っていました。もちろん記録を作った満足感はある。でも反面あそこであのチャンスを決められなかったという悔しさも同じくらい残っていますよ。実際僕がしっかり決めていれば、両ステージ優勝が出来て、チャンピオンシップに持ち込まれなくて済んだかもしれないわけで」

結局この年、中山はフランス・ワールドカップで負傷し5試合を欠場したが、それでも当初の目標を曲げずに36ゴールを達成した。しかしJリーグのセカンドステージでは優勝を逃し、チャンピオンシップでも鹿島アントラーズに連敗してしまった。

まさに磐田－鹿島の二強時代。両者は1997、98年と2年連続してチャンピオンシップを戦い、1997年は中山が2試合で計3ゴールの活躍で磐田を優勝に導き、逆に1998年は中山を抑えたDF秋田豊がMVPを手にしている。

宿命のライバルとして、秋田はいつも中山との対決を満喫してきた。

「中山さんとのマッチアップは、抑えようが、やられようが、剛と剛のぶつかり合いとして、自分の力を目一杯出し切る楽しさがありました。中山さんから、ずる賢さは感じませんが、一瞬でも集中力を切らし1度でもチャンスを与えたら、その1度で決め切る集中力があった。95年くらいから顔を合わせるようになり、まだ当時はスピードやパワーでついていけなかったんですが、97年くらいからは好敵手として認めてもらえるようになったと思います。だから記録を作った時は、敵ながら嬉しかったですよ。まあ、中山さんなら、そのくらいやるだろうな、と思いましたけどね」

鹿島だけが、圧倒的な支配力を持つ磐田と、常に互角の戦いを演じてきた。

「磐田はポゼッションをすることで、時間とスペースを作ろうとしてきた。名波－中山、あるいは藤田－中山、彼らはみんなでどこにスペースがあるか、というイメージを共有している。でも鹿島は、ボールを回されることをまったくネガティブに考えていませんでした。100本回されても、200本回されても、点を取られなければいい。敢えて、やられていいところ、やられちゃいけないところを作っていた。その中で常にストロングポイントを引き出して勝ちに行く。それが鹿島のサッカーでした」

中山vs秋田、2人の激闘は長く続いた。先に現役を退いた秋田は、今でも息詰まる駆け引きを懐かしむ。

「２００１年のチャンピオンシップ。磐田にバイタルエリアで2対1の形を作られたんです。中央でボールを持つのが中山さん。外にはフリーで服部がいる。セオリーなら中を切る。でも僕は2人の決める確率を考え、敢えて服部をケアし、中山さんに打たせたんです」

秋田はエリアの外なら、服部の精度の方が高いと読んでいた。だが結果は、中山が見事なシュートを突き刺した。秋田の選択が正しかったかどうかは永遠の謎だ。しかしその瞬間は「中山さん、やるな……」と、内心ニンマリしたという。

おそらく中山のフィジカルがピークだったのは、１９９３年から30歳を迎える１９９７年までの5年間だったはずだ。だが30歳を過ぎてからの5年間（98〜２００２年）との総ゴール数を比べると「62ゴール／94ゴール」で、後者が大きく上回っている。つまり中山は、体力的に下降線を辿っても、さらにストライカーとして成長し続けたことを物語っている。

「きっと僕は若い頃のレベルが低かった。だからいくつになっても、ここを改善すれば、という伸びしろが見つかった。今の若い子は、いくらでもトッププレイヤーの動く映像を見られる。でも僕らはアニメでしたからね。そりゃ、卵割りシュート（『赤き血のイレブン』で主人公の玉井真吾が考案。クロスバーに当てて、卵の黄身が滑るようにゴールに入る）は目指しましたけれど、やっぱり出来ないですから」

まだ上手くなれる、早熟でなく晩成。そう信じて挑み続けた。

「若い時から少しずつ吸収して、でもまだ下手だからもっと行けるぞと思える。だってジネディーヌ・ジダンやヒデ（中田英寿）みたいに、早く頂点まで来ちゃうと次が見えなくて辞めるしかなくなっちゃうじゃないですか。だから、次はこうしなきゃ、って思えることって、実は幸せなのかもしれないですよ」

永遠のサッカー小僧は、1度引退しながらも、再びスパイクを履いた。

28年ぶり快挙からのリベンジ・西野朗

西野朗は食事時でも監督としてのスタンスを崩さない。ベンチからピッチを眺めるのと同じように、食堂でも決まって隅に席を取り、広い視野を保ちながらゆっくりと咀嚼していく。人間観察は、彼にとって重要な仕事の1つなのだという。

「見ていないようで見ている。たぶん選手もそう感じていると思いますよ」

それを裏づけるのが、柏レイソル、ガンバ大阪の両クラブで西野の指導を受けてきた明神智和の証言である。

「選手を平等に、しかも本当に細かいところまで見ています。些細な表情の変化やコンディションの良し悪しまで。その上で試合に出ていなかったり、途中交代したりした選手と丁寧に話しているのを目にします。一方でプロとして選手に求めるレベルが高いので、最低限の自己管理ができない選手には容赦がないと思いますよ」

観察眼の鋭さには、スタッフも目を丸くする。

「この間誰と誰が一緒に食事をしていたとか、本当によく見ていて覚えているんですよ」

西野自身は「カリスマ？ とても、とても」と一笑に付すが、明神を筆頭に「オーラがある」ことは誰もが認める。選手とは着かず離れず。静かに観察しているかと思えば、雑談真っ最中のロッカールームの長椅子に腰を下ろし「おまえ、昨日はどうしたんや」「なに、髪型変えてんねん」などと声をかけて来ることもある。ガンバ時代にヘッドコーチとして共闘した東京出身の竹本一彦からすれば、西野の大阪弁は「堂に入っている」が、生粋の大阪生まれは「もうホンマ、ええ加減で」と、あっさりと否定した。

「オレ？ 全然怖くないけれど、時々ガツンとやる瞬間があるので、それに対する警戒心は持たれているかもね」

大阪という異文化の中で愛される名将は、ライトな感覚で自分を客観視してみせた。

柏時代はエース格の北嶋秀朗を、ガンバでも家長昭博を、唐突にサテライトに落とした。家長は、ある日寮に戻ると、そのまま荷物がサテライトのロッカーに回されていた。一方で宮本恒靖のような看板選手をスタメンから落とす場合は、懇切丁寧な説明をする。若手とベテラン、あるいは個別の状況に応じて扱いは「大きく違う」と言い切る。

「若手なら何も言わなくても、感じろよ、と思う。でもキャリアのある選手は、こちらから残ってもらっているわけで、シーズンに入ってどんな状況にあっても尊重はしますよ」

現役時代に受けた指導が、反面教師として居座る。

「僕が受けた指導というのは、例えばＭＦとはこうでなければいけないと、まるで柔軟性を欠くものだった。言いたいことは判る。でも僕はこういうプレーで結果を出した。なのにチームの中では認められず、型にはめられていった。だから僕は、選手たちを四角なら四角と決め付けるような指導はしたくない。個人のスタイルは、ストロングポイントになるものだから、それを引き出し、いろんな選択肢の中で生かす術を指摘してあげられればと思いますよね」

超攻撃的とのスローガンを掲げてファンを魅了した西野スタイルのエッセンスが、そこにある。攻撃的スタイルで圧倒していくには、個性豊かなキャストが効果的な化学反応を起こす必要があるのだ。

「ガンバは攻撃的にやる。そう宣言して、その通りに認知されるようになった。これは凄いことですよ」

名選手で名監督。しかし一見順風満帆に映る西野のサッカー人生にも、リベンジのキーワードが隠されている。

西野は早熟の攻撃的ＭＦだった。十代で日の丸をつけ、いつもピッチ上では、絶対に他人とは違う自分を表現しようと努めてきた。

「こだわりは強い。それは指導者になっても変わっていません」

周囲もそれは重々承知していた。１９９２年アジアユース選手権から、１９９６年アトランタ五輪まで、監督西野をコーチとして支えてきた山本昌邦が言う。

「口には出しませんけれど、結局技術のしっかりしている選手、要するに上手い選手が好きなんですよ」

さらに竹本が証言する。

「自分もスキルフルだった選手。ＦＷからスイーパーまで縦のラインを全てこなした経験があるし、サッカー観は高い。ただ走り勝つサッカーなんかやろうとも思っていません」

端正な顔立ちで長髪をなびかせ、スタイリッシュなプレーを見せる西野は、常に異性のうっとり視線を浴び続けてきた。西野が早稲田大学に在籍した4年間（74～78年）は、関東大学リーグが最も大きな嬌声に包まれた時代だったに違いない。おかげでライバルチームのＤＦは全て悪役に回る。早大のプレイメーカーにタックルを仕掛ける当時国士舘大学の山本は「いい加減にしてよ～！」と、黄色い罵声を浴びせられ続けたそうだ。

大学サッカー界の超アイドルが日立入りとの噂が立つ

と、その年女性の入社希望者が激増したという逸話もある。日本サッカー界には、久々に人気実力をともに備えた大型スターが誕生しようとしていた。

ところが日立入りした西野は、逆に日の丸から遠ざかっていった。

「指導者の要求に対する感覚的なズレが生じて、組織の中で自分の個性を発揮できなくなっていった。特に晩年は、要求に応えないと試合に出られないという意識ばかりが先立ち、自分らしさを表現できないもどかしさがあった」

洋々たる未来が開けていたはずの現役生活は暗転し、不完全燃焼のまま幕を閉じてしまう。しかも日本サッカーはどん底の低迷から脱却の気配もない。その頃の西野には監督になろうという発想は皆無で、教員としてサッカーと関わっていく自分を想像していた。

ところが皮肉にも、そんな矢先に指導者として代表に携わる運命が訪れる。1992年、西野はユース代表監督として、アジア選手権に臨むことになるのだ。結果は準決勝で韓国に惜敗。上位2ヵ国に与えられるワールドユース選手権への切符を目前で逃した。歓喜と絶望が残酷に色分けされるピッチ上から、勝ち誇る韓国のエースストライカー、崔龍洙《チェヨンス》が日本ベンチへボールを蹴り込んできて、咄嗟に参謀の山本がそれを思い切り蹴り返した。


敗退は珍しいことではなかった。日本は西野の現役時代から、アジア予選突破の歴史が途絶えていた。だが「期待されていないチームが、あと一歩まで迫った」ことで、逆に歴史を作り損ねた悔しさが込み上げてきた。だから消化試合とも言えるUAE（アラブ首長国連邦）との3位決定戦に、西野は熱弁で叱咤して選手たちを送り出した。

「いいか、今回は2ヵ国しか世界大会へ行けない。でも五輪は3ヵ国だ。この試合がどれだけの意味を持つか考えろ。これをアトランタ五輪への最初の試合だと思え！」

選手たちは疲れ果てた体に鞭打つように奮闘し、3位を確保して帰国する。もっとも翌年オーストラリアの本大会を視察してみて、悔恨はさらに深まった。西野、山本、それに当時技術委員長の田嶋幸三。3人は各地に分かれて可能な限り試合を観て、休養日になるとシドニーに合流し話し合った。

「オイ、ワールドユース、って、こんなに凄い大会だったんだな」

「やっぱり勝って出たかったな……」

「よし！　五輪は絶対に出よう」

こうしてアトランタ行きの船が帆を上げた。再び西野監督－山本コーチ体制で五輪予選への準備が始まる。チームの主力を成すのは、アジアユースで3位になったメンバーだった。

日本は予選の1次リーグで最強と呼ばれたタイを一蹴し、マレーシアで集中開催の最終予選に進出する。Jリーグは3年目に突入し、空前のブームが到来中。たちまちチームの主役たちへの取材依頼が山積みになった。

山本が述懐する。

「スポットライトを浴びるのは、前線の4人くらいの選手ばかり。他の選手たちとのギャップがあまりにも大きい。そこで西野さんは、メディアの人たちに、後ろ（DF）の選手たちにも聞いてあげてよ、と声をかけて気を配っていましたね」

大局を見てバランスを図る人身掌握。言葉の選び方も繊細だった。山本が続ける。

「Jリーグで結果を出しているといっても、外国人のパートナーに助けられている選手もいるわけです。率直に言えば、周りは評価をしていても、オレたち（の見解）は違うよ、というタイプの選手がいる。そういう選手にはオブラートに包んだ言い方で、一人でもやれるところを見せてくれよ、などとポジティブな言い回しで激励していました」

もし勝ち抜けば銅メダルを獲得したメキシコ大会以来、28年ぶりの五輪出場。国民の大きな期待が圧《の》し掛かり、チームは想像を超える喧騒に包まれた。

山本は、ホテルの庭で、あるいは公園で、独り散歩する西野を眺める度に、彼の背負った荷物の重みを察した。

当時を振り返って西野は言う。

「もちろんプレッシャーがあったことは間違いない。でもそういう時は、完全に自分のゾーンに入っています。山本は僕と正反対のタイプ。緻密で細かい。選手たちの生の声もたくさん拾い上げてくる。スカウティングも綿密に行ないます。でもそれが時々僕のキャパシティを超えて、情報過多になってしまう。だから最終的にはひとりで整理しなければならなかった。Jクラブの監督をするようになってからも同じです。疑問があれば、スタッフから情報を入れようとはするけれど、膨れ上がってもいけない。最終的に決めるのは自分だし、指示系統は増やさないようにと考えています」

グループリーグをトップ通過した日本は、いよいよサウジアラビアとの準決勝に臨む。勝てば、7大会28年間の空白にピリオドが打たれる歴史的な一戦だった。

参謀の山本が語る。

「試合が近づくと、もう冗談も出なくなりました。サウジのエース、アルドサリには白井博幸をマンツーマンでつけることになった。スタッフ5人くらいで白井を囲み、ビデオを見せて、こういうところを頭に入れておけ、などと指示を出すんですが、時々『オイ、ホントに判ってるのか！』なんて声が荒くなってね……」

日本は前園真聖のゴールで先制。1点のリードで前半を終える。再び山本。

「ハーフタイムは、もう修羅場になる。それが判っていたから、スタッフには役割を徹底させました。最初は選手たちに水分を補給させ、体を冷やす。サッカーの話は一切しない。そして最後の5分間で、とにかく西野さんの話に集中させる状況を作れ、と」

その3年前、米国ワールドカップへの出場権を逃したドーハの悲劇の際には、選手たちが興奮し切って、ハーフタイムに監督からの的確な指示が通らなかったという。だがこの時は違った。選手たちがピッチに出て行く前には、ロッカールームが水を打ったような静寂に覆われ、西野は簡潔な指示をして選手たちを送り出すことが出来た。

後半日本が追加点を奪うが、残り13分、サウジも1点を返し、怒涛の攻めを繰り出してくる。それからは「心臓が飛び出しそうなシーンの連続」(山本)で、西野も「何をやっていたか判らない状態」に陥った。ベンチから後ろ姿を見つめる山本によれば、西野は、ひたすら「前だぁ～！　下がれぇ～！』と大きなジェスチャーを添えて叫ぶばかりだったという。既にカードは使い切り、出来ることと言えば、もうそれしかなかった。

「今までで一番痺れた試合だった」と西野は言う。なんとか日本は2－1のスコアを維持したまま終了のホイッスルを聞くことが出来た。

結局1992年アジアユースと同じ上位3ヵ国がそのまま五輪への出場権を獲得。その4年前に「これが第一歩」と位置づけたUAEとの3位決定戦からの長い戦いが、やっと結実した。

西野率いる五輪代表は、アトランタ大会の本番でも2勝1敗の成績を残した。大会直前に世界選抜を下し、ドリームチームと呼ばれたブラジルを破り、通常なら決勝トーナメントに進めて当然の勝ち点を稼いだ。しかし帰国した西野を待っていたのは、JFAからの最低の評価だった。

「成果ゼロ。守備的でネガティブな戦いは、何も将来の試金石にならなかったと批判された。次に繋がる試合をやって来なかった、とね。もちろん僕にも攻撃的な理想はあった。しかし次のフル代表に繋げるために、彼らに1試合でも多くの経験を積ませたいと考えれば、あれがベストの選択だったと信じています。相手の力を分析し、60～70%もボールを支配されることが想定されるなら、そのストロングポイントを消してカウンターに勝機を見出すのは当然。間違っていたとは思わない。自分の理想だけを追求するのは、高いステージになるほど難しいわけでね」

それなら、と西野は、攻撃的スタイルの象徴とも言えるバルセロナへと飛び立つ。

「当てつけではない……、でも半分当てつけだったかな」

含み笑いが追いかけた。

バルセロナには「勝つだけでは認めてくれない。アグレッシブに攻め続けなければ、評価をしてくれない。そんな空気が充満していた」という。

「前に人を割き、個々のスタイルを重視し、ピッチを最大限に利用して、彼らが化学反応を起こして創造的なパフォーマンスを展開していく。消極的なプレーを選択する選手は認めてもらえない。とにかく攻撃的でファンタジックなサッカーを進めていく素晴らしさを強烈に感じ、それは持ち帰ったつもりです」

本来誰よりも攻撃的スタイルにこだわりを持っていた。ところが不本意にも「守備的」というレッテルをベッタリと貼られてしまった。バルセロナから戻り、柏レイソルの監督に就任した西野は「それを覆したい」とクラブチームでのリベンジに燃える。時間が限られ、拮抗した勝負の連続となる代表チームに比べ、クラブならコンセプトも貫き易いと考えていた。

だが直面した現実は、そんな思惑と大きく乖離していた。監督の座に就いた時点で、チームの戦力が固まっている。外国人選手3人を始めとしてキャストを動かせず、それでもなんとか理想に近づけようともがいた。しかし自分がそこで仕事に打ち込める時間を確保するには、まず結果を出すしかなかった。

「中長期的なプランを作れず、とにかく目の前の1試合1試合を勝負していった。相当にクラブにコントロールされてしまっている自分を感じた1年でした。時間（猶予）を得るために結果を。それればかり考えていた」

ファーストステージが10位、セカンドは8位。辛うじて2年目に生き残り、ようやく編成から関わりチーム作りに携われる状況が訪れた。

「編成への希望がある程度通って、この戦力ならこういう目標を立てられるかな、と見通しが立った。そういう意味では、1999年がクラブの監督としての実質的なスタートだったと言えるかもしれないですね」

2年目は目に見えて成果が上がった。Jリーグ年間総合では3位まで浮上し、ナビスコカップを初優勝。上位に定着した翌2000年には、セカンドステージで2位と、リーグ制覇に肉薄する。ところが翌年はファンの優勝への期待が高まった反動で不満が大きくはね返り、ファーストステージ6位で解任されてしまった。

「柏でもガンバ時代とコンセプトは変わっていないし、

もう少し時間があれば、というところまでは来ていた。結局セカンドステージは現場に立てず、十分な達成感を得られなかった」

そしてフリーの身になった西野が、次にやるならこういうチームで、と眺めていたのがガンバ大阪だった。

「あまり結果は出ていなかったけれど、潜在能力は高く魅力的な素材を揃えていた。そう思って見ていたら、ちょうどオファーが来たんです。だから柏でやり切れなかったエネルギーを、そのままガンバに移行することが出来た。まったく新しい挑戦だったけれど、自分の感覚を素直に出せたと思う」

就任した2002年は、いきなりファーストステージで4位、セカンドは2位で、総合3位。まだ理想とはかけ離れたサッカーだけに、あまりに楽に結果が出て逆に面喰らったという。

「正直、ちょっと（結果が出るのが）早いな、と感じた。もっと苦しんでチーム作りをしなければいけなかったのに、こうなるともう次の目標は優勝しかなくなる。結局2年目は、そのリバウンドが来たんでしょうね。やっぱりそう簡単には理想のスタイルは確立できない。時間をかけて、チームを膨らませ、手応えを感じ始めたのが3年目。その上で自分の中では、最後のチャンスと決めていたのが4年目でしたね」

2年目にはリーグ総合10位まで転落するが、3年目は3位まで引き戻し、迎えた4年目に混戦を制して初優勝を飾る。この間、西野は采配面でも、徐々に攻撃性を増していった。

「2年目は、ロスタイムに失点して追いつかれたり、引っくり返されたりという経験が重なった。それから考え方が変わりました。例えば1－0でリードしてハーフタイムを迎えると、後半は多少押され気味になる。そんな時には、早く（同点ゴールを）食らっちゃえ、と思うんですよ。その方がやり方も明確になる。要するにこちらが（攻撃に）行き易くなるわけです。それならむしろハーフタイムに攻撃的な選手を入れて、もし食らってもさらに動ける状況を先に築いてしまう。追加点を取りにいき、最終的には2－1から3－1、もっと言えば5－3でもいい。リードしている段階で3トップにして、さらに行け、というメッセージを込める試合もある。DFの宮本や山口智にすれば、もう1枚後ろを増やして欲しいと思うんでしょうけど、チーム力を考えれば、それより追加点を取りに行く方がいい」

優勝した2005年に、ガンバ大阪は34試合で総得点「82」を積み上げた。これはその年のリーグで断トツだが、総失点「58」も多い方から数えて4番目。王座に就くには破天荒のバランスだった。わずか勝ち点1の差で

2位に甘んじた浦和の得点「65」、失点「37」と比べれば、チームカラーの違いが、はっきりと浮かび上がる。ガンバ大阪で3年間、西野とともに仕事をした竹本も、その変化をしっかりと感じ取っていた。

「リードして勝ちたいから守備的な選手を入れて、それが裏目に出る。2003年はそういうことが続いた。すると今度は同じ状況で、さらにFWを入れて前がかりに出るようになった。そこでそういうカードを切るのか……、と驚くほど積極的な手を打つことが増えてきました。同数で守れるなら、その分、攻撃にかかれる。やられる前にやってしまえと。たとえ負けてもオレはやるよ、という割り切り。つまり〝行ってまえ〟的な戦い方が、また大阪のサポーターの心を捉えたんじゃないですか」

日韓ワールドカップで韓国代表を率いたフース・ヒディンクの采配が理想だという。自ら積極的に動いて勝利を手繰り寄せる。数多くの成功経験に裏打ちされた果敢さに憧憬を抱く。

「指導歴が浅い時は、試合の途中でどうして動かす必要があるんだ、と考えることが多かった。悪くなったら、そこで代えればいいじゃないかと。でも特に同じチームを長く見ていると、いろんな予測が出来るようになってくる。今内容が良くても、苦戦するなと感じると、やっぱり苦戦してしまうし、やれると感じた時は結果も伴ってくる。読みは90％当たりますよ。試合に入って、こういう流れになる、だから何分後にはこんなカードを切る。そういうことが出来るようになった。流れには任せたくない。あくまで勝負をしていきたいと思いますよね」

流れが良い時でも必ず交代は頭に入れてあると、西野は言う。「交代とは流れが悪い時にするものだ」と断言する当時ライバルだった浦和レッズのホルガー・オジェックとは対照を成す。動く西野と不動のオジェック。リスクを冒す西野と、ノーリスクを貫くオジェック。どちらかと言えば西野は、自分と共通項を持つイビツァ・オシムの采配を興味深く見つめてきた。

「チーム作りの過程は判らない。でもキャスティングについては判るわけです。もちろん自分とはプロセスも異なる。だけどテレビを通して、なるほどオシムさんは、ここでこう持っていくんだ、などと見ている。嫌いな監督なら、そういう見方はしませんからね」

ジュビロ磐田の監督として対戦した経験を持ち、解説者としても西野采配を見てきた山本の目にも、彼の指揮官としての勝負勘は、ますます研ぎ澄まされたと映る。

「打つ手に隙がなくなっている。選手起用や采配は失敗を重ねて成功を掴めるようになるのだろうけれど、終盤にかけて逆に上げていき、どうやってひねり潰そうか、という強気なサッカーを見せている。徹底して勝ち切るスタイルですよね」

今度は竹本の言葉である。

「次のゲームプランを作るのが早い。土曜日に試合を終え、火曜日には次の試合の戦略について選手に話してしまうこともある。遅くても2日前には全てを決めている。あるいは次戦は出さないが、2週後の試合には使う選手に、その時点で、しっかりと戦術的な説明をしてしまうこともあった。そして選手たちには、常に向上心をもたせる。決して名前だけで使うことはなく、いくら嘱望された選手でも、すぐにライバルを作って反応を見る。人のマネージメントには長けていますよね」

人間観察と気配り。それに慎重と大胆がバランス良くミックスして、日本を代表する魅力的な指揮官西野を形作る。

「いつも楽観的に理想を追い求めている部分もある。しかし一方では、こうなりたくないから、今何をやるべきか、と悲観的思考で問う自分もいる」

自ら描いて選んだ道ではなかった。しかし西野もまた監督という職業の持つ麻薬性に侵蝕されつつあるようだ。

「ここで勝てばタイトル獲得、これに勝てば出場権。そういうところに身を置ける瞬間って、いいですよね。あのギリギリのゲームに対する感覚……。それはトップの指導者じゃないと味わえない。そういう中で理想のスタイルを追求していけるというのは、確かに素晴らしいことだよね」

リーグで頂点に立ち、柏時代に続きガンバ大阪にもナビスコカップをもたらすと、今度はＡＣＬを制し、天皇杯連覇も達成した。監督としてＪリーグ通算２７０勝は他の追随を許さない。西野は、確かに屈辱へのリベンジを遂げた。また大好きなヨハン・クライフがバルセロナで実現した攻撃性を追求し続けた。

「攻撃的サッカーを実現するには、やはり強力な2トップを用意するのが一番のファクターになるでしょうね。今はどのチームでもＤＦからＭＦまではボールを動かせる。でもそこから先はスペシャルな能力が必要になる。それにプラスして2列目の選手たちもフィニッシュにかかっていける。どこからでもゴールを生み出せる。そういう意味でのトータルフットボールが理想です」

指揮官としての輝かしい足跡を残して、２０１６年３月、西野はＪＦＡ技術委員長に就任した。

「強運」加茂周を最後に待ち受けた「悲運」

加茂周は、叩き上げの指導者として初めて日本代表を指揮した。

「集団を自分の意思で動かせて、しかも短期間で答えが出る。それが日本代表で満員のお客さんの前で試合をするとなれば、大きな責任感とともにやりがいを感じるし、心地良い緊張感を味わうことが出来るんですよ」

選手として名声を残せなかった監督志願者たちにとっては、希望の星だった。

関西学院大学からヤンマーディーゼルに入社し、28歳でコーチに転身。29歳の夏にアジアで初めてのＦＩＦＡコーチングコースに参加し、デットマール・クラマーなどから本格的な講習を受けた。

「あの頃は、コーチといっても現役の延長みたいなもので独学しかなかった。現役を終えて次の人がコーチに来たら、早く会社の仕事に戻ろうと思っていました。書籍も映像もないから、判らないことがあったら名物新聞記者の方々に聞きに行っていました」

このコーチングコースが加茂の人生を変えた。

「講義の内容は、断片的には知っていましたが、これほど体系的に教わったことはなかった。そのうちに、ひょっとしたら職業になるかもしれないな、と思い始めたんですよ」

指導者ライセンスを取得しヤンマーに戻ると、加茂の練習に取り組む姿勢は一変した。

「きちんと狙いのあるプログラムを作り、1日2時間のトレーニングで少しでも進歩させる。さらにその2時間が繋がっていかなければならない」

ヘッドコーチとしてヤンマーにタイトルをもたらすと、会社の仕事を外してもらってサッカー専任となり、やがて退社を選択した。

「まだ若かったから、サッカーの仕事をしようか、他の仕事をしようかで迷っていました。そのうちに神奈川県リーグの日産自動車から声がかかったんです。妻には、『もしこの仕事がダメになったら、肉体労働でもなんでもして、ちゃんと食べさせるから』と話しました」

日産の監督に就任して5年後に日本リーグ1部に昇格し、１９８４年元旦には天皇杯決勝で古巣のヤンマーを下して優勝。これがヤンマーのエース、釜本邦茂の現役最後の試合となった。

「私が指導者になった頃は、選手とコーチがどう違うかなんて誰も考えていなかった。日産自動車でも人事課に所属して、会社の仕事、現場の指導、それにマネージメントを3分の1ずつこなしている状態でした。ヤンマーでコーチを始めて、日産の最初の頃までは、兄貴分的な存在でよく選手を連れてビアガーデンに行ったり、家に呼んで肉を食べさせたりしていましたよ。でも大卒の有力選手が入り強くなり始めてからは、選手とは一線を画すようになりました。私情を入れずフェアに競わせなければいけないですから」

5度の天皇杯、さらには日本代表でのダイナスティカップ。決勝戦で負けたことがない監督である。運を大切にし、そして運を味方にした。

「戦術は大会に入る前に必死に考える。始まったらもう最後まで戦い方を変えません。決勝戦の前などミーティングもしませんよ。『この間と一緒』と、ただそれだけです。そこまで来たら多くを語っても仕方がない。私が勝ち続けられたのは偶然ですよ。でも人の持つ運というのは大切にしなければならないとも思うんです。だからチーム作りの過程で選手を勧誘する時も、清水（秀彦）とか水沼（貴史）とか、高校や大学で日本一を経験してきている選手を考えてきた。あれは日産で最初の天皇杯決勝を迎えた時のことですよ。初タイトルに挑む金田（喜稔《のぶとし》）や木村（和司）などは明らかに硬くなっていた。すると清水が言うんです。『大丈夫だ、オレは何度も日本一になっているんだから』って」

ハーフタイムも同じ。状況に即して端的な指示を心がけ、絶対に1分30秒以内に収めてきた。

「3～4点差で勝っていれば、選手たちもリラックスして何でも受け入れますよ。でもそれ以外の状況では、興奮状態にあるから長い話は頭に残らない。もう前半の残り5分くらいからは、誰に何を伝えるかを考えています。1分では不足する。2分では長い。3分になると、もう選手たちが水分を摂ったり、ストッキングを履きなおしたりという時間がなくなりますからね」

突き詰めた理論を咀嚼して選手に伝え、さらに納得させて動かす。理論武装するだけでなく、コミュニケーション能力を強調する。

「選手が判るように話し、やろうという気にさせる。理論があっても駄目な時は駄目だし、監督のキャラクターだけで引っ張っても限界がある。美しい言葉ばかり並べても選手が納得するわけではありませんからね。場合によってはとても辛い要求をすることがあるわけですから、そこが重要なポイントになります」

横浜フリューゲルス時代は、ゾーンプレスがチームカラーとして一気に浸透した。真新しいキャッチフレーズにマスコミが飛びつき、フリューゲルスの専売特許であるかのように書きたてたのだ。

「フリューゲルス時代は、マスコミに対してしゃべりまくりました。練習が終わっても、『ちょっとコーヒー出すから待ってよ』という感じで、こちらからお願いして書いてもらっていた。選手には自信をつけて欲しいですからね。そのうちに、自分では意識したつもりはないけれど、ゾーンプレスなどの言葉も広まっていったんです」

だが日本代表監督になると、加茂は意識してマスコミとの距離を置いた。しゃべらない、個人の評価をしないということで「評判は悪かった」と自覚している。

「代表選手はクラブから借りている時のことです。私がクラブを率いている時のことですよ。代表監督がウチの選手について批判的なコメントをした。不愉快でしたね。呼んでおいてケチをつけるわけですから。だから自分が逆の立場になった時は、個人評価のコメントは控えようと思ったんです」

加茂が日本代表監督を引き継いだ頃、日本サッカー界は過渡期にあった。マイナー競技から脱皮し、徐々に代表は国際的な競争力を蓄えつつあった。国内で戦えば、ユーゴスラビア、メキシコ、クロアチア、トルコなどにも勝てることを証明した。しかし一方で敵地に出ると、アジアでも厳しい試合になることを世間に知らしめた。

「代表は国の威信を懸けて戦うものだから、とＪＦＡに直訴して、全て対戦相手も代表チームに絞ってもらいました。その結果、国内で試合をして手も足も出ないのは、ブラジルだけでした。もちろんユーゴスラビアやクロアチアに勝てたのは、日本でやったからです。こう言うと失礼になるかもしれませんが、向こうは遊び半分で来て、時差とかでコンディションもボロボロだった。ただそれでも勝てたことは凄いと思いましたよ。一人ひとりを見たら、完全に相手が上でしたからね」

１９９７年、フランス・ワールドカップ最終予選には、オレが連れて行ってやる、という意気込みで臨んだ。だが３戦目、ホームで の韓国戦で１－２の逆転負け。続くアウェーでのカザフスタン戦も終了間際に追いつかれ、ＪＦＡは「悪い流れを断ち切るために」と解任に踏み切った。

「東京での韓国戦は大きなヤマだと考えていました。そこであああいう負け方をしたことで、これはクビが飛んでも仕方がないなと思いました。次のカザフスタン戦も本当は３－０くらいで勝てた試合だった。ところが時間が進むにつれて、もしかしたら危ないかもしれないと……、そしたらロスタイムが７分間もあった。予選途中とはいえ、思った通りの結果が出せていないのだから、と腹をくくりましたよ。韓国戦の後も自分では打つ手は打ったつもりです。でも敗戦の精神的ショックは、戻しきれなかったかな……」

国内では栄光に満ちた加茂のキャリアも、遂に代表で傷ついてしまった。

「せめてもの救いは、ほぼ同じ戦力、同じやり方で岡田武史監督がワールドカップ出場権を獲得してくれたことです。代表はクラブと違って選手を育てることは出来ないけれど、いつでも取り替えられる。しかし結果についてはクラブの何倍も厳しくはね返ってくる。また選手を集めても、その時点で誰がどの程度のコンディションで来るのかが読みにくい。いくら良い選手でもコンディションが悪ければ使えない。そこが難しいですね。また年間でも代表のために使えるスケジュールは90日間。その中で特定の選手を活かすための戦術的な訓練をすることは出来ない。もし私が単独チームの監督で、日本中から好きな選手を集めて来てもいいという話になったら、日本代表メンバーとは、かなり違って来たでしょうね」

フランスでの戦い方も構想が固まりつつあった。

「一応二通りの方法を準備していたんですよ。1つはノーマルな位置にゾーンを敷いて張り合う方法。もう1つは3バックで一人余らせるやり方でした」

最後に岡田監督のどこを高く買っていたのかを聞いた。

「それは私が監督という商売を降りたら言います。ただ非常に優秀な男であることは間違いないですよ」

1998年フランス・ワールドカップが直後に迫った時期のインタビューだった。

「決してアルゼンチンやクロアチアと戦っても、一方的な展開にはならない。日本はそんなに弱いチームじゃないですよ」

加茂の予告通りに、日本代表はアルゼンチン、クロアチアのどちらにも、1点差で食い下がった。

ワールドカップの扉が開いた！

ブルーに染まったスタンドのざわついた歓声に促されるように、オランダ人のファンデルエンデ主審がキックオフの笛を吹く。センターサークルから戻されたボールを、名波浩が右裏のスペースへと大きく蹴り、そのままボールは誰にも触れずにラインの外へ飛び出した。最初から繋いで取られるよりはいい。欲を言えば、敵味方が衝突してこぼれるような状況が望ましかったが、ラフなボールを蹴り込んでおくのは、当初から描いた戦略通りだった。

１９９8年6月14日日曜、トゥールーズのムニシパル・スタジアムは、7~8割を日本人が占めていた。金髪に変貌して現れた中田英寿は、キックオフ前に名波に声をかけている。

「この中（日本のスタメン）で何人が普段と同じようにプレー出来るのかな」

だがまるで主催試合のような雰囲気の中で笑みを湛える中田に限らず、概ね日本の選手たちは冷静に戦えていた。アルゼンチンの攻撃の起点となるファン・セバスチャン・ヴェロンを山口素弘が厳しいファウルで止め、ドリブルの得意なアリエル・オルテガが右サイドでボールを運ぼうとすると、すかさず名波と相馬直樹が挟み込む。アルゼンチンについては、コーチの小野剛を中心に研究し尽くしていた。

「やはりデータは嘘をつかないな」

準備した通りの展開に、井原正巳は手応えを感じ始めていた。一方右サイドに張り出す名良橋晃は、舐められているな、と思った。事前にビデオで見た南米予選でアルゼンチンは物凄いプレスをかけていた。それに比べれば、せいぜい6、7割にとどめているという印象だ。

12分、日本が最初の好機を築く。名波が右から中央へと運び、外から鋭く切れ込む相馬の頭に合わせた。

「僕の最も好きなパターン。相馬も判っていたし、完全にゴールのイメージが出来ていた」

惜しくも間一髪オフサイド。しかし名波は、心からワールドカップの初戦を楽しめていた。こうして少しずつ自分たちの「槍を見せる」ことで、優勝候補の本気を見てみたい。そんな好奇心が芽生えつつあった。

ワールドカップ初出場という産みの苦しみは想像以上だった。最終予選途中で監督の加茂周が更迭され、岡田武史がコーチから昇格する。最も身近なスタッフとして、小野は日に日に強さを増す岡田に感心していた。

「おまえが監督ならどうする？」

よく小野は、岡田に水を向けられた。

「いいよ、最後はオレが決めるんだから」

岡田は、そう言って部下の責任を軽減した。他人の意見にも耳を傾けるが、あくまで自分が矢面に立つ。それが判っているから、小野も率直な意見を伝えることが出来た。

アルゼンチン、クロアチア、そしてジャマイカ。フランス・ワールドカップの組み合わせが決まると、小野は「厳しいグループに入ったな」と溜息をついた。ただし他を見渡しても楽なグループは1つもない。改めて、それがワールドカップなんだと実感するのだった。

それから俄然スタッフは寝食を削られるほど多忙を極める。対戦するライバル3ヵ国や、それぞれの中心選手が所属するクラブの試合を視察に出掛け、合間を縫うように影山雅永（現U－18日本代表監督）、四方田修平（前北海道コンサドーレ札幌監督）と3人で計300本ほどのビデオを見て編集した。アルゼンチンの中で、小野が「一番怖い」と思ったのは、クラウディオ・ロペスだった。

「アルゼンチンは予選を戦っていく過程で、どんどん変わっていきました。最初は持ち前の攻撃力を生かして、得点も多いけれど失点もする大味な試合をしていたんですが、やがて守備の出来る選手を増やし、バランスを考え手堅い試合を繰り返すようになったんです」

アルゼンチンと言えば、豪快なストライカー、ガブリエル・バティストゥータや、多彩なドリブルが売りのオルテガに、どうしても目を引かれがちだ。しかし実は深い位置からでもピンポイントでパスを繰り出すヴェロンが、裏へぬけるC・ロペスを生かす形が必殺パターンになっていることを、小野は確認していた。

「C・ロペスがすり抜けてからシュートに持ち込むパターンは、ビデオでも確認できる。でも実際に見ないと、どうやってフリーになり、すり抜けていくのかが判らない。そこが見えて来ないと対処が出来ないですからね」

ワールドカップ本番が3ヵ月後に迫った3月に入ると、日本陣営はひとつの決断を下していた。最終予選終盤を戦ってきた4バックでなく、3バックで臨むということだった。それまでも3バックと4バックは併用してきた。3バックだと格下相手には攻めあぐんだが、格上との対戦ではスムーズに攻撃の糸口を掴めていた。

「心配だったのは、4バックを採用した時期と、最終予選で軌道に乗り始めた時期が一致していたので、選手たちが3バックに対して苦手意識を持っていないかということでした」

小野が続けた。

「裏を取るC・ロペスへのパスの出どころを潰す。またアウトサイドも高い位置でプレッシャーをかけたかったんです」

3バックの採用で浮上してきたのが、守備面ではオールラウンドな能力を持つ中西永輔だった。小野には最初から予感があった。アルゼンチンの2トップのうち、空中戦が強くパワフルなバティストゥータのマークに秋田豊が適任なのは、容易に判断できた。だがもう1人、最も警戒すべきC・ロペスを抑えるとしたら、中西しかないのではないかと考えていたのだった。

5月のキリンカップ対チェコ戦で、中西はドリブルの名手カレル・ポボルスキーのマークを任され合格点の対応を見せる。その後は現地に入ってからのトレーニングマッチでもスタメンに定着するようになり、自他ともにC・ロペスのマークを請け負うという認識が浸透していった。

「僕は年代別代表にも選ばれていないし、アトランタ五輪の最終予選メンバーからも外された。もう見返すのはワールドカップしかないと思ってやってきたんです」

中西がアトランタ五輪代表に漏れて納得出来なかったのは、理由を教えてもらえなかったからだ。いったい何が足りないのか、アドバイスひとつなく自分の名前が消えた。

「それから所属のジェフ市原（当時）で、ヤン・フェルシュライエン監督にポジショニングからカバーリングまで、しっかりと基本を教わりました。徐々に守備の楽しさも判ってきたんです」

だが10分間ほどにまとめられたC・ロペスのビデオを見せられた時は、平静を保てなかった。

「このスピードはヤバい」

それに比べれば直前のトレーニングマッチでマークしたユーゴスラビアのFWは、まるで物足りなかった。スピードが感じられないし、少しガツガツと接触すれば、すぐに切れて肘を入れてくるほど短気だった。

これでは仮想C・ロペスには役不足だ。中西が、そう感じた相手は、直前の欧州チャンピオンズリーグ決勝でレアル・マドリードを優勝に導くゴールを決めたプレドラグ・ミヤトビッチだった。

相手の2トップに秋田と中西がマンマークにつく。また余った井原は、後ろでカバーに入るだけでなく、相手のMFで攻撃の起点になりそうな選手を積極的に潰しに出る。

「井原はフォアリベロ的な役割で一番能力を発揮するんですよ」

小野を初めスタッフの思惑通りに、3バックは機能し始めていた。

ところが開幕を12日後に控えた6月2日、日本代表は緊急事態に直面する。午後の練習で3バックの軸になる井原が、城彰二と接触し内側靭帯を痛めてしまうのだ。

「やった瞬間に、これは厳しいかな、と思いました。そのくらいはっきりと痛みがあった」（井原）

岡田監督の口から、カズ（三浦知良）と北澤豪が最終メンバーから外れることが発表され、ワイドショーも次々に乗り込み、落ち着かない一日だった。

井原にとってワールドカップは、2度の予選で苦い思いを繰り返し、ようやく3度目の正直で辿り着いた夢の舞台である。ショックと不安は半端ではなかった。せめてもの救いだったのは、内側靭帯を痛めたのが2度目だったことだ。

「初めてではないからいけるかもしれない」

メディカルスタッフから「痛みは取れるから」と告げられ、あとはひたすら信じて治療に専念した。故障をして3日間は患部に注射を打ち、安静に努めた。1週間は、ほとんどボールを蹴らなかった。

「内側なので直線的には走れるんです。あとは急角度の動きに少し不安は残ったんですが、とにかく試合当日はテーピングをしないと決めていました。言い訳のできない舞台なのは、判っていましたから」

アルゼンチンのダニエル・パサレラ監督は、抽選を終えると「戦い易いグループだ。非常に満足している。3ヵ国の中で最も警戒するのはクロアチアだ」と語った。

現地在住のジャーナリスト三村高之が、当時の記憶を辿る。

「基本的にメディアもファンも、真剣に考えていたのはノックアウト・ステージに入ってからのことでした。グループリーグの相手の動向より、イタリア、ブラジル、スペインなどの強豪国がどうなっているかという報道が目につきました。ブラジルから帰化した呂比須ワグナーにスポットライトが当たっていたのと、半分冗談でモネールが日本のスパイ扱いをされていましたね」

ただし強豪アルゼンチンにとっても大事な初戦である。1978年アルゼンチン大会は主将として優勝を経験したパサレラ監督も「あの時以上に緊張する」と神経を尖らせていた。アルゼンチンでは事前のメンバー発表が恒例になっていたが、「日本の監督が直前まで発表しないのに、相手に有利な材料は与えたくない」と取り止めている。だが日本側の徹底したスカウティングに比べれば、情報収集はビデオやJクラブに所属する選手から話を聞く程度にとどめており、同監督の日本についての印象も「戦術に忠実でアグレッシブに動く」だけだった。

アルゼンチン代表に密着した『ラ・ナシオン』紙のプレスティレオ記者によれば「練習でバティストゥータや

マティアス・アルメイダをターゲットに高いボールを上げていたが、それが唯一の日本戦対策だった」という。そしてベテランのネストル・センシーニは、日本戦を次のように予想した。

「たぶん早い時間帯にセットプレーで得点する。相手が守備を固めた場合に、よく起こるケースだ。日本は守備ではスペースを消し、パスを繋ぐインテリジェントなサッカーをしてくるだろう。しかしテクニックや1対1の強さでは、アルゼンチンが上だ」

国中が巨大な祭りと化すワールドカップの喧騒も、開幕前から隔離された生活を続ける選手やスタッフには、別世界の出来事のようだった。前回1994年米国大会を視察した小野は、スタジアムの1㎞も先から騒ぎが途切れない熱狂ぶりを実体験しているが、フランスでは音が遮断されたバスの中から眺めたのみで、現実味に欠けた。空港からホテル、さらにスタジアムのロッカー……、すべての移動が外気と触れることなく行われる。

「テレビをつければワールドカップばかりなのに……。なんだか旅行に来たら大会に遭遇しちゃったような感覚だった」(名波)

フル代表でようやく大舞台にやって来た中西の印象は違った。ホテルのエレベーターには常に銃を持った兵士が警備につき、チームを乗せたバスは高速道路を逆走する。さすがに世界一の大会は違う、と思わず目を見張った。だからブルーに染まったスタジアムに足を踏み入れ国歌を聞いた時は「もう感動を通り越していた」という。また「奇跡の復活」(小野)を遂げた井原の脳裏では、低迷期の苦しかった日々の思いが走馬灯のように駆け巡った。

6月13日、ナイジェリア3－2スペイン

優勝候補スペインの敗戦は、慎重居士のパサレラ監督に教訓をもたらしたようだ。

「現代のサッカーでは、サプライズが当たり前になっている。我々も慎重に日本戦に臨まなければならない」

滑り出しの日本は好調だった。左タッチライン際で名波が、オルテガとハビエル・サネッティに前後を挟まれるが、前方を遮るサネッティの股間を抜いて突破すると、スタンドがどよめく。開始間もなくサネッティの突破を体で止めた時は「ドリブルをしていても、こんなに速いのかよ」と驚いたが、今度は見事に相手の裏をかいてみせた。初めて味わう正真正銘の真剣勝負を、名波は満喫していた。

「親善試合で強い相手がやって来ても、どうせ秋葉原へ寄って帰るんだろう、という感じだった。でもワールドカップでは相手も日本を研究して臨んできている。立ち上がりの日本は本当に良かった。でもカウンターのスピードが半端ではないので、欲は出し過ぎないようにと……」

3－4－1－2同士のマッチアップ。日本は井原がオルテガに後方からスライディングを仕掛けて警告を受けるが、それでも臆せず秋田が高い位置で連続してバティストゥータを潰す。果敢な守備で早めにカウンターの芽を摘み、MFの展開力で対抗する。試合は、日本が描いた通りのシナリオで推移していた。

それだけに28分、唐突に訪れた不運が痛恨だった。アルゼンチンが右寄りでアルメイダからオルテガへと繋ぐ。名波は、アルメイダの方は目配せ程度で済ませ、オルテガへの対処に重きを置いた。だがオルテガが鋭くドリブルを仕掛けてきたので、左右に揺さぶられた分だけ負荷がかかった。ボールはいったん中央に戻り、ディエゴ・シメオネがボックス手前に入り込むオルテガにリターンを送る。

その瞬間井原は、狙える！ と思った。即座に体が反応し、インターセプトに出る。ところがオルテガは、このボールをスルー。カバーに戻った名波の右足に当たって跳ねたボールが、バティストゥータの足もとにこぼれた。

コンマ数秒の間に、名波には大きな葛藤があった。なんとか後ろからでもバティストゥータを止めたい。PKならGK川口能活が止めてくれる可能性もある。しかし決定機をファウルで阻止すれば退場になる。10人になってしまったら大敗してしまうかもしれない。明晰な判断を瞬時に下し、名波は後ろから相手を蹴ろうとするモーションを途中で止めた。

井原は、バティストゥータの心憎い冷静なフィニッシュを後ろから眺めるしかなかった。

「まるで時間が止まっているようでした。能活の動きを嘲笑《あざ》うかのように、余裕を持ってちょっと浮かせてゴール。さすがだなと思いました」

しかしそれだけ冷静だったバティストゥータが、決めた瞬間には喜びを爆発させている。優勝候補のアルゼンチンを代表するストライカーの歓喜を見て、改めて名波は思った。

「バティは本当に1点を取る苦労を知っているんだ。（後ろから）削らなくて良かった」

この先制点が、アルゼンチンを慎重さから解き放ったのかもしれない。今度は36分、左サイドにシメオネが上がりクロスを送ると、バティストゥータが豪快なヘッド。ポストを叩き跳ね返ったボールをC・ロペスが詰めたが、ちょうど左から右へと戻ってきたGK川口の正面を突き、日本は追加失点を免れた。

「僕がシメオネに向かったんですが、余裕を持ってクロスを上げられる間合いにしか詰め切れなかった。それとバティがダイアゴナル（斜め）に入るスピードが凄かった」（井原）

「アルゼンチンは、開始からずっと勝ち点3さえ取ればいいや、という感じだったんです。でも先制してからの10分間くらいは、少し本気になってたたみかけて来た。だからこそ追いつきたかった。１－１になった時の本気モードを見てみたいと思いました」（名良橋）

岡田監督は「前半を０－０で折り返せば何が起こるかわからない」と繰り返していた。その前半で失点は１つだけ。名波は中田と言葉を交わしながらロッカールームへと引き上げた。

「相手のサイドが上がって来る。そこへ2トップが流れて起点になれば、チャンスが出来るんじゃないか」

後半は重苦しい時間が続いた。ポゼッション（ボール支配）は著しくアルゼンチンに傾く。だが井原はペナルティエリアに侵入するオルテガの切り返しを読み切り、中西は危険人物C・ロペスのアクションを何度も先読みして阻んだ。

「もちろんオルテガが切り返しを得意としている情報は入っていたので読み切った部分もありますが、むしろ体が自然に対応していました。頭も体も１００％に仕上がっていたということだと思います」

しかし、と、井原が続けた。

「あれだけポゼッションされれば、リアクションに回るこちらは、それだけ空走りを強いられる。正直なところ消耗はありました」

ただし走らされ消耗しても点差は動かない。しかもGK川口が完璧な仕事を続けている。こうして遂に小野が最も警戒していたC・ロペスが交代で下がった。中西が振り返る。

「C・ロペスがイライラしているのは判りました。交代した時は、自分の仕事が出来たかな、と思いました。スピードのある選手が消えて、これで（攻撃に）行ってもいいかなと」

ツキがある。この流れなら終盤に一発があるかも。残り15分を切り、日本は全体でそんな予感を共有していた。

76分、中田の早いリスタートから、シメオネの裏へと名良橋が駆け抜ける。

「アルゼンチンの右サイドには、縦に鋭い突破を見せるサネッティがいる。だからそれに対応する左サイドの相馬が上がるのは難しい。僕の方から突かなければと思っていました」

中田からのボールは、目の前でちょうど良く弾んだ。右アウトにかけて逆サイドのネットを揺する。名良橋には同点ゴールのイメージが完璧に描けていた。

「あれは本当に悔しかった。完全にインステップに当たっちゃったんですよ」

残念ながらボールにはカーブがかからず、枠の外へと真っ直ぐに伸びた。名良橋は、ひと呼吸置いてから、言葉を繋いだ。

「アルゼンチンは、もう外（の対応）は捨てても、中で跳ね返せばいいという感じでした」

82分、山口がゴール前に放り込むと、秋田がシメオネの背後から強烈に頭で叩く。決定的なチャンスだったが、左ポストをかすめてわずかに逸れた。

C・ロペスを抑え込んだ中西は、ガムシャラに前線へと顔を出した。1点差で負けて「惜しい」で済む試合ではない。どうしても追いつきたい。そんな一心だった。

残り1分、右サイドを駆け上がる。山口からパスが来た。目の前にはシメオネとアルメイダが立ちはだかる。ところが次の瞬間、中西は当たり前のように2人の間をすり抜けていた。サイドを抉り切る。交代出場の呂比須ワグナーが視野に入った。丁寧なラストパス。だがしっかりとミートした呂比須のシュートは、DFの足に当たってCKになった。

「あんな抜き方は国内の試合でも、ほとんどやったことがない。無我の境地ですね。あっ、抜けた、開けた。そんな感じです」（中西）

後日、ことあるごとに「どうして（シュートを）打たなかったんだ」と聞かれたそうだ。

「でもシュートコースには相手が入っていたし、真ん中やや後方に呂比須がいたから……」

CKには川口も参戦しようとしたが、ベンチから止められた。結局、日本は0－1のまま終了のホイッスルを聞くのだった。

「まあ……、悔しかったですよ。ホントに」

小野が唇を噛む。

「国の全精力を賭けて準備の段階から本気で臨む。そういう経験をするのは日本にとって初めてのことでした。もちろん力関係で押されることはある。でもそれを守備的とは言わない。選手は本当によくやってくれました。終わった後は、グターッとしましたね」

あと一歩。キーマンを抑え、決定機を演出し「ベストパフォーマンスが出来た」中西も「最低でも引き分けられたのに」と釈然としない思いを引きずりながらロッカールームへと消えた。

しかし超現実主義者を自称する名波は、即座に切り替えていた。

「実際に終わってからは悔しいと思いましたよ。でも戦前には10回やって1回勝てるか、なんて論議がありましたけれど、僕の中では30回やっても1度も勝てないという思いがあった。1勝1敗1分けが日本の目標なら、当然1敗はアルゼンチンだと思っていました。でもそれだけの相手が、もう75分以降は、残り時間の使い方でも、球際へのアプローチでも、1－0で終わろうと必死でした。別に1－0の美学を持っているとは思えない国ですからね。だから大会3試合を通して考えれば、1点差は良い結果だと思いました」

アルゼンチンも重要な初戦を本気で戦った。ただし本気で達成しようとしたのは、確実に勝ち点3を獲ることだった。だからバティストゥータは1ゴールで爆発的に喜び、終盤は1点でいいと最大限の集中でリスクを避けた。アルゼンチンにはマルセロ・ガジャルドという売り出し中のMFがいた。本人も「僕が入るのは攻撃的に行く時」だと話していた。そのガジャルドは、クロアチア戦には先発し、ジャマイカ戦は交代で出場している。つまりアルゼンチンにとって日本戦は、最も慎重に臨んだ試合だったと見ることが出来る。

名良橋は、ジーコ監督時代にも2度アルゼンチンと戦った。２００２年、埼玉での０－２の試合は、ある程度食い下がれた印象があるが、翌年３月長居（１－４）の試合では完膚なきまでに叩きのめされた。その時初めて「これが彼らの本気なんだ」と悟るのだ。それは結果に重圧のかからない親善試合ならではの、可能な限り叩きのめそうという本気だった。

「フランスで僕らはガムシャラに走りまくっていました。でも彼らは時間帯ごとに、仕掛けるスピードにも緩急をつけて､逆に僕らをうまく走らせていたんです」（名良橋）

日本はワールドカップで善戦をした。だが反面、それはワールドカップだからこその肉薄だったのかもしれない。まだまだなんだ、と、それを教えてくれたのがワールドカップだったと名波は言う。

「当時まだ日本には欧州でプレーする選手が一人もいなかった。僕も次の大会は主力でやらなければならないと思い、だからこそイタリア（ヴェネツィア＝セリエＡ）へ行ったんです」

もちろん善戦という収穫の一方で、まだ世界と隔たりがあることは、岡田－小野のスタッフも痛感していた。

「チームとしての手応えという収穫はありました。しかし個人と個人を比べれば差がある。ワールドカップとは、10年20年で積み上がった国の総合力が問われる大会です。育成も含めて真剣に取り組まないと、代表を集めていざ強化で勝てる大会ではないんですよね」

2人が大会後に提出したレポートの主旨だった。
未知の領域に足を踏み入れ、日本サッカーは初めて本当の世界との距離を体感した。

左サイドから見た夢舞台・相馬直樹

雨足は瞬く間に勢いを増し、ピッチを激しく叩きつけた。前半を酷暑の中でプレーしてきた選手たちにとっては紛れもなく恵みの雨だったはずだ。しかし相馬直樹は、ハーフタイムを終え再びピッチに立つと、抗い難い疲労感に襲われ、不安と焦燥にかられながらの45分間を過ごすことになる。

行くべきところで足が出ない。走るべき勝負ポイントで、少しでも楽をしたいという思いが割り込んでくる。そうでないと持たないという危機意識が、ブレーキとして作用してしまうのだ。

「オレは無駄走りの選手なのに……、その無駄走りを控えようとしているじゃないか」

1998年6月26日、リヨン。

日本はフランス・ワールドカップ最後のジャマイカ戦で1点を追いかけていた。ここまで2試合を終えて、勝ち点も得点もゼロ。

「これではまずい。日本に帰れないぞ」

相馬は、必死に自分を鼓舞していた。自分で自分の尻を叩かなければ動けない。後になって振り返れば、これがワールドカップなのか、とも思った。

わずか3試合で、ともに中5日、疲労を取りコンディションを整えるには十分な間隔が開いていた。なのに、この試合では後半からピタリと足が止まった。

「どうしよう……、こんなところでノラリクラリとやっていて。これじゃ自分の武器がなくなるじゃないか」

そして54分、ショックは倍加した。日本は中田英寿が中山雅史に繋ぎゴールを襲う。ジャマイカのＧＫアーロン・ローレンスは辛うじて反応すると、立ち上がって即座に大きく蹴り返した。ボールはハーフウェイライン付近右寄りに位置したセオドア・ウィットモアに渡る。この時、相馬は中央からゆっくりとウィットモアとの距離を詰めていた。一方ウィットモアの前方には小村徳男。パスの出しどころを失ったウィットモアは、１度最終ラインのオナンディ・ロウへとボールを下げた。

この瞬間に相馬はウィットモアのマークを小村に渡したつもりだった。だがおそらく小村側に「渡された」という意識は希薄だった。相馬には、小村の背後から右前方に広がるスペースへと流れるウィットモアの動きが視界に入っていた。しかし1点をリードされ、居残ってでも攻めに出たいという意識が先立ち、ウィットモアのマークを見切り小村に託した。

その刹那だった。ロウの縦パスを中央で受けたフィッツロイ・シンプソンが、ワンタッチで大きな空間を１人進むウィットモアにスルーパス。小村は最後までウィットモアとの距離を詰めきれず、ジャマイカの2点目が生まれた。

「相当に悔いが残る失点でした」

２人の微妙な意思のズレ、それに相馬がほんの少しだけ消耗を防ぎ、攻めに意識を傾けたことが重なり致命傷になった。

「当然相手の監督は、攻め上がる僕の後ろのスペースを狙おうとしたと思うんですよ。それが判っていながらやられた。だから余計に悔しかった」

しかし皮肉なことに日本の初ゴールもまた、相馬の疲労が生み出した産物とも言えた。左サイドの高い位置で名波浩からのパスを受けた相馬は、すかさず切り返して右足に持ち替えている。１人かわせば左サイドを抉り味方に決定的なパスを通すことが出来たかもしれない。それが最も得点に繋がる形だというのは、サッカーの世界では通説となっている。しかしこの時の相馬は、縦に仕掛けるという選択肢を簡単に捨てた。

もう走れる状態ではなかったから迷わずに？

そう尋ねると、相馬は「たぶん」と頷き、続けた。

「勝負して失うよりは、と考えたんでしょうね。ちょうど顔を上げた瞬間に呂比須（ワグナー）がプルアウェイ（ディフェンダーの視野から消える動き）をした。もしそれがなければ足もとへ出していたでしょう。いずれにしても、僕のクロスは狙い通りでした」

呂比須はクビをひねって頭でボールを叩く。ゴールの枠の前を横切るようなボールだったが、飛び込んできた中山が合わせて、日本はワールドカップ254分目にしてようやく初めてのゴールを挙げた。

「本当は呂比須が決めるべきボールでしたけどね」

相馬は、思わぬ方向に飛んだ呂比須のヘディングを「ノールックパス」と揶揄した。文字通り一矢は報いた。だが3戦全敗、過去に例がないほどの疲労をたっぷりと引きずり帰国した相馬は「ワールドカップについては、引退するまで話しませんよ」と宣言する。今、肌に感じたままを言葉にしたら、風当たりが強くなる。そんな気がした。

1993年秋、カタール・ドーハで集中開催された米国ワールドカップ・アジア地区最終予選をテレビで見ながら、既に相馬は「次の大会はオレが代表になってフランスに行く」と決めていた。

本番に強い系——。

昔から自分のことを、そう信じてきた。与えられたチャンスはことごとく活かしてきたという自負がある。早稲田大学在学中に参加したバルセロナ五輪最終予選では、日本が初戦で守備の要だった石川康を故障で失い、代わりに慣れないリベロのポジションを見事に埋めた。鹿島アントラーズでも、ルーキーながらスタメンを確保。日本代表も1995年に招集されてからは、ほぼレギュラーの座を譲っていない。もちろん過去を振り返れば挫折と呼べるものもあるにはあったが、順風満帆で強運を備える自分が失敗する光景を、あまり想像することはなかった。

フランス・ワールドカップ最終予選も、ウズベキスタンとのアウェイ戦、さらに帰国後にもUAE（アラブ首長国連邦）とも分けてしまった時は、さすがに「こんなはずじゃないのに……」との思いが過《よ》ぎった。だが日本中が手に汗を握ったジョホールバル（シンガポール）でのイランとのプレーオフは、勝てると信じ込んでいた。

「もしイランに負けたとしても、最後はオーストラリアに勝って本大会に行ければいい。そう思っていました。イランとのプレーオフでは、後半に1度逆転されているんですが、頭に浮かんだのは、ああ、これは延長戦だな、ということです。勝つことをまるで疑っていなかった。だってイランは怖がっていましたから。まず暑さを怖がり、日本の勢いを怖がっていた。イランが逃げ切りたいという雰囲気なのに対し、日本は切符をもぎ取ろう、勝ち取ろうというムードでしたから」

イランを延長戦の末に３－２で破り、ワールドカップへの初出場を決めると、本大会が楽しみで仕方がなかった。

「親善試合で日本に来るチームなんて、みんな偽物ですからね。特にヨーロッパの選手たちは、所詮親善試合は親善試合、という割り切りがはっきりしていてファイトして来ない。逆にアジア内でのアウェイ戦の方が厳しかったりする。例えばタイは、今アジアで10本の指に入るかどうかですが、バンコクで勝つのは大変だと思いますよ。同じ親善試合でも、韓国や中国に出かけて試合をするとなれば、歴史的背景もあるし、まったく雰囲気も違ってくる」

国内で開催されるキリンカップでは、ユーゴスラビアを破り、クロアチアとの乱戦も制した。だがこうした強豪国とタイトルを賭けて真剣勝負をする機会は、まだまだ限られていた。それだけにワールドカップでは、今度こそ本物とやれる、という喜びが溢れた。

6月14日、トゥールーズ、対アルゼンチン戦。直接向かい合うのは、右サイドの突破力では世界一と言ってもいいハビエル・サネッティ。しかし相馬が意識したのはむしろサネッティより、トップ下に位置するアリエル・オルテガがサイドに流れて来た時に自由にさせないことだった。

「オルテガに前を向かせたら決定的な仕事をされてしまう。だからどこに流れても、誰かが近くにいるようにしました。ボランチは名波にしても、素さん（山口素弘）にしても、あまりついてくるタイプではない。だから僕がなるべくついてあげないといけないと思いました」

実際オルテガを振り向かせないという狙いは徹底され、相馬はＤＦの秋田豊や名波との連携で素早く囲い込み、何度かボール奪取にも成功している。逆に序盤には、結果的にオフサイドの旗が上がったが、相馬自身が名波のパスに合わせて飛び出し、ヘディングシュートを狙うシーンもあった。プラン通りの立ち上がり。思ったより攻めてこないアルゼンチンに「怖くないぞ、これならもっと繋げる」という意識が芽生え始めた。

ところがその先に落とし穴が待っていた。28分、自陣ゴール前での浮き球を、相馬は引いてきた中田英寿へと繋ごうとした。

「あれが10～15分くらいなら、もう間違いなく大きく蹴っていました。そうでなくても、リスクを考えて、もう少しタッチラインに近い方に出していた。でもやれるという感覚を掴み始めていた。そこにヒデが顔を出したので、真っ直ぐに出したパスが少し内に入ってしまった」

このボールをネルソン・ビバスがカットし、ディエゴ・シメオネが縦に鋭くクサビを入れる。オルテガの足をかすめて抜けたボールに名波は反応できず、アルゼンチンのエース、ガブリエル・バティストゥータの前にこぼれた。痛恨の失点、しかもこれが決勝ゴールとなった。

「でもアルゼンチンは、日本戦にピークを合わせてきたわけじゃない。完全に、ここまではやらせるけれども、ここから先は許さないよ、というサッカーでした。ことごとく日本の攻撃は相手の3バックで止まりましたからね。ペナルティエリアの中で前を向いてボールを受けたシーンはほとんど浮かびません」

Aマッチで初めてアルゼンチンに勝つのは、12年後のことだ。しかもこれはホームでの親善試合。当時の力関係を考えれば、真剣勝負の0-1は歴史的な善戦という見方も出来る。だがわずかな隙を見逃さずに1点を奪い、あとは要所を抑えてしっかりと1点差で勝ち点3をもぎ取っていったアルゼンチンとは、むしろ歴然とした違いを感じた。

「結果的に勝ち点ゼロは最悪です。でもボコボコにやられて自信を打ち砕かれたわけではない。だからまだグループリーグは突破できると信じていました。あくまで次の試合次第だと。しかしクロアチアは初戦を勝っていたので、次は絶対に勝たなければならなかった。だから攻撃を意識して臨みました」

6月20日、ナントには灼熱の太陽が降り注いだ。だが相馬は絶好調だった。

「とにかく僕は走れた。それに対し、クロアチアは明らかに消耗していて走れなかった。だから僕が走れば必ずマークが外れてフリーになれた」

主導権を握れた序盤にビッグチャンスが到来した。城彰二が放ったシュートが相手DFにぶつかり、目の前にこぼれる。フリーで駆け上がった相馬は、そのまま数歩ドリブルして左足を一閃した。

「あれは入ったと思った。今でもGKの手の先を抜けていく映像が頭の中にある。入っていれば人生変わっていたんだろうな、と思いますよ。あそこでリードすれば、暑いしゆっくり回しながら相手を疲れさせるような戦い方も出来た……」

相馬のシュートだけではない。日本は立て続けに決定的なチャンスを連ねた。しかし結局試合は均衡を保ったまま終盤へと推移していく。後半に入ると相馬と対面するのは、守備的なダリオ・シミッチから前半にFWでプレーをしたマリオ・スタニッチに代わり、クロアチアベンチは足が動かないロベルト・プロシネツキを下げ、逆に岡田武史監督は俊足の岡野雅行を入れて局面を打開しようと試みる。

しかし既に相馬の脳裏からは、こうした慌ただしいベンチの動きはほぼ消えている。残っているのは、77分の失点シーンで天を仰いでいるのと、それから攻め急いでしまったという悔恨だ。

「走れば勝てる。それが判っているから、どんどんスピードアップするんですが、すると今度はミスが出る。今にして思えば、もっと相手を引き出すとか、わざとファウルを誘うとか、いろいろとやり方はあったかもしれない……」

再び0－1、これでグループリーグでの敗退が決定した。

残されたのは、初出場で2敗同士のジャマイカ戦だけになった。

「さすがにプラスアルファのモチベーションはなくなっていましたね。でも自分自身のコンディションが良い時期に、他の人には出来ないチャンスを与えられた。だから最高のパフォーマンスをしようと、そう思いました」

ジャマイカ戦は最初から猛攻を続け、均衡さえ破ればゴールラッシュになっても不思議はない展開だった。

「一番良くボールを動かせた試合だったと思います。味方同士の距離も近くて、本当に楽しいサッカーが出来ていた」

ところがそんな試合でも先制を許してしまう。そして後半に入ると唐突に相馬の体には疲労が押し寄せた。

「先制されて、ええっ⁉ ここにも負けちゃうの、という思いが過ぎりました。後半はもうこちらが攻めさせられている。そんな感じでしたね」

74分に一矢は報いたものの3戦全敗。大会前半で日本は全日程を終えた。

「悔しかったですねえ……。結局は、まだ本物を出してもらえなかった。アルゼンチンは明らかにコンディションが（ピークまで）来ていなかった。それにあのクロアチアが、その後3位になったのと同じチームに見えますか？ おそらく向こうは7～8割。こっちは120％を出したつもりなのに、結果を持っていかれてしまった。それに僕は3戦目でもうパフォーマンスが落ちていた。あれではもし決勝トーナメントへ進めたとしても、いったいどんなパフォーマンスが出来たのか。そう考えてしまいましたね」

全て1点差の敗戦、しかしその1点差にワールドカップの重みが潜んでいたのかもしれない。

「個人的には、やれたという感情もあった。運動量、攻守の切り替え、駆け引きなどで先手を取り、前を向ければ勝負が出来るという手応えはありました。でもサイドを突破しても、しっかりと中の選手にシュートを打たせたシーンがほとんどない。3人のDFとGKがしっかりとゴール前を固める中で、どうやって味方にシュートを打たせるのか。ラストパスに工夫がないと、ただ走っているだけでは点は取れないな、と思いました」

相馬は、この3試合の映像を1度も見ていない。見て言葉にしてしまうと、肌で感じたことがすり替わってしまいそうな気がするのだ。それよりは選ばれた人間として掴んできた自分の皮膚感覚を、しっかりと伝えていきたいと考えている。

世界で信頼を取り戻した岡田の笛

イングランドのマスコミは、自国代表の初戦の笛を吹くのが日本の岡田正義主審に決まると、途端に過剰な反応を見せた。

火をつけたのは、1995年カタールで行われたワールドユース選手権で、岡田と共に主審を務めた同じイングランドのレフェリーだった。彼は岡田が、この大会のオランダ対ホンジュラス戦で4人の退場者を出し、無効試合にしてしまった例を殊更強調し、まるで岡田が要注意人物であるかのように喧伝した。また元Jリーガーのガリー・リネカーも、彼の意見に加担した。

「Jリーグではちょっとしたコンタクトでも、すぐに笛が鳴るんだ」

フーリガンが大挙押し寄せるイングランドと、地元に在住する多くの移民が熱狂的にサポートするチュニジア。試合数日前からマルセイユでは、両国サポーター同士の小競り合いが絶えなかった。

不穏な空気が漂い、たっぷりと荒れる要素を備えて岡田が笛を吹く試合はコントロールが難しくなる危険性を内包していた。だが岡田は、むしろこの試合を任されたことを歓迎していた。

「ワールドカップという最高の舞台、6万人収容のスタジアム、そして世界が注目するビッグマッチ……。これほどやりがいのある仕事はない」

前向きに捉えることで、試合そのものが楽しみになって来た。

「気張らずに普段通りの自分を出そう」

大会に臨む選手同様に、岡田も最高のコンディションで試合当日を迎えようと心掛けた。試合の1週間前からは、FIFAの用意した3人の専属トレーナーが綿密なメニューを作成してサポートしてくれたし、常にドクターも同行した。随分と国際経験を積んだ岡田にとっても、こんな厚遇は初めてだった。さすがにワールドカップは違うな、と感心した。

6月15日。フランス各地の空は、それまでの不安定ぶりが嘘のように晴れ渡った。岡田は程良く刈り込まれたマルセイユのヴェロドローム・スタジアムに足を踏み入れた瞬間に、完璧な調整が出来たことを実感する。いつになく体が軽いのである。

「日本代表の選手たちも強豪アルゼンチンを相手に本当に頑張ったんだ。自分も日本のレフェリーの水準をアピールしよう」

ゲームはチュニジアのキックオフで始まった。

「とにかく最初が肝心だ」と思っていた。いきなり接触プレーが続いたが、岡田は全く笛を手にしなかった。転倒したイングランドのポール・スコールズに対しては、早く立ち上がるように促す。岡田には、ファウルをもらうための転倒だという確信があった。

岡田は決してイングランドが騒ぎ立てるような笛とカードを乱発するタイプのレフェリーではなかった。そしてその姿勢は数分間で選手たちにも伝わっていった。

「これで選手たちと意志の疎通が出来た」

選手たちがすっかり自分を信頼してくれていると実感していた。4分にはチュニジアのジョゼ・クレイトンの突破を、トニー・アダムズがシャツを掴んで止めようとしたが、アドバンテージを適用する。ボールはクレイトンからスカンデル・スアヤハへと渡ってフィニッシュに繋がった。出来るだけ試合の流れを切らないのは、岡田の信念のひとつだった。

岡田は落ち着き払って、しっかりと周囲の状況を把握していた。テクニカルゾーンから出て来たチュニジアを指揮するポーランド人のヘンリク・カスペルチャク監督には軽く注意し、スローイングをしようとしたハテム・トラベルシにはストッキングをしっかり上げるように告げた。またサミ・トラベルシのチャージで吹っ飛び転倒したアラン・シアラーは眉を吊り上げ抗議の声を上げたが、にこやかに首を振って否定した。

——選手が興奮した時には、柔らかい表情で接した方がはるかに効果的だ。そうすることで、選手たちも意外なほどあっさりと鎮まっていく——

それは長い経験から得た真理であり、実際そうすることにより国内でのレフェリングもすっかり安定していた。

12分、ボールをキックしたポール・インスに、チュニジアのカルド・バドラが後向きで体当たりを食らわせる。遂に岡田は短く鋭い笛を吹いた。しかしバドラに注意をしただけで、カードは出さなかった。また一方で「大丈夫か?」とインスを気遣った。

優勝候補の一角に挙げられるイングランドに対し、チュニジアの引き分け狙いは歴然としていた。GKのショグリ・エルウアは、ゴールキックの度に悠然と時間稼ぎをしようとして、その度にスタジアム中を大きなブーイングが覆った。岡田も早く蹴るように指示はした。だがエルウアも巧みだった。助走の距離も警告になる寸前で止めていた。それにゴールキックがスムーズに行われないのは、ボールボーイの緩慢な働きぶりにも問題があった。その代わり、速やかにスローイングを行わないクレイトンには注意を与えた。

17分にはソル・キャンベルに足をかけられたアデル・セリミが昏倒。岡田はキャンベルを口頭で注意すると、即座に担架を要請した。

この大会を機に後方からのタックルについてはルールが改正されると言われていた。岡田自身も3月に出席したセミナーでは、斜め後方も含めて背後から相手を脅かすタックルは、ほとんどが一発退場に値すると聞かされていた。ところがその後3ヵ月間でこの解釈は覆った。ヨゼフ・ブラッターFIFA新会長やミッシェル・プラティニ大会組織委員長らは、危険なタックルを徹底的に排除しようとする意向を鮮明にしていた。しかし審判委員会は「これまでのルールを徹底しよう」という確認にとどめたのだった。岡田は大会に入ってから自分の出番が来るまでの全試合を見て、この基準を再確認していた。結局岡田は1枚もカードを出すことなく前半を終えた。イングランドDFグレーム・ルソーの軽い抗議はあったが、判定を不服として執拗に食い下がる選手はいなかった。ピッチ上の22人全てが、岡田のジャッジに納得してプレーしていることの証左だった。岡田の方もまた「ぶつぶつ言ってくる選手がいない分、Jリーグよりやりやすいな」とさえ感じていた。

後半に入ると少々ゲームに退屈し始めた観客がウェー

ブを始めた。もちろんゲームが退屈なのは岡田の責任ではない。ウエーブによる騒がしさは感じたが、それでも試合に集中していた。あくまで威風堂々と振る舞い、確信を持って笛を吹いた。

「何よりはっきりしたジャッジが大切だ。一歩踏み外したら大変な試合になる」

頭の片隅には、常に危機感を宿していた。

前半終了間際に1点を失い、劣勢のチュニジアにラフプレーが目立ち始めると、岡田は3人の選手にイエローカードを出していった。

48分にクレイトン、70分には、イメド・ベンユネス、そして終了3分前にはカイエス・コドバネ。全て毅然として、しかも悠然とカードを掲げた。選手からも全く不満の表情はなかった。イングランドのキャンベルに出した警告も異論の余地のないもので、反則をしたキャンベルも謝意を表し相手に手を差し伸べた。難しいはずのゲームは、淡々とフェアに進行していく。前半シアラーが均衡を破ったイングランドは、終了1分前にスコールズが追加点を挙げ、順当勝ちを収めた。

試合終了の笛を鳴らすと、警戒していたはずの選手たちが満足気に岡田へと歩み寄って来る。ルソーがボールを手渡し、シアラー、さらにはデヴィッド・シーマンが手を差し出す。その3年前、カタールのワールドユース選手権で担当した試合が無効になってしまった時は「これで審判生命も終わりかな……」と思った。だが対照的に、この日の岡田の胸の内は充実感で一杯だった。翌日の反省会では「担架を入れたら、必ず倒れた選手を乗せて一旦ピッチの外へ出すように」と「もう少しプロフェッショナル・ファウルを取った方が良い」という2点について注意を受けたが、「全体的には非常に良かった」と称賛された。

それを裏付けるようにイタリアで最も権威のあるスポーツ紙『ガゼッタ・デッロ・スポルト』は、岡田のジャッジに「6・5」の評価をつけた。それを見つけたマルタのレフェリーが「凄いじゃないか」とさっそく祝福に駆け付けた。イングランド対チュニジア戦でピッチに立った全26人の中に、岡田より高い評価を受けた選手はいなかった。

ワールドカップの歴史を紐解けば、日本は選手に先んじてレフェリーが参加を果たした。1970年メキシコ大会の2試合で丸山義行がアシスタントを、1986年メキシコ大会、1990年イタリア大会では高田静夫が主審を務めた。岡田は初めて日本代表とともにワールドカップに参加したわけだが、その後は上川徹、西村雄一が主審として、廣島禎数《よしかず》が副審としてキャリアを築いた。

ブレない異端児・中田英寿

田原一孝は、中学生の中田英寿を韮崎高校に勧誘するのに、3度家に足を運んだ。

「親御さんにはうちの子は一筋縄ではいきませんよ、と言われました。しかし私も、『だからこそ面白いんですよ』とお答えしました」

同校のサッカー部監督を務めていた田原は、中田を迎え入れるのに3つの推薦枠のうち1枠を使うつもりでいた。ところが中田は、はっきりと言い切った。

「推薦は要りません。行くと決めれば、自分の力で行きます」

「でも落ちたらどうするんだ」

「そうしたら別の学校でサッカーをします」

韮崎高2年生の終わりに下した決断にも、まったく迷った形跡がない。

「僕はプロへ進みますよ。必要なら大学は30歳になってからでも行きますから」

中田は大学に進む。そう見ていたJクラブが、それから一斉に動き出した。中田は関東周辺を中心に5～6チームの練習に参加するが、選択したのはベルマーレ平塚（当時）だった。

中田の在籍中にチームの主将を務めた田坂和昭が、練習に来た時の様子を思い起こした。

「クラブ側の気の遣い方がほかの練習生と全然違っていて、ああ本当に欲しい選手なんだな、という空気が伝わってきました。2対2で行うサッカーバレーは、普通練習生だとミスを怖れ萎縮するものですが、堂々としていました。アウミールと組んで強かったですね。僕らにも最初から気兼ねなく話しかけてきたので、ずいぶんと大人びていると思いました。マリノスでは、『態度が悪い、って怒られちゃいましたよ』とかね」

ヴェルディなどの強豪を避けベルマーレを選んだ理由について、恩師の田原は「試合に出なければ評価もされないと考えたんでしょうね」と推測する。この選択を、中田と1年間一緒にプレーし、3年目からはヘッドコーチとして付き合った信藤健仁は「ベストだった」と見ている。

「入団した時にヘッドコーチを務めていたニカノールが太っ腹でしたからね。人間のキャパシティが広くて、目をつけた選手は必ず育て上げようという意識が強く、それを監督の古前田（充）さんが後押しした。ほかのチームだったら潰されていたでしょうね」

中田は1年目から疑問があれば躊躇せずに先輩たちに質問を浴びせた。どの位置から相手にプレッシャーをかけるのか、守備の役割分担は……。2年目からはチームの中心として、FWにも次々に注文を出し、意見があれば隠さずにぶつけてきた。田坂が述懐する。

「選手だけのミーティングでは、喧嘩腰になったこともあります。フランス・ワールドカップ予選の時も同じことを言っていて面白かったんですが、守備について彼は1対1で負けなければ試合にも勝てると主張したんです。でも僕は、そうは言っても実際は抜かれることもあるし、マークがずれることもあるんだから、カバーリングの意識も必要だと。あの時は、ミーティングが終わってからも、さらに2人で話しました。自分の思ったことについては強烈なプライドを持っていて、なかなか曲げない。でもとことん話せば判る。そういうタイプなんですよ、ヒデは」

高校時代からスタンスが変わらない。韮崎高時代に、田原は選手同士のグループミーティングの機会を度々設けた。テーマを与え、選手たちが話し合うことで、ミスが洗い出され、時にはスタメンを代えるべきという結論にまで辿り着いた。

「中田はいつもパスの精度を1ミリでも高めるために、相手と話し合って理解したがるタイプでした。だから周りに理解されないと、落ち込んで口数が減っていく。その代わり、理解し合い納得すれば、最後の汗の一滴まで搾り出すほど努力する人間でした」

熟考し意見をぶつけ、次に相手の話に耳を傾け、理解して前へ進む。こうしたプロセスを経てきたせいか、信藤はベルマーレに入団した中田のプレーを見て「ああ、彼は教えられたんじゃなくて、自分で求めてプレーしているんだな」と感じたという。

中田がプロ入りして3年目の春だった。石垣島のキャンプでのやり取りを、信藤は鮮明に覚えている。中田はハーフウェーライン付近に立ち、尋ねてきた。

「ねえ、信さんなら、ここからまずどこを見る？」

「ペナルティエリア周辺がどうなっているかだね」

中田の顔が一気に綻んだ。

「そうだよね、オレもそう思っていたんだよ」

ようやく賛同者を得られた喜びを全身で発散させていた。信藤は語る。

「どのポジションにいても、まずはそこを見る。ヒデは自分で考えて、そうするべきだという結論に辿り着いた。だからこそそれが身についたんですよ」

城彰二の中田への第一印象は「とにかくしゃべらないヤツ」だった。部屋でみんなが盛り上がっていても空気のように佇んでいたし、前園真聖と3人で食事をしても1人ほとんど寡黙を貫いていた。だが実際に一緒にプレーをしてみて「随分と気の利いたパスを出してくるな」と感心した。

「僕はポストプレーが好きなんですが、DFの位置を見て、左右どちらの足のどの辺なら受けやすいか、狙いがパスに込められている。もらう前に逆の動きを入れて、ここに欲しいという意思表示をしてみると、しっかりと気づいてくれるんです」

そんな中田が、1996年アトランタ五輪での3試合を終えると、ポツリと、しかしはっきりとした口調で言った。

「いくらいい試合をしても、勝ち上がらなきゃダメなんだよね」

日本はグループリーグで敗退することになったが、ブラジルを下し2勝1敗の成績を残していた。チーム内には、むしろやるだけやったのだから仕方ないよ、と達成感の方が広がりつつあった。

「ああ、こんなことを言うヤツだったんだ」

城にとっては新鮮な驚きだった。

中田は翌1997年5月の韓国戦でフル代表にデビューすると、瞬く間に中心的な存在になるのだが、この頃から明らかに世界に出ること、さらにはそこで勝つことを視野に入れ、一切の妥協を排したプレーをするようになる。

再び田坂が語る。

「最初はユース代表から戻った後ですかね。チームの練習が終わると、コーチをつかまえてインサイドキックで長い距離を物凄いスピードで通すパスの練習を始めたんです。アトランタ五輪の後は、筋トレも猛烈にやり始めました。それが終わると仮眠室でこっそりストレッチをやっているんです。これは寮生に聞いた話ですが、もうイタリア語の勉強もしていたそうです。彼は天才ではない。でも先が読めて、それに対して滅茶苦茶に努力をするんです」

中田が韮崎高在学中には、監督の田原が股関節のストレッチが必要だとアドバイスしている。

「もともと筋肉は強くて柔らかくて本当に良質でした。ただし疲労原因を減らすためにも股関節のストレッチはしておくようにと言っておいたんです。その後ベルマーレの2年目に会って驚きましたよ。なんだ、その首は！ってね。首はバランスを取るのに重要です。でもなかなか鍛えにくいものなんですが、普通のシャツが入らないほど鍛え上げていました」

やがて中田は、日本代表からベルマーレに戻ると、苛立ちを露にするようになる。

――なんでこんなことができないの？　なんでみんなもっと早く飛び出してくれないの？

「こんなんじゃできないよ！」

当時の植木繁晴監督に怒りをぶちまけた。信藤が他のクラブだったら潰されていたと感じた理由である。

「世界に出ても3本に1本、日本では6本に1本くらいしか繋がらないギリギリのパスにこだわっていました。僕らスタッフにはそれが魅力だった。だからＳＢやＭＦにも、あのパスは間違っていない、失敗してもいい局面でチャレンジしているんだから、と言って聞かせました」

当時城も中田のパスの変化を感じていた。

「突然強烈なクサビのパスが入ってきたり、どうしてこのパスを生かさないんだ、と受け手が全力で走らないと追いつかない極限のパスを出してきたりするようになりました」

中田は、動き出しと走るスピードが速いＦＷを求めていた。守備の穴を鋭く切り裂き、駿足ＦＷが疾駆して追いつく。たぶんそれが中田の描く世界戦略だった。

そこで抜群の相性を見せたのが森山泰行だった。名古屋グランパスでスーパーサブとして効率よく得点を重ねてきた森山は、わずかな期間だが日本代表でともにプレーし、後にベルマーレでも約半年間コンビを組んだ。

「僕自身が速さを求めていたし、ボールを奪ったらすぐにパスを受けられるポジションを取るタイプだったので、合わせるのに苦労はなかった。彼も同じように速さに飢えていたし、とにかくここを突けば守備網を破れるというメッセージの込められたパスが出てきた。でもベルマーレでは、チーム状況も変わり苦しい展開が増えたので、中田もドリブルを入れたりしてスローダウンすることが増えた。２人で、これじゃ遅いよね、と話し合った記憶があります」

一緒にベルマーレに在籍したのが１９９８年前半だった。暫くすると2人は揃って日本を飛び出すのだが、森山は中田に「オレは（外国へ出るのが年齢的に）遅くなっちゃったから、行けるなら行ったほうがいいよ」と勧めている。また中田の1列後ろのボランチでプレーしていた田坂も、彼の海外進出を予感していた。

「体も大きくなって、少々のことでは倒れなくなり、余裕ができたせいか、ここに出すのか！　と驚くようなパスも見られるようになった。もうＪリーグのレベルじゃないな、と思いましたね」

さらに城も、中田の言動から、もうこれ以上日本にいたら伸びない、だから海外へ出るんだ、という強い意志を感じ取っていた。

「それだけにフランス・ワールドカップに懸ける意気込みは凄まじかった。このチャンスは絶対に逃せないと。

英語も勉強していたし……」

こうして中田は大会後にセリエAのペルージャと契約し、最初のシーズンでいきなり10ゴールとブレイクする。信藤によれば「国内にいたころは、なかなか枠に飛ばなかった無回転のシュートが、イタリアではドリブルから鋭く枠を捉えるようになっていた」という。海外に出たら得点をしなければ認められない。そう考えた中田は確実にストライカーとしてのスキルもしっかりと伸ばしていた。

そしてイタリアでの成功は、日本代表でのリーダーの自覚も芽生えさせた。城の感想である。

「欧州では自己主張をしないとやっていけない。失敗はみんな他人のせいにしますからね。そういう環境でやってきて、ヒデは代表でもオレがやるよ、という姿勢を示すようになった。自信がついて周りにもどんどん声をかけ、要求するようになりました。僕がバジャドリード（スペイン）でプレーしていた時は、フランスで会い、お互い世界に出たんだ、と自信に満ち溢れた会話をしていましたね」

アトランタ五輪代表から日本代表を通して、城と中田はいろいろな時間を共有してきた。深く記憶に留まっているのが「お互い似ているよね」「うん、面白いね」という会話である。中田なら、フィジカル、スピード、パス、ドリブル……、城だとヘディング、足の速さ、シュート、ドリブル……、しかしどちらも突出した武器を持たない。勝負をするならトータルバランス、そこが似ているという結論になったのだ。

でもね、と改めて城は話を繋いだ。

「ヒデは熱さと冷静さというバランスも備えている。この2つを持っているのは珍しい。それに賢さと強さというベースがある。テクニックは、あまりありませんよ。例えばインサイドパスへのこだわり。小野伸二や中村俊輔なら他の種類のキックを使う。でもヒデは、そこに信念を持って努力することで極めてしまう。それが凄いんですよ」

中田は中学時代から、常に先を見越して黙々と準備を施し、誰にも相談せずに自分で決めた道を疾走した。イタリアでの貸し出しも含めた5つのクラブや、プレミアリーグのボルトンへの移籍も、すべては自ら決めた道。可笑しかったのは、気難し屋のスーパースターを、仲間たちは一様に「いつまでも大人になれないヤツ」と微笑ましく眺めていることだ。

「子供の純粋さがプレーにも表れていた。ま、それが彼の魅力なんですけどね」

まるで弟を慈しむように信藤が締め括った。

フリューゲルスの華々しく哀しい結末

現場スタッフの中では、三浦淳寛だけが知り合いの新聞記者から情報を耳にしていた。

「横浜フリューゲルスが合併するらしい」

信じてはいなかったが、聞き捨てならないので、一応キャプテンの山口素弘にだけは話してみた。

「そんなことあるわけないだろう」

その日は互いに一笑に付して帰途に着いた。

しかし翌朝選手たちには練習前に集合がかかる。それぞれがフリューゲルスとマリノスの合併を報じるスポーツ新聞を抱えて駆けつけることになった。

１９９８年10月29日午前、集まった選手たちには、簡単な経緯が記された紙が配られ、全日空スポーツの山田恒彦社長が淡々と事実を告げた。それは完全な事後報告で、当日開催されたＪリーグ緊急理事会では合併が承認され、速やかに記者会見の運びとなる。

フリューゲルスを支えてきた佐藤工業が経営難に陥り、全日空も一社では困難と判断。マリノス側の親会社日産自動車と水面下で交渉が進められていた。現場スタッフにとっては、まったく寝耳に水だった。

なかでも山口は、深い傷を受けていた。

「社長は、ただ紙切れを読むだけで立ち去ってしまった。東海大学４年生の頃は、直接会って『ウチに来いよ』と誘ってくれたし、何度も食事をした関係でした。５日前には、鹿児島で京都サンガに敗れたんですが『元気出せよ、次勝とうよ』と励ましてくれていたんです。でもその時には、もう合併が決まっていたわけですよね」

とても練習に打ち込める雰囲気ではなく、監督のゲルト・エンゲルスは「１度解散して頭を冷やそう」と提案している。だが反面、何もしないでいられるような状況でもなく、夕方には再び全員がピッチに姿を現した。

「最悪のトレーニングでしたよ。シーンとして、でもあちこちで苛立ちが表れるようにバチバチとぶつかるシーンもありました」（山口）

連日個々が「自分たちに何が出来るか」を考え、意見を交換し、ビラ配りや署名活動などの行動に移した。日本代表でも活躍する山口は、まるで営業マンのように動き相談や会談を重ねた。

「まずその後のリーグ戦に出場するのかどうかも判らなかった。天皇杯はボイコットという案も出ました。でもそんなことをしたら逆効果になると考え直しました。若い選手や裏方の人たちは、どうなるのか？ とにかく自分のことを考えている余裕はなかったですね」

クラブが渦中にあるのに、山口は「ヴェルディ移籍」と勝手に報じられ、ため息も出なかった。

連日最寄駅の近くで署名を集めていた三浦は、マリノスファンに「ふざけんなよ！」と吐き捨てられている。

「待ってくださいよ。（フリューゲルスと）一緒になるのは嫌でしょう？　だからお願いしますよ」と、食い下がってみたが、振り返ることもなく背中は遠ざかっていく。

とても練習に集中出来るような状況ではなかった。

「午前は練習をして、午後は街頭に立つ。ブラジル代表のセザール・サンパイオも一緒にやってくれた。心身ともに限界に近かったと思いますが、誰からもネガティブな発言は出なかったですね」（波戸）

フリューゲルスの選手たちは、唐突に究極の苦境に追い込まれた。しかしそれからチームの快進撃が始まった。

山口が横浜フリューゲルスの前身に当たる全日空に入社したのは、Jリーグの開幕を2年後に控えた1991年だった。間もなく監督に就任する加茂周には、当時二強だった「読売クラブ（後の東京ヴェルディ）と日産自動車（後の横浜Fマリノス）を倒す面白いサッカーをやるから、来たかったら来い」と声をかけられた。「来てくれ」ではなく「来たかったら来い」という素っ気なさに、逆に興味をそそられた。

「まだホームグラウンドもなく、練習も午前は都内、午後は横浜という調子でした。『明日の練習は、どうするの？』と聞くと、『夜電話するから』と返ってくる。そんな状態から始まったんです」

山口がフリューゲルスで成長し、やがて日本代表を指揮する加茂監督の下でも活躍して、フランス・ワールドカップへの出場を果たすのは周知の通りである。

また国見高校在籍中から超高校級として知られた三浦淳寛は、ちょうどJリーグ開幕直前に卒業を迎えた。ところが3年時の全国高校選手権決勝でスーパーゴールを決めて母校を優勝に導いた有望株は、関東大学2部リーグに所属する青山学院大学に進学する。

「まだJリーグは成功するかどうか判らなかったですからね。小嶺（忠敏）監督には、大学を出てからでもプロになれるから、と進学を勧められました」

当初は早稲田大学に進む予定だったが、セレクションが選手権の長崎県予選の決勝と重なった。

「小嶺先生は受けて来い、と言ってくれました。でも選手権で勝つために国見に来たのに、ここで負けたら洒落にならないですからね」

結局Jリーグは開幕とともに、望外の熱狂に包まれる。三浦は関東大学リーグでは新人王を獲得するが、やはり物足りなさは否めず、休学を申し出てフリューゲルスに入団するのだった。

「でも入団して1年間は、まったくトップの試合に出られなかった。次の年も出られなかったらサッカーを辞めるつもりで、イタリア(コモ)に行かせてもらったんです」

三浦知良が日本人として初めてセリエA（ジェノア）に挑戦していた時期で、現地では「もう一人のミウラ」と呼ばれ、同時に「日本のロベルト・バッジオ」とも称賛された。コモを指揮するのは、1982年ワールドカップでイタリアを優勝に導くゴールを決めたマルコ・タルデッリ。「残って欲しい」とオファーを受けるが、モネールが去ったフリューゲルスからも「レギュラーで使うから」とラブコールが来た。

「それからは、ここ(フリューゲルス)で引退すると思ってプレーをして来ました」

波戸康広は、滝川二高時代にフリューゲルス最後の監督となるエンゲルスの指導を受けている。勝利至上主義の伝統が大勢を占めてきた高校サッカー界の中で「この年代で完成させない」というスタンスが印象的だった。

波戸も進路の選択には悩んだ。父は大学進学を、母はプロへのチャレンジを勧める。一時は父の意見に傾きかけたこともあった。

「プロに行くなら高校でも同級生だった吉田孝行と一緒にフリューゲルスと決めていたんです。吉田は1度サンフレッチェ広島に決まりかけたんですけどね。クラブには滝川二高出身の先輩でGKの森（敦彦）さんも在籍していて、何度かトレーニングにも参加させて頂きました。山口さん、前園（真聖）さんに、エドゥ、モネールらスターがいて、華やかなイメージでした」

高校時代にFWだった波戸は、入団して間もなくエンゲルスからSBへの転向を勧められる。

「たぶんゲルト（エンゲルス）には、高校時代からサイドのイメージがあったんでしょうね。さすがにFWのセンスがないと言われた時は、真っ暗になりましたが、合併の話が出る頃にはレギュラーに定着し始めました」

横浜フリューゲルスは、斬新な試みを続けてきたクラブだった。初代監督の加茂はゾーンプレスを掲げ、ジーニョ、サンパイオ、エバイールとブラジル代表トリオを一気に輸入する破格の補強も話題をさらった。1998年シーズンも、バルセロナで名将ヨハン・クライフを支えたカルロス・レシャックを招聘。テンポの良いパスワークで改革の兆しは見えたが、成績には直結せず9月には解任され、ヘッドコーチだったエンゲルスが引き継ぐ。しかしファーストステージは18チーム中16位に終わり、セカンドステージも合併が表面化した時点では14位に低迷していた。

ところが皮肉にもマリノスへの吸収合併が発表されてからの終盤4試合は、全勝でシーズンを締め括る。特に発表から2日後に横浜国際で行われたセレッソ大阪戦は、まるで怒りをぶつけるかのように7－0で大勝した。

「C大阪戦は、サンパイオの提案で全員が黒のスーツ、黒のネクタイで会場に入りました。スポンサー名の入った腕の部分にはテーピングをする案も出ましたが、集合写真の撮影時に腕で隠すことにしました。とても試合の準備をするような状況ではありませんでした。でもピッチに立ったら、とにかく負けたくない。そんな想いだけでした」（山口）

11月5日には、クラブ側が選手たちへの説明の場を設けたが、親会社全日空からの出向で現場を知らない上層部の姿勢が反感を買った。

「ハイヤーに乗って現れ、足を組んで説明をする。『それが挨拶の仕方か』と罵声も飛んだし、涙ながらに問いかけるスタッフや選手もいて紛糾しました。結局クラブ側からは、誠意を示すにはお金しかないと、全員に一律100万円を支払う申し出がありました。明日が保証されない若手は欲しかったはずですが、みんなで話し合って断ることにしました」（波戸）

ホームでのリーグ最終戦を終えると、マイクスタンドの前に立ったエンゲルス監督が日本語で悲痛な声を挙げる。

「誰でもいい。助けてくれないか！」

残されたチームのテーマは、12月から始まる天皇杯の戦い方だった。この年ブラジル代表としてフランス・ワールドカップを戦ったサンパイオが口火を切る。

「クラブが消滅しても、主力組は移籍先を探すことができる。だから天皇杯は、若手の就職活動の場にしないか」

しかし大半の選手たちは、一縷の希望を捨てていなかった。

「心を打つような戦い方を見せれば、お金を出してくれるスポンサーが現れるかもしれない。そのためには勝ち続けてタイトルを目指すべきだろう」

逆に若手からも「レギュラーは勝ち取るもの。そんなことで試合に出たくはない」という声が出たという。

三浦が語る。

「最後は監督のゲルトが涙ながらに訴えました。『ボクは勝ちたいよ』って。それでみんながひとつにまとまりました。山口さんを中心に主力組からは、賞金をみんなで分けようという提案もありました」

12月13日、フリューゲルスの天皇杯（3回戦）が幕を開ける。山口は全日空スポーツの山田社長に「せめて合併の調印をする時は教えてくださいよ」と直訴していたが、それも裏切られていた。とにかく選手たちを支えていたのは「優勝すれば、きっと何かが起こる」という想いだった。ただし重責を担い、注目を集め、勝って当然の試合に臨むほど難しい状況はない。大塚製薬（徳島の前身＝当時ＪＦＬ）戦は、ワールドカップを経験した山口が「ガチガチに緊張した」と振り返る。2度のリードを帳消しにされる展開で、シュート数も14－12本と互角に近く、吉田のハットトリックの活躍でなんとか4－2で突き放した。続く4回戦は、ヴァンフォーレ甲府を3－0で下すが、この試合で冷たい雨に打たれた何人かの選手たちが、風邪で高熱を出し寝込んでしまう。

準々決勝までは中2日、しかも鳥取から神戸へ移動し、セカンドステージで完敗した（0－4）ジュビロ磐田に挑む難題が待っていた。だが発熱した三浦には「磐田戦も好調なプレーをした」という記憶しか残っていない。

「国見高時代には、足が攣った姿を見せたら、山を走って来い、ということになるので、走りながら伸ばして治す術を身につけました。その頃から、足は折れたら折れたで仕方がない、気合いでプレーをするという習慣が染みついていたのでしょうね。プロになってからは、右足を剥離骨折して、まるで象の足のように腫れあがっているのに、１㎝大きなサイズのスパイクを履いて最後までプレーしたこともあります。だから風邪で熱なんて、病気のうちに入らないんですよ」

実際にフリューゲルスは、三浦のロングスローをサンパイオが落とす形で、久保山由清と吉田がゴールを挙げ、磐田を2－1で振り切った。

「磐田の選手たちも、強いと感じてくれた試合だったと思いますよ」（三浦）

さらに準決勝は、Ｊリーグ王者の鹿島アントラーズ戦。前年度の天皇杯決勝では、0－3で敗れていた。だが厳しい相手と顔を合わせた連戦は、逆に「多少主導権は握られながらも、試合に集中することが出来た」（山口）という。

波戸が述懐する。

「もともと得点力は高いチームだったんですが、失点も多かった。そこで両サイドの僕とアツさん（三浦）は、結果にこだわる意味でも守備を優先するように戦術を微調整しました。鹿島の両ＳＢ（右＝名良橋晃、左＝相馬直樹）は日本代表なので、サイドの攻防がカギになる。こういう状況になると、ボクは燃えるんですよ。マッチアップするのが相馬さんで、この戦いを制することが出来れば、自分が代表入りをアピールできるわけですから ね。この試合では、個人的にもチームとしても、やれるという自信を持つことが出来ました」

フリューゲルスは開始3分に永井秀樹が先制し、それが決勝ゴールとなった。ただし誤算だったのは、3バックの一人薩川了洋《のりひろ》が退場し、決勝戦に出場出来なくなったことだった。

「ボランチの原田（武男）を最終ラインに下げたわけですが、本当に即席でした」（山口）

1999年元旦、決勝の舞台となる快晴の東京・国立競技場には、5万人を超える観衆が詰めかけた。

山口はスタンドを見上げて思った。

「セカンドステージの開幕戦も清水エスパルスが相手でした。ホームゲームなのに、3－7くらいで相手のサポーターの方が多かった。でも今日は、五分五分か、それ以上にフリューゲルスのサポーターの数が多いかな……と」

一方で三浦は、地に足が着かないような未経験の緊張に襲われていた。

「準決勝までは、ほど良い緊張感でパフォーマンスが出来たんです。でも決勝は明らかに過緊張でフワフワしている。それ以後も、あんなにガチガチになったのは、ヴィッセル神戸時代の入れ替え戦（対アビスパ福岡）くらいですね」

試合は序盤から清水が攻勢に出た。13分、右から伊東輝悦のクロスを、澤登正朗がダイビングヘッドで叩き均衡を破る。その後も清水がゴールを脅かし続け、フリューゲルスの守護神、楢﨑正剛が忙しくセーブを繰り返した。さすがに波戸は「やられるかも……」と嫌な予感が過《よぎ》ったという。

「天皇杯に入って、初めて先制されましたからね。ヤバいなあ、と……」

だが山口は、声をかけ続けた。

「風もあるし、今は相手が良過ぎる。前半は耐えるしかない」

こうして追加点を与えずに粘っていると、アディショナルタイムに同点ゴールが生まれる。山口がゴール前に浮かせたボールを、久保山が巧みなターンでキープし流し込んだ。

「ハーフタイムには、みんなで言いたいことを言い合って修正を図りました。清水のボランチ、サントスをどう抑えるか。それと2トップのファビーニョと長谷川健太さんへの対応が中心だったと思います」（山口）

後半に入ると、流れが一変した。前半飛ばした清水に疲労が目立ち始め、山口の決定的なシュートが立て続けにゴールを襲う。そして72分、サンパイオから左サイドの永井へと渡り、横パスを受けた吉田が鋭く右隅に蹴り込む。フリューゲルスが逆転に成功した。

残り10分を切ると、フリューゲルスの選手たちは、涙を流しがらプレーを続けていた。
「これで絶対にどこかが助けてくれる。僕はそんな想いでした」（波戸）
一方山口は、不思議な感覚に包まれていた。
「勝てば終わってしまうけれど、追いつかれればまだ延長戦をプレーできる。もう少しこの仲間とやれる。そんなことも浮かびました」

ピッチ上の戦士たちは、誰もが優勝すれば、きっと存続出来ると信じていた。しかし合併消滅の事実は覆らず、大きな歓喜の後には苦渋の決断を強いられることになった。

最も複雑だったのは三浦かもしれない。マリノスからのオファーを受けたのは「誰も行かなかったら、フリューゲルスの『F』が残らないと思ったから」だった。だからマリノスのサポーターに「絶対に応援しねえからな」と言われるのは聞き流せても、フリューゲルス側に裏切り者扱いされるのは辛かった。

初対面のマリノスのフロントからは、早速クギを刺された。

「ウチは紳士のチーム。金髪やピアスは辞めて欲しい」

だが当時の三浦は、フリューゲルスの自由な気風を貫こうと尖った。

「黒髪にしたらサッカーがうまくなるんですか」

逆にそれからはマリノス側にも、自由なファッションが浸透していくのだった。

「名古屋へ移籍した楢崎が、ずっと同じチームでプレーし続けるのも、前所属チームとして横浜フリューゲルスと記されるからですよ」

そう言って、三浦は言葉を繋げていく。

「天皇杯を通じて、メンタルが物凄く重要だということが判りました。あの時の一体感は、それまで経験してきた一体感とは別次元のものでした。だからこれからは指導者として、あの時のような一体感をどうやって作り出して行くかが、大きな課題になると思います。厳しい条件の中で、全員が1分1秒でも長く一緒にプレーしたいという気持ちを出し続けた。なかなか大人になって味わえる経験ではありませんからね」

一方波戸は、この天皇杯での活躍が認められて、マリノスへの移籍が決まった。

「サンフレッチェ広島への移籍が決まりかかっていました。でもマリノスからオファーが来て、将来日の丸をつけるには、どちらに行くべきか、と考えたんです。当時マリノスの主力は、日本代表ばかりでした。ここでレギュラーを獲れれば代表も、と敢えて難しい道を選択したんです。マリノスでは3バックも経験しました。レギュラーは、井原正巳さん、松田直樹さん、小村徳男さん。井原さんと小村さんには、週に2日間ずつ泊めてもらい守備を教わりました。結局井原さんからレギュラーを奪う形になったんですが、ご本人に確認して4番を頂き、この背番号を自分の色に染めていこうと誓いました」

山口は移籍先の名古屋グランパスのユニフォームに袖を通すまでは、フリューゲルスの復活を諦めていなかった。ただ反面「クラブの経営状態を考えれば、高年俸の自分は出ていくべきなんだろうな」とも考えていた。

「クラブさえ存続すれば、戻る場所がある」

そう思って存続に尽力してきたが、新チームに移籍し引退するまでは「失礼だから」とフリューゲルスへの想いを封印してきた。

「でもこれからは風化させないためにも、伝えていかなくてはと考えています」

２０１４年1月18日、横浜・三ッ沢球技場では波戸の引退試合が行われ、フリューゲルス対マリノスの最後のダービーマッチが実現した。

「ボクしか出来ない企画ですからね」

波戸は誇らしげに携帯のライングループを見せてくれた。ドイツに住むエンゲルスも含めてフリューゲルスの28人は、今でもしっかりと繋がっていた。

浦和Ｊ２降格　駒場が静かに泣いた日

決戦前のミーティングでスタメンが告げられると、明らかにチーム内には動揺が広がっていた。選手たちは寡黙なまま、宿舎から駒場スタジアムへと向かうチームバスに乗り込んでいく。早めに席に着いたチキ・ベギリスタインは、福田正博を視野に捉えると、待ちかねたように疑問をぶつけた。

「おまえ、ケガをしているのか？」

福田が否定すると、まるで腹の中の怒りを吐き出すように語気を強めた。

「このチームで一番点を取っているのは誰なんだ！　他の全員を合わせても、おまえより取っていないぞ。どういうことなんだ、こんな点を取らなきゃいけない試合で……」

１９９９年11月27日、Ｊ１リーグはセカンドステージ15節、つまり年間の最終節を迎えていた。当時Ｊ１は16チームで構成され、年間総合順位で下位３チームがＪ２に自動降格するシステムだった。既に最下位のベルマーレ平塚（現・湘南）の降格が決まり、13〜15位の３チームの中で、翌年もＪ１に残れるのは1チームのみ。最終戦を残し、残留争いの舞台に残されたチームの成績は、次の通りだった。

⑬アビスア福岡　勝ち点28、得失点差マイナス16
⑭浦和レッズ　勝ち点26、得失点差マイナス20
⑮ジェフ市原（現・千葉）勝ち点25、得失点差マイナス16

勝ち点の算出方法は、90分以内で勝てば3点、Ｖゴール方式（どちらかが決めた瞬間に決着）の延長戦で勝てば2点、引き分けが1点。勝ち点1を稼ぐためには120分間戦う必要があり、逆に延長戦まで粘ってもＶゴールを決められてしまえば何も手にすることが出来ない。結果的には、この変則ルールが浦和に重くのしかかるのだった。

浦和に好材料がなかったわけではない。3チームの中で、浦和は唯一ホームゲームを残していた。リーグ屈指の熱気を醸す聖地・駒場の最終戦で、浦和は負けたことがなかった。とにかく90分以内で決着をつける。それが浦和にとっての最善の仕事だった。

ところが浦和を指揮するオランダ人のア・デモス監督の思惑は、微妙に異なった。

「まずは失点しないでゲームを進める。そうすれば必ず残留のチャンスがある」

それがチームトップの12ゴールを挙げている福田を、スタメンから外した理由だった。

１９９８年、前身の三菱自動車時代から生え抜きの原博実を新監督に据えた浦和は、高卒ルーキーの小野伸二を攻撃の軸に据え、セカンドステージで3位と好成績を収めた。新しいスターが誕生し、チームのパフォーマンスも向上。翌１９９９年には「タイトルを狙う」という声が、スタッフからも選手からも自然に聞かれるようになった。

しかし99年シーズンを通してヘッドコーチを務めることになる田村脩は、むしろ前年後期の3位は望外の成績に近いと見ていた。

「ラッキーも手伝って競り勝った試合も少なくなかった。当時の力を考えれば3位は目一杯。だから翌年は補強をすると思ったし、実際原監督には（補強を）した方が良いのでは、と話しましたが、結局現有戦力で行けるという判断になったのでしょうね」

新戦力は新卒のルーキーばかり。その中から、駒澤大学出身のストライカー盛田剛平と、清水商出身で小野伸二の1年後輩に当たるＤＦ池田学が、開幕スタメンに抜擢されている。特に原監督は、１８９㎝の長身ＦＷ盛田には大きな期待をかけ、自ら現役時代に得意だったヘディングを「首が痛くなるほど」（盛田）直接伝授し続けた。

福田、盛田、大柴健二の3トップで臨んだガンバ大阪との開幕ホームゲームは2－1で勝利した。だが好調は長続きしなかった。フォーメーション、選手の組み合わせを含めて試行錯誤が続き、勝ち点は伸びず、優勝どころかどんどん順位表を転げ落ちていく。とうとう脱却の糸口を探せないまま、5月29日、ファーストステージ最終節を迎えた。場所は瑞穂陸上競技場、名古屋グランパスの攻撃に歯止めをかけられず、呂比須ワグナーには一人で5ゴールを叩き込まれ1－8で大敗する。とりわけ高卒ルーキーの池田には、非常に酷な展開となった。

「もう何をやっているんだろう、という感じでした。目の前の相手を止めるのに精一杯。どこを改善すれば良いのかも判らない」

ちょうどプロの怖さを知り始めた時期だった。辛そうな表情をしていたＦＷが、チャンスの到来とともに人が変わったように活発に動き出す。体格で劣ると見たＦＷが、身体に触れさせないように動きながら、スッと裏へ抜けていく。考え悩んで袋小路に入りかけていた。

「覇気のない試合になりましたね。シュートを打たれれば、みんな入ってしまう。原監督もベンチで呆れていましたよ」（田村）

ファーストステージを終えて13位。さすがにフロントも動いた。カールスルーエから永井雄一郎を呼び戻し、アヤックスで練習に参加していた岡野雅行の復帰も決まる。守備にもテコ入れを図り、日本代表歴を持つ路木龍次、中村忠をレンタルで獲得、元ウルグアイ代表のフェルナンド・ピクンの加入も決まった。

オランダの名門クラブで経験を積んだ岡野は、成長を確信して帰国していた。

「欧州でやれて、クロスなどの技術やフィジカルも含めて、いろんなものが身についた。でも日本へ戻って来て驚きましたよ。えっ、レッズがＪ２に落ちそうなの！って」

新戦力を得た浦和は、6月19日、ナビスコカップ2回戦で大分を下し、準々決勝への進出を決める。ところが試合後に待っていたのは、原監督への解任通告だった。

「実際私も知らなかったし、原監督も驚いていたと思います」（田村）

Ｊリーグ開幕当初から浦和レッズのサポーターグループ「クレイジー・コールズ」のリーダーを務め、96年にサッカーライターに転身した吉沢康一が語る。

「せっかく好材料が揃うのに、なぜこのタイミングで(クビを)切るの？と思いましたね。チキ(ベギリスタイン)にも何度かインタビューをしましたが『原は全然悪くない、チームも機能していたのに』と訝しんでいました」

一方ファーストステージを終えた段階で得点ランク2位につけていた福田は、解任劇そのものより、後任を決めずに現監督を更迭したことに驚いた。

「勝てないチームは、戦術もメンバーもよく変えます。無理な戦いを強いるから、コンディションを崩す選手も出てくる。しかしチーム事情で必要だからと、ケガを押してプレーをする。でもそれでは良いパフォーマンスが出来ないから、自信を喪失します。悪循環にはまっていたのは事実です。原さん自身も迷いがあったんじゃないかな。ミーティングで『自信を持て』と話すけれど、どうしても自分に言い聞かせているように響いてしまう。そういう意味では、名古屋戦で切れた試合になったことが、解任のきっかけになったかもしれないですね」

後半戦に向けたキャンプは、監督不在のまま田村コーチの主導で行われた。後任が定まらない以上は、個のレベルアップに主眼を置くしかなかったという。福田が続ける。

「結局後手に回った。おそらくクラブは監督を代えるつもりはなかった。解任してから、後任探しに入った。後半戦へ向けて巻き返しを図るのに、大事な時間が失われましたよね」

それでも浦和は、十分な実績を備えた後任監督と契約することに成功した。オランダ人のア・デモス監督は、当時52歳。アヤックスでキャリアをスタートし、国内リーグで3度優勝。さらにベルギーのメヘレン、アンデルレヒトを率い2シーズン連続して欧州カップ・ウィナーズカップの決勝進出を果たし、メヘレン時代には優勝を飾っている。ルク・ニリス（ベルギー）ロナウド（ブラジル）など、欧州、南米を代表するストライカーとも一緒に仕事をしていた。

ヘッドコーチとともに通訳も務めることになった田村によれば、再建を託されたア・デモス監督が最も強調したのは「コンパクトなゾーンを形成した上での全員攻撃全員守備」だった。前年の浦和は、鹿島、磐田の2強に続き失点が少なかった。ところが99年ファーストステージでは、ワースト2の33失点を喫していた。田村は「もう少し守備のトレーニングをした方が良いのでは」と進言したそうだが、原監督は大半の練習時間を攻撃に割いていた。それに対しア・デモスは、イチかバチかのギャンブル的な要素を極力排し、バランスの修正を図った。強引に勝ちに出て墓穴を掘るような事態を避け、堅実なゲーム運びを目指した。そのためには前線から守備に貢献し、攻撃に転じれば後ろからも押し上げていく。選手たちには、すべての局面でフルファイト出来ることが、ピッチに立つ条件だと宣した。

単身で来日し、欧州流を貫くア・デモスは、球際で勇敢に戦えず、軽いプレーをした選手を見つけると、容赦なく怒鳴りつけた。適切なプレーをしなければ、指導者が直に伝え、選手は指摘されたことを直すように努力をする。それがプロフェッショナルとして当然のあり方だと信じて疑わなかった。だが何人かの選手たちは、ア・デモスの厳しい叱責に遭うと、明らかに委縮し始めた。

「良いものを持っているけれど、時折決定的なミスをする。ア・デモスは、そういう選手を許せなかった。特にナイーブな性格の福永泰などは、堪忍袋の緒が切れたという感じで怒られ、消極的な選択をするようになった。またそれを見た監督が、ファイトしていないと判断するわけです。逆に、あまり上手くなくても、しっかりファイトする石井俊也などは凄く買っていました。怒られて発奮する選手もいれば、なんだよ、また文句言われるのかよ、と意気消沈してしまう選手もいる。さすがに私も、注意する時は個別に伝えるように提言しました」

実はア・デモスは同じ理由で、夏に大怪我をして復帰してきた小野も、一時はメンバーから外そうと考えていた。そしてチーム得点王の福田に対しても、似たような認識を持っていた。

セカンドステージが始まり、浦和はいきなり4連敗を喫した。ようやく5節でセレッソ大阪を3－2で下すが、今度は6節から4試合も連続してVゴール負けが続く。ア・デモスのチーム作りは、ある程度奏功し、正規の90分間では負けない試合運びが出来るようになっていた。ところがせっかく90分間を粘り抜いても、肝心の勝ち点が手に入らない。

「なんだ、このルールは！　これはリーグ戦じゃない。ノックアウト方式だ」

事前にルールは把握していたが、それでもア・デモスは苛立っていた。だから残り5試合を、敢えてこう定義づけるのだ。

「FIVE　FINALS（5つの決勝戦）」

その大切な最初の決勝戦の相手は神戸。ところがア・デモスは、FWの軸として使って来た福田を、現地まで帯同しながらベンチから外している。「なぜ？」と尋ねる田村に、ア・デモスは答えた。

「浦和のFWには、献身的に相手のDFを追いかけながら、ボールを奪ったら飛び出していくパワーが要る。前線の守備力が落ちても後ろが耐えられれば良いが、今のウチの戦力では耐えられない」

ア・デモスにとっては、福田も小野も替えの利かない存在ではなかった。結局神戸戦は内容も伴わず0－2で敗戦。続く3試合は福田もスタメンに復帰し、2ゴールを挙げている。だがア・デモスは、必ずしも福田をレギュラーに定着させたわけではなかった。12節以降の相手は、ジェフ市原（１－０）、ベルマーレ平塚（２－０）、ヴェルディ川崎（２－２）と、全て中堅以下のチームで、比較的守備への負担が小さかった。しかし最終戦の相手広島のビデオをチェックして、指揮官は「前３戦の相手とは質が違う」と判断した。

福田自身も浦和関係者も、コンスタントにゴールを陥れることで、結果を出していると考えていた。だがそれはア・デモスが求めた内容とは、微妙に食い違っていた。さらにア・デモスと選手との認識にも齟齬があった。ベギリスタイン以下選手たちは「点を取って勝つ」ことを最優先のテーマと捉えていたが、ア・デモスは「先に失点しないこと」を優先していた。それを裏づけるかのように、ピクンの故障で再び最終戦にスタメンが巡って来た池田には、繰り返し刷り込んでいる。まるで催眠術のようだった、と池田は述懐する。

「ロボ（池田の愛称）、とにかく勝てばいいんだからな」

11月27日、駒場は真っ赤に染まっていた。最後３つのホームゲームでは、サポーターの心もひとつになり、本当に良い応援が出来ている。記者席で吉沢は、そう感じていた。ところがスタメンを確認して、目を疑った。

「どうして福田がいないんだ！　全てをやり尽くしてＪ２に落ちるなら仕方がない。でもこれではとても納得が出来ない……」

浦和が送り出した2トップは、永井とベギリスタイン。流れを変える切り札岡野は、前節の試合で靭帯を断裂していた。

「ずっとチームに魂を注入するつもりでプレーして来ました。最終戦はベンチの横の方で見ていたんですが、本当に歯がゆかった」（岡野）

開始早々の５分、いきなりゼリコ・ペトロビッチがアフターチャージで警告を受ける。重要な一戦で、あまりに早い時間帯の手痛いカードだったが、後ろから見ていた池田は「ペトロは味方を鼓舞するために、わざとやる。いつも通り」と気にも留めなかった。

「たとえ10人になろうが、とにかく勝つしかない……」

最初に決定機を作ったのは、浦和だった。石井がゴール前に送ると、小野が頭で折り返し、ベギリスタインがフリーで駆け上がる。得意の左足でボールを捉える——。誰もが決まったと腰を浮かす瞬間が訪れるが、シュートは枠を外れていった。

一方広島は、ハイデン・フォックスがＦＫでゴールを脅かすが、浦和の守護神、田北雄気が俊敏な反応でＣＫに逃げる。

ジリジリする展開だった。どちらかと言えば、浦和がボールを支配している。だが広島も支配されながら、しっかりと守りを固めているので、浦和もなかなか崩す形が見えて来ない。

「なんで、そんなにガチガチ守るの?」

池田の心の声だった。

前半は0－0。依然として、ア・デモスは「焦ってバランスを崩すな」と指示を出している。1つ上位の福岡は、横浜F・マリノスとのアウェイゲームで1点をリードされ、浦和は時間をかけても勝てば残留のチャンスが広がる形勢に傾きつつあった。

後半開始早々に、浦和サポーターは再び息を呑む。既に警告を受けていたペトロビッチのキックが、広島のDF上村健一の顔面に入る。だが小幡真一郎主審は、カードを取り出さずに試合を進めた。吉沢は「サポーターが、そういう空気を醸している」と頷いた。

こうして常にフルファイトする象徴的な存在だったペトロビッチも、やはり1度はメンバーから外された。しかし直接オランダ語でア・デモスと話し合い、スタメンに復帰していた。

54分、ア・デモスが1枚目のカードを切る。ベギリスタインに代わって大柴。しかしそれから6分後、状況は一変した。勝ち点1差で浦和を追いかけていた市原に、先制点が生まれたのだ。このまま各スタジアムのスコアが動かなければ⑬市原（28点）⑭福岡（28点）⑮浦和（27点）、浦和は市原に得失点で大きく劣っていたので、90分以内で勝つしか残留への道が切り拓けない。

市原が先制して2分後、ア・デモスが2枚目のカードを切る。MF中村忠に代えて盛田が最前線へと走り、3トップの陣形に変わった。

その盛田が、すかさずチャンスを作る。ロングボールを頭で落とし、再びゴール前に走り込むと、大柴のクロスをヘディングで狙った。

「タイミングが良かったので、入ってくれればと思ったんですが……」（盛田）

ニアで合わせたシュートは、ゴール右へと外れていく。1点が遠かった。期待されチャンスはもらっているのに、どうしてもゴールが決められない。大学時代の盛田に、こんな経験はなかった。気がつけば、チャンスに無心で打つことが出来なくなっていた。

「浦和に10人のファンがいれば、きっと僕は10人に恨まれている。そう思うから、浦和の街にも出かけなかった。福田さんより先に出たのは、あくまで監督の采配。福田さんは、初めてプロフェッショナルだな、と思った人です。比べられても困りますよ」

盛田のヘディングシュートから一転、今度は広島に決定機が訪れる。高橋泰が頭で落とすと、森山泰行がまったくのフリーで空中にあるボールを叩く。シュートはクロスバーをわずかに越えた。浦和がスクランブル体制に入ったことで、ゲームはア・デモスの意に反して打ち合いの様相を呈し始めた。

おそらく浦和サポーターの心臓の鼓動は、時計の針が進むごとに高鳴り、ア・デモスが一刻も早く最後のカードを切ることを祈っていたに違いない。しかし指揮官は、土壇場までファンを焦らせた。結局誰もが待ちわびた切り札福田に与えられた時間は、9分しかなかった。

福田は、もう1度浦和の置かれた状況を確認すると、どうしようもない苛立ちを抱えてピッチへと走った。Jリーグ開幕、さらに言えばアマチュア時代の日本リーグで2部に落ちた時から、チームを背負って走って来た。それなのにクラブの命運がかかった一戦で〝6番目のFW〟として送り込まれている。

「絶対にJ2に落としては行けないと思って戦って来た。でも出て行く時は、半分覚悟をしていたかもしれない。だって点なんて、そんなに簡単に取れるものじゃないですから」

残り5分、右から福田が折り返すと、盛田がニアに飛び込むが、左足で突いたボールが枠を外れた。

「なぜそこで右足が出ないんだ！　右ならもっと可能性があったのに……、と思いました。ま、僕の右足は、ただのおもちゃなんですけど……」（盛田）

最後は池田、路木の2バック状態で、逆に広島ゴール前は浦和のFWだらけだった。小野は、明らかに足を引きずりながらも、CKを蹴りに歩を進める――。スタンドも含め、駒場では「全てのレッズ」が戦っていた。

だが想いは届かなかった。やがて正規の90分間を終える笛が鳴り響き、数分後にはスタンドから「We are REDS！」のコールが沸き上がる。無数の泣き顔が混じっていた。福岡は敗れたが、市原はそのまま1－0で勝利し、浦和のJ2降格が決まった。

田村には「決まっちゃったけれど、投げ出すわけにはいかないから」と、選手たちを延長戦に送り出した記憶がある。ペトロビッチは、半ば泣き顔で腰を上げた。だがなぜか池田の耳には一切の情報が届かず、依然としてア・デモスの「勝てば大丈夫だ」という言葉が脳裏で渦巻いていた。

「今から思うと、本当に恥ずかしいんですが、まだ終わってないだろう？　勝てばいいんだから、とペトロの尻を叩いて出て行きました。セットプレーでもバリバリに（ゴールを）狙って出て行っていました」

福田には、とにかく早く終わりたいという感情しかなかった。だからVゴールを決め、池田が祝福に抱き付いてきた時は、意味がわからず振りほどいた。決着がついて足早に歩きはじめると、自然に涙が零れ落ち始めた。

「また、上がってくればいいじゃないですか」

かつて日本代表として一緒に戦った広島の森保一《はじめ》が肩に手をかけると、さらに嗚咽が加速した。

盛田も号泣していた。成人して、あれほど人目を憚らず泣いたのは初めてだった。

「とにかく自分が不甲斐なかった。浦和のサポーターには、物凄く負い目があります。だけどその後も僕が埼玉スタジアムへ行くとブーイングをしてくれた。それはうれしいですよね。どうでもいい選手なら、してくれないでしょうから」

池田は決着してから、さすがに異様な気配を察知し、山田暢久に確認した。

「頭が真っ白になりました。後で福田さんには言われましたよ。そういうヤツが出ていた。それがチームの力を物語っていた、って」

広島の一員として試合を終えた森山泰行は「こんなスタンドは見たことがない」と驚愕していた。終了したのに、誰一人として席を立とうとしない。まるで高校選手権の最後の試合を終えた茫然自失の光景を彷彿とさせた。

「今思えば、〝サッカーの街・浦和〟で、レッズが本当に宝物になった瞬間だった。そんな気がしますね」(森山)

ア・デモスは、その後も天皇杯まで契約を残していた。しかし「こういう結果が出た以上、もうオレが指揮を執るのは難しいだろう」と即座に辞意を固める。

「優勝のチャンスもあれば、こうして2部に落ちる可能性もある。結局何の保証もない。それがプロの世界。2部に落ちたからといって視線を落とさず、しっかりと次の目標へ向かってください」と選手たちに惜別の挨拶をした。

そして田村には、こう言い残した。

「せめてもう少し早く来ていたら、立て直せていたかもしれないな……」

シーズンを終え、近所の公園へ出かけた福田は、偶然そこに佇むア・デモスを見かけた。福田は、監督が自分で下した決断を選手に説明する必要はないと考えていたので、直接ア・デモスに「なぜ？」と問いかけたことはなかった。だからシコリは残ったし、2度と一緒に仕事はしたくないとも思っていた。だが激務を終え、すっかり憔悴しきったア・デモスを目の当たりにして、彼もプライドを懸けて戦っていたことを理解する。ほんの少しだけ救われた気がした。

変革期の開拓者――闘将・柱谷哲二

日本サッカー界が激変していく渦の中で、柱谷哲二は闘い続けてきた。そげ落ちた頬の上に血走った眼。あの形相に叱咤されながら、日本代表チームも立ち止まることなく上昇カーブを描いた。だが一方で忘れてはならないのは「協会に文句をたれ、チームメイトを怒鳴り飛ばした」という闘将が、実は冷徹な判断を備えていたことである。冷めた眼で状況を的確に把握し、その上で最後の汗の滴りを絞り出すまで闘い抜いてきたのだ。

「特にハード面を中心に歴史を変えられたという達成感はあるし、Jリーグ草創期のバブルの時代にやれたことで1億円プレイヤーというのも経験できた。でも世界を目指すという観点からすれば、もっと恵まれた環境で育っていれば、という思いはありますよね」

柱谷にとって、その時代に生まれたのが、幸福だったのかどうかは永遠の謎だ。しかしはっきりしているのは、時代は彼を求め、あのキャプテンシーを必要としていたということである。

「ピッチに立つと人が変わる。そんな自覚はあります。僕の特徴はファイトすることなんですが、自分でも、まだ行くか、みたいに感じることがある。きっと日本代表の雰囲気なんでしょうね。代表というのはいつものチームメイトじゃなくて、各チームのトッププレイヤーたちが集まってくる。もうそこから雰囲気が変わってくる。トレーニングの段階から代表として揃いのウエアを着て、試合に照準を合わせて準備をしてくる。こうして高まっていくんです」

クラブを軸に回る欧州とは対照的な代表至上の国。日本独特の構図は、未来も不変なのだろうか。

「日本という国は代表が好きですからね。代表の試合は穴がなくミスも少ない。組織の中で、それにマッチした創造性豊かなプレーが出てくる。見ていて楽しいものには人が集まります。それに日本人は愛国心豊かだから。

国立競技場に5万人の観客が入ったら、ほとんどの人が国歌を歌っていると思うんです。それを聞くと武者震いしましたよね。解説者になってからも、最初は両国国歌の演奏の時に、中継スタッフは誰も立たなかったんです。でも僕は関係なしに立った。別に立っても音声は途切れるわけじゃないですから。それを見てスタッフの人たちも立った。スタンドを見渡しても、みんな立っている。そんな光景を見ても、つくづくみんな国際試合の雰囲気が好きなんだ、って思いますね」

兄・幸一が先に日の丸をつけて活躍して来た。背中を追うのは、自然な流れだった。

「兄が出場したワールドユース選手権（1979年＝東京開催）を家族揃って観戦に行って、日の丸の凄さ、憧れを実感しました。ずっと兄を超える、あるいは並べば代表に入れるんだ、という思いがありました。小学校の作文で書いているんですよ。『○○高校から○○大学へ進学。全部チャンピオンになって、最後は五輪に出て、ワールドカップにも出る』と」

サッカーを始めた頃はストライカーだったが、徐々にポジションを下げ、同時に選手としての価値を高めていった。

「本当は攻撃で活躍したかった。でも日産自動車に入ったら、木村和司さん、水沼貴史さん、金田喜稔さん、アデマール・マリーニョ、それに兄貴……、あまりに自分とはレベルが違い過ぎて、これは到底前のポジションでレギュラーは無理だなと思いました。まあ、指導者も良かったんでしょうね（笑）。僕のディフェンシブな能力を見抜いてくれたので。プロで生きていくにはこれしかないと、ボランチに転向したんです」

1988年には日本代表入りを果たし、翌1989年には日本リーグでMVPを獲得。ボランチというポジションに注目を引き寄せた。

「日本代表のデビュー戦（1988年1月27日、1－1UAE＝ドバイ）でゴールを決めたんですが、この試合のことはそれしか覚えていません。あまり緊張したという感覚はなかったんですが、覚えていないというのが緊張した証拠かもしれませんね。代表に入ると、必ず協会から手紙が届くんです。『柱谷哲二殿、貴殿は日本代表に選ばれました……』って。どちらかと言えば、それを見た時の感動の方が凄かった。ああ、これで夢が1つ叶ったんだ、って。一人でニヤニヤしたのを覚えています。

僕はボランチというポジションを中盤のリベロだと受け止めていました。本当にど真ん中に位置して、周りの選手を活かす面白さがある。僕が日産に入って1年目は、和司（木村）さんも調子を落として試合に出られなかったので、いろんな話をしてもらいました。当時アルゼンチンには、ディエゴ・マラドーナを活かすために、中盤の底にセルヒオ・バチスタという選手がいた。地味だけど、全て2タッチ以内でポンポンといい球出しをするんです。和司さんはマラドーナ的な存在だから、だったら僕はバチスタになろうと、何度もビデオを見て研究しました」

日本代表に招集されたのは、ソウル五輪への出場を逃し、横山謙三体制で世代交代を図ろうとしている時期だった。

「僕自身は、兄がいろんなところで勝負して、あとわずかなところでワールドカップ（メキシコ大会・1986年）出場を逃し、悔しい思いをしたのも間近に見てきた。だからどんな時でも負けちゃいけないんだ、という気持ちは強かったですよ。でも当時は、ワールドカップに出られるというイメージが見えてこなかった。とにかく謙三さん（横山監督）の時は、試合をすれば負けていました。勝てるといったらドイツのオーバーリーガとか……。ブンデスリーガではなくて、地域リーグのチームです」

しかし敗戦続きの中で、国際試合での常識は学んでいった。

「外国の選手たちは、狡賢いという印象でしたよね。レフェリーの見ていないところで、肘打ちはくる、アキレス腱は蹴ってくる。勝つためには挑発してくるし、予《あらかじ》めユニフォームを掴んでおくなんてことは当たり前。劣勢になったり、こちらが先制したりすると、それがエスカレートしてくる。最初は、汚ねえと思いましたよ。だけど中東、欧州、南米とどこへ行っても同じことをやってくるわけで、それが当たり前なのかと思うようになりました。それまではまったくフェアに戦っていたんです。でも結局プロは結果を出さなければだダメなんだと思うようになりました。当時の日本代表は、ほとんどAマッチを組んでもらえなくて、相手はクラブチームばかり。それでも対戦相手からは、これでメシを食っているんだ、という強烈な意識を感じました」

ハンス・オフト時代の日本代表は、当時豪華メンバーを揃えたユベントスを招待し、国内で2度対戦した後に、イタリア遠征の際にも再戦した。

「日本での2試合はオフに興行として来て（2引き分け）、全然執着心もなくフェアにやっていた。ところがレッチェでやった時は、シーズン中でコンディションも出来ていた。その時の動きの速さや力強さには圧倒されました。ピッチが悪くても関係ない。あの試合は武田（修宏）のセンタリングみたいなキックが入っちゃって、その時の彼らの悔しがり方が半端じゃなかった（結果は1−3敗戦）。絶対にゼロに抑えて勝とうとしていたんでしょうね。ホント、凄い顔をしていた。精神的なもので、こうも変わるものかとイタリアのトップチームの凄さを思い知らされました」

アマチュアからプロへの過渡期を迎えて、日本代表には問題点が山積していた。

「とにかく環境面での立ち後れが目立った。普通なら練習を終えれば、治療やマッサージをして、ビデオを見て分析する。ところがそんな時間が全然作れなかった。練習着を洗濯したり、スパイクを磨いたりしなければならない。それも仕事といえば仕事なんだろうけど、果たしてこれがプロなんだろうかと、本当に考えさせられました。もう読売クラブと日産自動車の選手は、契約社員でやっていた。僕らはサッカーでメシを食っていかなければならないのに、海外へ行ってコインランドリーを探したり、洗濯機の前に座っていたりしている場合じゃないんだよ、みたいな。僕らがハード面で改善していったというのは、そういうことだったんです。レベルアップをするためには、もっとやらなければならないことがいっぱいある。これじゃ、絶対に強くなれないと感じていましたから」

それまでは劣悪な環境下に置かれても、疑問を抱き、声を挙げるだけの知識や確信を持つ者が少なかった。

「その環境に馴れてきたベテランにとっては、それが当たり前ですから何も言わなかった。僕と一緒に井原（正巳）、福田（正博）、ゴン（中山雅史）がB代表から上がってきたんですが、3人とも言わない。北京のアジア大会（1990年）でカズ（三浦知良）とラモス（瑠偉）さんが入ってきて、やっと後押ししてくれた。カズもラモスもプロを経験してきたから、僕と比較しても考え方が先端を行っていました。カズは言うんです。『ねえ、テツさん、なんで僕らが洗濯しなければいけないの？ 練習着ってチームの持ち物でしょ。チームが管理するべきもので、個人が管理するものじゃない』って。僕らはチームが管理するべきものを全部自分のトランクに詰め込み運んでいたんです。だからもうトランクはパンパン。私物なんて何も入らない。僕はずっと『おかしい、おかしい』と言い続けたんです。サラリーのこともそうです。カズがアジア大会で、『勝ったら勝利ボーナスを要求しようよ』と言ってきた。当時は受け入れられなかったけど、ようやく1991年のキリンカップから出るようになりました」

北京のアジア大会では、敗れて涙を流すカズが新鮮に映った。当たり前のように負け続けた歴史の只中で、ブラジル帰りのカズには決して負けを許容しないプライドが備わっていた。

「イタリア・ワールドカップの予選（1989年）で負けた時は、みんなロッカーに戻って泣きましたよ。やはりワールカップは目標にしていましたからね。でも当時は韓国にも、中国にも、北朝鮮にも勝てなかった。予選になれば、そこに西アジアも中東も入ってくるわけで、絶対に出るんだというのはあまりにおこがましい。あの涙は、（ワールドカップに）行けなくて悔しい、じゃなくて、むしろ自分たちの力の無さ、レベルの低さに対して情けない、というものだった。まだ1次予選だぜ、これ……、みたいなことでね」

　日本代表が最も低迷した時期だった。しかしその中で柱谷は中核としての評価を固めていった。

「レギュラーになって、自分は真ん中のポジションだし、大切にされているなと感じるようになりました。試合に出たり出なかったりの頃は、何とか使って欲しくて、ベンチから飛び出して自分からウォームアップをやってみたりもしていました。ベンチに座っていて何が日本代表だよって、当時はそう思っちゃっていたんですね」

　横山体制が幕を閉じ、ハンス・オフトが日本代表監督に就任すると、キャプテン柱谷の存在意義は一段と高まった。

「最初にオフトに言われたのが、このグループは3つに分かれているから、それを1つの大きな輪にまとめて欲しい、ということでした。言われてハッとしました。例えば合宿中の食事。みんな仲良し同士で食べたいし、1回座るとまるでそれが自分の席みたいに、同じ所ばかりに座る。どんどん仲間が固定されていってしまうんです。あっちの円卓ではカズとゴンと北澤（豪）、こっちではラモスと誰々、またあっちでは森保（一）と誰々みたいに。トレーニングが始まっても、やっぱり同じ連中で話している。コミュニケーション不足を凄く感じたので、オフトと話し合って円卓をやめて長いテーブルにしたんです。その上で、井原とゴンを呼んで、いつもと違ってバラバラに座ってくれと話しました」

　オフトジャパンの結束や戦術の浸透は、柱谷抜きには考えられなかった。

「監督の目の届かないところはキャプテンが見るという感じでした。ただし監督寄りにはならず、あくまで中立を意識しました。でないと選手の信頼を失くすことになりかねませんからね。チームがやろうとしている路線から外れた時のミスに対しては怒鳴りました。全員が意思を統一して戦おうという時に、一人の選手が全然違う方を向き出したら最大のパワーが出てこない。そこはドカーンと行く。でも僕は怒鳴る相手を見ています。場合によっては、わざと傷つくようなことを言って発奮させたりもしました。最初に行くのは、気持ちの入っていない選手に対してです。その次が戦術から外れた選手。攻めはどうでもいい。守備面です。日本人は、なかなか1対1で勝てない時代だったし、僕の考えでは、良い試合をするには組織で守るのが絶対条件。その組織を崩すような動きをされたのでは、たまったもんじゃないですからね」

　選手との橋渡しをするためにも、オフトとは時間を共有し、真っ先に戦術等を理解するようにした。

「オフトとは毎日話し合いました。別にスパイをやっているわけではないけれど、オフトがこういうふうにやっていきたいというのに対し、僕はチームの中でこんな声が挙がっているから対策を考えて欲しいと。例えば、キーマンのラモスが、もっと真ん中でやりたいと主張しているけど、話し合ってみてくれとかですね」

改めてキャプテンシーの重要性について聞いた。

「リーダーシップは必要ですよ。特にゲーム中です。混乱している状態で、いちいち監督に聞いている時間はない。やっぱり全員を同じ方に向かせる人間が、ピッチ上に存在しなければならない。引いて守るのか、前からプレスをかけにいくのか。中途半端になっている時は流れも悪くて失点の危険性が高くなる。そういう時に、どっちでもいい、誰かが全員の意思統一をさせなければいけないんです。取り敢えずリーダーが引いて守らせる。それからワンプレー、ツープレー終わった後に、監督が引かないでプレスをかけろと言うなら、それでいいんですよ。とにかく間違ってもいいから同じ方を向かせる。それが大切です。監督はいくら声を出しても聞こえないこともあるし、なかなかアウトオブプレーにならないケースもある。だから常にリーダーがいて、味方がファウルされたら、寝ておけ！と叫んでおいて、その間に監督と話すとか。それは絶対に必要です。そしてリーダーになれるのは、やっぱり中央でプレーする選手ですよね」

牽引車として声を挙げる分だけ、自責もしっかりと意識した。

「負けた時は、みんなに謝りましたよ。申し訳ないと。やっぱりボロクソに言うのに、負けたら他人の責任にするなんてことはできないわけです。リーダーシップを持つ人間というのは、負けたらそういう責任を負わなければならない。みんなを引っ張っていくわけだから、ついて来てくれた人間に勝利という結果をもたらせなかったら謝ります」

〝ドーハ（1993年米国ワールドカップ最終予選）の悲劇〟の時も？

「いや、あの時はそれどころじゃなかった。どん底まで落ち込んでいましたから……。

その前の年のアジアカップ（広島開催・優勝）の時に（ワールドカップ出場は）五分五分だと感じたんです。それから最終予選まで、なんとか5・5でもいいから確率を上げようと考えていたんですけど、最後まで同じレベルで終わってしまった」

僅差で分かれた明と暗。キャプテンは、その違いがどこにあったと感じたのだろうか。

「全てが足りなかった。経験も技術も。でもあのチームは、絶対に気持ちで負けることがなかった」

開催地アメリカには行けず、夢の舞台はテレビで観戦した。

「もうちょっと頑張れば、僕らがここにいたんだろうな……と。でも頑張ればといっても、（予選では）もう一杯だったわけですけどね。ただ日本は韓国と勝つか負けるか、という試合をしていた。やっぱり勝てねえや、と思う反面で、でも韓国よりはいいサッカーをしたはずだとも思いました。もうちょっと後手後手でなく、かかっていくようなサッカーがやれたんじゃないかと」

横山－オフト－加茂周－ファルカン、結局４人の監督の下で日の丸をつけてプレーした。当然チーム状況次第で、モチベーションも多少は浮き沈みした。

「勝ち続けていれば自信を持ってできる。でもこんな戦術でいいの？　と疑問を持ち続けていたのでは、良い成績を残せない。オフトの時に、せっかくパスを繋いで攻めるサッカーがやれるようになったのに、ファルカンに代わって、またこういうリアクションサッカーをするの？　というのはありました。僕の一番嫌いなサッカーで、みんなも疑問を持っていた。確かにファルカンは世界を見ていたと思うんですよ。世界で勝つために、あのリアクションスタイルを選んだのだ。いいアイデアを持っていたとは思います。でも伝えるのが上手くなかったからね……。結局、選手が理解できなければ意味がないわけですからね……。

その点はオフトと対照的でした。どんな戦術だっていいんですよ。選手全体に理解させて、実行させられるかどうかで、指導者としての上手いか下手かが分かれると思うんです。言葉の使い方とか、誉めたり落としたりとかがしっかり伝わってこないと困る。そういう意味ではファルカンは、コミュニケーションが不足していた。僕はファルカンが外国人だからいけないなんてまったく言っていないんですよ。日本人だってコミュニケーションが上手くない人はいる。それはその人の器量や考え方の問題だと思うんです。自分が下手だと思えば、上手いコーチを連れてくればいいんです。例えば加茂さんは、選手とははっきりと距離を置く人で、コミュニケーションを取るのは上手くない。だから岡田（武史）さんを連れてきたんだと思いますよ」

悲劇的な結末を迎えても、やはり充実度ではオフト時代が群を抜いていた。

「チームがどんどん変わっていく過程を見ていると楽しかったですね。全然勝てなかった謙三（横山）さんの時から、凄く内容が上がった。サッカーって、こんなに楽しいのかと思いましたよ。謙三さんの時は、夢だった代表の試合が苦しみに変わりつつありましたからね。１ヵ月間以上の合宿が年に2度くらいあって、リーグが終わればオフも返上で365日サッカーに取り組んだ。それなのにやれば負ける。サポーターからは非難が囂々。日産でやっている方が楽しかった」

Aマッチが72試合、BとCマッチも合わせると、ちょうど100試合をこなした。

「7年間は1度も代表を落ちずにやってきたわけですが、いざ外れて長期のオフが訪れた時、何をしていいのか凄く不安になりましたね。どうすりゃいいんだと。日本代表というのは、本当に凄く選手の力を伸ばしてくれるところなんだと感じました。代表に入れれば、常に高い水準の相手と勝負し、高い責任感を持ってプレーするようになる。自然にサッカーについて貪欲に勉強し、頭も良くなる。海外で経験を積めば、自分の通用する部分としない部分も判る。もし同等レベルの2人がいたら、日本代表に入るかどうかで大きく差がついてしまうはずですよ」

ドーハでの最終予選の前には、世界の頂点を「10」とすれば、日本は「6」くらいと見ていた。21世紀に入り、再度元代表主将の見解を求めた。日韓ワールドカップの足音が迫っていた。

「今の日本代表は6・5、もしくは7くらい。7になると、ワールドカップでもベスト16に入ってくると思うんですよ。でもまだ日本が確実にグループリーグを突破できるとは全然思わない。確かに上手くなっているし、いろんな戦術を理解し、フィジカルも良くなっている。世界との差が縮まっていることは確かですけどね。

フランス・ワールドカップ（1998年）は、もっと出来ると思って見ていました。でもワールドカップというのは最高のプレイヤーたちが、そこに照準を合わせて臨んでくる舞台。それを痛感しました。ジャマイカには別の日にやれば勝つし、メキシコあたりにも勝つことがある。でもワールドカップは全然違うんだなと。テレビで見ていて本当に歯痒かった。なんでもっとファイトしないの？ 負けているのにパスを回すばっかり、下げるばっかり。せっかくの場所なんだ！ 初出場で失うものもないじゃないか！ 守ってばかりいないで勝負しろよ！ でなきゃ分析できないよ、って。僕は日本の力は6なんて言っていたけど、実は5だったのかもしれない。それは僕らの頃からレベルダウンしているという意味ではなくて、僕が1つ買いかぶっていたのかもしれないとも思いましたね」

フィリップ・トルシエのチームを見て、柱谷はやっと上手い選手に魂が入ったと実感する。

「レバノンでのアジアカップ（2000年）で優勝したチームは、凄くファイトしていました。僕も代表に入る前は、加藤久さんや宮内（聡）さんを見て、何が彼らにあれほどファイトさせるのか判らなかったんですよ。スライディングをして抜かれているのに、まだ頭を出していくみたいな。でも上手さだけを求めてきた時代から、また気持ちが大切なんだというところに戻ってきたんですよ。僕も経験したわけですが、今の選手たちでは絶対に耐えられないような環境の検見川で、昔の代表選手たちは辛い練習を頑張ってきた。そういうハートの部分をもう1度注入する必要があると、僕はオフト時代から言い続けてきたんです。僕がトルシエを一番評価するのは、そこです。眠っていたものを呼び起こす能力。小突いてでも叩いてでも走らせるみたいな。おまえら、まだトップじゃないんだよ、ということ。過大評価は怖い。でも過小評価もダメ。自分の評価をしっかりと見据えていないと、選手は絶対に伸びていきません」

キャプテンは、既に監督目線に変わっていた。

「現役の感覚も残っている間に、指導者の勉強もしてきて、いろんな考え方ができるようになりました。トルシエは優勝なんて言っているけど、僕が日本代表の監督でもやっぱり言いますよ。『絶対優勝』って。だからこんなにしんどい練習も必要なんだって。無理だよ、優勝なんかできるわけない、なんて言っているヤツは、パーンとすぐに外してしまう。簡単にそんなことを口にするヤツはね」

スパイクを脱いでも、ファイティングポーズは健在だった。

2000年代

アンチ・カズが消え、寵児からキングへ

通りすがりのオヤジが柵の向こうから声をかけていく。

「カズ、頑張れよぉ～」

横丁でばったり顔を合わせた知り合いにでも挨拶するような気軽さだ。それを耳にした井戸端会議中のおばさんたちが、途端にピッチの中を覗き込む。

「やだあ、カズさんよ、カズさん。やっぱり格好いいわねえ」

横浜FCの練習は、こんな調子でギャラリーを増やしていく。2002年日韓ワールドカップ決勝が行われた横浜国際競技場（日産スタジアム）に隣接する人工芝の日産フィールド小机周辺は、ポツリポツリと人が足を止めるようになり、正味1時間以上のインタビューを終える頃には、キング目当ての我慢強いファンが40～50人は連なっていた。

思えばカズ（三浦知良）人気は不思議なうねりを描いた。Jリーグ開幕当初は時代の寵児としてもてはやされ、スポットライトを独占した。しかしドメスティックな旧世代の堅物たちは、派手な衣装で表彰を受け、ピッチ上では屈託なく歓喜のステップを踏むニューヒーローに眉をひそめる。憧憬の裏側には確実にアンチが存在した。そして必要な時に必要なゴールを叩き込んできたエースストライカーは、日本代表の苦境にゴールから遠ざかると、一転して全ての責任を被せられたかのような非難にさらされる。ところがフランス・ワールドカップを前に代表メンバーから外れると、今度は外した岡田武史監督がそのまま反感を吸い取ってしまったかのように、カズ人気が再度急騰に転じるのだ。愛され、憎まれ、また愛され、それを繰り返した末に、今ではカズを嫌いだという人をほとんど見かけない。いつしか老若男女全ての尊敬の対象となり、ハイアベレージの好感度を維持している。

「嫌われるのは、注目されて期待が大きい分の裏返しだと思っていますよ。でもこうして支持されているということで、僕がやってきたことが間違っていなかったと確認できます。僕にゴールがないということは批判できても、僕がサッカーを極めようとしていることは誰も批判できないですから」

ファン層の幅も確実に広がった。

「同姓が増えましたよね。僕より年齢が上の人たちは、僕のサッカー人生に自分の人生を重ね合わせて見ている

ようで、ちょっとディープな感じですかね。一方で20歳代の人たちは、小さい頃にJリーグが始まり、彼らにとって僕がヒーローだった。神を見るような視線を感じることもありますよ」

38歳のカズは、そんな人気を冷静に受け止めていた。

「でもアンチがいないというのは、あまり良くない。本当の人気者にはアンチがつきものですから。みんなに好かれてしまったらトップを張って行けない。だけどそれも超越すると、アンチもいなくなるのかな……。まあ、とにかくそういう域を目指して頑張りますよ」

最後に言い残すと、列を成すファンの方へ足を向け、1人残らずサインの要望に応えていく。ファンショップで自分のユニフォームが売り切れていると聞くと「そういうのって、うれしいんですよね」という言葉が自然に出てくる。フットボーラーという職業がどんなもので、どういう人たちに支えられて成り立っているのか。たぶん彼ほどそれを深く理解している日本人選手はいないのではないだろうか。プレーにしても人気にしても、長寿の秘訣は、その辺にあるのかもしれない。

カズにロングインタビューをするのは13年ぶりのことだった。25歳のカズは言っていた。

「僕みたいなタイプはキレがなくなったらおしまいですから」

では現実に13年間の歳月を経て、カズは全盛時のキレの代わりに何を手にしたのだろうか。

「キレは失くさないように努力しています。でもどうしても瞬発力は年齢とともに落ちてくる。ただし一気に１００からゼロに落ちるわけではないですからね。いかに90で止め、80で食い止めるか。そこを努力しているわけです。キレで勝負するというのは、今でも変わらないと思うんですよ。でもやっぱりそれだけではダメです」

13年間をいかに過ごしてきたかが問われる部分だ。

「今まで培ってきた経験を生かす。じゃあ、経験ってなんだ、と言えば、相手の嫌がることを考えながらやるということですかね。ボールを持った時に、頭を使いながら精神的に相手より優位に立つ。相手の動きや表情を見て、どういう精神状態にあるか読み取りながらプレーをする。そういうことをやっていかなければならないと思うんですよ。

若い時はそんなの関係なく１００%自分のペースでやっていました。例えば、またぐフェイント１つ取っても、速ければいいというものではない。速いとマークする相手が混乱することもあるけれど、逆に速すぎて反応しないこともある。１度スローダウンしてから速く、あるいはその逆もあるし、わざと止まって相手を見ることもある。結局、ディフェンダーが一番嫌なのは、仕掛けられたり、見透かされたりすることだと思うんですよ。最近は、勝負するだけじゃなくて、タメを作ることも覚えました」

人生の大半がプロ生活、集大成としてのテーマはファンを楽しませることだという。

「よく僕の持ち味はゴールを奪うことだと言われるんですが、本来の見せ場は1対1だと思っているんです。サイドのスペースに出て、ドリブルで仕掛け、味方を使ってワンツーで抜け出しフィニッシュで終わる。それが自分のペースでもあり、理想のプレーです。お客さんもそういうプレーは楽しいだろうし、その反応を見る僕も楽しい。必要なのは、やんちゃさですかね」

これまで海外に進出した日本の選手たちは、自国で育ち、まず国内である程度の成功を勝ち取ってから次のステップを踏んだ。カズだけが例外で、早くから海の外に飛び出し、そこで基礎固めをして大成した。

「ブラジルへ発つ15歳までは、ジュニアユース代表はもちろん、東海選抜にも静岡県選抜にも入ったことがなかった。やっと静岡学園高校で半レギュラーという感じでしたからね。ほとんどの人がブラジルへ行っても無理だ、と言いましたよ。当然ですよね。当時から日本の人たちは、ブラジルへの尊敬が強かったですから。でも自分では、そうは思っていなかった。みんな見る目がないんだ、というくらいでね（笑）」

15歳の大博打を、カズは「イチかバチかどころか、まるでマイナス」と表現する。それでもひたすら夢を追った。だがもし今の時代に15歳のカズ少年がワープして来ても、やはりブラジルへ行くのだろうか。

「う～ん、このデジタルな時代ですからね。日本にいてもいろんなサッカーが見られる。もしかするとイングランド……、いや、でもやっぱりブラジルに行くと思いますよ。今でも一番うまくて強いのはブラジルですからね。ただし他の子供たちにも勧めるかと言われれば難しいですね。時代が変わって日本でも育成面での環境がだいぶ整ってきた。自分が行って大変だったし、間違いなく成功への道は険しい。常に明日はないという危機感と背中合わせ。悪ければマスコミも放っておかないし、最初はサッカー後進国から来た日本人ということで物凄く叩かれましたからね」

ブラジルに限らず、大人になる前にサッカー修業で海外に出た選手は無数にいるが、他にはまだ顕著な成功例がない。なぜ、という問いに、難しいなあ……、と暫く考えるのだが、再び口を開くと、次々と言葉が連なった。

「そうだなあ……、当時の僕は自分のことばかりやっていたんですよ。ドリブルをしたり、リフティングをしたり……、組織の中での協調性とかはまるで考えず、1人でボールを扱う練習ばかりしていた。僕が育った城内FCは、叔父さん（納谷義郎）が教えていたんですが、勝ち負けにはあまりうるさくなかったんですよ。最後にゴールに入れなくても怒られない。その代わり、1対1で勝負しなかったり、何かを見せなかったりすると怒られた。

小中学校の頃は、小さくて細くて見た目ひ弱な感じでした。小中学生だとフィジカルとか鍛えると勝てちゃうじゃないですか。でも大人になって、みんなが追いついて来ると、最後に勝つのは技術のあるヤツなんですよね。だからあの指導法が良かったんだと思いますよ。15歳までにしっかりと基礎を作れた。それからブラジルへ行って、肉体的に鍛え、組織的なプレーも徐々に覚えていった。基礎を飛ばさず、段階を踏んでいけたのが良かったんじゃないですかね」

日本で結果にあくせくしない少年期を過ごしたカズは、ブラジルで強烈に自己主張をぶつけ合うメンタリティーを肉づけした。

「僕って、いつでも練習の時に一番前を走るじゃないですか。あれもブラジルで教えられたんですよね。とにかくまずオレがここにいるんだよ、と認めてもらわないと、存在そのものがなくなってしまうような世界ですから。食事だって、言葉が出来なくても、食べたいという意思を示さなければ、誰も食べさせてくれない。よく日本人は、これ食べる？　って聞かれると、『大丈夫です』って答えるじゃないですか。最近特に多いような気がするんですよね。でも大丈夫、ってなあに、どっちなの？」

YESなのか、NOなのか、曖昧なままでも波風が立たずに時が流れていく日本的な常識は、海の外へ出た瞬間に成り立たなくなる。

カズは帰国後、読売クラブではあまり感じなかった日本的な『大丈夫メンタリティー』を、むしろ代表で強く感じたという。

「読売クラブは、みんなマイペースというか、自分たちのやりたいことをやっているという感じで個性的でしたからね。当時は代表も読売の選手が多かったせいもあって、僕らが入っていくと仕切れちゃうみたいなところがあった。そういう意味でも、代表より、読売の方がプロっぽかったですね」

ブラジルへ渡り3年目で「タッサ・サンパウロ」（U21サンパウロ選手権）に出場したカズは、翌1986年2月にサントスFCと初めてプロ契約を交わす。サントスで4試合に出場し、翌年にはパラナ州のソシエダージ・エスポルチーバ・マツバラに移籍。クルベ・デ・レガッタス・デ・ブラジル、キンゼ・デ・ジャウー、コリチーバを経て、１９９０年には再びサントスに戻り、31試合に出場し4ゴールを記録した。カズは23歳になっていた。

「まだまだブラジルでやりたいと思っていました。でもワールドカップを考えると、日本代表も凄く大切だった。当時はまだ日本にいないと代表に入れないという考え方が残っていましたからね。周りの人たちが言うんです。もう23歳で、『30歳なんてアッと言う間だぞ』って。あの頃は、サッカー選手は30歳まで、という感覚がありましたからね。『これからJリーグが始まるし、戻って日本のサッカーを創っていくには、これがギリギリのタイミングじゃないか』と肉親も言うわけです」

ブラジルでは好調を維持していた。だったら良い時に日本に戻ろうと、カズは帰国を決意した。

「日本で最初の1年間は苦労しました。たぶんブラジルと比べて、タックルしてくるタイミングが微妙にズレる、とかの問題だと思います。よく欧米の選手が日本と対戦するとやりにくかったり、天皇杯でJのクラブが大学生相手に苦戦したりする。レベル云々ではなく、やり方の違いだったんじゃないですかね。だから最初は戸惑っても必ず順応できると思っていました。実際に2年目からは、読売が強くてチームにも随分と助けられたけれど、その分活躍の場が広がりましたよね」

しかし帰国しても、依然としてワールドカップは夢の向こうにあり、とても現実的には捉えられなかった。

「僕は横山（謙三）監督の時に日本代表に入ったんですが、当時は協会の支援体制がまったく整わず、はっきり言ってひどいものでした。これでは韓国、サウジアラビア、イランなどのライバルを破ってアジア予選を突破するのは到底無理だと思いましたよ。個々の力を見れば、決して見劣りするわけではない。でもワールドカップレベルの大会に出場するには、国を巻き込まないと無理。メディア、サポーター、協会、それに選手で社会現象のように盛り上がらないと難しい。いくら選手だけでワールドカップ出場を目標に掲げてみても、じゃあ、どうやっていくんだ、というビジョンがなかった。選手がプロ意識を持ちたくても、とても持てないという状況でした」

キリンカップで外国のクラブを招待すると、当然彼らには報酬が支払われる。ところが日本代表選手たちは、いくら勝っても勝利給どころか、優勝賞金も受け取れない。説明を求めると、ＪＦＡ側は「学生がいるから賞金は出せない」と答えたという。

「代表の試合は強化の一貫というのが口癖でしたからね。１９９０年に北京で開催されたアジア大会の時も、僕とラモス（瑠偉）さんが入って協会とかけ合った。『こんなんじゃ、絶対に勝てねえよ、認めてくれなきゃ行かねえよ』って、僕もまだ子供で生意気だったから、ゴネたんです。そしたらキャプテンの信藤（健仁）さんに怒られましてね、『我慢してくれ』って。でもまだプロのリーグはなくても、協会は既にプロの選手を認めていたんです。それなのに、『どうしてプロの選手が学生の基準に合わせなければならないのか。学生は親が受け取るとか方法がある。あなた方はプロを認めたわけだから、僕らを学生に合わせるのではなく、プロの方に合わせてくれ』と協会上層部の人たちに言いました。当時なぜか、僕もイケイケで言えちゃったんですよね（笑）」

旧弊を打ち破るには、若い一途な怒りと暴走が必要だ。そういう意味でも、ブラジルでプロの常識を備えたカズの「生意気な」直訴は、時代のニーズとも言えた。

「１９９１年のキリンカップの時です。記者発表に僕も呼ばれて村田（忠男＝ＪＦＡ専務理事）さんと一緒に席に着いたんですが、勝手に記者の前で聞いちゃったんですよ、『優勝賞金はどうなるんですか？』って。村田さん、困ったような顔していましたけどね。でも記者も、『どうなるんですか』とたたみかけて、翌朝の新聞には『カズ、ボーナスを要求』の見出しが躍った。この時初めて50万円の賞金が出ることになったんです。変えていくには誰かが言わなければいけなかった。スポンサーがついて賞金は出ているんですからね。それなのに外国のクラブはもらえて、僕らはもらえないんじゃ、戦う前から差がついている。それから徐々に変わっていったんですよ。（ハンス）オフトの時代になって、１試合いくらの出場給が認められるようになり……、という具合に」

因みにこのキリンカップで日本代表は、ベベット、ビスマルクらを擁すヴァスコ・ダ・ガマ、ガリー・リネカーが加わったトットナム・ホットスパー、それにタイ代表を破り３戦全勝。１９７８年にジャパンカップという名称で大会が始まってから、初めての優勝を遂げている。

右肩上がりの兆候は見えていた。そして翌年からは、初の外国人監督オフトが日本代表を指揮することになり、いよいよワールドカップが現実味を帯びていく。

「93年5月のJリーグ開幕を翌年に控えて、読売―日産の試合で国立競技場が一杯になる。代表もオフトが来て、ダイナスティカップ、さらにはアジアカップで優勝し、来日したユベントスともいい勝負をする。代表と日本リーグ、そしてJリーグ、それらが一緒になって伸びていった。メディアも煽り、代表選手たちはみんなが応援してくれているのを肌で感じることが出来た。国を挙げて戦うというのは、そういうことだと思うんですよ。この力は、技術云々よりはるかに大きいんじゃないかと思う。でも１９８０年代には、それがなかった。きっと当時だって欧州へ行く実力のある選手はいたと思うんです。しかし情報も少なくて、選手たちは世界との距離を掴めず、ただレベルの差だけを感じていたんじゃないですかね」

Jリーグ開幕の前年、カズはアジア最優秀選手に選ばれ、ようやくワールドカップを身近なものに感じられるようになっていた。

「プレイヤーとしての幅が広がり、ある程度の経験も積み、自分が一番伸びていくタイミングでJリーグが開幕しました」

26歳、まさに充実期に突入していた。ただし戦術は変化し、2トップで戦うスタイルが主流になり、ウインガーというポジションは消えていく。そんな背景もあり、カズはドリブラーからストライカーへと変貌していった。

「僕がブラジルにいた頃は完全なウインガーだったミューレルも、点取り屋になりましたしね。それまではチャンスメーカーの動きばかり見ていたけれど、センターフォワード的な、例えばロマーリオの動きとかも勉強するようになりました。以前はドリブルからセンタリングの練習ばかりしていたのに、ヴェルディ時代には集中的にシュート練習をしたこともあった。そのうちに点を取ることに自信がついていったんでしょうね」

当時のカズは「欧州のスカウトに認めてもらうためにもワールドカップに出たい」と語っていた。だがその後ドーハの悲劇を経て、セリエAのジェノアと契約した頃には「これもワールドカップへの通過点」と言い切るようになる。ドーハでは米国ワールドカップに肉薄しながら届かなかった。次のフランス大会は30歳、集大成として、出るだけではなく、出て勝つことを意識するようになっていた。

「サッカーを続けているうちにセリエAでプレーする機会を得た。そこで世界のトップ10に入るとか、ワールドカップで決勝トーナメントに進むには、日本の選手たちも欧州で活躍するようにならなければいけないと考えるようになったんですよね」

ジェノアでは23試合に出場。サンプドリアとのダービーマッチではゴールを決めた。まだEU（欧州連合）内で移籍の自由が保証される95年のボスマン判決（欧州司法裁判所）前で、厳然たる外国人枠が存在した。そんな背景を考えれば、最初のシーズンとしては必ずしも悪くない数字だ。現実にジェノアはセリエBに転落したが、イタリア国内で3つのクラブがカズに興味を示し、カルロス・ケイロスが監督を務めていたポルトガルのスポルティング・リスボンからもオファーがあった。ケイロス自身がウェンブレー・スタジアム（ロンドン）でイングランド代表と戦う（アンブロカップ）カズを直接視察。獲得にゴーサインを出したのだ。もし移籍が成立していれば、ルイス・フィーゴは翌シーズンにバルセロナへ移籍していくが、若きヌノ・バレンテ、コスティーニャ、チアゴなど、ポルトガル代表の主力たちとの競演が見られるところだった。

「最初から1年間の貸し出しという約束でしたからね。渡邉恒雄社長に頼みに行ったんですが断られました。ただしイタリアにもう少しいたとしても、僕がストライカーとしてゴールを重ねられたかは疑問ですね。僕だけではなく西澤（明訓）や柳沢（敦）もそうなんですが、日本のFWはボールをキープ出来て、ドリブルも出来ちゃうし、パスも優しい。器用過ぎるんです。そうなるとフィジカルの問題もあって、監督は前で体を張るよりはチャンスメーカーとしてサイドに回そうとする。だからゴール数は減ります。むしろ高木（琢也）、ゴン（中山雅史）、武田（修宏）たちの方が、日本でのプレーそのままにやれるかもしれません」

帰国後96年のJリーグでは26試合で23ゴールを挙げ得点王を獲得。舞台がセリエからJに移ると、急に楽になった気がしたという。

「明らかにレベルの違いが判りました。イタリアから戻ると、人にも強くなっていたし、ゴールももっと取れたと思う」

しかしオフトーファルカンー加茂周と3人の体制下で日本代表のエースとして疾走し続けたカズの体には、自分でも気づかぬうちに疲労が蓄積していた。不運にも、その影響は、1997年フランス・ワールドカップの最終予選で顕著に現れた。

「代表のエースとしての責任の重みも、調子が良い時は快感なんです。監督が、僕と心中すると言ってくれれば、それは最高の自信になります。昔からピッチを離れれば、ONとOFFをしっかりと切り替えて、試合が終われば仲間とメシを食いに行ったりしてリラックスできていた。だから責任を背負い続けるのを辛いと思ったことはありません。でも体の方は自分が大丈夫だと思っていても、確実に疲労を溜め込んでいたんでしょうね。当時代表でもヴェルディでも、先発した試合は全て最後までプレーしていましたから。もし今、あの時の僕にアドバイスができるとすれば、こう言いますよ。『とにかく監督と話して休め、2～3試合飛ばしてでも、休養して体調を取り戻せ』ってね」

皮肉にも、それに気づいたのは、フランス・ワールドカップが終わり、クロアチア・ザグレブと契約した後だった。

「ザグレブでは、みんなローテーションを組んで、チームの中心的な選手でもうまく休みを取っているんですよ。無理をしないで調整している。それを見て休む大切さに気づいた。

それにしてもクロアチアは想像していたより、ずっといい所でした。ワールドカップで3位になった直後だったことから、サッカーがみんなの誇りになっていた。戦争という歴史的背景もあって、自分たちの中にコンプレックスも抱えている。それでもサッカーを通してみんながまとまる。そんな空気が好きでしたね」

渇望したワールドカップは目前で2度も通り過ぎていった。そしてカズのワールドカップ観も少しずつ変化していった。

「代表を外されても、サッカーを取り上げられたわけじゃなかった。だから強がりではなく、次の試合に勝つことに集中しようと割り切りました。最初は意識的にそうしていたことが、だんだん自然にできるようになった。

外されたのは自分に足りないところがあった。そう考えなければ頑張れないですから。また足りないところは、自分が一番よく判っていなければいけないわけで……。でもフランス大会は、力がなかったかもしれないけれど、僕はスタメンじゃなくても、チームが勝つためには必要だったんじゃないかな、とは思います。ただしそれはあくまで監督が決めることですけどね。

昔はワールドカップがサッカーの全てで、出てないとサッカー選手として語ってはいけない、そんなイメージがあった。でも今はサッカーの一部がワールドカップという感覚ですかね。もちろん最大の目標であり、夢でもあるけれど、どこかの田舎町でやるのもワールドカップもサッカーは同じ。どちらで入れた1点も同じ1点。ワールドカップでもJ２でも喜びや情熱は一緒だと思いますよ」

クロアチア・ザグレブ以降は、新しいクラブと契約する度に「これが最後かな」との思いが過《よ》ぎったという。だが現実に50歳を超えてゴールを決めたカズのニュースは、世界中を駆け巡っている。

「一番良かった時期ですか？　それはやっぱり心身ともに元気が良くて、怖いものなしで、練習もやればやるだけ結果として返ってきた１９９２〜93年頃かな。でもそうすると、やっぱり24〜25歳か、ということになるんで、あまり言いたくないんですけどね。ただ他にも断片的には充実感を覚えたところもあって、１９９６年のJのラスト5試合、それにヴィッセル神戸での残留を賭けた残り8試合、アンブロカップ（１９９５年）も切れていたし……」

淀みなく、いくつかの記憶が引き出された。

「自分の中にまだ可能性を感じるんです。もっとうまくなりたい、うまくなれるんじゃないか、って。やっぱりハングリーじゃなきゃダメだと思うんですよ。年齢を重ねて余裕が出たとしても、いつもギラギラしていなければいけない。僕はそれを原点でもあるブラジルで教わったんです」

では、もう1度やってみたいリーグは？

「それはセリエＡ」

間髪を入れない即答だった。

磐田の完全制覇と消えたレアル挑戦

不条理に満ちた結末だった。

２００1年Jリーグチャンピオンシップ第2戦。均衡を保ったまま１００分を経過した試合に決着をつけたのは、小笠原満男のＦＫだった。

鹿島スタジアムでは歓喜が爆発し、対照的にジュビロ磐田のイレブンは静かに崩れ落ちた。その瞬間、鈴木秀人は、充実した1年間が全て水泡に帰したと感じた。

「リーグ戦では圧倒していたのに……。口惜しさとやるせなさで一杯でした」

２００1年は磐田にとって誇らしいはずのシーズンだった。通算26勝3敗1分け、Jリーグ史上最高の勝率を残し、63得点も26失点もトップと文句なしの内容で突っ走った。年間通算の勝ち点は「71」で、チャンピオンシップを争った通算2位の鹿島には17点もの大差をつけていた。ところがセカンドステージは、鹿島に勝ち点1差で優勝を譲ったためにチャンピオンシップに持ち込まれる。結局年間王者として名を刻んだのは鹿島の方だった。

不条理な出来事は、地元磐田に帰ってからも続いた。ホームスタジアムで行われた年間報告会で、わずか3敗しかしなかったチームにブーイングが浴びせられたのだ。温厚で人当たりの良い鈴木政一監督が、ロッカールームに戻る途中で吐き捨てた。

「オレ、もう辞めるわ」

実はチャンピオンシップの敗因の1つに、自分と鹿島のトニーニョ・セレーゾ監督の経験の差があるかもしれないという思いもあった。

年間を通じて圧倒的に攻守に美しいハーモニーを奏でて来たのは磐田だった。しかしそれでも不条理な規定によって、チャンピオンへの道を閉ざされた。年末のJリーグアウォーズには、磐田からも最優秀選手に選ばれた藤田俊哉を初め、ベスト11に選ばれた5人が出席し、連覇を果たした鹿島が表彰されるのを見届けた。

「やっぱりここには全員で来なくちゃダメだ」

「来年こそは、誰にも文句を言われない完璧なチャンピオンになってやる」

会場では、そんな言葉が飛び交うのだった。

鈴木政一が初めてトップチームの指揮したのは2000年9月、リーグ戦最後の5試合で采配を揮った。

「6月に監督就任の要請を受けたんですが、その時は断ってヘッドコーチに就きました。当時のギョキッツァ・ハジェヴスキー監督は、対人のないイメージトレーニングが多かったので、『人を付けた方が良いのでは』と直接話し合いました。でも監督は、『マサの言うことは正しいかもしれないけれど、もし自分のやり方を曲げて結果が出なかったら悔いが残る』と方針を貫きました。結局私が監督を引き継いでからも、メンバーやシステムは踏襲しました。方針を変えると、選手たちはそれが原因で結果が出たと思いますからね。ただ対人を増やしトレーニングの中味だけを変えた。4勝1敗で達成感はありました。個々のコンディションを整え、100%の力を引き出せば十分に戦える。それが確認できたからです」

2001年は磐田にとって重要なシーズンだった。8月にスペインで開催される世界クラブ選手権への出場が決まっていたからだ。

鈴木政一が続ける。

「磐田がJリーグに参戦する時から、荒田忠典社長は世界に通じるクラブを創ると宣言していました。そのためにハンス・オフトやルイス・フェリペ・スコラーリ（2002年日韓ワールドカップ優勝監督）など世界を知る名将や、ドゥンガ、サルバトーレ・スキラッチ、ジェラール・ファネンブルグなど一流の助っ人を招聘して来ました。最初はドゥンガに怒鳴られながら戦って来た日本人選手たちが成長し、純血でも戦えるメドが立ったところで大きなチャンスが巡って来た。当然クラブは新しい監督を探して来ると思っていました」

しかしクラブは新しいシーズンも引き続き鈴木に指揮を執って欲しいと要請して来た。

「さすがに暫くは悩みました。とても即答など出来なかった。日本代表選手でもなかった自分にトップの監督は無理だと思っていましたからね。でもいろんな先輩や選手たちと話していくうちに『性格は変えられないけれど、行動は変えられる』と、常々自分が繰り返して来た言葉を思い出したんです。この時の磐田のようなクラブで監督をやれるチャンスなんて、滅多に巡って来ない。それならトライしてみたいと思うようになったんです。たぶん一番困ったのは選手じゃないですか。実際にみんな言っていましたから。『マサくん、大丈夫なの?』って」

親子ほども年齢が離れた選手たちに、鈴木は「マサくん」と呼ばれ親しまれていた。一方通行ではなく、いつも選手たちと互いに意見を交わしながら物事を進めていくやり方が、磐田のように成熟期に入ったチームには適していたのかもしれない。

鈴木は世界クラブを想定して、新しいスタイルを考案していた。高い位置でボールを奪い、しかも分厚く速い攻撃を仕掛ける。当然圧倒的な運動量が要求されるサッカーだった。

「対戦するレアル・マドリードの映像を何度も見ました。圧倒的な個の力を備えているから、一発で突破されれば、そのままフィニッシュに持ち込まれる。少なくともフィニッシュまでに4~5本のパスを回させて、手間をかけさせる必要があった。攻撃に時間がかかれば、それだけリスクが減りますからね。だから互いの距離を保って、前線から追い込む。例えばサイドMFが抜かれても、ボランチが行き、スライドしながらチャレンジ&カバーで対処する。両サイドは張り出さずに、攻撃ではインからアウトへと動き出して行く。動きながらサッカーが出来れば、相手を動かすことも出来ると考えたんです。そして押し込まれても、最終ラインは3枚を維持し5枚にならない。4バックを採用しなかったのは、優れた攻撃的MFが多く、逆にSBがいなかったからです。あくまでシステムというのは、選手の能力や特徴に即して生まれるものですから」

しかし鈴木が提示した新しいスタイルは、ピッチ上の選手たちに不評だった。宮崎キャンプに出発する前に紅白戦を行ったが「このサッカーは難しいな……」という声が頻出した。

宮崎に到着した夜、鈴木は主力を集め、侃侃諤諤《かんかんがくがく》互いに意見を出し尽くした。

名波浩も無理だと思った1人だった。

「ボールを追うゾーンが広過ぎて12人いてもしんどい印象だった。自分がアプローチに行った後、誰が埋めるのか。さらに後ろのブラインドサイドの選手が、どこまでカバーできるのか、特に守備面でまったく想像がつかなかった。でもそれ以上にボランチの服部(年宏)や福西(崇史)の方が、『無理じゃないか』と主張していましたね。実際このスタイルで進めていく中でも、彼らが一番柳下(正明)コーチと言い合いをしていたし……」

再び指揮官だった鈴木が述懐する。

「最後は中山(雅史)の『マサくんを信じてやってみるか!』の一声で決まりました。キャンプでは8割方守備のことばかりやりました。攻撃は、もともと持っていましたからね。やはり日本が世界に出て戦うには、組織の緻密性が要る。当時から僕は連動という言葉を使っていましたが、それはその後どのチームで指導をしても変わっていません」

鈴木自身は、宮崎で2戦目の練習試合でガンバ大阪に快勝し手応えを感じた。だが名波は「ただ勝っただけ。全く手応えはないし、何の歓びもなかった」という。

シーズンが始まり、磐田は順調に3連勝で滑り出した。しかし攻撃の軸となる名波の苛立ちは極限まで来ていた。

「『もう辞めようよ、このサッカー。どうしてこんなに揃わないんだ』などと話していました。いくらボールを奪っても、まったく理想的なボール回しが出来なかった」

だが転機は突然訪れた。4節、東京・国立競技場で行われた鹿島アントラーズ戦で、磐田は会心のパフォーマンスを見せて快勝する。

「スコアは2－1だけど、相手に何もさせなかったし、これなら相手も『何も出来なかった』と言うだろうという内容でした。『行ける』という感触を超えて、これだな、と確信しました。後から映像を見直しても、50m斜めに行った後、相手がボールを下げたら今度は50m平行にスライド……、そんな凄いことをやっていた。磐田の歴史上でも、一番攻守のバランスが取れた試合だったでしょうね」(名波)

ジネディーヌ・ジダン、ラウール、ロベルト・カルロスら錚々たるメンバーが顔を揃え、銀河系とまで称されたレアル・マドリードとの対戦を想定したスタイルに確信が生まれ、磐田は躍動し始めた。ハイプレスから奪取したボールを、名波を中心に動かして行く戦術が機能し、選手たちも納得のパフォーマンスで連勝は「8」に伸びた。

「鹿島戦からの5試合は理想的なゲームばかりだった」

（名波）

だが心地良い絶頂期は長くは続かなかった。名波の右ヒザが悲鳴を上げ始め、エコパのこけら落としとなる第9節清水エスパルスとのダービー前日の練習では、10mのインサイドキックすら蹴れなくなっていた。

さらに1週間後、第10節コンサドーレ札幌戦直前に、ショッキングなニュースが追い打ちをかけた。最大の目標に掲げていた世界クラブ選手権が、突然中止になってしまったのだ。鈴木秀人は、はっきりと覚えている。

「試合前のロッカールームで聞かされました。僕は最後尾の椅子に座っていたのですが、全体の雰囲気がドーンと落ち込むのが、はっきりと判りました。試合はギリギリで追いつき、延長Vゴールで勝ったんですが、少なからず精神的な影響はあったと思います」

結局ファーストステージは、清水エスパルスに延長Vゴールで1敗を喫したのみで優勝をするのだが、名波は翌年のワールドカップを見越して手術に踏み切る。また夏には高原直泰《なおひろ》がボカ・ジュニオールズへと移籍。支配率に決定率が伴わなくなったことが、最終的にタイトルを逃す原因になった。

再び鈴木秀人が語る。

「２００1年は内容を追求したシーズンでした。僕の場合は、前（ボランチ）でプレーする福西が必ずしも運動量が多いタイプではないので厳しかったんですが、前から仕掛けてボールを奪えて、楽しくプレーが出来ていた。前の選手には、オレたちがコースを限定してやっているという意識があったけれど、こちらにも後ろから（コースを）切らせているというプライドがあった。ただ理想を追い求めるあまり、バランスを崩す部分もありましたね」

改めて監督の鈴木政一が振り返った。

「世界クラブ選手権には、どうしても出場したかったので、まず僕自身がショックを引きずっていた。正直なところ、この大会に出たら、セカンドステージは、ある程度ベテランを休ませて、などと考えていました。今でも磐田が最も素晴らしい内容のサッカーを見せたのは２００1年だったと思います。でもやはり目標にしていた大舞台が消えて、緊張の糸が切れた部分と油断があったのかもしれません」

雪辱を期す２００2年は、開幕から何人かの主力を故障で欠いた。ＤＦ田中誠、ボランチの服部、それに名波だった。鈴木監督は「故障者が戻った時に、なるべく形を変えなくて済むように」と、中盤には西紀寛、福西、金沢浄と3枚のボランチを据えてスタートする。

最終ラインの鈴木秀人は「しっくりいっていない」と感じたし、チーム内には「もとの形に戻すべきだ」という声も高まった。しかしそれでも磐田は開幕から6連勝を飾った。

フィジカルコーチの菅野淳《かんのあつし》の証言である。

「入団して何年もの蓄積がある主力選手たちは、フィジカルも積み上がっていました。当時は土曜日に試合をして、日曜日をオフにした後は、月火曜日の2日間は2部練習をこなしていましたからね。例えば、1000m×8本というメニューがあり、ベテランには半分と指示を出すと、ゴンちゃん（中山）などは『全部やりますよ。やらせてください！』と言うんです。上手い選手たちが強くなった。それがあの頃の磐田だった。いかに彼らがフィジカル的に強かったかは、2007年にヴィッセル神戸に移籍してみて判りました。同じメニューをやらせたら、故障者が続出してしまったんです」

菅野が続けた。

「故障して出遅れた選手がいたとしても、当時は18～20人くらいが接近したレベルを保っていた。だから紅白戦の質が高くて、練習試合を超えていた。時にはBチームが有利になることもあるくらいだったから、名波のような特別な存在は別として、必ずしも使えない選手がいることがマイナスにばかり作用したとは言えないところもありました」

第4節京都サンガ戦で田中誠がスタメンに復帰すると、この試合の途中から服部が出場し、翌第5節神戸戦の後半からは名波がピッチに立つ。90分間では決着がつかなかったが、延長戦の開始1分に福西のVゴールが決まった。

復帰後の名波は「5～6試合はゲーム感覚の問題もあって、あまり良いパフォーマンスが出来なかった。それが2002年の日韓ワールドカップへの出場を逃す要因になったと思う」と回顧する。日本代表は5月にアウェイでレアル・マドリードと対戦するのだが、敢えて名波は日本に残りナビスコカップでプレーをした。

「日本代表のフィリップ・トルシエ監督は、レアル戦に帯同するかどうかを僕に一任してくれた。しかしナビスコでも、あまり良いプレーが出来なかった。このヒザでは、戸田（和幸）、稲本（潤一）、明神（智和）と競えるとは思えなかったから、ワールドカップへの出場を逃したショックはせいぜい10％くらいでした。リーグ再開後は、試合を重ねるごとにパフォーマンスも戻って行きました」

磐田は前年同様にファーストステージを横浜Fマリノスに1敗したのみで優勝する。特に鈴木政一の脳裏には、最終節の柏戦（3－2）で決着をつけた左サイドからの崩しが鮮烈に焼きついている。

「藤田、名波、服部らが絡み、全てダイレクトで6～7本のパスを連ねて、最後は走り込んだ高原がニアで決めた。味方を知り継続してきたことで、より質の高いサッカーが出来るようになった。コイツら凄いな、と思いました」

名波が続く。

「あの左サイドのローテーションは、完全に自然発火でしたが、大きな武器になりましたね」

2002年は、ファーストステージを制しても、誰も気を緩めることはなかった。

「セカンドステージとチャンピオンシップで負けたら結局ノンタイトルに終わる。それは全員が身に染みていたから、後半も目の前の一戦ごとに集中して臨むことが出来ました」(鈴木政一監督)

前年がサッカーの楽しさをアピールしたシーズンだとすれば、この年は勝負強さが際立った。延長戦に突入した7試合を全勝。退場者を出して途中から10人で戦った5試合も、3勝1敗1分けの成績を残した。

「有酸素運動の能力に長けた選手が多かったので、走り負けるイメージはなく、延長戦に入れば勝てるという感じだった。2001年が物凄く走るサッカーだったので、翌年はボールを動かすサッカーにうまく移行出来ました。特に残り30分間、延長戦も含めれば60分間の使い方が上手くて、厳しい状況になれば誰からともなく走って動いてボールを回して行こうというイメージが広がって行った」(名波)

「高校からプロに来てフィジカルのトレーニングがきつくなりました。菅野さん（前出フィジカルコーチ）のメニューは短時間で凄く負荷がかかる。スピードや身体能力が武器だと言われるようになったのは磐田に入って暫くしてからです。フィジカルのベースが高いから、10人になってもあまり負ける気はしなかった。やはり前年の悔しい思いがあるから、勝利に対する気持ちが強くなった。第36節の東京ヴェルディ戦は引き分けても完全優勝が決まるところだったんですが、なんとしてもVゴールを決めて終わりたいと思いましたからね」(鈴木秀人)

実際に東京V戦も、延長終了の1分前に福西のVゴールが決まっている。磐田の強さを象徴するような試合で、史上初の前後期完全制覇が決まった。

鈴木政一監督は、大きな勝因として2トップの決定力を強調した。シーズン前にボカ・ジュニオールズから復帰した高原は27試合で26ゴールを積み上げ得点王と最優秀選手に輝き、2度目のワールドカップを経験した中山も29試合で16ゴール。2人でチーム総得点の6割近くを稼いだ。

「ボカに移籍した高原のプレーはテレビでチェックして

いたのですが、最初の頃は一生懸命オフ・ザ・ボールで動くけれどボールが出て来なかった。そこで暫くすると、オフで動くのをやめて、下がってボールを引き出し自分で仕掛けるようになったんです。磐田に復帰しても、ミニゲームからフリーの味方がいても全部仕掛けていた。ところが帰国したばかりでコンディションが整わず、切れがないので抜けない。さすがに他のスタッフからも、注意した方が……、という声が出たんですが、僕はまだ放っておいた。そのうちにシーズンが開け、コンディションが上がって来るとともに突破の成功率も上がり始めたので、言わなくて済んだんです」

一方で名波は、高原の成長を「明らかにゴンちゃん効果」と言い切る。

「年間を通してゴンちゃんと一緒にやり続けたことで、間違いなく動き出しと動き直しの質が高まった。仕掛けながら周りを使う。一度ビルドアップに入りながら突破に行く。そういうバリュエーションの豊富さも抜きん出ていた。個人的には、あまり『行って来い（自分で突破して決めて来い）』のパスを出すのは好きじゃないんだけど、何回かそんなパスを受けてゴリゴリ行って決めて来たゴールもあったから、相手にとっては怖さもあっただろうね」

再度名波が、クラブの歴史を俯瞰しながら、完全制覇を総括する。

「オフトの土台がまずあり、97年に初優勝してからは徐々に大人のサッカーに目覚め、危機察知能力の高い集団が出来上がった。一番楽しかったのは１９９８年。あまり守備をやらなくても、ポンポンとパスが回って来て、ゴール前には遊びが鏤《ちりば》められていた。ドゥンガと思い切り喧嘩をしながらも、阿吽《あうん》のボール回しが出来ていました。ドゥンガの残したものはピッチ上で引き継がれ、時には言葉の端に暴力が混じったかもしれないけれど、チームが勝つために厳しく要求しあう集団になった」

完全制覇をした際にはどの瞳からも涙は零《こぼ》れなかった。それだけ圧倒的な強さだった。

「相手もプロだから、やられることもある。でも研究されても、上には行かせなかった。そういう意味でも完璧な勝利でした」（名波）

監督に就任して鈴木は、まず「この選手たちにサッカーを楽しんで欲しい」と思った。

「だって選手たちがピッチで苦しんでいるような試合を見ても、ファンは楽しめないから。彼らはね、スタジアムに来ると、まず最初にお客さんの入りを確認するんです。埋まっていると俄然モチベーションが上がる。そのせいか、あの頃はアウェイの観客動員が多くて表彰されました。時にはアウェイでもジュビロのサポーターが上回ることがあった。それほど全国区の人気があったんですよね」

前後期完全制覇は、まさにジュビロ黄金期の集大成だった。やがて磐田が下降線を辿り始めると、鹿島との2強時代も緩やかに終焉を迎えていった。

オシム――愛される「厳父の理路整然」

監督業四半世紀の緻密な戦略家でも、片づけた仕事を追いかけるように疑問が押し寄せてくる。知将の頭脳は、常時サッカーが満載で高速回転しているようだ。インタビューに答えながらも、イビツァ・オシムの視線は遠くを彷徨っている。通訳の間瀬秀一が苦笑しながら教えてくれた。

「たぶん、もう頭の半分は次の試合のことを考えているんですよ」

ナイトマッチを終えた翌朝、既に思考は次節へと切り替わっている。別れ際の握手とともに置いていった言葉も「まあ、何かやってみるよ」だった。

「いい仕事をしたと満足した時点で終わりだよ。私は今だって自信があるわけではないし、いつも自分に問いかけながら仕事を続けている。人生では、起こった出来事の良い方を繰り返し、悪い方は繰り返さないように努力することが大切だ」

欧州で気になるゲームがあれば寝食を削ってでも必ずチェックするし、もちろん対戦相手の研究も怠らない。

「息抜きをしたくならないか、って？　そう思うこともあるけれど、いったいそれでどうなるのかな。実はシュトルム・グラーツを辞める時は、サッカーから逃げ出そうとした。でもやっぱり戻って来てしまった。サッカーは人生だ。人生からは逃げられない」

練習試合では、10対10、10対11など様々な状況を設定したかと思えば、3バックから4バックに移行し、さらには2バック状態にして両サイドから果敢に崩しにかかる形も実践していく。オシムはジェフ市原というチームに多彩な表情を与えた。

「一番大切なのは、進むべき道を選び、自分と選手を信じることだ。第一歩は目的を果たせる選手を選ぶこと。それはクラブも代表も同じだ。ただし代表の場合は、水準以上のテクニックを持った選手が集まるが、クラブでは選手たちがもっと学ばなければならない。ジェフの選手たちも、たぶんサッカーを知っているつもりでいるだろうけど、あまり知らなかったりするから……」

37歳で現役を退くと、そのまま自らの出発点だったFCゼレズニチャルで監督の仕事を始めた。見切り発車だったから、資格を取得したのは走り出してから数年後のことである。他の仕事をすることも視野に入れながら8年間チームを指揮してきたが、そこでユーゴスラビア代表監督という大変な仕事が舞い込んできた。大任を6年間も務めたことで、オシムの心も評価も定まっていく。

「私にとって大事なのは、1つのチームとして目指すプレーを実践することだ。チームとして戦うためのメンバーを人選するのに、どこの国のどんなクラブでプレーをしているかは関係ない。主役はあくまでチームなんだ」

最初のビッグトーナメントだった欧州選手権予選で、まずイングランドに敗れた。だがオシムは平然と言った。

「負けることが重要なんだ。負けることで何をするべきかがはっきりする。監督就任当初は周囲の意見も取り入れてメンバー編成をした。ドラガン・ストイコビッチ、サフェト・スシッチ、デヤン・サビチェビッチ、ツボニミール・ボバン……、まずは天才肌ばかりを並べても勝てないことを示す必要があった。日本だってそうだろう？中田英寿、中村俊輔、小笠原満男、藤田俊哉……、同じようなタイプの選手を並べても勝てない」

1990年イタリア・ワールドカップでは、最初の西ドイツとの試合で実験を敢行する。結果は1－4の完敗。スタメンを3人入れ替えて臨んだ次のコロンビア戦では会心の試合をして、軌道修正に成功した。

「あの頃は既に国家分裂の気配が漂い始め、クロアチア、スロベニア……などそれぞれの国の記者たちが、どうしてあの選手を使わないんだと圧力をかけてくるようになっていた。だから西ドイツ戦は私のチームとは言えないメンバーを送り出した。結果は判っていたよ。でもグループリーグは突破をすればいい。初戦で誰が使えて誰が使えないのかを探り、マスコミやファンにも判らせたんだ。テクニックはあっても走れない。そんなタイプばかりではなく、走る部分をカバーする選手も必要だということを示した。もしノックアウト方式で1試合だけ戦うなら、最初から別の布陣で臨んでいたよ」

究極の大舞台で、リスクを腹にしまい込む大胆な駆け引き。これで周囲の喧騒を遮ると、以後3連勝でベスト8へと邁進した。準々決勝では前半のうちに退場者を出しながら、酷暑のフィレンツェで準優勝したアルゼンチンを徹底して苦しめ（0－0からPK負け）、大きな称賛を背に帰途についた。

「メディアが様々なことを書くから、選手たちは本当に悩んでいた。だからピクシー（ストイコビッチ）やロベルト・プロシネツキたちに、よく言って聞かせたよ。周りが何と言おうと関係ないだろう、自分たちを信じて自分たちのサッカーをすればいいんだ、とね。残念ながら一番良いチームが出来上がったのは、戦争直前だった。しかしあのチームの選手たちは、国が分かれてからも仲良く連絡を取り合っている。これこそが成功と言えるんじゃないかな。優れたサッカーをやるより大切なことかもしれない」

ワールドカップを終え、2年後の欧州選手権予選に臨んだユーゴスラビアは見事にトップ通過で本大会への進出を決めた。だが内戦が勃発し、国連がスポーツ、文化交流を禁止。本大会は、代替出場したデンマークが大番狂わせで優勝する皮肉な結末となった。

「監督という仕事はどんどん複雑になっている。選手を掌握するには心理学を学ぶ必要があるし、自分たちがやろうとしていることが正しいと信じさせるためには会話能力も要求される。この仕事は勝っている時はいいんだ。でも負けた時に何が出来るかで価値が決まる。しっかりと状況を把握して、常に何かを試し、変えていかなければいけない」

監督業の魅力について尋ねると、絶えず変革を求めるオシムらしい答えが返ってきた。

「普通の人生には楽しみや苦しみがあって、それが1年間をかけてゆっくりと流れていく。でもサッカーの世界では、それが3～4日という速いサイクルで巡っていくからね」

《ジーコの後任にオシム》。スポーツ紙が飛ばした記事の内容は耳に入っていた。

「代表監督はクラブの監督より収入も落ちるので、代表を次へのステップと考える監督もたくさんいる。しかし結果が出ないからと監督を代えようとするのはどうかな。ジーコより優秀な監督が見つかるとは限らないじゃないか」――。

誰もが耳を疑い、猫背で長身の監督に訝しげな視線を送った。ジェフ市原の新任監督が指示したメニューは、フルサイズのピッチを使う3対3だったのだ。

現代サッカーでは、ゾーンを狭めてプレスをかけ合うのが常識だ。それが膨大なスペースを与えて走り回らせるわけだから、明らかにトレンドには逆行していた。ただの根性養成メニューに映っても仕方がなかった。

「しかも普通は片方がゴールを決めたり、ボールがタッチを割ったりすれば、そこで終わりだと思うじゃないですか。ところが違うんですよ。すかさず反対側からカウンターが始まる。それが延々続く。こんなことやっていてもつのかな、と思いました。シーズンの途中でみんな潰れちゃうんじゃないかと」

ジェフ一筋で育ってきたボランチの佐藤勇人は、面食らった当時のことを柔かな表情で振り返った。

チームのリーダー格で、指揮官からユーティリティープレイヤーとして厚い信頼を寄せられた坂本將貴《まさたか》が、話を引き継ぐ。

「監督の目の前でやるから止まるわけにいかない。基本的にはマンツーマン。誰かがさぼるとすぐに判る。しかもフリータッチならまだしも、時には2タッチ、3タッチという制限が加わる。もう走らないと繋がらないですからね」

最初は坂本も「なんだ、この監督は」と訝った。だが暫くして「ボールを奪った後にできるだけ速く攻めるためには、そういう動きや意識が必要なんだ」と理解した。

「全てのトレーニングには必ず意味がある。オシム監督はいつもそう言っていました」

それでいて最初からその意味を解き明かすことは滅多にない。

「きっと狙いを僕らに感じとって欲しいんだろうな」

佐藤勇人は、そう解釈している。

オシムとジェフの選手たちの初対面は、2003年の韓国キャンプだった。スロベニア出身のゼリコ・ミリノビッチから、チーム内に情報は発信されていた。

「メチャクチャに厳しいけれど、いい監督だよ。彼に教われば若い選手は確実に伸びる」

坂本が述懐する。

「それにしても予想以上の厳しさでした。1日2度の練習で両方とも2時間みっちりです。その間に全然休めない。いくつかのグループに分かれてメニューをこなしていくんですが、普通どこかのグループがハードなトレーニングをしていれば、他のグループは休んだり、軽めのジョッグになったりするものでしょう。それが全くなかった」

まずオシムは数日間、黙ってゲームを眺めていたという。そして観察期間を終えるや否や、過酷な課題が次々に与えられていった。

「韓国キャンプでは午後にゲームが入ることが多かったんですが、それでも午前のメニューが軽くなることはありませんでした。ただ走るだけというメニューは少ない。でもボールを使って徹底的に走らされた」(坂本)

オシムのトレーニングで疲れるのは、身体だけではない。絶えず頭を働かせてボールに集中する必要がある。

「オシムの練習は、全て実戦で起こり得ることを想定している」

そう指摘していたのは、旧ユーゴスラビア代表時代の教え子たちだが、その流れはジェフでも引き継がれた。

「ルールがあって、ルールがない。それが実戦に近いのかもしれませんね」と坂本は笑う。

「普通日本人だと、これをやれ、と言われたら、それしかやらないじゃないですか。でもオシム監督のトレーニングは、そこだけにとどまらないんですよ」

３対３どころか、オシムはフルサイズで１対１を要求したこともある。１対１だから、当然どちらかが明らかに不利になる。するとオシムは扇動する。

「どうして２人目が助けに行かないんだ！」

最初は選手たちも反駁《はんばく》した。

「だって今、１対１って言ったじゃないですか！」

だが実戦なら１対１で失点の危機に直面すれば、次の選手はカバーリングを即断しなければならない。オシムはメニューの指示は出す。しかし選手たちには、指示を超えて実戦を想定したアイデアが生まれてくることを期待していた。１対１のトレーニングは、やがて自発的に２対１になり、２対２、３対３と発展していくのである。

オシムは語っていた。

「日本と違って旧ユーゴスラビアは、１つにまとまった国ではなかった。セルビア、クロアチア、スロベニア、ボスニア……、様々な文化が混合し、学校を出てもすぐに就職が見つかるような状況ではなかった。だから誰もが頭を使って試行錯誤する。記者も医者も、みんな稼ぐために知恵を働かせて技術を磨く。生き抜くためには狡猾さが要る。弱者が強者と同じことをやっても仕方がない。貧乏人は金持ちに勝つにはどうしたら良いかを考える。そういうことがサッカーにも通じるんだ」

相手の裏をかき、意表を突く。滅多に選手を褒めないオシムが「ブラボー」と発するのは、それが功を奏した時だ。再び坂本の証言である。

「２対１で、監督はまず一度ＦＷにボールを当ててから始めろ、と指示したことがあったんです。でも僕と組んだ林（丈統《たけのり》）は相手の裏でボールを欲しがったので、僕は最初から裏へパスを出した。そしたら、監督は『ブラボー』ですよ」

佐藤勇人にも同じような経験がある。

「オシム監督の場合は、ただ真ん中からノーマークで打たせるようなシュート練習はなくて、いろいろなバリエーションをつけます。例えば、ペナルティエリア内の角度のない所から右足のアウトサイドでカーブをかけて狙え、とか。そんな時に敢えてインサイドで巻いたり、逆の足で狙ったりすると、褒められましたね」

オシム自身は、選手たちがどの程度指示を超えていくかも、折り込み済みなのかもしれない。

「2対1とか3対2とかで、うまく崩せた時に褒められるじゃないですか。でもその後に、ただし他にもこんな方法があるぞ、こういうアイデアもあるぞ、と次から次へといろんな方法を教えてくれるんです」

オシムの引き出しの広さに感嘆する坂本には、こんな経験がある。オシムは事前にオフの予定やトレーニングのメニューを告げない。連戦が続いたある時、さすがに選手たちが悲鳴を上げた。そこで主将の阿部勇樹とともに、休みを嘆願するために監督の部屋をノックした。

「休みはくれませんでした。でもその代わりに、なぜ今休まない方がいいのか理路整然と答えてくれました。先の先のスケジュールまで見越して、コンディションのこともしっかりと考えた上で判断を下していたんです。これは凄えや、と納得して戻るしかなかったですね」

3年半一緒にやって来ても、メニューは新鮮でマンネリを感じたことは1度もないという。ダイレクトのボール回しをするのでも、使用するビブスの色は「5」→「7」→「9」と段階を追って増えている。

「パスを出す色を指定されるんですが、例えば普通の紅白戦でもDF、MF、FWで6色くらいは入り乱れる。4対2でボール2個なんていう時もある。これだと常に周りを見て、しっかりとプレーもしなければならない。当然状況判断は速くなります」

勇人の説明を、坂本が繋いでいく。

「DFに対してFW、MFならMFとのマッチアップが明確なので、人にタイトにつけるようになって、攻守の切り替えも早くなったと思います」

その延長線上には、ジェフのサッカーがくっきりと浮かび上がる。

オシムは一見無愛想に見える。ボソボソと不機嫌そうに話し、それでいて万人に愛される。セルビアでもクロアチアでもスロベニアでも、そして日本でも、オシムに対して否定的な発言を聞いたことがない。誰もが監督と

して の手腕、人格ともに絶賛する。「だって使ってもらえなかったスーパースターでも偉大な監督、って言いますもんね」と、勇人はしきりに感心していた。もっとも既に彼らは、頑固親父が愛される理由に気づいている。

「日本の監督と違って、誰が悪かった、誰のせいで負けた、ということを名指しで言います。でもまず本人に考える時間を与え、次の日にもう一度話すんです。ベテラン、若手、あるいは選手の性格によって、接し方も違うし、モチベーションの上げ方がもの凄くうまいんですよ」

勇人が続ける。

「言うべきことは言う。それは相手が外国人選手でも変わりません。特にマリオ（ハース）なんか、いつも試合中にベンチと怒鳴り合いをしています。ハーフタイムにも、どうみても喧嘩としか思えない言い合いをする。普通あれだけやったら、オレは監督と合わないとか言いそうなものですが、試合が終われば『素晴らしい監督だ』と言っていますからね。相当な信頼関係が出来ているはずです。僕ももっと若い頃に会えたら、その時点で変われたのに、と思いますよ。そのくらい影響力のある人です」

逆にそれほどの偉人だからこそ「怒られると堪えますよ」と、坂本はしみじみと語った。

2005年10月16日、フクダ電子アリーナのこけら落としとなった横浜F・マリノス戦でのことだ。

自分のポジションと逆のサイドからクロスを入れられ、中央で大島秀夫がフリー。坂本は自分のマークを捨てて競りに出る。そこまでの判断に誤りはない。しかし誰もボールには触れられず裏へと抜けた。フォローした坂田大輔がトラップ。シュートを打たれると思った坂本は、瞬時の判断でスライディングをした。オシムに叱られたのは、このシーンについてだった。坂田に切り返されて、ジェフは逆転した1分後に同点弾を喫した。

「ヘディングに競りに行ってからスライディングまで1秒もない。ギリギリの判断ですよ。でも監督は言うんです。『坂田がボールを止めた位置を見ろ、あそこからでは絶対にいいシュートは打てない。シュートを打たせた方が良かった』と。最後の最後までボールの位置を見ろ、と相当言われました。最初は納得いかなかったですよ。でも翌日のミーティングで『できないのか？　できると思っているから言っているんだけどな。1つレベルの高い守備をするために』って。そう言われたら、できないとは言えませんよ。特に僕は攻撃より守備で評価されて使ってもらっているわけですから」

出来ないことは要求しない。オシムは常々そう話していた。だから「出来ないなら最初から言ってくれ」と宣言する。

「ただ、さすがにセットプレーで黒部（光昭）につけ、と言われた時は、僕も言いました。彼のヘディングの強さは十分知っていましたからね。やれと言われればやりますけど、って。そしたらさすがにこの時ばかりは、『確かにミスマッチだったな』と阿部をつけて、僕はゾーンに回ることになりました（笑）。結局、監督との絆はどんどん強くなりました。厳しい発言があり、厳しい態度もとる。でもそこには愛情も、しっかりとした理由もある」

卓越した人心掌握術とともに、オシムの説得力を支えているのは研ぎ澄まされた観察とブレない評価だ。勇人が話す。

「練習中に最も強調するのが、チームとして活きるプレーです。スペースを作る動きなどについては、相当細かく指示をします。スペースを作る動きなどについては、相当細かく指示をします。スペースを作る動きなどについては、相当細かく指示をします。

「練習中に最も強調するのが、チームとして活きるプレーです。スペースを作る動きなどについては、相当細かく指示をします。ゴールを決めた人より、そのためのスペースを作った人を褒める。動いてそこでボールをもらえなかったとしても、しっかりと見ていてくれるから、またやってやろうと思えるんです」

むしろ走るのは嫌いな方だったという勇人が、オシムの指導で走ることをポジティブに考えられるようになった。いつしか「ここに行けばチャンスになる」という戦術眼も磨かれていった。

オシムは日本人の特長を知り尽くし、それを生かすスタイルを追求してきた。

「監督にはいつも言われました。特に外国人選手と当たる時です。『おまえは背が大きくないから、まともにぶつかれば負ける。でもおまえの方が動けるんだからシンプルにボールを動かして、どんどんスペースへ出て行けば逆に相手が嫌がるんだ』と。『ウチのチームは全体的にあまり大きくない。だからその分動ける、走れ』って」

オシムはジェフだけでなくJリーグ全体の意識改革も促した。勇人はそう考える。

「以前は僕もディフェンスラインの前でバランスを取り、守備をすることだけを要求されてきました。きっと日本ではそういう監督の方が多いと思います。でもオシム監督が来て、2列目、3列目から飛び出していけばチャンスになる、と強調された。リスクを冒さなければいけない時もあるんだぞ、と。日本人はあまりリスクを冒すのが好きじゃないし、Jリーグをはじめ、日本のサッカー全体がそういう傾向に陥っていたと思うんですよ。僕の周りでも、日本代表のサッカーが面白くないという意見が多かった。でもオシムさんが監督になれば、見る側も面白いサッカーになると思いますよ。きっと今までになかったような試合を見せてくれます」

2006年、オシムはジーコから日本代表監督を引き継ぐと「日本サッカーの日本化」を唱え、動きのある活発なサッカーを具現していった。しかし志半ばで病に倒れ退任。最後まで愛されながら帰国することになった。

期待薄世代の逆襲——北京五輪

北京五輪から数年を経て、この大会で日本代表を率いた反町康治は、ＪＦＡ専務理事だった田嶋幸三から謝礼を言われた。

「あの時のメンバーが本当に頑張ってくれている。感謝しているよ」

反町は苦笑とともに返した。

「いやあ、僕はただ必死にやっただけですから……」

反町が選んだ選手たちは大化けして、その後の日本代表の中核として長く活躍した。北京五輪に出場した18人中８人（西川周作、内田篤人、吉田麻也、長友佑都、森重真人、本田圭佑、香川真司、岡崎慎司）が６年後にはブラジル・ワールドカップに出場。また計11人が１度は欧州へと飛び出して行った。北京世代の変わらぬ充実は、逆に世代交代の遅れを危惧する声を誘発するほどだった。

しかしだいぶ遅れて押し寄せて来た称賛の声に、敢えて反町は反駁する。

「なぜ彼らが育ったか？　そんなことは本当に判らな

い。もし18人全員が活躍しているなら、もっと胸を張れるかもしれないけれど……。北京世代で一番期待されていたのは梶山陽平だった。ところがその梶山がフル代表には1度も呼ばれていない。不思議なものだよ……」

反町率いる五輪チームが始動したのは、２００６年8月だった。アウェイで中国と対戦し、本田圭佑と増田誓志のゴールにより2－0で退けている。それから2年間で83人の選手を招集するわけだが、最初の中国戦でスタメン出場し北京五輪でもプレーをしたのは、本田圭、西川、梶山の３人。他に五輪まで残ったメンバーでは本田拓也と豊田陽平がベンチに入っていた。

「とにかく2年間でメンバーは大きく変わった。それはむしろ悪いことではなく、良いことだったと思う」

そう言って、反町が続けた。

「イビツァ・オシム監督が率いるフル代表と起ち上げが一緒だった。最初の中国遠征に出かける前にオシムさんに言われたよ。『毎試合どのポジションでもいいから、おまえが一番良いと思う選手を一人（フル代表に）連れて来い』。それは途中で（フル代表の監督が）岡田武史さんに代わってからも続いた。最初の遠征から帰って来た時は、青山直晃を推薦した。その後は本田圭佑を送り込んだ時もあるし、長友がいいから1度呼んでみてくださいと話したこともある。香川の場合は、岡田さんが五輪代表の試合を見て、『アイツいいな、ちょっと持って行くぞ』と言われた」

本番の北京五輪まで、とにかく多忙を極めた。スタッフで手分けをして様々なカテゴリーの試合を視察し、U－20ワールドカップに臨む吉田靖監督や、ユニバーシアード代表の吉見章監督とも頻繁に連絡を取り合った。

「敢えて大学リーグも視察に行ったのは、見に行くことがメッセージになるから。実際に２００６年末には、カタールのドーハでアジア大会が開催（2勝1敗でグループリーグ敗退）され、大学生も呼んでいる。最初は清水エスパルスの選手が多かった。岡崎、青山直、枝村匠馬、岩下敬輔、杉山浩太……、試合に出ている選手優先で視察に出かけていたからね」

反町は本番までに2つの路線を描いていた。

「とにかく予選を勝ち抜くために全神経を傾ける。そして本大会への出場を決めたら、新たな選手を招集して融合させていく。つまり予選は予選、本戦は本戦。例えば、大学に長友のような面白い存在がいることは頭の片隅に入っていたし、現実に予選でも1度は呼んでいる。しかしいくら将来性があっても、いきなり大一番で使うわけにはいかない。このやり方には、メディアから批判の声も出た。でもオレは自分のやり方が間違っていないと確信を持っていた。残念ながら、しょせん五輪は即席チームなんだよ」

即席だからコンディション作りも、出来ることが限られる。課題も浮き彫りになった。

フィジカルコーチを務めた矢野由治が言う。

「Jリーグが並行して行われているから、選手たちを拘束して準備に使えるのは2週間程度。その間には親善試合も組み込まれるので、コンディションは現状維持が精一杯。負荷をかけて、もう一段階上げることは出来なかった。また欧州のシーズンを終えた本田圭佑は、母校の星稜高や名古屋で自主トレをして調整をしていたようです。現在の代表なら、欧州組だけを集めてケアが出来るんですけどね」


起ち上げ当初のチームは、2005年に大熊清監督に率いられ、オランダでU－20ワールドカップを戦ったメンバーが基盤になった。2004年にアテネ五輪も経験している平山相太や、カレン・ロバート、増嶋竜也、中村北斗、さらには家長昭博、水本裕貴らが名を連ねていた。

Jリーグが開幕してから、日本は3大会連続して五輪への出場を果たしていた。だが反町が率いるチームは、過去3大会に比べタレントが枯渇気味との指摘が少なくなかった。実際にオランダでのU－20ワールドカップを2試合ほど観戦したが、当時ジーコが指揮していた日本代表に食い込んでくると確信できる素材は見当たらなかった。

一方で85～86年生まれでゴール後のパフォーマンス等で弾けていた「調子乗り世代」は、2007年夏にカナダでのU－20ワールドカップを控えていたので、この大会を終えるまで招集することが出来なかった。因みに、カナダでの香川は、まだボランチの控えだった。

FC東京のスタッフだった矢野は、練習参加に来た香川のフィジカルをテストしたことがある。

「まだみやぎバルセロナ時代のことでした。ダッシュとドリブルのスピードを計測したんですが、どちらもほとんど変わらなかった。たぶんセレッソ大阪と争奪戦をしていたんでしょうね。そんな経緯もあり、ずっと注目していたのですが、再会をしたのが五輪チームでした」

北京五輪の予選は、2次を全勝で突破。最終予選は4戦目でカタールとのアウェイ戦を落とすが、3勝1敗2分けで本大会への切符を手に入れた。1つのノルマを果たし、反町は当初描いたプラン通りに、五輪本番へ向けて新しい選手たちを融合させていく。

「予選が完全にホーム&アウェイ方式で行われたので、1週間前に集合をかけるなど、いろんな試みが出来て、その都度コンディションの良い選手を呼ぶことが出来

た」（反町）

「その中でアウェイでも順応できる選手なども見極めることが出来たと思います」（矢野）

U－20代表からは内田篤人が、また明治大学在学中にFC東京と契約した長友が、それぞれフル代表にデビューし、さらに安田理大《みちひろ》も頭角を表すなどSBに人材を得て、反町もそれまでの3バックから4バックへシフトしていく。

「ちょうど国際的にもサッカーが少しずつ変化してきた時期だった。CBには、ただはね返すだけではなく、効果的なビルドアップが求められるようになり、吉田らが主軸になり始めた。また守備もマンマークよりゾーンで戦うチームが増えて来て、その隙間でボールを受けられる選手が必要になった。そういう意味で、空間認知力に長けた香川は時代のニーズにあった選手だった。実際に隙間で受ける練習は、いつもやっていた」

5月末にはトゥーロン国際に出場し、最終メンバーが固まっていく。

「大会を終え、各国の監督がMVPを投票した。チリを率いていたマルセロ・ビエルサが、日本の選手の名前を書いた。誰だろう？　と確認してみたら、森重だった」（反町）

さらに土壇場で、Jリーグで売り出し中の谷口博之が滑り込み、トップ下のオプションとして急浮上していく。

「当時川崎フロンターレにはDFを中心に長身選手が多かったので、セットプレーでは5～6番目にマークされる谷口がヘディングを武器に固め取りをしていた。ゴールを奪えるということは何かを持っている。勝つためには必要な選手だと判断した」（反町）

オーバーエイジ招集の交渉には、細心の注意を払った。招集に失敗したことがメディアに漏れたのが、遠藤保仁と大久保嘉人だった。遠藤は体調不良で入院し、大久保も当時所属のヴィッセル神戸がヒザの故障を理由に断って来た。

「実はオーバーエイジは3人を予定していたけれど、本当は水面下で何人かに断られている。それは絶対に漏れないように気を遣ったし、名前は墓場まで持って行くよ」

リオ五輪では、直前に久保裕也の招集が所属のヤングボーイズから拒否されたが、欧州ではまったく珍しいことではない。

「例えば、同じ年にユーロ（欧州選手権）を戦ったばかりのドイツのサポーターが、旗を持ってリオに応援には行かない。欧州で五輪は、そういう評価の大会。でも日本人の五輪への思い入れを考えると、オーバーエイジを断るのが凄く悪いことだと捉えられ、非難を浴びてしまうかもしれない。だから交渉は、絶対に漏れないようにする必要があったんだ」

もちろん反町は、もしオーバーエイジを招集出来ていたら、誰が外れたかという仮定の話には取り合わなかった。だが五輪本番では４－２－３－１、もしくは４－４－2で戦っており、合流していれば遠藤は２列目かボランチ、大久保も2列目でプレーしたはずだ。勝つためにれば、オーバーエイジを求める声は高かったが、後から振り返オーバーエイジが不在だったからこそ貴重な経験を積めた選手がいたことは想像に難くない。逆にオーバーエイジの不在が、冒頭に記したように田嶋会長の感謝の弁を引き出したことを思えば、やはりＪＦＡはオーバーエイジ選択の基準について、明確な指針を示していくべきだろう。

北京五輪の初戦は、２００８年8月7日、大会の開会式に先駆けて天津で行われた。悪条件は判っていたが、「逆に高温多湿や時差は、日本が味方にしなければならなかった」と反町は振り返る。ただし言い訳にするつもりはなくても、実際に現場の状況は想像以上に劣悪で、キックオフ時の気温が35～36度まで上昇していた。

「感覚としては判っていたので、国内では比較的暑い名古屋でキャンプをして行きましたが、やはり予想以上でした」（矢野）

初めて見るピッチの状態にも驚いた。「芝の根つきが悪く、試合を重ねる度に荒れる一方だった」（矢野）から、ハイテンポのパスワークを軸に速い連動を目指す日本が本来のパフォーマンスを引き出すのは難しかった。

しかし初戦の相手は米国である。高温多湿には、日本以上に苦しむはずだった。

「オーソドックスなチームで勢いはあるが、分析しても十分に勝てる相手だった」（反町）

2戦目以降に、五輪世代に屈指のタレントを揃えるナイジェリア、さらにはＵ－20ワールドカップで圧倒的な力の差を見せつけられたオランダとの対戦が控えていることを考えれば、どうしても勝ち点3を確保したい試合だった。

20分、日本に千載一遇の先制機が到来する。

右ＣＫから入念に準備して来たパターンが成功した。まず本田圭が内田にショートパスを繋ぐ。ところがここでセネガルのバダラ・ディアッタ主審が笛を鳴らした。ゴール前のポジション争いに注意を与えるためだった。これでショートコーナーという日本の狙いは露呈した。

しかし反町は「逆に相手のＤＦが食いついてくれて良かったんじゃないか」とも思う。確かに内田にはＤＦが寄せて来た。だがそれでも本田は、さらに接近した内田に再度短いパスを送る。内田がグラウンダーのパスをニアサイドへと走らせると、香川が内田へリターン。内田はゴールを横切る速いパスを通し、ゴール前では森重が完全にフリーで待ち構えていた。ところが森重はミートし損ない、シュートは枠を逸れる。

「セットプレーは5~6種類を用意していたけれど、あのパターンは最初で最後だった。トラウマになったんだろうな」(反町)

本来のCB2枚を故障で欠いた米国の守備は不安定だった。右サイドを内田がフリーで走るシーンが繰り返され、決定機を逃した後も前半は日本ペースで推移した。

ところが後半開始早々の47分に落とし穴が待っていた。米国の右SBマルベル・ウィンが長友と並走しながらクロスを入れる。日本はニアサイドにポジションを取る水本がクリアするが、このボールが目の前でフリーのスチュアート・ホルデンに渡ってしまった。ホルデンが左足を振り抜く。守護神の西川は反応したが、それでもボールはコロコロとゴールラインを越えて行った。

主審は、守備側の多くのファウルに寛大だった。その分、米国のエース、フンディ・アドゥは再三苛立ちを露わにしていたが、日本もアディショナルタイムに豊田への明らかなPKを流されてしまった。日本はそれ以外にも何度かの決定機を作った。香川のクロスを本田圭がフリーでヘッド。ラストチャンスは、長友がゴール前に放り込み、GKとの交錯を怖れずに李忠成が頭で突っ込んだが、いずれもボールはわずかに枠を越えた。

0-1、グループリーグ突破を見据えれば、痛恨の敗戦だった。また選手たちもそれを判っているから、チーム全体の心の傷も深く、中2日での立て直しは困難を極めた。

「米国戦では、開始5分で安田にアップを命じた。それほど長友が過緊張で舞い上がっていた。長友はトゥーロン国際への出場を見送り、国内のキリンカップでフル代表にデビューしている。しかし五輪の舞台では、そんな状態だった」

反町は、米国戦の映像を選手たちに見せず、次のナイジェリア戦だけに集中させようとした。それどころか反町は、北京五輪3戦の映像を1度も見直していない。指揮官自身の傷も、想像を超えて深かった。

「ナイジェリアに負ければ、それで終わってしまう。だからなるべくフレッシュな選手を使おうと考えた。長友を安田に入れ替え、梶山を初めてスタメンから外した」(反町)

さらに初戦では最前線で孤立した森本に代え李。スタメンを3人入れ替えて、3年前のU-20ワールドカップで準優勝をしている大会屈指のタレント軍団に挑んだ。

米国戦に比べれば、日本は序盤から積極的に味方を追い越す動きを入れ、攻撃的な姿勢を見せた。30分過ぎには、森重がロングフィードで左サイドの裏を突き、安田が折って折り返す。谷口がインサイドで合わせたが、この決定機もGKに阻まれた。そしてナイジェリアは、日本のミスに乗じたカウンターからゴールを重ねる。58分の先制点は、香川の仕掛けをインターセプト。74分の追加点は、自陣ゴール前で岡崎が落としたボールを奪ったところが起点となった。皮肉にも、長友、香川、岡崎と、初戦から失点に絡んだ選手たちが、その後急成長を遂げるのだった。

改めて指揮官が語る。

「国内のクラブレベルとは比較にならないワンプレーの重みを知り、痛い思いをしたことが成長を促した可能性はある。結局実際にやってみなければ、世界のレベルを感じることは出来ない。ナイジェリアの選手たちも、同じように劣悪なピッチで滑っていたが、すぐに起き上がる力を持っていた。日本の選手たちにとっては、試合に負けたという結果以上に、上には上がいることを知った悔しさの方が大きかったんじゃないかな」

日本は78分に豊田が1点を返すが、1－2で連敗し、この時点でグループリーグでの敗戦が決まる。さらにオランダ戦も0－1で落とし、3戦全敗で大会を終えた。

ロッカールームに戻り、反町が別れの挨拶を始めると、半分以上の選手たちが嗚咽をもらした。

「みんなに1試合でも多く経験させてあげたかったけれど、それが出来なくて本当に申し訳ない。オレはもうこうして海外で試合をすることはないだろうけれど、あなた方はこれからもいろんな国際経験を積み重ねていくだろう。10年後に、また会おう。だからそれまでどのカテゴリーでもいいから、現役を続けるんだぞ」

大学在籍中にプロ契約をして、一気にフル代表まで駆け上がった長友は、計り知れないショックを受けていた。矢野の証言である。

「国内ではスピードやフィットネスで負ける相手はいませんでしたからね。失点のきっかけを作ってしまったこともあり『これからオレはどうしたらいいんだろうか、何をすればこのレベルで戦えるのだろうか』と相当追い込まれ、自問自答していました」

だがそれから間もなく「世界一のSBになる」と宣言して、イタリアへ渡っていく。

「有言実行型の本田圭は、自分の言ったことに追いつこうと努力をする。また香川は、言葉ではあまり発信しないけれど、実力は持っている。タイプは異なるけれど、きっとどちらも目指すところは一緒だった」（反町）

「チームでムードメイカーだったのは、岡崎、安田、長友。彼らは何をするにも、物凄くポジティブで明るかった。目標設定が上手い選手が揃っていたのかもしれませんね。凄く高い道標があるから、1つの目標に到達しても、そこにとどまることがない。またそういう選手たちが揃っているから、互いに刺激し合って相乗効果を生んだ。僕らスタッフも年末に集まって近況報告をし合うんですが、話題が欧州で活躍している選手に及ぶと、負けないようにしような、と話しています」(矢野)

北京五輪を終えた反町は、もうサッカーを辞めようと沈み込んでいた。

「ずっと自分のことをポジティブな人間だと思ってきたけれど、とにかく五輪のことは忘れてしまいたかった。ヒゲを生やして家に引きこもり、3ヵ月間くらいはサッカー関係者との連絡を絶った。試合も見なければ、スポーツ紙も読まない。気象予報士になろうか、飲み屋かカフェでもやろうか……などと考えていた。でもカミさんに、いつまでも家にいないでよ、と言われてね(笑)。そんな時に、たまたまスポーツ紙でホッフェンハイムの記事を見つけて、練習を見学に行った」

日本人のいない環境で約1ヵ月間、新しい空気を吸って「こういうチームなら引き受けてもいいかな」と思った。

Jリーグが開幕しても、暫くはアマチュア登録のままプレーを続けた。三十路が近づいてからプロ契約をしたので、とにかく少しでも長くサッカーの世界で生き延びようと、積極的にテレビの仕事もこなした。

「でもフランス・ワールドカップ(1998年)を見て、日本のサッカーはこれでいいのか、オレはテレビの仕事をしていていいのか、と疑問を覚えた。それから日本サッカーのためになんとか貢献したいと、指導者の勉強を始めたんだ」

ドイツから帰国した反町に、湘南ベルマーレの大倉智強化部長(当時)から連絡が入った。

「監督? やらねえに決まってるだろ……。1日考えさせてくれ」

独特の言い回しで半分毒づきながらも、反町は救いの手を差し伸べようとする大倉の気遣いを受け止め、サッカー界に復帰する。

「代表監督になり、海外遠征から帰ると時差ぼけで夜中に目が覚める。負けると、ずっとため息ばかりついていた。それまでそんなことはなかったから、カミさんに『やめてよ!』って言われてね。クラブなら、負けてもすぐに次の試合があって、準備に取りかかる。でも代表は次がないかもしれない試合ばかりだから……」

湘南から松本山雅。日本のホッフェンハイムを夢に描き、若手を育てて代表に送り込もうという意欲は変わらない。

香川、岡崎、長友、本田圭佑……、北京で世界を肌で感じ、叩きのめされた連中が大きく飛翔した。日本のために貢献したい。もともとそれが反町の原点だった。

「そう考えれば、少しは（当初の目標を）達成できたのかな……」

最後に北京五輪代表組のその後を紹介しておく。

ＧＫ

西川周作　大分トリニータ↓サンフレッチェ広島↓浦和レッズ※２０１４年ブラジル・ワールドカップ出場

山本海人　清水エスパルス↓ヴィッセル神戸↓ジェフユナイテッド千葉※日本代表

ＤＦ

吉田麻也　名古屋グランパス↓ＶＶＶフェンロ（オランダ）↓サウザンプトン（イングランド）※２０１４年ブラジル・ワールドカップ出場

水本裕貴　京都サンガ↓サンフレッチェ広島※日本代表

長友佑都　ＦＣ東京↓チェゼーナ↓インテル（以上イタリア）※２０１０年南アフリカ、２０１４年ブラジル・ワールドカップ出場

森重真人　大分トリニータ↓ＦＣ東京※２０１４年ブラジル・ワールドカップ出場

内田篤人　鹿島アントラーズ↓シャルケ↓ウニオン・ベルリン（以上ドイツ）※２０１０年南アフリカ、２０１４年ブラジル・ワールドカップ出場

安田理大　ガンバ大阪↓フィテッセ（オランダ）↓ジュビロ磐田↓サガン鳥栖↓ヴィッセル神戸↓名古屋グランパス↓釜山アイパーク（韓国）※日本代表

ＭＦ

細貝萌《はじめ》　浦和レッズ↓アウグスブルグ↓レバークーゼン↓ヘルタ・ベルリン（以上ドイツ）↓ブルサスポル（トルコ）↓シュツットガルト（ドイツ）↓柏レイソル※日本代表

本田圭佑　ＶＶＶフェンロ（オランダ）↓ＣＳＫＡモスクワ（ロシア）↓ミラン（イタリア）↓パチューカ（メキシコ）※２０１０年南アフリカ、２０１４年ブラジル・ワールドカップ出場

梶山陽平　ＦＣ東京↓パナシナイコス（ギリシャ）↓大分トリニータ↓ＦＣ東京

谷口博之　川崎フロンターレ↓横浜Ｆ・マリノス↓柏レイソル↓サガン鳥栖※日本代表

香川真司　セレッソ大阪↓ドルトムント（ドイツ）↓マンチェスター・ユナイテッド（イングランド）↓ドルトムント（ドイツ）※２０１４年ブラジル・ワールドカッ

プ出場
本田拓也　清水エスパルス↓鹿島アントラーズ↓清水エスパルス※日本代表
FW
豊田陽平　モンテディオ山形↓京都サンガ↓サガン鳥栖※日本代表
岡崎慎司　清水エスパルス↓シュツットガルト↓マインツ（以上ドイツ）↓レスター（イングランド）※2010年南ア、2014年ブラジル・ワールドカップ出場
森本貴幸　カターニャ↓ノヴァーラ↓カターニャ（以上イタリア）↓アルナスル（UAE）↓ジェフユナイテッド千葉↓川崎フロンターレ※日本代表
李忠成　柏レイソル↓サンフレッチェ広島↓サウザンプトン（イングランド）↓FC東京↓サウザンプトン（イングランド）↓浦和レッズ※日本代表

間もなく反町が選手たちと約束した再会の時を迎える。まだ約束を破ってスパイクを脱いだ選手はいない。同時にあれから再び一緒に仕事をした選手もいない。

プラチナ世代はブラジルを怖がらない

初戦の相手がブラジルに決まると、瞬く間に若い日本代表選手たちの間には、高揚した笑みが広がった。池内豊監督から一報が告げられたのは、スペイン遠征中のことである。

当時浦和レッズユースに所属していた岡本拓也が、その光景を思い起こす。

「とにかくメッチャ盛り上がりましたよ。ブラジルかよ、絶対に倒そうぜ、って」

このチームは、過去に豊田国際ユース大会とコパ・チーバス（メキシコ・グアダラハラ）で、ブラジルと2度対戦していた。結果は1－1、2－2で、どちらも引き分け。

「最初は相手の勢いに押され失点をしましたが、その後は落ち着いて主導権を握る時間帯が増えていきました」

（山橋貴史コーチ）

誰ひとりとして怯まず、やり難いとも感じていなかった。最高の舞台で決着をつけられる。U－17ワールドカップ本大会での王国との再戦を心待ちにしていた。

前橋育英高校に在学中で、やがて浦和レッズで岡本の

チームメイトになる小島秀仁もこう言い切る。

「負けてはいないし、気後れはなかった。みんな勝つ気でいたし、燃えていましたね」

もちろん指揮官は、もう少し慎重に本番を見据えていた。池内は、まだ雲の上で霞んで見えないワールドカップを、ただ夢想していた80年代半ばの日本代表選手である。

「ホンネを言えば、せっかくの世界大会だから、逆に対戦経験のない国とやりたかった。でも結果を出すなら、顔を合わせたことのあるチームの方がいい。日本の選手たちは経験値が少ないけれど、順応していく力は高い。同じ相手と繰り返し試合をすれば、だんだん能力を発揮していけるはずなので、3度目はさらに良い方向に行くのでは、と考えました」

2009年秋、U－17ワールドカップがナイジェリアで開催された。主人公になるのは1992年生まれの選手たちで、彼らはプラチナ世代と呼ばれた。池内が初めてプラチナの輝きを見たのは、その4年前に遡る。U－13アジアフェスティバルに参加した日本は、ライバル韓国を完全に翻弄した。

「韓国を相手にあれほどゲームを支配し、快勝した日本は見たことがなかった。結局U－17代表には、その時のメンバーが8人ほど残りました。非常に確率は高いです。彼らが引っ張ることで、これからハイレベルな競争が出来るな、と思いました」

ワールドカップのアジア予選は、彼らが15歳の時から始まった。各地域のトレセンコーチから情報を集め、代表スタッフが自ら確認しながら、総勢約150人の候補者を絞り込んでいった。

「攻撃にウェイトを置き、良いものを伸ばしてあげたい。しかし当然チームとしての役割もあるので、そこは妥協せずに言い続けました。我の強い連中が多いので、コントロールするのは難しかった。最終的には、やって来い！　という部分も若干ありました」（池内）

主将を任されたのは、早生まれで1学年上の内田達也だった。ただし内田が中学3年生に進級した時、ガンバ大阪ジュニアユースでキャプテンマークをつけたのは、1学年下の宇佐美貴史だった。

「貴史は完全に別格で、プレーで引っ張ってくれていた。だから同級生の間でも、みんなでサポートして行こう、と話しました」

実際に宇佐美は中学2年時のU－15全日本選手権で、自ら決勝ゴールを奪いチームを優勝に導くと、3年時にはユース（U－18）へと昇格していった。内田が続ける。

「U－17代表でどこの国際大会に出ても、貴史よりうまい選手は見当たらなかった。1人で全部こなしてゴールまで決めてくる。本当に凄かった。だから逆に貴史を活かせないと、バタッと崩れて失点を重ねることがありました。流れが良い時は何点でも取れちゃうので、後ろから見ていても楽しかったんですけどね」

187㎝でチーム最長身の杉本健勇《けんゆう》も、同じようなことを感じていた。

「良い選手ばかりが集まり可能性は感じました。でも自分も含めて、みんな個性が強いので、時々やりたいことばかりやり始めてしまう。そこがチーム力としては、ちょっと心配でしたね」

確かにチーム結成当初のウクライナ遠征では、トルコに4失点して完敗した。

「体格が大きいのにテクニックがあって、強いしボールを回すことも出来る。やっぱり世界は違うな、と思いました」

だがそんな杉本も、トルコに出鼻を挫かれた後は「やっぱり違う」という衝撃には遭遇していない。ブラジルを初めとする他国の代表に限らず、レアル・マドリードなど強豪クラブと対戦しても、プラチナたちが資質で引けを取ることはなかった。

「ボールを扱うテクニックが優れている選手が多かった。杉本、宮吉拓実、宮市亮、宇佐美、高木善朗、柴崎岳、堀米勇輝、小川慶治朗……、それ以外にもずっと見て来てJリーグ入りした選手もいる。とにかく前の方にはタレントが豊富でした。でも一方で、まだ動く習慣が身についていない選手も目立った。だから動きながらボールを扱うことを、ずっと要求してきました」（山橋コーチ）

JFAも期待のチームを積極的にサポート。U－16アジア選手権が開催されたウズベキスタンを始め、ウクライナ、スペイン、メキシコ、ブルキナ・ファソと遠征を繰り返していく。選手たちは逞しさを増し、組織としても精度を高めていった。

ウクライナやウズベキスタンでは下痢の洗礼も受けた。SBのレギュラーとして全遠征に参加した当時FC東京U－18に所属した廣木雄磨が記憶を辿る。

「ウクライナで下痢をしなかったのは、たぶん2人くらい。就寝前にホテル内のトイレットペーパーを使い果たしたので、深夜はタオルやトイレットペーパーの芯を使うなど、みんな工夫してやり繰りしました」

でもそれも想定内、と池内は話す。

「この年代は、現地の食事を取らせて、どこへ行っても大丈夫という逞しさを植えつけることが大切。結局油の違いが原因なんですが、ギリギリの状態でも『やれ』と送り出す。集中すれば下痢は止まる。逆にその程度の下痢なんです。その代わりハーフタイムは大変だったんですけどね（笑）」

チームは4－4－2で始動した。池内の最大の悩みは、攻撃ばかりにタレントが集中していることだった。MF中央で柴崎のパートナーが見つからない。「一人でも守備の出来る子がいれば下げていた」という状況で、本来攻撃力が売りの堀米を使っていた時期もある。それでもアジア予選を突破し、2009年の年明けに開催されたコパ・チーバスで招集した小島にボランチとしてのメドが立ち、4－2－3－1へと移行した。

「左サイドで使っていた宇佐美を、守備の負担を考慮して真ん中に移し、杉本との2トップを縦関係にしました」（池内）

過去2度のブラジル戦で最も強烈なインパクトを残していたのは、既にバスコ・ダ・ガマからインテル（イタリア）への移籍が決まっていたフェリペ・コウチーニョ（現リヴァプール）だった。コパ・チーバスで対峙した小島が述懐する。

「体は小さいのに、実際に当たってみると凄く重いんです。1度ファウル覚悟で止めに行ったらかわされて……、池内監督からは『良いディフェンスだったけど、相手が上手かったな』と言われました。外国人は、こちらが手を使うと倒れる選手が多いんですが、コウチーニョは倒れない。レベルが違いました」

逆に豊田国際で、本名の末尾を取ってサントス・ジュニオールと紹介されていたネイマールのプレーぶりは、スタッフ、選手ともに、ほとんど記憶に残っていない。

実は本番を控えた夏には、2トップとコウチーニョ抜きのレギュラーを揃えたブラジルが仙台カップに来日。1歳年上の日本代表と戦って2－0と快勝している。しかし視察した池内に限らず、選手たちもあまり気に留めていなかった。

「ブラジルは個のレベル、特にゴールに向うテクニックは高くて、ポテンシャルはあるけれど、荒削り。そんな印象でしたね。U－17代表は、早い段階から準備が出来る。13歳から一緒にやっていれば、作り上げなくてもチームにはなります。だからU－18代表との比較は意味を成さないんです」（池内）

2009年10月24日、いよいよU－17ワールドカップで日本は初戦を迎えた。グループリーグの舞台は、ナイジェリアの首都ラゴスにあるテスリム・バロガン・スタジアム、人工芝のピッチだった。池内は、それも日本に有利な材料だと考えていた。大半の選手たちが、日常的に人工芝でプレーをしていたからだ。

「それにもし天然芝でブラジルが相手だと、身体全体を使ってボールを奪いに行かなければならない。そういう対応を強いられると、ちょっと世界との差があるかな、と感じていました。でも人工芝なら、ほんの少し方向を変えるだけで抜いて行ける。そういう足先のプレーが通用してしまうんです」

ブラジルの戦い方のイメージを持たせるために、池内は選手たちに南米予選の映像を見せた。しかしこの1戦のために特別な対策も練らなければ、具体的な戦術的な指示も出していない。

「相手のスピードに慣れるまで、粘り強くチャレンジ&カバーをしていこう。ブラジルも攻守が分業になる傾向があるので、絶対にチャンスは来るから」

そう伝えて、選手たちを送り出した。

午後7時、まだ気温は30度を保っていた。日本代表は、リラックスムードで冗談を言い合いながら、ピッチへと歩を進めた。内田主将は「もう少し締めた方がいいかな」と感じたが、杉本に言わせれば「それがこのチームのいつものリズム」だった。

「おとなしい選手が多い。だからオレと宇佐美が中心になって、ふざけたり雰囲気を作ったりしていたんです。新しい選手が入ってきても縮こまらないように」(杉本)

ガキ大将のように攻撃もチームのムードも作り上げていく杉本や宇佐美。「既に会話が大人だった」(池内)という冷静な柴崎、小島のボランチコンビ。またDFには内田を筆頭に生真面目なタイプが多く、ポジションがそれぞれの性格を表していた。

キックオフはブラジル。いきなりロングボールを放り込んで来る。そしてその後が速い。序盤緊張気味の岡本は「繋ぐべきシーンで蹴ってしまっていた」と反省する。

「それにやっぱり本番のブラジルは目の色が違っていました」

岡本は2009年1月のコパ・チーバスで、初めて内田とCBのコンビを組み、レギュラーに定着していった。

「最初はウッチーさんに、怒られっ放しでした。互いの距離の取り方やラインの上げ下げとか。でも細かい指示も出してくれて、だいぶ助けられて来たと思います」

当日想定外の障害は、耳をつんざく音で鳴り響くブブセラだった。いくら叫んでも互いの指示が通らない。組織力が生命線の日本のDFにとっては、ブラジルのスピード同様に難敵となった。とにかく池内が懸念していたのは、立ち上がりである。

「初戦は、どう転ぶか判らない。最初に押し込まれて、スピードに慣れる前に失点してしまうとまずい……」

予感は半分的中した。

4分、遅れてファウルで止めに入った廣木に、ハワード・ウェッブ主審が注意を与える。

ブラジルはコウチーニョがFKを低い弾道で送ると、ボランチのジョアン・ペドロのバックヘッドが緩やかなカーブを描き、クロスバーを叩いた。

さらに8分、左サイドからネイマールがピッチを横切るようにドリブルを始めた。内田、さらには岡本が対処するが、どちらもチャージをせずに、距離を取って後退していく。結局ネイマールは右サイドのコウチーニョへのパスを通すが、コウチーニョは切り返しを試みて滑って転倒。フォローしたネイマールのシュートも右に外れた。慣れない人工芝で、ブラジルの選手たちは再三足を滑らせていた。池内が描いたように、ピッチは何度か日本を救っていた。

「あれは連携ミスだったと思います。あの時間帯は、もしかしてこのままやられちゃうのかな、と不安も過《よ》ぎりましたね」(岡本)

10分には、内田のバックパスを処理したGK嘉味田隼《じゅん》のキックが、そのままネイマールに渡る。ネイマールは、ボールを浮かせて内田をかわすと、左足の強烈なシュートがニアサイドを突いた(GKセーブ)。

重苦しい時間が続いた。25分には、ウェリントンへの対処が遅れてファウルで止めた廣木に、イエローカードが出た。守備力には定評のある廣木だけに、珍しい光景だった。

「ナイジェリアの暑さに対処し切れず、体が重かったんです。過去2戦、ブラジルには普通に対処できていたから、たぶん前半は焦っていたと思います。緊張もありました。でもイチローさんの本に『緊張感を味わえるのもスポーツの醍醐味』と記されていて、緊張出来るのもワールドカップだから、と幸せを噛み締めながら試合に臨んだんです」

それから1分後に均衡は破れた。ブラジルが日本陣内でボールを回し、バイタルエリアでフリーになった左SBのギリェルメが隙を逃さず会心のロングシュートを叩き込んだ。おそらく本人も驚くような一撃だったはずだ。

最も近くにいた小島が語る。

「あれが外国人特有のゴールへの意識です。あと半歩寄せていれば、と思いました。でも一方で、あそこからなら打たせても大丈夫という意識があったのも事実です」

しかし失点という区切りは、逆に日本に落ち着きを与えた。追いかけようという心理的な割り切りが、攻撃的な特徴を引き出していく。

「もともと0-0で終わるイメージはなかった。失点しないとは思っていませんでした。でも点を取れないとも思っていなかったんです。だったら1失点で抑えよう、と切り替えました」(内田)

流れは一変した。最終ラインでボールを奪った日本は、岡本-小島-宇佐美と繋ぎ、右サイドを駆け上がるSB松原健へと展開する。松原がDFにプレッシャーをかけたことで、ボールはゴール左でフリーの高木の足もとにこぼれた。狙い済ましたシュートが右隅に突き刺さる。同点――。

だが1分後、デジャヴュのように同じ状況が訪れるが、今度は高木が力んでふかした。

ハーフタイムのロッカールームは、活気に満ち溢れていた。「行けるぞ!」「続けるぞ!」と、そんな弾んだ声が、あちこちから飛び交う。

実際後半も、日本の時間帯が続いた。パスが小気味良く回り、ブラジルを翻弄するテクニックにスタンドが沸いた。

「ワンプレーごとに沸いてくれるので、やっていて楽しくなったし、波に乗ることが出来ました」(小島)

59分、小島が宇佐美にあずけ、飛び出していく柴崎に完璧なスルーパスが通る。GKと1対1、ところが柴崎は落ち着き過ぎて、慌てて戻ったCBロマーリオ・レイリアにスライディングで突かれてしまった。

そして67分、ブラジルが鬼才2人の息のあったプレーで再び突き放す。コウチーニョがDFからクサビを受けたのは自陣だった。背中には松原がぴたりと体を寄せて厳しくチャージをしている。当然日本は最終ラインを高く押し上げていた。

ところがこの状態から、コウチーニョは強引に反転。ネイマールがディフェンスラインの裏を取る一瞬のタイミングを逃さずに、スルーパスを送った。日本のDF陣は、ネイマールがオフサイドだと思った。確かにオーロラヴィジョンに映し出されるスローを見返しても、是非が分かれる微妙なタイミングだった。

ただし内田には、深い悔恨がある。

「僕にはネイマールが走っているのも見えていなくて、パスを出されてから気づきました。たぶんあの瞬間は、みんな動きが止まっていた。逆にあの2人だけが感じていた」

内田は今でも思い出す。

抜け出したネイマールは、GK嘉味田の右にボールを出し、自らは左から回りこむ、俗に言う「裏街道」という技で最後の砦をかわすと、ゴールネットを揺すった。ただし後方から滑り込む内田の足は、もう少しでボールに届きそうだった。

「オフサイドだと思った瞬間に動きを止めなければ……、横(オフサイドライン)など見ずに、そのまま追いかけていれば、間に合っていたんじゃないかな、と」

83分、再び日本側が息を呑む。ウェリントンのFKを嘉味田が弾き、拾ったジェルソンがウェリントン・シウバへ繋いだ。至近距離からのシュート。しかし絶望的な状況で「咄嗟に体が反応して動いた」という小島がカバーに入り、ゴールライン上からクリアーした。

　そして1分後、今度は日本が、ブラジルと同じようなカウンターを結実させる。自陣深い位置でボールを奪った小島が、柴崎に繋ぐ。敵陣には、疎《まば》らにポジションを取るブラジルの３人のＤＦと杉本がいた。

「岳（柴崎）と目が合ったんです。（パスが）来たら行けるな、と思っていたら、メチャいいパスが来た。それほど自信があったわけやない。取り敢えず足もとに止めたら追いつかれるので、前に行こうと……」

　杉本は最初のタッチで前に進み、ＤＦを置き去りにする。そこで完璧な自信が沸き上がった。２度目のタッチでボールを落ち着かせると、あとはインサイドで右隅に流し込む。

「メチャうれしかった」

　結局2ゴールとも、起点は小島だった。

「このチームは、２手先3手先を、みんなで共有できていましたからね。ミスをしても、みんなでカバーし合い、伸び伸びとプレーが出来た。監督もそういうふうにやらせてくれたし、本当にやり易いチームでした」（小島）

　終盤は日本の猛攻が続いた。高木のロングループは辛うじてＧＫがセーブ。柴崎の股間抜きを狙ったシュートは、ＧＫにブロックされ、宇佐美の目の前にこぼれた。だが「いつもなら絶対に決めてくれるこぼれ方をした」（内田）ボールを、珍しく宇佐美はミートし損ない、枠の左へと外してしまう。

　逆に命拾いをしたブラジルは、94分、ウェリントンがＦＫをゴール前に送る。軌道はＧＫ嘉味田の正面に向かっていた。ところが嘉味田の拳に当たったボールは、そのまま頭上を越えて後方のネットに突き刺さる。

　勝利の女神は、ほとんど日本に微笑みかけていた。だが土壇場で急展開を見せたシナリオは、引き分けを通り越す非情な幕切れを用意していた。

「目標はベスト4でした」と池内は言う。

「でもやられるとしたら、あんな感じだと思っていた。最後まで守備へのアプローチは難しくて、改善し切れませんでした。でも志向性は間違っていなかったと思うし、前向きなものは示せたと思っています」

　誤算はブラジル戦の不運な黒星ではなく、３試合で9失点の守備だった。特に続くスイス戦は、序盤で2点のリードを奪いながら、突き放せずに4失点（３－４）を喫した。終わってみれば3戦全敗。しかも優勝したのが、皮肉にも日本戦で波に乗ったスイスだった。

「スイス戦も、ホンマ、もったいない試合。スイスが優勝なら、絶対オレらも行けたよな、とみんなで話しました」（内田）

　ＦＩＦＡ技術委員会は、この大会の日本を「攻撃力は極めて高い。しかし守備と、攻撃時の守備のバランスが良くない」と評した。

もちろんそこは池内にとっても、やり残した課題だった。

「確かに攻撃を活かすためのバランス。常にボールが動いたら、どこにポジションを取るのか。そこをもっと繊細に伝えておくべきでしたね」

1996年アトランタ五輪の初戦でブラジルと対戦した日本は、スタッフが守備の要アウダイールの効き目まで調べ上げ、徹底して対策を施し番狂わせを演じた。一方普段着のまま2度王国と戦ったザックジャパンは、力の差をまざまざと見せつけられ、どちらも完敗だった。

しかしプラチナ世代の日本代表は、晴れ舞台でもブラジルに真っ向勝負を挑み、互角に渡り合った。もちろんそのまま一気にブラジル代表の顔になるネイマールに比べれば、まだ彼らは何も成し遂げていない。それでも彼らは口々に言った。

「もう1度、このメンバーでやりたい」

そして次は勝つ。そう信じていた。

早くから嘱望されたプラチナ世代は、それぞれが世界へのチャレンジを急いだ。宇佐美は間もなくバイエルン・ミュンヘンと契約し、欧州チャンピオンズリーグ決勝でベンチ入りを果たした。中京大中京高校を卒業後、Jリーグを飛び越してアーセナルと契約をした宮市は、レンタル先のフェイエノールトでブレイク。早速日本代表のアルベルト・ザッケローニ監督から招集された。だが宇佐美はドイツで成功を掴み切れず、宮市は度重なる故障に泣かされ続けた。当初はあまり期待されていなかった北京五輪世代の充実に比べ、プラチナ世代の突き上げが弱かったことが、日本代表の足踏みの一因にもなった。

だがこの間に、プラチナ世代の中でも下剋上が起こり、U－17ワールドカップの最終メンバーからは漏れた小林祐希や、年齢別代表とは無縁だった昌子源、武藤嘉紀らが日本代表に名を連ねるようになった。また一貫してフロントランナーだった柴崎は、鹿島アントラーズ在籍中にクラブワールドカップ決勝でレアル・マドリードから2ゴールを挙げてスペインへ渡り、ヘタフェで迎えた新シーズンにはいきなりバルセロナのゴールネットを揺らした。大器として注目を集めて来た杉本も、ゴールを量産し始め、再度日の丸を背負っている。

総じて早熟だったはずのプラチナ世代の開花は予想以上に遅れた。しかし円熟期が近づき、ようやく少しずつ反撃の兆しも見え始めている。

「あとがき」にかえて——日本サッカーに見る夢

日本代表のヴァイッド・ハリルホジッチ監督が熱弁していた。

「サッカーは、まだ日本では新しいスポーツですが、世界では最も盛んです。私は日本でも一番になって欲しいと思います」

1960年8月、日本代表チームがドイツで合宿を行い、特別コーチに就くデットマール・クラマーと初めて顔を合わせた。まず選手たちが驚いたのは、同じフィールドで練習をしていた現地の子供たちの巧みなボール扱いだった。まだ日本には、リフティング（ジャグリング）という概念が輸入されていなかった。だからチーム内で平然とボールを突けたのは、海外の指導書に触れていた岡野俊一郎コーチだけだった。

拙著『大和魂のモダンサッカー』でも紹介しているが、この合宿でクラマーは、こう挨拶をしている。

「ボールコントロールは、次の部屋へ入るための鍵だ。サッカーという競技では、この鍵があれば、世界が広がっていく」

それから日本代表選手たちは、クラマーの模範実技を見ながらテクニックを磨いた。既に成人した選手たちが、コーチの技に目を見張っている状態だった。

ところが彼らは4年後の東京五輪でベスト8に進出し、8年後のメキシコ五輪では銅メダルを首にかける。もちろん五輪はアマチュアの祭典だったから、西欧や南米などのプロは出場していない。しかし逆に東欧諸国はステートアマと呼ばれる実質プロの実力を備えたフル代表を送り込んでおり、連続優勝したハンガリーの主力は「今ならレアル・マドリードでプレーするレベルだった」（クラマー）という。

この奇跡的な出来事ひとつとっただけでも、日本人にはサッカーの適性が備わっている。サッカーでは、身体の大きさが絶対条件にはならない。一方で、器用、俊敏、持久力、継続性、規律…、それらは軒並み適性の範疇に入る。

実際に約半世紀を経て、日本のサッカー事情は一変した。プロ化が大きな分水嶺になったのは間違いない。ただしその前に、東京からメキシコへと2つの五輪を経験していく揺籃期の改革も忘れてはならない。かつて日本では南米の曲芸的なテクニックは別世界の出来事で、真似ができないどころか、真似をしようとすることも悪だと捉える風潮が強かった。旧い世代なら、ヒールパスを試みて「インサイドで正確に！」と、指導者からゲンコツでも食らった経験があるかもしれない。だが『ダイヤモンドサッカー』放映の英断に踏み切った東京12チャンネル（のちテレビ東京）が、１９７０年にブラジルが戴冠したメキシコ・ワールドカップを流したことで、若い指導者や選手たちの間ではテクニカルなスタイルへの憧憬が堰き止められないものになった。またネルソン吉村を皮切りに日系人選手の来日が続き、同じ血が流れていても柔軟なテクニックの獲得が可能なことが証明された。テクニックを磨くなら、若年代から――の流れは必然だった。こうして日本列島にサッカー少年団の輪が広がり、現在のハイレベルな技術を誇る国の基盤が固まっていく。

1960年代の日本代表選手たちは、大人になってからリフティングに取り組んだ。1980年代までの代表は、大半が中学、高校からサッカーを始めた。しかし今では幼稚園から蹴り始める子が主流を成し、小学校高学年からでは参入が難しくなっている。日本のACミランサッカースクールで指導を続けるルカ・モネーゼの言葉を借りれば「技術的には、失敗する方が難しいレベルに到達」した。またサンパウロFCの下部組織で育ち、1981年に助っ人としてマツダ(サンフレッチェ広島の前身)に加入した宗像《むなかた》マルコス望《のぞみ》は、千葉県の渋谷教育学園幕張高校で教鞭を取るが「日本の小中学生は、なんでそんな技が出来るの？と驚くようなことを平気でやってみせる」と目を見張る。日本でも子供たちは、本場ブラジルで育った伝道師をも感嘆させるほど急速にテクニックを身につけ、器用で継続的に努力できる適性を立証した。それが1998年フランス大会で突破口を開き、以来6大会も途切れずにワールドカップ出場を続ける日本サッカーの土台になっている。

この半世紀、僕らはメキシコ五輪以外にも、いくつかの奇跡に遭遇して来た。1996年アトランタ五輪では、直前に世界選抜に勝利し、優勝候補筆頭だったブラジルを下した。もうこの頃の五輪は28年前とは一変し、ロナウド、ベベット、リバウドら最高級のスターが顔を揃えていた。1998年に当時世界最高水準を誇るセリエAのペルージャに移籍した中田英寿は、いきなり開幕戦で王者ユベントスと対戦し、怯むどころか堂々と2度もシュートを叩き込んだ。2004年、ジーコ監督率いる日本代表は、サッカーの母国イングランドに乗り込み、真っ向勝負に出てアウェイ戦を分けた。そこから32年間遡れば、アマチュアの日本代表がシーズンオフの6月にコヴェントリーを招き、3連戦の2戦目に本場イングランドのプロからの初勝利に快哉を叫んでいたのだ。2002年にはUEFAカップを制したフェイエノールトの攻撃のタクトを小野伸二が揮い、2010～11年シーズンからブンデスリーガを連覇したドルトムントを牽引したのは香川真司だった。

1993年にJリーグが開幕した時、ジェフ市原に加入したピエール・リトバルスキーは、日本の選手たちにとっても憧れのスーパースターだった。

「最初はみんな僕のサインを欲しがった。でも暫くすると、平気で脛を蹴飛ばして来るようになった（笑）」

1970年代前半に藤和不動産に加入したセルジオ越後にタッチライン際でかわされた大仁邦彌（のちJFA会長）は、何が起こったのか理解出来なかった。1991年、住友金属の選手たちは、ジーコがやって来て記者会見の席に着くのを見て、本当に震えたという。しかしそれから10年後、20年後には、日本で生まれ育った選手たちが、ロッテルダムやドルトムントの街でアイドルになった。この50年間の変貌ぶりは、頬を思い切りつねって確かめたくなるようなことばかりだった。

しかし世界でも例を見ないような異次元の右肩上がりは、頂点に辿り着く前に止まった。

半世紀前の日本では、ワールドカップをテレビで見ることも出来なかった。だが一方でワールドカップの常連国になり世界に肉薄してみると、狭まった最後の差異を埋めるための課題が意外なほど山積していた。

日本人のサッカー体験は必ずしも浅くはないが、やはりハリルホジッチ監督が指摘するように、人気競技のひとつとして認知されたのは新しい。日本の子供たちの資質や才能が本場と比べても遜色ないことは、モネーゼ、宗像ら外来の指導者たちが太鼓判を押した通りだ。ところが彼らを健やかに正しく導く術が、確立、共有されていない。低迷期の日本では、高校サッカーの人気が少年たちのモチベーションを支えた。Ｊリーグを中心としたクラブのアカデミー養成組織を、自前のグラウンドを持つ学校の部活が補完する独特のシステムは、この国の長所でもある。しかし反面、育成年代で個に目の届かない大所帯での勝利至上傾向は、社会問題としても看過し難い。大学も含めて極端な一方通行のサッカー漬けは、従順だが重要な局面を切り開く思考力や創造性が未成熟な選手を送り出す。

日本での指導歴が長いモネーゼの視点が鋭い。

「6歳まで日本とイタリアの子供たちの気質に違いはありません。でも日本の子は、小学生になる頃から目に見えて創造性を失っていきます。チームに所属して指導者に怒られるからなのか、失敗を避ける意識が強まり、チャレンジをしなくなるんです」

バルセロナでカンテラの監督経験を持つジョアン・サルバンスは、日本の高校に蔓延する質より量を重視する傾向に違和感を覚えた。

「私は同じことを１００回繰り返すより、集中して10回取り組むことを重視しています。それにトレーニングの量と、メンタルの強さは比例しません」

１９８８年1月号の『イレブン』誌では、既に当時のＪＦＡ長沼健専務理事がこう強調している。

「西ドイツに留学中の山口（芳忠）も言っていたが、バイエルンが練習を1時間半以上やっていることはほとんどない。しかし密度は日本リーグのチームより10倍濃い。これは各チームの指導者も知っていることだ。逆に、これでは1時間半以上持たないぞ、という練習をして欲しい」

ようやく今世紀になり、それを大胆に実践してみせたのが、生徒主導のボトムアップ理論で部活を改革し、広島県立広島観音《かんおん》高校を２００６年度のインターハイで全国制覇に導いた畑喜美夫監督だった。週に2日間、短時間で強い負荷をかけるだけなので「ウチはケガ人も出ません」と微笑む。当初は選手たちが少ない練習量に不安を抱いたので、日本で有数の練習量を誇る名門校を招き、走り勝って厳しいプレッシングで圧倒。効率が量を凌駕することを証明してみせた。

「選手が自主的に考え運営していく。これが広まれば、日本の新しい長所になるのではないかと思うんです」

試行錯誤が繰り返され、なかなか方向性が定まらないのは、日本代表の強化とも似ている。かつてドイツでは、日本のことを「東アジアのプロイセン」と呼び、気質の似た国と捉えていたそうだが、サッカーに関しては〝兄弟国〟ドイツのような一致団結した改革が進まない。

ハリルホジッチ監督は強調する。

「ポゼッション（ボール支配率）が多い方が勝つという罠にはまって欲しくない。大切なのは、デュエル（局面の闘い）と結果だ」

ロシア・ワールドカップ最終予選では、オーストラリアにボールを持たせて、ボール奪取からの速い攻撃に徹して本大会への切符を手に入れた。

これは同監督独自の見解であり、裁量だ。しかし2010年に南アフリカ・ワールドカップを終えると、JFA技術委員会は堅守でカウンターに徹した岡田武史監督の戦い方を否定し、主導権を握って戦うためにアルベルト・ザッケローニ監督を招聘したはずである。またザッケローニ在任中の2011年になでしこジャパンが世界制覇を遂げると「女性版バルセロナ」と絶賛され、男子のアンダーカテゴリーの代表でも、極力接触を避けてテンポの速いショートパスを繋ぐ吉武博文監督のアイデアが推奨された。

では、なぜ「接触を避け、ボールを保持する」志向は、デュエル重視でカウンター強調へと変わったのか。JFAから明解な説明は聞こえてこない。それどころか、肝心のハリルホジッチやザッケローニを招聘した技術委員長は、結末も見届けずに職を離れている。

2017年秋に『フットボール批評』誌がワールドカップの特集を組み、2010年南アフリカ、2014年ブラジルと2度の大会を経験した大久保嘉人にインタビューをした。大久保も現場から素朴な疑問を呈していた。

「僕は2006年ドイツ大会からしか知りませんが、日本はいつもどんなサッカーをしてくるか判らないじゃないですか。個人的にはチリのように全員で連動してハードワークをするスタイルを続けていけば、かなり良いところまで行くと思うんですけどね……」

どちらの大会でも直前になって、どういう方向性で戦うのかが選手間で議論になったという。結局南アフリカでは、選手たちの総意を監督に直訴して戦術が変更になり、グループリーグを突破した。他方ブラジルでは、結論がまとまらず、迷いを払拭出来ずに惨敗した。これではいくら連続出場をしていても、経験が上積みされていかない。

新世紀に入り、劇的な育成改革で立て直しに成功したドイツを例に挙げれば、技術委員長のマティアス・ザマーが明確に方針を定め、選手を育てていくために、どういう指導が必要なのかを周知徹底した。将来ドイツがどんなサッカーをしていくのかについての確固たるマニフェストがあり、それに即して代表監督が任命され、選手たちも集まって来るから、まったく無駄がない。ところが日本では、契約した監督が実際に指揮を執り始めてから少しずつ航路図が明らかになっていく。現場の指導者は、そこからJFAの指針を読み取ろうとするのだ。

だが日本サッカーの航路図を描くのは、代表監督ではなくJFAである。日本は何を武器にして、どう戦っていくのか。もちろんそれには時代に即して微調整も要るが、技術委員長には揺るぎない根幹を提示する義務がある。さらに言えば、技術委員長は任命した代表監督の仕事ぶりを総括するまで、責任を全うする流れを築くべきである。

サンフレッチェ広島と浦和レッズで采配を揮ったミハイロ・ペトロヴィッチ監督は、盛んに日本の結果至上主義を嘆いた。同じく旧ユーゴ出身で清水エスパルスなどの監督を務めてきたズドラヴコ・ゼムノヴィッチも、母国との文化の違いを指摘する。

「サッカーの試合を終えて『どうだった?』と聞かれれば、日本ではスコアを答えて終わる。でも旧ユーゴでは、それから内容について話が弾むんです」

チームにもファンにも、どんな戦い方をしても、結果が出ればそれだけで喜ばしい時期がある。しかしキャリアを重ね、成長していくとこだわりが生まれて来る。最も贅沢なレベルに到達すると、レアル・マドリードのように、リーグ制覇をしたファビオ・カペッロ監督でさえ「ウチのスタイルにはそぐわない」と解任することもある。王国ブラジルの多くのファンは、手堅くワールドカップを獲得した1994年米国大会より、部分的に穴があっても高度な芸術性を披歴した1982年スペイン大会のセレソン（代表）を愛する。そして敬愛するヨハン・クライフは言った。

「醜く勝つなら美しく負ける方がいい」

2011年にドイツで開催された女子ワールドカップ出場国の中でも、なでしこのフィジカル能力は極端に劣っていた。かつて鹿島アントラーズを指揮したオズワルド・オリヴェイラの言を待つまでもなく、一般的に「FWはDFより足が速い」ものだ。ところがなでしこの場合は、仕掛けたFWが、後から対応したDFに先回りされるケースもあった。これでどうしたら勝機が見出せるものかと思ったが、それでも賢く連動し丹念にパスを繋いで道を切り拓いた。明らかに足りないものがある。しかし確実に誇れるものもある。このなでしこジャパンは、優勝したからではなく、中立の立場で観ても楽しめた。

半世紀で日本サッカーは未曾有の急変貌を遂げた。幸か不幸か、どんなサッカーでも勝てばいい、という割り切り方はもう出来ない。1996年にブラジルを下した「マイアミの奇跡」は、それなりに痛快だったが、ザッケローニ監督時代の2013年に圧倒的劣勢にもかかわらず、フランスから偶発的に手にしたサンドニでの勝利を手放しで喜ぶことは出来なかった。

残念ながら、いつか日本がワールドカップを掲げる日を思い描くほど楽観的にはなれない。この世界一の人気スポーツでは、何より地理的なハンディキャップが計り知れない。子供たちは可能性を秘めるが、その成長を導く大人の側の改善速度が鈍い。だから贅沢は言わない。国際常識に照らして、良い意味で奇抜なチームが、日本の特性を十分に活かして世界を驚かす。せめてそんな光景を見たい。そのためにもＪＦＡには、目先の小さな勝利よりも、大志を描く英断と、それを貫き通す強さが欲しい。

解題

本書中のほとんどの作品が、これまでの著者のいずれの単行本にも収録されていない。ただし、「東京五輪・アジア最弱からの躍進」、「メキシコ五輪・銅メダルで人気爆発」および「地獄を見て希望の灯 ワールドユース」の3項にのみ単著『大和魂のモダンサッカー』（双葉社刊・2008年）、『それでも「美談」になる高校サッカーの非常識』（カンゼン刊・2013年）との重複箇所がある。

1960年代

1960年代の枠組みに入るものとして、以下6篇の文章を収録した。

東京五輪・アジア最弱からの躍進

本稿は、2013年（平成25年）11月9日発行の『サッカー批評』（双葉社刊・1998年4月創刊）issue65に「1964東京五輪」のタイトルで掲載された。本書は同誌にissue32から長期連載中の「日本サッカー戦記」〈試合に隠された真実／あの日、あの瞬間を戦った当事者たちの肉声〉の長期連載を軸に編集している。なお、issue52以降は、誌名が『季刊サッカー批評』から『サッカー批評』に変更されているので記載もそれに準じた。

校庭本拠地の金字塔V4東洋工業

2015年（平成27年）8月28日発行の『サッカー批評』issue76に「東洋工業が歴史に刻んだ日本サッカーリーグ4連覇の偉業」のタイトルで掲載された。

無敵王者を倒し大学最後の日本一

2015年（平成27年12月28日発行の『サッカー批評』issue78に「学生チーム最後の天皇杯王者 釜本擁する早稲田大学の偉業」のタイトルで掲載された。

メキシコ五輪・銅メダルで人気爆発

2007年（平成19年）9月10日発行の『季刊サッカー批評』issue36に「メキシコ五輪での快挙――クラマーとともに歩み、戦った日本代表の物語」のタイトルで掲載された。

世界への窓・ダイヤモンドサッカー

2016年（平成28年）6月13日発行の『サッカー批評』issue86に「日本サッカー新時代を切り開いた三菱ダイヤモンドサッカーの功績」のタイトルで掲載された。

三冠、「赤き血のイレブン」の真実

2013年（平成25年）1月10日発行の『サッカー批評』issue60に「赤き血のイレブン 三冠を達成した浦和南」のタイトルで掲載された。

1970年代

1960年代の枠組みに入るものとして、以下9篇の文章を収録した。

不世出の天才伝説・釜本邦茂

2011年（平成23年）9月10日発行の『サッカー批評』issue52に「不世出のストライカー・釜本邦茂」のタイトルで掲載された。

社会現象になった王様ペレの来日

2013年（平成25年）7月10日発行の『季刊サッカー批評』issue63に「大フィーバー‼ キングペレ初来日」のタイトルで掲載された。

釜本＋奥寺＝得点力倍増計画

本稿は、2015年（平成27年）3月10日発行の『サッカー批評』issue73に「76年ムルデカ・トーナメントと日本サッカー史に残る2トップコンビ」のタイトルで掲載された。

「世界一バイエルン来日」という初夢

2014年（平成26年）5月10日発行の『サッカー批評』issue68に「1975年バイエルン来日 皇帝ベッケンバウアー降臨」のタイトルで掲載された。

奥寺康彦の挑戦――アマから最高峰へ

２０００年（平成12年）６月５日発行の『Sports Graphic Number PLUS ――20世紀スポーツ最強伝説⑦』（文藝春秋刊）に「運命と出会った才能 奥寺康彦」のタイトルで掲載された。

選手権人気の沸騰、浦和南－静岡学園

２０１０年（平成22年）12月10日発行の『季刊サッカー批評』ｉｓｓｕｅ49に「初めての国立開催」のタイトルで掲載された。

素人監督だから描けた帝京伝説

２０１６年（平成28年）12月28日発行の『サッカー批評』ｉｓｓｕｅ84に「名将として知られる小沼貞雄が作り上げた帝京高校の黄金時代」のタイトルで掲載された。

ジャパンカップで世界の香りを

２００９年（平成21年）５月21日発行の『Sports Graphic Number』７２８（文藝春秋刊）付録『30 th Ａｎｎｉｖｅｒｓａｒｙ ＫＩＲＩＮ ＣＵＰ ＳＯＣＣＥＲ』『ＪＡＰＡＮ ＣＵＰ １９７８』の衝撃」のタイトルで掲載された。

地獄を見て希望の灯 ワールドユース

２０１０年（平成22年）３月10日発行の『季刊サッカー批評』ｉｓｓｕｅ46に「未知の光景」のタイトルで掲載された。

１９８０年代

１９８０年代の枠組みに入るものとして、以下11篇の文章を収録した。

平均年齢21・５歳で挑んだスペイン82

２０１６年（平成28年）６月28日発行の『季刊サッカー批評』ｉｓｓｕｅ81に「強引かつ大胆な若返り策で日本代表新時代の到来へ」のタイトルで掲載された。

史上初、ドイツでプロを指揮した鈴木良平

１９９７年（平成９年）６月10日発行の『World Soccer Graphic』（ビクターエンタテインメント発行）における「ドイツＳ級ライセンス取得者、鈴木良平という男」と、２００９年９月10日発行の『サッカー批評』での連載人物コラム41「海を越えて来たフットボーラー」の2篇によって改稿した。

なでしこ事始め　極貧から世界一へ

２０１２年（平成24年）７月10日発行の『サッカー批評』ｉｓｓｕｅ57に「女子サッカー草創期の挑戦」のタイトルで掲載された。

日本代表が読売クラブに負けた日

２０１０年（平成22年）９月10日発行の『サッカー批評』ｉｓｓｕｅ48に「やってはいけなかった試合」のタイトルで掲載された。

近くて遠いワールドカップと韓国

２０１３年（平成25年）３月９日発行の『サッカー批評』ｉｓｓｕｅ61に「メキシコW杯最終予選 世界の扉に手をかけた日韓戦」のタイトルで掲載された。

ちゃぶり倒せ！ 10番木村和司

２０１６年（平成28年）10月28日発行の『サッカー批評』ｉｓｓｕｅ83に「日本の背番号10番の先駆者、木村和司という天才プレーヤー」のタイトルで掲載された。

１枚の写真から空中戦支配・原博実

２０１４年（平成26年）７月10日発行の『サッカー批評』ｉｓｓｕｅ69に「無骨なるストライカー原博実の実像」のタイトルで掲載された。

「純血」でアジア制覇の快挙・古河電工

２０１４年（平成26年）１月10日発行の『季刊サッカー批評』ｉｓｓｕｅ66に「１９８６アジアクラブ選手権」のタイトルで掲載された。

専守防衛が寂しく砕けたソウル五輪予選

２０１７年（平成29年）９月19日発行の『サッカー批評』ｉｓｓｕｅ87に「専守防衛という苦肉の策で挑んだ88年ソウル五輪予選が残したもの」のタイトルで掲載された。

〝助っ人〟のバナナシュートで選手権制覇

2012年（平成24年）1月10日発行の『サッカー批評』issue54に「アデミール・サントス――伝説のバナナシュート」のタイトルで掲載された。

誰も知らない王国ブラジル初挑戦

2014年（平成26年）9月10日発行の『季刊サッカー批評』issue70に「冬の時代に実現した初めてのブラジル代表戦」のタイトルで掲載された。

1990年代

1990年代の枠組みに入るものとして、以下18篇の文章を収録した。

オフトマジック――〝恐韓症〟の終焉

2015年（平成27年）1月10日発行の『サッカー批評』issue72に「日韓対決の歴史を大きく変えた92年ダイナスティカップ優勝」のタイトルで掲載された。

ドーハの悲劇　ラモスに残された謎

2005年（平成17年）12月1日発行の『月刊VS.（バーサス）』（光文社刊・2004～2006年）に「ラモス瑠偉『あの17秒間』の答えを捜し続けて――」のタイトルで掲載された。

J開幕　読売が日産に勝てない理由

2011年（平成23年）3月10日発行の『季刊サッカー批評』issue50に「Jリーグ開幕」のタイトルで掲載された。

神様ジーコが鹿島で築き上げた礎

2014年（平成26年）3月10日発行の『サッカー批評』issue67に「ジーコ革命 鹿島アントラーズに起こった奇跡」のタイトルで掲載された。

「エースの城」は高卒ルーキー

2016年（平成28年）4月28日発行の『サッカー批評』issue80に「高卒ルーキーの常識を覆した城彰二の鮮烈なプロデビュー」のタイトルで掲載された。

痛快に暴れた超攻撃ベルマーレ

２０１６年（平成28年）２月27日発行の『サッカー批評』ｉｓｓｕｅ79に「〝湘南の暴れん坊〟ベルマーレが日本を席巻して天皇杯を制す」のタイトルで掲載された。

短命だったファルカン革命の実相

２０１５年（平成27年）５月９日発行の『季刊サッカー批評』ｉｓｓｕｅ74に「短命政権に終わってしまったファルカン時代の94年日本代表」のタイトルで掲載された。

名古屋を一変させたヴェンゲル哲学

２０１４年（平成26年）11月10日発行の『サッカー批評』ｉｓｓｕｅ71に「名将ベンゲルが日本に残した モダンフットボールの礎」のタイトルで掲載された。

ゴン中山、４試合連続ハットトリック

２０１１年（平成23年）６月９日発行の『季刊サッカー批評』ｉｓｓｕｅ51に「４試合連続ハットトリック」のタイトルで掲載された。

28年ぶり快挙からのリベンジ・西野朗

２００８年（平成20年）２月１日発行の『Sportiva』（集英社刊・２００２〜２０１０年）に「名将列伝・西野朗」のタイトルで掲載された。

「強運」加茂周を最後に待ち受けた「悲運」

２００４年（平成16年）５月13日発行の『Sports Graphic Number』６０１に「土壇場の監督術」のタイトルで掲載されたものと、１９９８年（平成10年）７月１日発行の『ＰＬＡＹＢＯＹ』（集英社刊）に「加茂周のＦＲＡＮＣＥ'98完全展望」のタイトルで掲載されたものを一部改稿した。

ワールドカップの扉が開いた！

２０１０年（平成22年）６月10日発行の『季刊サッカー批評』ｉｓｓｕｅ47に「初出場」のタイトルで掲載された。

左サイドから見た夢舞台・相馬直樹

２００６年（平成18年）３月１日発行の『月刊VS.』に「記憶の封印を解く・相馬直樹」のタイトルで掲載された。

世界で信頼を取り戻した岡田の笛

1998年（平成10年）8月3日発行の『World Soccer Graphic WORLD CUP FRANCE98 COMPLETE BOOK』（ビクターエンタテインメント）に「もうひとつのキックオフ～日本人の誇りを胸に／岡田正義の6・15～」のタイトルで掲載された。

ブレない異端児・中田英寿

2005年（平成17年）10月1日発行の『月刊VS.』に「『貫くパス』と『曲げない意志』」のタイトルで掲載された。

フリューゲルスの華々しく哀しい結末

2017年（平成29年）3月17日発行の『季刊サッカー批評』ｉｓｓｕｅ85に「突然クラブ消滅の危機に直面した横浜フリューゲルスが残した栄光」のタイトルで掲載された。

浦和Ｊ２降格　駒場が静かに泣いた日

2013年（平成25年）9月10日発行の『季刊サッカー批評』ｉｓｓｕｅ64に「福田正博の涙 世界で一番悲しいＶゴール」のタイトルで掲載された。

変革期の開拓者――闘将・柱谷哲二

2001年（平成13年）4月13日発行の『季刊サッカー批評』ｉｓｓｕｅ10に「人、サッカーを語る・柱谷哲二 ハートで闘え。青いゲームシャツを着る資格について」のタイトルで掲載された。

2000年代

新世紀劈頭《へきとう》の枠組みに入れるべきものとして以下の5篇を収録した。第二の結晶とでも言うべき本書続編の刊行が待たれる。

アンチ・カズが消え、寵児《ちょうじ》からキングへ

2006年（平成18年）1月10日発行の『季刊サッカー批評』ｉｓｓｕｅ29に「いつもギラギラしていなければいけない」のタイトルで掲載された。

磐田の完全制覇と消えたレアル挑戦

2015年（平成27年）6月29日発行の『サッカー批評』ｉｓｓｕｅ75に「最強軍団ジュビロ磐田が乗り越えた壁と手にした栄光」のタイトルで掲載された。

オシム――愛される「厳父の理路整然」

本稿の多くは、2006年（平成18年）8月10日発行の隔週刊スポーツ誌『SPORTS Yeah!（スポーツ・ヤア）』（角川書店刊）に「オシムが千葉でやったこと」のタイトルで掲載された。改稿に際しては、2004年（平成16年）5月13日発行『Sports Graphic Number』601に発表した「土壇場の監督術」と2004年（平成16年）4月10日発行『季刊サッカー批評』issue22での連載人物コラム19「海を越えて来たフットボーラー」などを元に一部加筆している。

期待薄世代の逆襲――北京五輪

2016年（平成28年）8月27日発行の『サッカー批評』issue82に「1勝も出来ずに屈辱を味わった北京五輪メンバーとその後の飛躍」のタイトルで掲載された。

プラチナ世代はブラジルを怖がらない

2013年（平成25年）5月10日発行の『サッカー批評』issue62に「U-17ワールドカップ2009ブラジルと互角に戦ったプラチナ世代」のタイトルで掲載された。

編集部

【や行】

【ら行】

【わ】

【ま行】

ファネンブルグ，ジェラール　Gerald Vanenburg　p367
黄善洪　ファン・ソンホン　Hwang Sun-Hong　p277
ファンデルエンデ　p308
ファン・ロッサム，エリック　Erik van Rossum　p243
フィーゴ　Luis Figo　p364
フェラー，ルディ　Rudi Voller　p103
フェルシュライエン，ヤン　Jan Versleijen　p310
フェルトカンプ，カールハインツ　Karl-Heinz Feldkamp　p150
フォクツ，ベルティ　Hans Hubert Vogts　初出／p34
フォックス，ハイデン　Hayden Vernon Foxe　p344
フォノニザデー　p236
福永泰　p343
福西崇史　初出／p291
福家三男　初出／p57
福田健二　p286
福田正博　初出／p226
藤口光紀　初出／p73
藤島信雄　初出／p82
藤田静夫　p29
藤田俊哉　初出／p287
船本幸路　初出／p26
古田篤良　初出／p74
ブライトナー，パウル　Paul Breitner　初出／p88
プラティニ，ミッシェル　Michel Platini　初出／p179
ブラッター，ヨゼフ　Joseph "Sepp" Blatter　p325
プラット，デヴィッド　David Andrew Platt　p227
ブランコ　Blanco　p222
ブラン，ローラン　Laurent Robert Blanc　p273
プリモラッツ，ボロ　Boro Primorac　p284
古川昌明　初出／p249
ブルチャガ，ホルヘ　Jorge Luis Burruchaga　p280
フローエ，ハインツ　Heinz Flohe　初出／p101
プロシネツキ，ロベルト　Robert Prosinečki　初出／p321
ヘーネス，ウリ　Ulrich "Uli" Hoenes　初出／p88
ベギリスタイン，チキ　Aitor "Txiki" Begiristain Mujika　初出／p339
ベスト，ジョージ　George Best　初出／p50
ヘスラー，トマス　Thomas Jurgen Hasler　p149
ベッケンバウアー，フランツ　Franz Anton Beckenbauer　初出／p15
ベッチーニョ　〈Betinho〉　初出／p267
ペッツァイ，ブルーノ　Bruno Pezzey　p103
ベト・フスカオ　p123
ペドロ，ジョアン　Joao Pedro　p396
ペトロビッチ，ゼリコ　Zeljko Petrovič　p344
ベベット　〈Bebeto〉　初出／p222
ヘリングス，ロルフ　Rolf Herings　p149
ペレ　〈Pelé〉　初出／p71
ペレイラ　Pereira　初出／p245
ペレイラ，ルイス　Luiz Carlos Pereira　p96
ペレツ，マリーニョ　Marinho Peres　p123
ベンチーニョ　Bentinho　p267
ボーラース，ホルスト　p151
ボクシッチ，アレン　Alen Bokšič　p252
保坂司　p66
細貝萌　p390
細谷一郎　初出／p41
ボバン，ツボニミール　Zvonimir Boban　初出／p252
堀池巧　初出／p191
堀江忠男　p188
堀米勇輝　初出／p393
本田圭佑　初出／p146
本田拓也　初出／p383
本田美登里　p156
本田泰人　p250
本並健治　p271
ボンホフ，ライナー　Rainer Bonhof　初出／p90
洪明甫　ホン・ミョンボ　Hong Myung-Bo　p277

【は行】

【な行】

【た行】

【さ行】

人名索引

※「謝辞」および「あとがき」からは頁を挙げていません。
※登場が複数回の場合は、初出のみを選び配列しました。

【著者略歴】

加部 究

Kiwamu Kabe

スポーツライター．1958 年，前橋市に生まれる．立教大学法学部卒業．高校 1 年のとき“空飛ぶオランダ人”の異名をとるヨハン・クライフの映像に遭遇．衝撃が尾を引き，本場への観戦旅を繰り返すようになる．1986 年，メキシコ・ワールドカップを取材するためスポーツニッポン新聞社を在籍 3 年目に依願退職．以来，ワールドカップ 7 度，10 度以上の欧州カップ・ファイナル及び 4 つの大陸選手権等の取材をこなしながら『サッカーダイジェスト』，『エル・ゴラッソ』，『サッカー批評』，『フットボール批評』など数多くの媒体とかかわる．代表作に『祝祭―― Road to France』，『真空飛び膝蹴りの真実“キックの鬼”沢村 忠伝説』，『サッカー移民』，『大和魂のモダンサッカー』，『それでも「美談」になる高校サッカーの非常識』，『サッカー通訳戦記』．共著書に『敗者復活戦』ほか．

DTP オペレーション　株式会社ライブ
編集協力　川又宇弘、一木大治朗
編集　森 哲也（カンゼン）
出版プロデュース　佐山一郎

日本サッカー「戦記」

発行日　2018年2月9日　初版

著　者　加部 究
発行人　坪井 義哉
発行所　株式会社カンゼン
〒101-0021
東京都千代田区外神田2-7-1 開花ビル
TEL 03（5295）7723
FAX 03（5295）7725
http://www.kanzen.jp/
郵便為替 00150-7-130339
印刷・製本　株式会社シナノ

ISBN 978-4-86255-434-5
Printed in Japan
定価はカバーに表示してあります。

ご意見、ご感想に関しましては、kanso@kanzen.jp まで E メールにてお寄せ下さい。お待ちしております。